타로카드의 해석:

코트 카드

임상훈

타로카드의
해석:
코트 카드

2020년   2월 21일 초판 1쇄 발행
2022년 10월 11일 초판 2쇄 발행

지은이   임상훈

편집   김동석
펴낸이   임상훈

펴낸곳   서로빛나는숲   **출판등록** 2013년 1월 21일 제2015-000045호
주소   경기도 고양시 덕양구 화중로130번길 16, 314-3호
전화번호 010-2667-9841   **팩스번호** 0504-075-9841
전자우편 radiating.forest@gmail.com **홈페이지** http://www.radiatingforest.com

디자인 김동석   **종이** 한솔PNS
인쇄 및 제본 영신사   **물류** 해피데이

ISBN   978-89-98866-15-0   04180

책값은 뒤표지에 있습니다.

타로카드의
해석:

코트 카드

임상훈

서로
빛나는
숲

머리말

메이저 아르카나 22장과 달리, 마이너 아르카나만을 주제로 심층 분석하고 해석을 선보이는 책은 국내에 없었다. 전인미답의 경지에 발을 내딛는 터라 조심스럽다.

다행히도, 『타로카드의 상징: 코트 카드』(이하 코트 상징편)은 이런 막중한 부담감을 조금이나마 덜어주었다. 전 세계적으로도 코트 카드를 이만큼 분석한 책은 손에 꼽는다. 이런 상황에서 국내 최초이자 세계에서 열 손가락 안에 꼽히게 된 이 책이 그에 걸맞는 평가를 받을 수 있도록 최선을 다하고자 했다.

이제는 나와 같은 시기에 활동했던 이들의 발자취도 시간 속에 묻혀가고 있다. 지난 긴 시간 동안 나는 타로카드 분야에서 스스로의 뜻대로 나아가보려 했으나 끝내 좌절한 나머지 현실에 적응하려 애쓰다 처음 간직했던 뜻을 꺾고, 저버리며 사라져간 모습을 여러 번 지켜볼 수밖에 없었다. 이 책을 펴내는 것도 그런 전철을 밟지 않으려는 노력, 이른바 '먼저 걸었던 자가 응당 해야만 하는 책무이자, 마지막 시도'의 일환이다.

시작이 있다면 끝이 있고, 끝이 있다면 시작이 있을 것이다. 이 책이 독자에게 타로카드를 연구하는 새로운 시작점이 된다면 나뿐만 아니라 국내 타로카드계에 한 줄기 빛이 될 것이라 믿는다. 그저 그 단순한 마음뿐이다.

이 책은 『타로카드의 해석: 메이저 아르카나』(이하 메이저 해석편)와 비슷한 방식으로 구성했으며, 부족한 필력이나마 어떻게든 이해하기 쉽게 쓰고자 애썼음을 미리 밝힌다.

2020년 1월
물의 근원에서.
임상훈.

차 례

코트 카드를 해석하기 전에 알아야 할 것들

입문자를 비롯해 상업적으로 타로카드를 쓰는 이들도 코트 카드를 해석할 때는 뚜렷한 기준과 설명을 제시하기 어렵다 여기는 경향이 있다.

코트 카드는 메이저 아르카나 또는 핍 카드(Ace~10)와 달리 덱 제작자들도 명확한 콘셉트나 주제를 잡기 어려워했으며, 그림과 상징이 적고 고려해야 할 것이 많아 제작에 난항을 겪었다고 인정했다. 이런 문제들 때문에 후대의 일부 덱 제작자나 연구자는 이를 개선한다는 명분하에 독자적인 체계를 억지로 적용했지만, 오히려 코트 카드의 이해와 해석을 더 어렵게 만들었다.

메이저 아르카나 22장은 어떤 사안이나 현상의 거대한 흐름Stream을 뜻하거나 이에 준하는 해당 분야의 사건/움직임/변화로 볼 수 있으며, 비교적 거대담론을 주로 다루기 때문에 뜻을 잘못 이해하는 사례가 드물다.

그러나 코트 카드 16장은 메이저 아르카나가 불러오는 흐름 속에서 암약 또는 활약하는 인물로 묘사되거나, 어떤 사건 자체 또는 카드의 키워드가 직접 적용되는 경우가 모두 섞여 있기에 해석에 많은 어려움을 느낄 수밖에 없다.

이는 나아가 코트 카드 16장뿐 아니라 78장 전체에 각각 내재된 다양한 키워드를 적용해내지 못하는 데 크게 영향을 끼치게 된다.

그렇다면, 이 난관을 어떻게 극복할 수 있을까? 그동안 나는 강의나 모임에서 이와 같은 어려움에 봉착한 사람들을 많이 만났지만, 이는 결국 정석적인 방식으로 접근할 수밖에 없는 문제다.

코트 카드들은 인물, 상황, 성향, 사건, 의미(키워드 자체)를 동시에 적용하고, 이 중 가장 적절하게 적용할 수 있는 것을 취사 선택해(그렇다고 오로지 하나의 용례로만 쓰지는 않는다) 해석해야 한다. 이런 응용에 익숙해지면 결국 위의 모든 조건이 대부분 적용되거나 결국 하나의 의미 또는 하나의 결론으로 향하게 된다는 것을 알 수 있다.

이는 소거법과 연역법으로 더 쉽게 이해할 수 있다. 실제 사례를 한번 확인해보자.

$$6c - 8p - 4w - 5w - 6p - 1 - 3 - Kc - Nc - 6$$

이 사례는 메이저 해석편에서 1의 두 번째 사례로 제시했던 배열이다. 이 배열에서 8번 위치, Kc의 해석은 아래와 같이 이루어졌다.

⑧ **Kc (제3자가 바라보는 질문자)** 다른 사람들이 보기에 관계를 이끌어가는 사람이 질문자라는 것을 모두 알고 있으며, 상대방의 감정을 어느 정도 통제하고 있다고 여긴다는 점을 보여준다. 더 쉽게 표현한다면, 상대방이 연애 문제를 포함해 어떤 고민거리가 생겨도 질문자에 고민을 털어놓고 만나는 수준이라 할 수 있다. 그러나 질문자가 강제적인 수단을 선호하지 않기에 상대방의 마음을 강제로 자신에 게 돌리려 하지 않을 뿐, 다른 사람들은 이미 상대방의 감정 여부와 상관없이 질문자의 결정을 응원하거나 자연스레 지지하리라는 것을 나타낸다.

보통 Kc의 의미는 "냉철한, 정치적인, 자신의 감정을 통제하며 남의 감정을 움직이거나 이용하는 상황, 분야, 사건, 인물"로 알려져 있다. 그렇다면 위 해석은 어떻게 이루어졌을까?

1. 인물, 상황
해당 배열 위치상, 질문자 자신이 Kc와 같은 모습으로 주변에 비치고 있다는 것을 확인할 수 있다. 이는 긍정적인 의미로 해석한다면 다른 사람/상대방의 감정을 능히 스스로 조절·통제하는 인물이라고 평가받고 있거나, 이런 상황을 의도적으로 만들어낼 수 있는 사람으로 인식되고 있다는 것을 뜻한다.

이와 달리 부정적인 의미로 Kc를 해석한다면 자신의 감정을 숨기거나 다른 사람의 감정을 이용해 자신의 불건전한(또는 악의에 찬) 목적을 달성하려는 사람으로 이미 간파당했거나, 그에 준하는 오명/누명을 쓰고 있는 인물/상황이라고 이해할 수 있다.

2. 성향

코트 상징편에서 언급했듯 Kc의 성향은 '자신이 원하는 것을 대중에게 숨기거나 대중이 원하는 것인 양 조장/위장/선동해 스스로 원하는 바를 이루거나 이익을 취하는 성향'을 띤다고 언급했다.

이를 곧 해당 배열 위치 및 질문 주제와 결부하면 다른 사람들이 이 사람의 속내를 간파하지 못하고 있거나, 알고 있더라도 질문자를 지지할 수밖에 없도록 만드는 성향을 질문자가 지녔다고 설명할 수 있다. 반대로 부정적인 영향을 받는다면 다른 사람들이 이 사람의 속내를 엉뚱하게 이해해서 오해가 생기거나, 자신의 의도를 달성하려 경쟁자들을 수단과 방법을 가리지 않고서라도 배제하려는 성향이 있음을 간파할 수 있다.

3. 사건

배열에 드러난 Kc는 상대방이나 제3자들이 보기에도 이미 Kc의 이런 모습, 성향에 대응되는 사건이 질문과 관련자들에게 벌어지고 있다는 것을 암시한다. 이는 곧 '자신의 마음을 숨기고 목적을 달성하려는' 모종의 사건이나 언행 또는 움직임이 있다고 관련자들조차 인식하고 있다는 것을 의미한다.

이 또한 부정적인 영향을 받는다면, 질문과 관련한 상황을 다른 사람들이 전혀 모르고 있거나, 내부 상황을 질문자 또는 상대방이 의도적으로 차단하거나 숨기려 작위적인 행동/태도를 보여주고 있다는 것을 뜻한다.

위 예시처럼, 코트 카드는 다각적으로 해석해도 카드 자체의 중추 의미를 명확히 파악하고 있다면 각각의 시각/시점/관점을 풍부하게 만들어나갈 수 있고, 이로써 더욱 정확한 해석으로 나아갈 수 있다.

이와 같이 하나의 관점만을 고집하지 않고 전체적인 해석을 진행한 뒤 각 해석이 궁극적으로 어떤 의미를 강화하며, 그 강화된 의미가 카드의 중추 키워드와 합치되는지 분석한다면 코트 카드 16장을 더 쉽게 해석할 수 있을 것이다.

위계 차이로 코트 카드의 의미가 변화할 때의 해석 방법

그렇다면 각 호칭(Page, Knight, Queen, King)의 카드들은 늘 상위의 존재들이 해석에서 우위를 가질까?

이는 세 가지 요소로 분별할 수 있다.

1. 카드가 의미하는 역량/기반을 질문자가 지니고 있는지 검증한다

Np가 나온 배열이 있다고 가정하자. 이때 카드의 기본 의미는 '현상 유지'이기에 최소한 동년배와 비교했을 때 평균 수준을 유지하고 있어야 한다.

그러나 취업한 적 없는 30대의 질문에서 이 카드가 나왔다면 부정적일 수밖에 없다. 설령 긍정적으로 해석하더라도 본인의 노력보다 다른 사람(가족 또는 후원자)의 지원을 받고 있다고 추론할 수 있으며, 목표를 향해 느리게 나아가는 사람/상황으로 해석하는 것이 더 자연스럽다.

이와 달리, 대학 입시생이 아무런 기반이 없는 상태에서 향후의 성적 향상 여부를 질문할 때 Kp가 나왔다고 상상해보자. 이를 이미 대학 입학에 성공했다고 해석하거나 공부를 여유 있게 해도 문제없다고 해석할 수 있을까?

이처럼 질문자의 실제 역량과 카드의 의미가 어느 정도의 괴리를 보이는지 먼저 점검해봐야 한다.

2. 더 효율적인 카드가 우선한다

새로운 아이디어를 전파·수용하는 것에 관련한 질문이라고 가정해보자. 이런 질문에서 Kc가 유리할까 Qw가 유리할까? 물론 어떤 영향력을 행사하거나 취해야 하는 상황이라면 Kc의 수완이 훨씬 뛰어나다고 할 수 있겠으나, 단순한 아이디어의 전파나 수용 또는 이를 내세워 사람들의 관심을 끌어당기는 행위라면 Qw의 적극성이 Kc의 수완보다 더 확실한 효과를 내기 쉽다.

이처럼 각 카드의 장점이 어떤 상황에서 유리해지기 쉬운지, 또는 각 카드의 상황/수준/입장이 해석에 어떻게 작용할지 충분히 고민한다면 코트 카드 해석은 더 쉬워질 것이다.*

3. 계급의 상승/하강에 따른 격格의 변화

Page가 Knight로 성장하거나 King이 Queen으로 격하하는 구도 등을 관찰해 해석에 응용할 수 있다. 그러나 격이 상승한다고 해서 무조건 긍정적이지만은 않으며, 하강한다고 해서 부정적으로만 해석되지는 않는다는 점을 주의해야 한다.

남보다 빨리 움직여야 할 상황에서는 Page/Knight가 유리할 수 있고, 안정적이거나 확고한 입지가 필요할 상황에서는 Queen/King이 긍정적으로 해석될 수 있다는 점을 고려해 해석해야 한다.

공자는 군군신신부부자자君君臣臣父父子子라 했다. 이처럼 질문자 또는 해당 코트 카드가 어떤 기준(상황에 맞는 태도/기량/기반)을 만족/불만족시켜 긍정/부정적인 영향을 드러낼 수 있을지 고민한다면 코트 카드 해석에 더 쉽게 다가갈 수 있으며, 나아가 세상 만물이 각자의 격에 맞게 살아간다는 이치를 깨달을 수 있을 것이다.

이 책에서는 이 모든 내용을 다루려 했으나, 지면의 한계로 일부 생략한 부분이 있다. 이 점 독자 여러분의 너그러운 양해를 구하고자 한다.

다시금 강조하나, 코트 카드 16장은 질문자의 역량이 각 카드가 의미하는 수준/경지와 맞아떨어지는지 면밀하게 확인해야 한다.

---

* 예를 들어서, 다윗과 골리앗의 싸움은 Ns와 Kp의 싸움으로 이해할 수 있다. 건장한 체격에 괴력을 가진 골리앗(Kp)은 다윗(Ns)의 선제공격 또는 기술을 이용한 기습(돌팔매질)을 통해 승리했다고 볼 수 있다. 이로써 Ns가 Kp를 상대할 때 자신의 어떤 장점을 활용해 상황을 유리하게 만들 수 있는지를 이해할 수 있다.

타로카드 약어 설명

타로카드 여러 장을 쓰는 켈틱 크로스 배열을 설명할 때 빠르고 편리하게 기록하고자, 아래와 같은 규칙을 적용해 약어로 표기한다. 카드들을 한눈에 살피는 데 도움이 될 것이다.

메이저 아르카나 약어

역방향 (r) / 마르세유 (m)

0. THE FOOL.	→	0
1. THE MAGICIAN.	→	1
…		…
21. THE WORLD.	→	21

마이너 아르카나 약어

Ace of Wands.	→ Aw		Ace of Cups.	→ Ac	
2 of Wands.	→ 2w		2 of Cups.	→ 2c	
…	…		…	…	
10 of Wands.	→ 10w		10 of Cups.	→ 10c	
Page of Wands.	→ Pw		Page of Cups.	→ Pc	
Knight of Wands.	→ Nw		Knight of Cups.	→ Nc	
Queen of Wands.	→ Qw		Queen of Cups.	→ Qc	
King of Wands	→ Kw		King of Cups.	→ Kc	
Ace of Swords.	→ As		Ace of Pentacles.	→ Ap	
2 of Swords.	→ 2p		2 of Pentacles.	→ 2p	
…	…		…	…	
Page of Swords.	→ Ps		Page of Pentacles.	→ Pp	
Knight of Swords.	→ Ns		Knight of Pentacles.	→ Np	
Queen of Swords.	→ Qs		Queen of Pentacles	→ Qp	
King of Swords.	→ Ks		King of Pentacles.	→ Kp	

일러두기

타로카드 총서의 제목들은 다음과 같이 약칭했다.

『타로카드의 해석: 메이저 아르카나』 → 메이저 해석편

『타로카드의 상징: 코트 카드』 → 코트 상징편

PAGE *of* WANDS.

소식
News(paper)

PAGE *of* WANDS.

PAGE 공통 의미

견습, 아르바이트, 인턴, 초보, (회사 일반) 평사원, 이등병, 미성년자, (초/중/고등/대)학생, 연소자, (다른 코트 카드가 나와 영향을 받을 때는 그 카드보다)수준이 떨어지다, 말초 조직, 처방전 없이 해결할 수 있는 작은 질병들, 자연스러운 인체의 회복력으로 완쾌할 수 있는 경증

Page of Wands의 키워드

(기쁜/슬픈)소식, 뉴스, 기자, 소식을 전달하는 사람(아이)들, (아이답게)도덕적인, 사환使喚, 집배원, 택배(도착문자), 아이가 전하는 즐거운 소식, (실현되기 어려운)기발한 아이디어, 가십, 황색신문, 재롱둥이, 엉뚱한 발상, (이유 없이)긍정적인 분위기, (보호자의)기대에 열심히 부응하다, 명확하지 않은 것을 좇다, 방황한다고 착각하는(사람/상황), (꿈, 이루고 싶어 하는 것에 대한)순수한 열망/열정, 타박상, (깜빡하는 수준의)건망증 등……

긍정/부정 확인 기준

질문자의 의지/목적이 순수한가?

질문과 관련해 새로운 소식은 어떤 것들이 있는가?

질문 관련자 가운데 소식을 전달할 수 있는 사람은 누구이며, 그 사람
은 질문자에게 호의/악의적인가?

질문자의 실제 역량은 어떤 수준인가?

사람들이 질문자에게 어느 정도의 기대를 품고 있는가?

이는 코트 상징편에서 언급했던 '소식(을 전달하는 자)', '(자신이 생각
하기에)기발한 아이디어'라는 핵심 의미 및 파생 키워드들을 생각해
봤을 때 세울 수 있는 기준이며, 이로써 Pw가 배열에 나왔을 때 긍
정/부정적인 의미를 어떻게 발현하고 있는지 파악할 수 있다.

때 묻지 않은 아이의 순수함은 세상 모든 악의를 벗길 수 있는 막
강한 무기다. 이 순수함을 열정과 의지로 더욱 뻗어내 주변을 긍정적
으로 바꿔나간다면, Pw는 지속적인 성장 가능성을 의미한다.

그러나 단순한 흥미나 부족한 의지는 Pw 자신의 의도와 다르게
일어나지 않을 수 있는 상황을 되레 재촉하고, 그 과정에서 아무것도
바꾸지 못한 채 주위의 흐름에 떠밀리거나, 자신의 재능만 계속 소모
당할 수 있다는 점을 경고한다.

해석용법

긍정 Pw는 자신 또는 주변 사람들이 원하고 추구한다고 생각하는 것들에 닿고자 계속 노력하려는 의지가 충만한 인물로 묘사된다. 목표/목적 달성에 대한 열망을 계속 품고 있기에, 다른 사람들이 보기에 자신의 의지와 열정을 계속 다지려고 애쓰는 모습으로 비친다면 카드의 긍정적인 의미가 더 강화된다. 이때 Pw는 배열에 연계되는 다른 카드에도 긍정적인 영향을 미치며, 위에서 언급한 여러 판단 기준에 얼마나 맞아떨어지냐에 따라 배열 전체의 해석 기조를 조율할 수 있을 만큼 영향력이 강해진다.

부정 이처럼 긍정적이기만 할 것 같은 모습은 오히려 사안에 맞지 않는 경박함이나 엉뚱함 때문에 주변이 원치 않는 소식까지 눈치 없이/적절하지 않게 전달하거나 퍼트리는 상황을 빚을 수 있으며, 최악의 경우 자신의 의지 또는 이상적 가치에 반하는 소식을 억지로 조작/위조/왜곡해 전달함으로써 주위에 악영향을 미칠 수 있다는 것을 경고한다.

이 때문에 Pw가 전달하는 소식은 질문과 관련된 소소한 것이거나 이와 관련해 일어난 지 얼마 되지 않은 속보 또는 어떤 분야에서 갓 만들어졌거나 단순히 가능성만 알려지기 시작한 내용일 수 있으니 주의해야 한다.

그렇기에 질문자가 원하는 소식이나 질문과 관련해 곧 도착할 소식이 어떤 긍정/부정적인 영향을 미치는지 먼저 판단해야 하며, 질문자가 이 질문의 관련자 가운데 누가, 어떻게 Pw에 해당하는지 확인해야 한다.

마지막으로, 질문/질문자의 영역이나 질문자의 역량/기반을 확인한다면 소거/연역법을 이용해 키워드를 너무 폭넓게 연계하지 않고 (이는 단순하게 해석할 때 자주 저지르는 잘못이다) 더 정확하게 해석할 수 있다.

특히 Pw는 어떤 분야의 새로운 발상(을 알리는 상황) 또는 어떤 확정된 소식을 기다리는 상황에서 곧잘 드러난다.

이때 불안정하고 현실성 없다 여겨 공인받지 못했던 단순한 아이디어가 성공적으로 현실에 구현됐다는 소식의 전달로 해석될 경우 큰 성공을 거둘 수 있는 징조로 해석된다.

모든 Page가 어떤 환경에서 무엇을 받아들이느냐는 매우 중요한 문제며, Page들의 모호한 잠재력과 가능성을 올바로 구현해낸다면 단순한 격格*의 변화에 그치지 않고 초월적 존재로 각성할 수 있다.

이런 사례의 하나로 19세기 '좋은 시절La Belle Époque'에 활동했던 프랑스 화가 장 마르크 코테Jean Marc-Côté와 그 동료들의 그림을 들 수 있다.** 이런 모든 상상은 그 당시 사람에게는 말 그대로 꿈속의 개념들이지만 지금은 이미 이루어졌거나 정확히 똑같지 않더라도 비슷한 일이 일어났다.

이런 요소들 때문에 이 카드는 '새로운 것을 전달하는 아이'라는 의미를 지니며, 이 새로운 것을 전달하는 방식에 따라 그 키워드가 변화해왔다. 이는 과거의 전령傳令에서 시작해 새로운 소식을 전하는 우체국 사환使喚***, 거리의 호외꾼, 샌드위치맨Sandwich man****의 암울한 시기를 지나 새로이 꿈꾸는 아이들의 모습으로 정착했다.

* 역술에서 말하는 격은 그 자신을 둘러싼 환경, 수준, 역량, 기반 전체를 의미하며, 이를 끌어올림으로써 자신과 관련한 모든 것의 수준을 통틀어 일컫는 것이다. 나아가 이를 차별화하려 노력하고, 그 노력의 결실로 자신의 운을 더 확장할 수 있음을 역설한다. 최근 온라인 게임에서 말하는 티어Tier 개념이 이와 비슷하다고 할 수 있다.

** 〈1900년 초 예술가들이 상상한 2000년, 현재에서 보니?〉, 《중앙일보》, 2015년 10월 5일 자.

*** 관청, 회사, 가게 등에서 잔심부름 등 주로 자질구레한 일을 도맡아 하는 고용인. 심부름꾼. 일본식 표현으로는 급사라고도 한다. 옛날에는 사무실마다 한둘 정도는 꼭 있었으나, 자동화, 기업화가 이루어지며 점차 사어가 됐다.

**** 광고 효과를 높이려 몸의 앞뒤에 두 장의 광고판을 달고 거리를 돌아다니는 사람을 말한다. 산업혁명 시기에 등장했으며, 인간의 존엄성을 해친다는 지적을 받아 현재는 금기시되는 광고 방식이다.
〈샌드위치맨, 세계 어디에나 있다〉, 《시사인》, 2013년 6월 27일 자.

나아가 Pw의 긍정적인 면은 기존 체제에 안주하는 자들을 긴장하게 만드는 존재로 드러난다. 일례로 전성기의 마이크로소프트를 이끌던 빌 게이츠의 인터뷰를 들 수 있다. 그는 1998년 한 칼럼니스트에게 '지금 가장 두려운 것이 무엇인가?'라는 질문을 받았을 때, '지금 이 시간 누군가 창고에 처박혀 새로운 기술을 개발하고 있는 것이 가장 두렵다. 그것이 내게는 가장 큰 악몽이다'라고 답했다.

경쟁사나 경쟁자를 언급하리라는 예상과 달리, 새로운 아이디어를 들고 나타날 경쟁자들을 두려워하던 빌 게이츠의 예견은 1998년 세리게이 브린과 래리 페이지라는 20대 젊은이들이 창립한 '구글'로 현실화했다.*

반대로 Pw의 월권이나 타락 또는 중대한 실수로 문제가 생길 때도 상황을 확인해야 한다. 작게는 심부름을 잘못하거나 지시를 잘못 이해해 벌어진 웃음거리로 끝날 수 있지만, 이런 영향이 큰 규모로 벌어지면 세상이 뒤집히는 사건이 된다.

단순한 사건을 적극적으로 이용해 비극적인 분쟁을 일으킨 사례로, 보불전쟁의 도화선이 된 엠스 전보 사건Ems Dispatch**을 들 수 있으며, 소식을 잘못 대중에게 전달해 민족적 비극으로 치닫게 만든 사건인 해방 직후 동아일보의 신탁통치 오보 사건***을 들 수 있다.

Pw의 아이가 자신이 가진 새로운 것이 정말 새롭고 획기적인지

* 교보문고 인터뷰, 작가와의 만남, "『구글드Googled』켄 올레타, 구글의 지배를 읽다", 2010년 6월 24일 자.
http://news.kyobobook.co.kr/people/writerView.ink?sntn_id=1700

** 당시 프로이센의 재상이었던 오토 폰 비스마르크는 프랑스와 전쟁을 일으키기 위해 엠스의 휴양지에서 진행됐던 프랑스 대사와 독일 왕 빌헬름 1세의 회담 내용을 조작해 언론에 발표한다. 이윽고 양국 시민들이 격분했으며, 곧 전쟁으로 이어졌다.

*** 이 사건으로 신탁통치 찬성파와 반대파의 충돌이 거세지며, 남북 지도자들이 여론을 이용해 분단의 씨앗을 심었다고 평가된다.
〈신탁통치 오보사건(12.27)〉,《한국일보》, 2017년 12월 27일 자; 바실리 V. 레베데프, 〈73년 전의 모스크바 3상회의의 결정과 분단〉,《서울신문》, 2018년 12월 4일 자; 함규진 성균관대 국가경영전략연구소 연구원, 〈반탁운동, '동아' 오보가 없었다면〉,《한겨레21》, 2010년 1월 27일 자 기사.

스스로 판단하기는 어렵다. 세상은 넓으며, 자신에게 새롭다고 해서 남들도 관심을 줄 것이라고 확신할 수는 없기 때문이다. 더더욱, 그 것을 현실화할 수 있는 물질적 기반의 부족과 현실적 한계를 Pw가 홀로 극복하기 어렵다는 데 주의해야 한다.

이는 아이들(또는 역량이 부족한 자들)이 떠올린 새로운 발상이 사람들에게 엉뚱한 것 또는 허무맹랑한 것으로 여겨질 때 발생하는 일이나 상황을 통해 알 수 있다.

배열상 Pw가 나오면, 아주 치명적인 사안이나 소식이 아닌 한(치명적인 사안일 때는 Pw보다 8w나 16이 나올 때가 더 많다) 부정적인 의미로 적용되는 사례는 흔치 않고, 설령 부정적인 의미가 적용되더라도 관련자 대부분이 이미 상황을 예상하거나 각오하고 있을 때가 많다.

그러나 예측 가능한 범주를 넘어설 때 카드의 부정적인 의미가 적용되기 쉬워진다. 이는 예측 불가능한/돌발적인/엉뚱한 소식들이 대부분 질문자가 원하지 않는 상황변화를 일으키기 쉽기 때문이다.

나아가 Pw에 적용, 대응될 수 있는 인물이 존재한다면 해당 인물의 상황, 역량, 기반, 수준이 Pw의 의미를 강화/퇴색시키는지 파악할 수 있으며, 이를 통해 적절한/모자란 수준을 어떻게 이용/보완시킬 것인지 고려하며 조언을 진행해야 한다.

배열 위치별 특징 켈틱 크로스 배열에서 Pw가 나왔을 때, 어떻게 긍정/부정적인 영향을 주는지 판단하려면 가장 먼저 질문과 관련해 Pw의 역할을 어떻게 규정하게 되는지 확인해야 한다. 그 뒤 10장의 카드 맥락을 모두 살핌으로써 이를 판단할 수 있다(이에 관해 더 상세한 내용은 27-29쪽을 참고).

Pw는 앞에서 언급했듯 다가올 소식, 인물의 성향 묘사가 단순한 편이기에 긍정/부정을 비교적 쉽게 파악할 수 있다. 이런 성향 때문에 1, 5, 8번 위치에 나왔을 때 영향력이 쉽게 강화되는 경향이 있다. 이는 질문자 자신이 Pw에 합당한지만 파악한다면 쉬이 해석이 진행되거나, 곧 도달하는 (예측 가능한, 좋은)소식이 무엇인지만 확인하면 해결되기 때문이다.

반대로 2, 4, 7번 위치에 나오면 부정적인 의미로 적용되기 쉬운데, 이는 당면한 비보나 원치 않는 소식으로 이해하기 쉬운 위치이며, 과거의 이야기나 행동이 현실에 어떤 영향을 끼쳤는지 판단하면 긍정적인 요소가 줄어들기 때문이다. 나아가 자신을 과도하게 긍정적으로 평가하고 있거나, 자신의 문제적 행위들을 단순한 선의로 착각하고 있음을 지적할 수 있다.

　　단, 9번 위치의 Pw의 해석은 굉장히 쉬워지는데, 이는 결국 긍정/부정적인 의미를 모두 적용하기만 해도 대부분의 해석이 종료되기 때문이다.

주제별 포인트

연애(관계가 성립한 상황) 원하는/원하지 않는 소식을 의미하며, 이는 최상/최악의 경우 모두 '임신', '입대(영장)'의 의미가 포함될 수 있다.

긍정적인 영향을 받는다면 관계를 이루는 구성원들이 기다리던 소식을 받는 처지이거나 양가 부모 또는 주변의 지지를 확보하는 데 성공했다는 소식이나 그와 관련해 소소한 좋은 소식들로 갈무리할 수 있기 때문이다.

그러나 부정적인 의미가 강화될수록 원치 않는 (예정된)소식으로 해석되며, 최악의 경우 다른 (눈치 없는)이들의 개입과 관계에 대한 루머 확산, 전파로 변질할 수 있으니 주의해야 한다.

이는 더 명확히 상황을 판단해 사전에 차단할 방편을 마련하거나, 아예 착각할 수 없게끔 빌미를 주지 않는 것으로 충분히 극복할 수 있으므로 조언을 통해 변수를 만들지 않도록 조처해야 한다.

연애(관계가 성립하지 않은 상황) 도움이 되는 소식이 도착하거나, 반대로 실패할 요소를 높이는 소식으로 단순하게 나눌 수 있다.

아예 관계 성립 시도조차 없는 무미건조한 상황에서의 Pw는 관계 성립과 관련한 (그것이 질문자에게 별 의미가 없더라도)기회가 왔음을 알리는 것으로 이해할 수 있다. 이때 부정적인 영향을 받는다면 기회를 만들 여유조차 사라질 수밖에 없는 상황을 전달받거나(예: 갑작스러운 연장 근무 통보), 스스로 발전하고자 관계 형성을 포기하려는 모습(예: 자기 계발을 위해 학원 등록이나 자격 시험 응시)으로 해석할 수 있다.

대인관계 Pw가 질문자 자신으로 확인되면 다른 사람들의 집단, 개인 성향에 질문자가 부응하려는 상황일 때 주변에서 친절하거나 열의 넘치는 초심자/연하의 인물로 인식되고 있다고 해석할 수 있으며, 부정적인 영향을 받는다면 뜬소문을 전파하고 있거나 선의로 무언가를 하더라도 주변 눈치를 보지 않는 행태 때문에 사람들의 반감

을 사고 있다는 의미로 해석된다.

그 밖에 대인관계와 관련된 질문에서 Pw가 나온다면 질문자를 둘러싼 대인관계에 어떤 활력/침체를 불러오는 소식의 도착으로 이해할 수 있으며, 이런 Pw의 장단점을 어떻게 이용해 긍정적으로 발전할 수 있는지 유도해나가야 한다.

사업의 흐름이나 전망 기본적으로 해당 사업의 호재/악재와 관련한 소식의 전달로 해석된다. 오히려 가공되지 않은 정보를 받는다면 이를 어떻게 이용/가공해 질문자에게 도움이 되도록 만들지 고민해야 한다. 나아가 해당 소식의 전달자를 신뢰할 수 있는지, 그 소식이 이미 어떤 편향된 관점하에 편집/가공된 것인지 파악해 위험 요소를 방지하거나 역정보를 전파하는 방식을 채용해 질문자의 기반과 수익 구조를 향상/방어해낼 수 있도록 주언해야 한다.

창업의 성사 여부 보통 Pw가 의미하는 분야는 해당 분야를 관통하는 원론(코트 상징편 29-30쪽 참고)에 해당하되, 기반이 취약하거나 근거가 부족해 단순한 아이디어에 지나지 않는 것을 현실에 강제로 무리해서 꺼내려는 모습으로 이해할 수 있다.

그렇기에 기발한 아이디어를 통해 대중의 관심을 얻을 목적이거나, 충분히 검증되지 않았지만 어떤 확고한 논리/철학하에 시도할 수 있는 사업들의 스타트업*으로 이해할 수 있다.

긍정적인 영향을 받는다면 수익 구조에 종속되지 않고 자신이 추구하려는 바를 구현해 사업 유지가 가능하거나 새로운 유행을 불러일으켜 사업을 정상 궤도에 올릴 수 있다는 점을 의미한다.

반대로 부정적인 영향을 받는다면 좋은 아이디어를 현실화하지 못하거나 기반 미비로 대중에게 사업 아이템을 충분히 어필하지 못할 수 있다는 점을 지적하며, 최악의 경우 자신보다 큰 기반/자본이 유입됨으로써 아이디어만 강탈당할 위험이 있으며, 자신의 사업을

* 설립한 지 오래되지 않은 벤처기업으로, 미국 실리콘밸리에서 처음 사용된 용어다.

지켜내지 못하고 시장에서 축출당하기 쉬운 상황임을 경고한다.

진로 적성 Wand의 속성과 Page의 입장을 동시에 이해하고 이를 세분화할 필요가 있다. 이는 곧 어학, 발명, 아이디어 뱅크의 재능으로 해석할 수 있으며, 더 나아가 어떤 분야나 현상에 대한 원론적인 통찰에 재능이 있는 것으로 이해할 수 있다.

그러나 부정적인 영향을 받는다면 지식의 이해와 학습에서 자기 자신만의 엉뚱한 생각과 관점으로 인해 아류亞流로 전락하기 쉽다는 단점이 있으며, 특유의 긍정적인 태도로 무방비함을 드러내 남에게 자신의 재능을 악의적으로 착취, 소모될 수 있다는 점을 지적한다.

그 밖에 학습 태도나 속도와 관련된 질문이라면, 다른 코트 카드들을 압도하는 오성悟性을 지니며, 다른 이들보다 어떤 학문이나 지식을 깨닫는 수준이나 체득하는 속도가 월등히 뛰어난 것으로 해석된다. 그렇기에 이 주제와 관련한 질문일 때 Pw의 취약점을 보완하며 질문자의 의지가 추구하는 것이 무엇인지 확인해 존중하고 인정해줌으로써 더 발전할 수 있도록 조언해야 한다.

시험 결과나 합격 여부 Pw는 단지 소식을 의미하기에 이 카드 한 장으로는 합격/불합격을 판가름하기 어렵다. 주변 카드의 영향력과 질문자의 수준을 먼저 파악해서 이 소식이 긍정/부정적인지 판단해야 한다. 질문자의 역량이 객관적으로 다른 경쟁자들보다 우위에 있는지 확인한다면, Pw의 해석이 크게 쉬워진다.

질병의 호전, 완치 의사의 진료 방침에 잘 따라주고 있다는 전제/확증만 있다면 병세 회복을 의미하며, 이 경우 질문자의 완치 의욕을 어떻게 활용할지 고려해 더 적극적인 치료 과정 참여를 유도해낸다면 큰 문제가 되진 않는다.

그러나 중병일 때는 부정적인 영향을 벗어나기 힘들고, 대부분은 시한부 선고나 불편하고 받아들이기 힘든 진실을 일방적으로 통보받는 것으로 해석된다.

이런 전문적인 진단이나 결론을 속단하는 것은 어려운 문제이니, 이 주제의 질문은 섣불리 해석하지 말아야 한다.

단순한 건강 문제 일상적인 상태라면 단순한 상태 호조로 해석되며, 간단한 놀이/여흥/게임으로 스트레스 발산을 거드는 수준에 그친다.

발병할 소지를 점친다면 정신적인 면에서 착한 아이 증후군Nice Guy Syndrome이나 침소봉대針小棒大하는 문제들을 지적하며, 최악의 경우 자기 생각이나 발상을 천재적인 것으로 포장하려는 모습이나 자신이 제대로 모르는 것을 안다고 착각하며 모두 답하려는 과민증으로 발전할 수 있다.

신체적인 질병으로 본다면 활동 중 생기는 찰과상이나 타박상 등에 해당하며, 이것이 악화하면 골절로 인한 장애를 암시하는데, 이는 Pw 특유의 긍정적·활동적 성향으로 빚어질 수 있는 문제로 생각한다면 그 의미를 쉽게 이해할 수 있다.

켈틱 크로스 배열 위치별 긍정/부정 해석법

1 → ②③④⑦ 카드 확인 질문자의 역량이나 질문 주제를 둘러싼 상황이 어떤지 파악해 카드의 의미를 더 구체화할 수 있으며, 나아가 해당 문제의 원인이 무엇인지 우선 파악해 상황을 발전시키거나 악화를 방지하도록 조언할 수 있다.

---

2 → ①④⑤⑧ 카드 확인 해당 소식/인물이 왜 부정적 요소를 전달하거나 사안에 방해되는지 판단해야 한다. 이로써 이 소식이 질문자의 어떤 행동/생각 때문에 발생했으며, 그 원인이 무엇인지 파악해 이를 완화하거나 없애는 방법을 동원해야 한다.

---

3 → ②④⑦⑨ 카드 확인 이 위치의 Pw는 질문자의 개인 성향을 파악하기 위해서라도 주제와 관련한 과거 및 질문자의 속마음을 우선해 문제 해결 의지가 명확한지, 그렇지 않고 어떤 것들을 단순히 긍정적으로 여기고 추종하거나 눈치 없는 행동을 선의라 착각하는 사람인지 확인해야 한다.

　긍정적인 영향을 받는다면 문제 해결에 적극적인 열의를 순수하게 드러내 주변의 지지를 얻어 난관을 돌파할 수 있다고 조언해야 하나, 부정적인 영향을 받는다면 철없이 밝은 이미지만으로 해결할 수 없는 문제도 있다는 점을 지적하고 현실적인 대처 방안을 강구할 것을 조언해야 한다.

---

4 → ①②⑤⑨ 카드 확인 과거의 어떤 소식 때문에 현 상황이 벌어졌는지 확인하고, 이것이 질문자가 원하는/두려워하는 것과 어떻게 연결돼 있는지 분석해 긍정/부정적인 요소를 파악해야 한다.

　긍정적인 영향을 받는다면 순풍에 돛 단 것처럼 일이 흘러가리라는 것을 의미하나, 그렇지 않으면 여러 난관과 장애에 휘말릴수 있음을 지적한다.

---

5 → ①③⑧ 카드 확인 질문자 자신의 태도, 상황, 기존에 취했던 질문자의 노력과 성향을 분석해 긍정/부정적인 소식인지 판단할 수 있으며, 질문자의 주변이나 제3자들의 평가가 어떤지 확인함으로써 더 구체적으로 해석할 수 있다.

　긍정적인 영향을 받는다면 문제 해결에 박차를 가할 만한 낭보가 도달하거나 그에 준하는 조력을 얻기 쉽다는 것을 의미하나, 부정적인 영향을 받는다면 예상하지 못한 인물의 돌출 행동으로 실패를 겪거나 평소 경계할 가치나 필요를 느끼지 못했던 분야/존재/인물 때문에 질문자의 역량/기반이 훼

손될 수 있음을 경고한다.

---

6 → ①②③⑤ 카드 확인 질문자 및 질문자의 행보를 가로막는 장애물이 무엇인지 파악하고, 이와 비슷한 문제들을 과거에 어떤 방식으로 해결해왔는지 분석해 자연스레 벌어질 다음 수순들을 예측해야 할 필요가 있다. 이를 통해 이 상황들이 초래할 수밖에 없는 사건/인물/소식이 무엇인지 예견할 수 있다.

긍정적인 영향을 받는다면 질문자의 말과 행동이 문제를 가로막는 것들을 배제하는데 성공하고, 이를 질문 주제와 관련된 이들이 인지하게 되거나 미담으로 전파된 것을 의미하나, 부정적인 영향을 받는다면 질문자의 부족한 역량이나 추태가 타인들에게 폭로될 수 있음을 뜻하거나 악성 루머가 돼 행동에 제약을 줄 수 있다는 점을 경고한다.

---

7 → ②⑤⑧⑨ 카드 확인 이때 해석자는 질문자가 기대하는 소식, 전달하려는 소식이 질문과 관계된 주변 상황에 적합한지 확인해야 하며, 이 과정에서 질문자가 자신을 과대평가하거나 주변의 기대에 부응하고자 무리하는 것은 아닌지 점검해야 한다.

긍정적인 영향을 받는다면 자신의 긍정적인 마음으로 상황을 바꾸려 한다는 모습으로 이해할 수 있으나, 부정적인 영향을 받는다면 자신의 선의가 남에게 위해로 다가갈 수 있다는 점을 자각하게 하고, 긍정적인 마음만으로 해결할 수 있는 현실은 몇 없다는 점을 강하게 언급해야 한다.

---

8 → ③④⑤⑨ 카드 확인 이 위치에 나타난 Pw는 다른 사람들이 질문자를 소식을 전달해주는 이로 여기거나 다른 사람들이 평가하는 질문자의 모습이 Pw처럼 보여지고 있음을 뜻한다.

긍정적인 영향을 받는다면 사람들의 기대에 부응하며 긍정적인 에너지를 발산하는 인물로 평가하고 있거나, 그에 준하는 효과를 가져오는 고마운/좋은 사람으로 비친다는 것을 의미하나, 부정적인 영향을 받는다면 엉뚱한 발상으로 웃지도 울지도 못할 일을 벌이거나, 눈치 없이 자신의 주장을 내세우는 모습으로 보인다는 점을 경고한다.

---

9 → ②③④⑤ 카드 확인 질문자의 성향과 역량을 확인한 뒤 질문과 관련한 과거 또는 해당 문제를 질문자가 어떤 방식으로 대처해왔는지 확인함으로써 질문자가 희망하거나 두려워하는 소식이 무엇인지 파악할 수 있다.

10 → 이러한 과정을 거쳐, 질문의 결론이 질문자에게 어떻게 긍정/부정적 영향을 끼치는지 확인해야 한다. 앞의 카드들을 참고해 Pw의 의미를 최대한 긍정적으로 바꿔야 한다. 나아가 질문자의 잠재력을 통해 질문과 관련한 분야의 기발하지만 어느 누구도 실제로 발현되기 어렵다고 생각하는 것을 현실에 꺼냈을 때, 모든 부정적 요소를 극복할 수 있다는 점을 조언해야 한다.

실제 사례 (2002년 4월, 40대 초반 여성, 이화여대 근처 의류 소매상)

질문   이번 분기 매출이 늘까?

사전 정보 질문자는 월드컵 특수를 노리고 관련 의류를 대량으로 입하했으나 국가대표 평가전 성적이 너무 저조하기에 축구 열기가 제대로 불붙지 못하고 재고만 떠안을까 봐 두려워 점을 본다고 했다.

$$3c - 7w - 6s - 2 - Ns - Pw - 7 - 8w - 9c - 10$$

3c   (질문자 자신) 분위기는 점점 고조되는 듯싶다.

7w   (장애물) 그러나 이래서는 판매량을 보장하기 힘들다.

6s   (기저) 수익이 상승할 수 있도록 다양한 방안을 고민했다.

2   (과거) 성수기와 비슷한 판매량은 충분히 나오리라 예상했다.

Ns   (현재/곧 일어날 일) 시간은 빠르게 흘러갈 것이며, 어설프게 물러나다가는 큰일 날 수 있다.

Pw   (미래) 좋은 소식, 호재가 찾아온다.

7   (질문자의 내면) 계속 이 결정을 밀어붙이고 싶어 고민 중이다.

8w   (제3자가 바라보는 질문자) 이미 결정을 번복하기에는 늦었다.

9c   (희망/두려움) 만족스러운 수입을 기대하면서도, 본전치기에 그치지 않을까 걱정한다.

10   (결과) 유행은 바뀔 것이며, 이를 미리 준비한 자들은 수혜를 입을 것이다.

실전 해석

이 배열에서 Pw는 6번 위치, '미래'에 나타났다. 사업과 관련한 질문의 특성상 질문자가 어떤 소식을 기대하고 있으며, 그 소식이 사업에 어떤 긍정/부정적인 영향을 주는지 확인해야 한다.

이 질문에서 Pw는 질문자를 비롯한 대부분이 기대하는 낭보가 무엇인지 보여준다. 시기상 이는 2002 FIFA 한일 월드컵의 성공적인 개최와 더불어 국가대표의 활약을 기대하는 것이라 판단할 수 있다.

배열에서 Pw에 영향을 주는 카드는 3c, 7w, 6s, Ns로 확인되는데, 이로써 Pw가 비교적 긍정적인 영향을 주고 있다는 것을 알 수 있다.

질문자는 확신이 있으나 그 정확성을 자신하지 못할 뿐이고, 이 소식이 반드시 호재로 작용한다고 충분히 인지하고 있으며 이런 예측을 바탕으로 사업을 계속 이끌어왔기 때문이다. 나아가 질문자는 이호재가 아무리 방해받더라도 자신의 예측에 큰 변화가 없거나, 있더라도 이 행사로 발생하는 일시적 호황세에 힘입어 난관을 돌파할 수 있다고 확신하고 있다.

그렇기에 질문자의 판단 근거가 무엇인지만 확인한다면 Pw의 부정적인 의미 적용을 완전히 배제할 수 있다.

---

① **3c(질문자 자신)** 질문자가 제 나름의 확신 또는 다가올 소식에 대한 낙관적인 태도를 보여준다는 것을 뜻한다. 긍정적인 영향을 받는다면 이런 태도를 해도 상관없다고 확언할 수 있으나, 부정적인 영향을 받는다면 방만·방탕한 태도 때문에 자신이 얻을 수 있는 것을 놓치거나 가진 것마저 탕진할 수 있다는 점을 경고한다.

---

② **7w(장애물)** 불투명한 상황임에도 질문자가 질문(사업 운영)에 대한 대처를 미흡하게 했거나, 시쳇말로 '아랫돌을 빼 윗돌로 삼는' 도박을 걸었다고 볼 수 있다. 이는 어디까지나 임시방편이라는 것을 질문자가 얼마나 자각하고 있는지에 따라 긍정/부정적인 의미를 확정할 수 있다.

긍정적인 영향을 받는다면 잠깐의 꼼수나 임기응변으로 위기를 극복하거나 그 이상의 이익을 거둘 수 있다는 점을 의미하나, 그렇지 못하면 언 발에 오줌 누듯 대처한 것이 심각한 동상으로 이어져 스스로 발을 잘라내야 하는 상황까지 닥칠 수 있다는 점을 경고한다.

---

③ **6s (기저)** 질문자가 과거부터 현재까지 이 사안에 대해 더 나은 판단을 내렸거나 더 좋은 시장 상황을 보여주는 분야/방식/환경에 적극적으로 적절히 대처해왔다는 점을 드러낸다. 긍정적인 영향을 받는다면 과거, 현재, 미래와 무관하게 질문자가 이런 시장 상황을 이용해 더 발전할 수 있다는 점을 의미한다. 그러나 부정적인 영향을 받는다면 쉬운 길만 고집한 나머지 자신이 쥔 것을 점차 소모하며 끝내 지리멸렬해질 수 있음을 경고한다.

---

④ **2 (과거)** 누가 봐도 호재인 현 상황에 다른 경쟁자들도 질문자와 비슷하게 대비했으며, 대략적인 수요 예측이 '업계에서 보편적으로 책정한' 수준이었음을 의미한다.

긍정적인 영향을 받는다면 자기 확신을 통해 경쟁자들이 이해 못할 만큼 과한 준비가 계획대로 이루어지고 이를 기반으로 더 크게 성공할 수 있다는 것을 의미하나, 부정적인 영향을 받는다면 다른 분야나 경쟁자들과 정보 교류에 실패해 일을 그르칠 수 있는데도 무리하다가 일을 망쳤다는 것을 뜻한다.

이 배열에서는 질문자 자신의 확신과 그에 더해 결정을 내린 뒤 모든 것을 던지듯 달려드는 성향이 긍정적인 요소로 작용하며, 과거의 경험에 따라 재고를 넉넉하게 확보하는 과정에서 흉보*를 들고 갈등하던 것(7)이 질문자가 점을 본 이유임을 명확히 드러낸다(3c, 6s, 7, 9c).

---

* 당시 국가대표 축구 팀은 계속되는 졸전으로 언론과 여론의 집중포화를 받아야 했다. 히딩크 감독을 '오대영 감독'으로 부르는 등 그 비하의 수위가 극심했다.

⑤ **Ns(현재/곧 일어날 일)** 상황이 급박하고 극단적으로 진행되거나 이에 가깝게 흘러가면서 어떻게 대응해도 피해를 막을 수 없다는 점을 의미한다. 긍정적인 영향을 받는다면 이 흐름에 가세해 더 극단적이고 공격적인 수단으로 더 크게 성공할 수 있다는 점을 강조하나, 부정적인 영향을 받는다면 악재를 미처 피하지 못한 채 결정적인 손실을 입을 수 있다는 점을 경고한다.

이 배열에서는 긍정적인 영향을 받았음을 알 수 있는데, 질문자가 빠른 상황 변화에 대처하고 있거나 이미 이런 흐름을 예측해 강행했다고 이해할 수 있으며, 대표팀 감독 역시 팀의 역량을 원하는 수준으로 만들고자 내부 사기 진작에 집중하고, 외부의 여론에 아랑곳하지 않고 있다는 것을 보여주고 있기 때문이다(7w, 2, 9c).

---

⑥ **Pw(미래)** 조만간 좋은/나쁜 소식이 들려오리라는 것을 뜻한다. 이 배열에서는 비교적 긍정적인 영향을 받았다는 점을 알 수 있는데, 큰 행사로 일시적인 경기 부양과 축제 분위기가 고조되는 것을 질문자 스스로 인지할 정도라는 점과 함께, 질문자가 자신의 역량을 넘는 무리수를 던지지 않은 상황과 더불어 실제 경기 결과와 이를 읽어 들여 사업을 키워온 경력, 사업 감각, 예측력이 질문자를 머뭇거리게 하기는커녕 더 큰 위험을 감수하고라도 도박을 걸라고 부추기기 때문이다.

만약 Pw가 부정적인 영향을 준다면 대회 무산 또는 대회 개최가 의미 없을 정도의 졸전으로 축제의 기대감을 사라지게 하는 정도의 나쁜 소식으로 이해해야 하나, 이 축제가 전쟁과 같은 이유 말고는 취소된 적 없다는 점*과 더불어 키 플레이어들의 막중한 부상이 없다는 전제만 선결된다면 큰 문제가 되지 않기에 부정적인 영향을 적용할 수 없다는 점을 알 수 있다(3c, 7w, 6s, Ns).

---

* 월드컵은 전쟁, 천재지변이 아닌 한 정치적 문제(독재 등)로 논란이 된 적은 있으나(예: 1978년 아르헨티나에서 열렸던 FIFA 월드컵 대회), 대회가 중단된 적은 없다.

⑦ **7(질문자의 내면)** 메이저 해석편에 따라 분석한다면 쉽게 긍정적인 요소가 강화된다는 것을 알 수 있다. 질문자뿐만 아니라 관계자들도 이 호재를 믿고 과감히 움직이고 있으며, 곧 좋은 소식이 들려와 자신의 바람을 이룰 것이라고 확신하기 때문이다(Ns, Pw, 8w, 9c).

⑧ **8w(제3자가 바라보는 질문자)** 이 주제와 둘러싼 이들이 빠른 상황 변화와 정보 전파에 주목하고 있으며, 관련 이슈들이 빠르게 공유되고 있다는 것을 뜻한다. 긍정/부정적이냐에 따라 이 소식들이 더욱 극단/급진적으로 파급력을 발휘하게 된다는 것을 알 수 있다.

⑨ **9c(희망/두려움)** 이 카드는 자신이 원하는 만큼의 수익을 거두기를 기대하는 모습과 함께, 이 모든 긍정적 전망이 자신만의 염원에 그치는 것 아닐까 하는 막연한 두려움을 의미한다.

⑩ **10(결론)** 메이저 해석편을 참고해 해석한다면 결론에 드러난 10은 국제 행사의 필연적인 장단점을 벗어나기 어렵다는 것을 지적한다. 이는 경제 전반이나 시민의 참여도 및 호응도로 이해할 수 있으나, 이 질문의 주제(사업)와 관련한 의류 사업과 판매량에 적용할 때 어떻게든 소비가 촉진되리라는 전망을 쉽게 할 수 있다. 그러므로 질문자의 준비가 옳고, 더 공격적으로 이 흐름에 올라탄다면 더 큰 성공을 거둘 수 있다고 조언할 수 있다.

위에서 언급한 다른 카드들의 해석을 통해 Pw는 비교적 긍정적인 영향을 받고 있다는 것을 확인했다. 그러나 막상 이 해석을 진행할 때는 국가대표의 연이은 졸전으로 월드컵의 흥행 가능성을 낮게 예측한 이들이 대다수였고, 국가대표 감독 교체설부터 괜히 국제경기를 유치한다고 국가 재정만 낭비하는 것 아니냐는 항변마저 공공연히 말하던 때였기에 질문자는 내 해석을 영 믿지 못하는 눈치였다.

다음 날 있었던 코스타리카 평가전도 언론과 시민 대다수는 우리나라가 남미 축구에 약하다는 점을 들어 부정적인 결과를 예상했고,

대회 개최를 석 달 앞두고 더 전력을 강화해봤자 본선 탈락일 것이라며 불리한 조 추첨을 탓하고 있었다.

그러나 해석을 진행하면서 질문자가 사업에 투신한 계기가 서울올림픽대회였다는 것을 확인했다. 그는 이런 국제 행사가 아무리 못해도 기본 이상의 수익과 반강제적 호황을 일으킨다는 점을 체험했다며 그나마 내 조언을 받아들이려 애쓰는 모습을 보였다. 그런 그의 태도에 나는 조금 기분이 상했지만, 정 믿지 못하겠다면 내일 있을 평가전 결과로 판단하라고 말했다.

결과적으로 이 해석은 모두 적중했다. 다음 날 코스타리카를 2:0으로 이기면서 분위기가 반전되기 시작했으며, 뒤이어 중국과 벌인 평가전에서 비겼지만 부상 위험을 감수할 필요가 없다며 여론이 움직이기 시작했다. 그 뒤 국가대표는 스코틀랜드, 잉글랜드, 프랑스와 평가전을 치르며 저력을 보이기 시작했다.

질문자는 코스타리카 평가전 결과를 보고 다시 나를 찾았다. 그때는 이미 자신이 보유한 재고량만큼 추가 주문을 넣었으며, 최종적으로 위 배열을 펼쳤을 때보다 서너 배의 재고량을 확보했다며 기대에 부풀었다. 소매상 수준으로는 말도 안 되는 재고량이었기에 다들 그를 비웃었지만, 그는 내게 연신 고맙다며 자신감을 잃지 않았다.

이후 대회 결과를 언급할 필요가 있을까? 8강 진출이 확정됐을 때 그가 쌓아둔 재고가 동났고, 그 과정에서 조기에 재고가 소진된 주변 상인들이 질문자가 보유한 재고를 웃돈 얹어서 사는 촌극까지 벌어졌다고 한다. 대회가 끝나고 그는 기분 좋은 휴식을 취한 뒤 점포를 옮기며 내게 사례했다.

이 배열에 나온 Pw는 긍정적인 영향을 주변에 발산함으로서 향후 다가올 거대한 흐름을 어떻게 대비할지 적절히 조언해준다면 큰 성공을 거둘 수 있다는 점을 보여준 사례.

'물 들어오는데 노 젓기만 하면 되는' 상황에서 상인에게 가장 필요한 것은 '사람들이 반드시 원하는 재화'를 쟁여두는 행동이었고, 이를 과감히 실행해 다른 카드들(특히 이 사례에서는 Ns~10)의 의미를 긍정적으로 강화하는 데 가장 중요하고 누구에게나 호재로 작용할 수 있는 Pw를 먼저 취해 큰 성공을 거둔 사례였다.

　이러한 사례도 있으나, 사업 흐름과 관련한 주제에서 Pw는 작은 조짐이나 이를 다룬 소식들이 만들어내는 변수들을 어떻게 활용해 질문자에게 이로운 상황을 만들어낼지 고민해야 한다는 점을 부각시킨다. 그렇기에 해석자는 이와 같은 Pw의 특성과 질문 주제, 질문자가 속한 분야에 대한 폭넓은 통찰을 거듭함으로써 더 정밀한 조언을 제시해야 할 것이다.

실제 사례 (1996년 1월, 성남 분당, 10대 초반 남성/30대 후반 학부형)

질문   이 아이의 의욕이 잘 유지될까?

사전 정보 스스로 선행 학습을 하겠다며 학원에 보내달라는 아이가
진심인지 의아해하며 본 점이었다. 자녀의 관점으로 점을
보았기에, 이제부터 자녀를 질문자로 칭하겠다.

$$Pw - 2c - 10p - 4p - 5 - 4s - 9p - 6w - 11 - 5s$$

Pw   (질문자 자신) 부모님이 좋아하고 자기도 나쁘지 않다고 여기는
제안을 전달했다.

2c   (장애물) 빠르게 확정지으려는 바람에 진정성이 떨어지거나,
좋은 학원을 물색하지 못했다.

10p   (기저) 평범하게 지내왔고, 남들 하는 만큼 공부해왔다.

4p   (과거) 자신이 하고자 했던 것들을 계속하고 싶어 한다.

5   (현재/곧 일어날 일) 이제 곧 더 높은 수준의 교육을 받게 될 것
이다(초등학교 → 중학교)

4s   (미래) 잠깐의 휴식과 그 과정에서 다음을 위한 준비를 시작할
것이다.

9p   (질문자의 내면) 제 나름의 계획이 있다.

6w   (제3자가 바라보는 질문자) 사람들은 질문자가 자신의 의지를
관철하거나 공부를 성공적으로 할 수 있다고 여긴다.

11   (희망/두려움) 자신이 생각한 것이 옳은 선택이길 바라며, 예상
밖의 상황이 벌어지는 것을 두려워한다.

5s   (결과) 이 시도로 (남들 눈에는 비겁해 보이더라도) 남보다 앞서
나갈 것이다.

실전 해석

이 배열에서 Pw는 1번 위치, '질문자 자신'에 자리잡았다. 진로, 적성 등 학업과 관련된 질문의 특성상 질문자가 '자기 나름의 목표와 의지를 부모에게 피력한 것'으로 볼 수 있으며, 스스로 학습능력이 남들보다 낮다 생각해 부모에게 이런 부탁을 한 것이라 이해할 수 있다. 이는 또한 주변에 좋은/엉뚱한 모습으로 비치는 것을 스스로 인지하고 있다는 점도 시사한다.

배열에 드러난 Pw에 영향을 주는 카드는 2c, 10p, 4p, 9p로 확인된다. 이로써 비교적 부정적인 영향을 받고 있다는 것을 알 수 있다. 2c는 이 행위가 어떤 명확한 목표/목적 없이 이루어졌음을 의미하며, 10p로 질문자의 자질이 평범한 수준에 그친다는 것을 알 수 있기 때문이다. 나아가 4p로 명확한 목표 없이 행동하는 것에 제 나름의 고집은 있으나 이를 획기적 발전으로 잇지 못했다는 점을 지적하며, 9p는 질문자의 이런 발상이나 생각들을 자기 혼자만 하는 줄 알고 만족해버리는 성향을 의미하기에 부정적인 영향을 받기 쉽다.

그렇기에 카드들의 부정적인 영향들을 질문자의 자질과 어떻게 조율해 긍정적인 요소로 바꿀 수 있는지 해석자가 충분히 고민해야 한다.

---

① **Pw(질문자 자신)** 앞서 언급한 대로 부정적인 영향을 받고 있으나, 질문자 자신과 주변 사람 대부분이 질문자의 긍정적인 면을 이미 알고 있으며, Pw 특유의 엉뚱한 모습에 놀라워하는 것이라 볼 수 있다. 그러나 시야가 좁고 목적이 뚜렷하지 않아 생길 수 있는 단점과 특정 과목에 대한 편식 또는 편견을 없애나간다면 질문자의 잠재력을 끌어올릴 수 있다는 점에 착안해 조언을 진행해야 한다.

제 나름의 조치가 성공해 긍정적인 영향을 받는다면 질문자의 재능을 강화해 공부와 관련해 명확한 기반/자산을 만들어줄 수 있고, 나아가 이런 과정을 거쳐 형성된 습관이 이후 성장 과정에서 큰 역할을 할 수 있다는 점을 조언해야 한다(2c, 10p, 4p, 9p).

② **2c (장애물)** 질문자가 사전 준비가 부족하거나 장기적 복안 없이 제안하는 것으로 해석된다. 다만 이는 긍정적인 영향을 받을 수 있도록 질문자에게 가장 필요하거나 적합한 방식/장소/인물 등을 찾아 대응해준다면 장애물이 아니라 더 나은 발전 요소로 기능하게 된다는 점에 착안해 조언해야 한다.

③ **10p (기저)** 이 주제와 관련한 문제들에 대해 질문자가 별생각 없었거나 이런 상황이 그저 일상적이고 평범한 사안이라 치부해왔음을 의미한다. 나아가 공부와 관련한 기질/소질이 그동안 평범한 수준에 머물러 있음을 보여준다. 긍정적인 영향을 받는다면 앞으로 다가올 학업상의 문제들도 그저 당연히 해야 하는 일상이라 인식하고 별 부담 없이 학업에 매진하는 상황을 의미하나, 부정적인 영향을 받는다면 기본적인 재능/자질 자체가 평범하기에 어떤 수단을 쓰든 그리 발전할 수 없는 범재凡才로서 한계가 있다는 점을 경고한다.

④ **4p (과거)** 질문자가 학업에 관련한 요구를 과거에 해왔으며, 이 과정에서 성과/목적 등과 상관없이 단순한 고집을 부렸던 전적이 있음을 의미한다. 긍정적인 영향을 받는다면 비록 목적을 이루는 수단이 부적절하더라도 제 나름의 성과/성취를 거둬왔다는 것을 시사하나, 부정적인 영향을 받는다면 단순히 변심하거나 떼를 쓰기만 했을 뿐 실제로는 학습 효과를 제대로 누리지 못해왔다는 것을 암시한다.

⑤ **5 (현재/곧 일어날 일)** 메이저 해석편을 참고한다면 이 배열에 나온 5가 비교적 긍정적인 영향을 받고 있으며, 이를 확정하려면 더 권위적·전통적으로 입증됐다고 생각하는 기관/학원/선생을 찾아 질문자를 위탁해야 한다는 것을 알 수 있다.

이는 질문자의 긍정적 성향을 어떻게 발산시킬지 알아야 가능하며, 이 과정에서 학부모와의 상담/의논을 적절히 성사시키고, 나아가 질문자의 생각이나 제 나름의 학습 방법을 파악해 조처한다면 목표를 달성하고 학습 능률을 높일 수 있다(Pw, 2c, 9p, 11).

⑥ **4s(미래)** 질문자를 비롯해 비슷한 연령대의 학생들이 각자 (기술/학문을 더 연마하려) 휴식기(방학)에 들어가리라는 것을 의미한다. 긍정적인 영향을 받는다면 휴식기를 통해 발전을 도모할 수 있다는 점을 의미하나, 부정적인 영향을 받는다면 방만히 쉬는 바람에 오히려 학습 능률이 떨어지거나 의욕을 잃어버릴 수 있다는 점을 경고한다.

⑦ **9p(질문자의 내면)** 긍정적인 영향을 받는다면 질문자가 자신의 기량이나 잠재력을 기르려는 모습으로 볼 수 있으나, 부정적인 영향을 받는다면 이 기회를 틈타 자신만의 아지트를 만들어 주위(특히 부모)의 의도에서 벗어나고자 하는 심리가 있다고 이해할 수 있다.

⑧ **6w(제3자가 바라보는 질문자)** 긍정적인 영향을 받는다면 다른 친구들의 시선에 질문자의 머리가 비상하거나 자신들보다 공부를 더 잘한다고 여겨지고 있음을 의미하나, 부정적인 영향을 받는다면 별다른 실적 없이 자만하는 모습으로 비치고 있거나 현재의 행위들이 허세일 뿐이라 평가절하당하고 있음을 경고한다.

⑨ **11(희망/두려움)** 이 카드는 질문자가 자신이 뜻하는 대로 모든 일이 진행되기를 바라면서도, 자신의 판단이 모두 틀렸거나 의도 대로 이루어지지 않아 좌절하는 상황이 오는 것을 두려워하는 모습을 뜻한다. 메이저 해석편을 통해 유추한다면 비교적 긍정적인 영향을 받고 있다는 것을 알 수 있다. 자신도 옳다고 생각하는(심지어 주변 어른과 부모님의 지지까지 받는 일이라는) 것을 실행하는 점에서 큰 영향을 받으며, 방법을 몰라 엉뚱한 제안을 했을 뿐 의도가 건전하다는 점에서 이를 유추할 수 있다(Pw, 2c, 9p, 6w).

⑩ **5s(결론)** 이런 과정을 통해 방학 때 선행 학습을 하지 않는다면 결과적으로 다른 아이들보다 뒤처질 수밖에 없다는 점을 강조한다.

이를 편법적이지 않게 진행하며 질문자의 요청이 왜 이루어졌는지 소통해본다면 그 의도도 명확하게 판단할 수 있을 것이다.

긍정적인 영향을 받는다면 다른 이들보다 앞서나감으로써 자신의 우위를 유지할 수 있다고 해석되나, 부정적인 영향을 받는다면 이런 행위들이 모두에게 만연한 바람에 투자 대비 효과가 미약하거나 질문자가 (자신이 의도한) 엉뚱한 길로 나아가 학업 성취도를 스스로 낮추는 상황에 빠질 수 있으며, 최악의 경우 불법적인 시도가 발각돼 다른 학우들에게 지탄받거나 따돌림당할 수 있다는 점을 경고한다.

점을 해석하다 보면 변칙적인 수단이 당연한 것처럼 해석되는 씁쓸한 일도 있다. 그러나 1990년대의 성남시 분당구는 고등학교 비평준화 지역이었으며, 이 때문에 중학교 시절부터 수험 생활을 준비하는 것이 일상적이었다.

이 시기 분당의 학부모들은 중학교 입학 전에 중학교 3년과 고등학교 3년의 계획을 모두 세워야 안심할 수 있었다.*

해석을 마치며, 나는 질문자의 바람을 명확히 파악하고 과거 초등학교 시절과 달라질 생활에 대해 길고 깊게 서로 대화할 것을 권했다. 여기에 더해 당시 분당에서 가장 오래되고 경력과 실적을 쌓은 학원 두 곳을 추천했다. 질문자도 이 문제를 경솔히 말한 것을 반성하고 있었기에, 틀린 행동이 아니라 부족한 부분만 메워주면 부모님에게도 좋은 이야기라 위로해주었다.

그 뒤 질문자의 성적이 반에서 15~20등을 했던 과거와 달리 1년 반 뒤에 전교 15~20등으로 올랐고, 더 성적을 올릴 수 있을지를 두고 다시 상담했다.

---

* 이 과정에서 분당의 서현고등학교, 안양의 안양고등학교, 일산의 백석고등학교는 경기도 3대 명문으로 꼽혔다. 내 중학교 재학 시기를 기억에 의존해 회상해본다면 당시 분당 내 고등학교의 합격 하한선은 서현고 195점, 이매고 175점, 중앙고 155점, 대진고 135점으로 기억한다(200점 만점 기준). 이후 성적 - 교복으로 사람을 재단했던 이 잔혹한 시스템은 평준화 조치로 사라졌다.

이 배열에 드러난 Pw는 자칫 분위기(선행 학습의 유행)에 휩쓸려 자신에게 적합한 학습 방법을 찾지 못한 채 고집만 부리다가 제대로 성장하지 못할 수 있었으나, 적절한 조언을 통해 자신의 단점을 오히려 발전의 발판으로 만든 경우였다.

모든 Page가 비슷하겠지만 각자의 잠재력과 가능성을 어떻게 긍정적으로 발현할 수 있을지 면밀하게 관찰했을 때 더 올바른 방향으로 발전하도록 이끌어줄 수 있다. 나아가 이렇게 성장한 Page들이 자신을 성장하게 해주거나 양육해준 이들을 잊지 않는다면 상호 발전과 소통을 이룰 수 있다는 점을 고려해 조언했을 때, 자신의 해석에 자부심을 느낄 수 있을 것이다.

KNIGHT *of* WANDS.

탐험, 여행, 새로운 것을 맞이/경계하다
Pathfinding, Discover

KNIGHT 공통 의미
성인(이 갓 된 사람), 대학생(학사), 정직원/사원(중견 기업 이상), 대리/계약직/
과장(중소기업), 외주자, 일병(군대 계급), (다른 코트 카드가 나와 영향을 받을 때
해당 카드보다)대등하지는 못하더라도 제 나름의 영역 확보에 성공한 사람,
초급 관리자, (소규모)팀장, 정규 병명으로 칭할 수 있는 병 가운데 투약/입
원/(간단한)수술로 완치할 수 있는 경증, 젊은 꼰대, 대사ambassador

Knight of Wands의 키워드
탐험, 여행, 개척, 새로운 문물을 경험하다/전달하다, 외부 개입 인물, (자신
이 가지거나 경험한 인물/것들과 외부의 인물/것들을)비교/대조하다, 완벽히 성
립되지 못한 관념/철학/아이디어, 협소한 수준의 경험, 방황, 야인野人, 재야
인물/연구가, 관념 간의 충돌, (서로 다르거나 탄생 기반이 다른)관념/철학의
어설픈 혼합, 평론, 사설, 경계하다/받다, 지치지 않고 계속 나아가다, 벽창호
같은 언행 등……

긍정/부정 확인 기준

질문자가 추구하려는 것이 남을 어떻게 불편하게 만들 수 있는가?

질문자와 다른 관념/개념/문물의 차이가 심한가?

질문자가 변화를 원하는가?

질문자의 관념이 올바른correctness, 貞* 것인가?

질문자의 실제 역량은 어느 수준인가?

질문자가 남에게 어떤 태도를 보이기를 바라고 있는가?

코트 상징편에서 언급했던 '탐험, 여행'이라는 핵심 의미와 거기서 파생한 키워드들을 살펴본다면 긍정/부정을 쉽게 유추할 수 있을 것이다. 나아가 이런 요소들이 배열에서 Nw를 어떻게 긍정/부정적인 의미로 나타나는지 보면 더 쉽게 해석할 수 있다.

자신이 찾고 품으려던 뜻이 세상 어딘가에 있다고 확신하며 찾아나아가는 모습이 비록 사람들에게 이해받지 못할 수 있으나, 스스로 틀리지 않았다고 확신하며 나아가 끝내 성공한다면 이 과정으로 얻은 것이 아무리 볼품없어 보여도 세상 전체를 각성시키고 발전시키는 동기로 작용할 수 있다는 점을 Nw는 보여준다.

그러나 자신만 옳다고 여겨 남이나 다른 관념을 이해하려 하지 않고 강권하거나 명확한 근거/기반 없이 이상만 추구하면 어디서도 자리 잡지 못한 채 전전할 것이며, 쓸쓸히 자신을 망친 이로 기억될 것임을 경고한다.

---

* 여기서 말하는 올바름은 Nw가 지향하려는 기회나 신념이 얼마나 많은 사람의 공감과 동의를 받는지를 넘어, '사람이라면 응당 이러해야 하지 않은가?' 하는 기준에 부합해야 한다. 시법에서 정貞은 대려극취大慮克就(크게 헤아려 능히 이룬다), 불은무굴不隱無屈(숨은 생각이 없고 비굴함이 없다), 직도불요直道不撓(곧게 도를 지키고 마음이 흔들리지 않는다), 청백수절淸白守節(맑고 곧으며 절개를 지킨다), 청백자수淸白自守(맑고 곧으며 자기를 지킨다)한 이에게 내려진 칭호였다(예: 문정공 위징, 조광조).
『문헌비고文獻備考』제239~241권 동국견행시법東國見行諡法, 역대명신시호
『사기정의史記正義』시법해

해석용법

긍정 Nw는 자신이 얻고 싶어 하는 무형적인 가치나 옳다고 믿는 것들을 규명하거나 찾아냄으로써 사람들에게 인정받으려는 이로 묘사되며, 이로써 기반을 쌓으려는 인물/사건/상황/분야를 뜻한다. 그렇기에 Nw에 해당하는 것/인물이 추구하는 바가 옳다면 카드의 긍정적인 의미가 더 강해진다. 이때 Nw는 그 어떤 어려운 상황이 닥쳐도 포기해선 안 되는 것이 있음을 강조하며, 결과의 성사 여부와 상관없이 난관을 돌파하는 과정을 통해 기량이나 역량이 자신과 주변을 비출 만큼 빛나게 되고, 그 긍정적인 효과를 배열의 모든 카드에 줄 수 있다.

부정 그러나 자신을 가로막거나 생소한 것들을 받아들이는 과정에서 자신이 이미 인지하고 있거나 익숙한 개념/방식으로 이를 곡해하려 한다. 최악의 경우 자신이 간직한 것과 외부의 관념/개념이 뒤섞여 이도 저도 아닌 것으로 드러나기 쉽다. 나아가 이런 모호한 개념을 퍼뜨리거나 강요하는 모습으로 변질될 수 있음을 경고한다. 최악의 경우 괴악怪惡한 모습으로 남아 그 근원이 된 학문/기반에 먹칠을 하게 될 수 있다.

그렇기에 질문자가 질문 주제와 관련해 어떤 관점과 전망을 하고 있으며, 이 요소들에 개입할 수 있는 제3자의 주장이나 행동을 어떻게 제어할 수 있는지를 먼저 판단해야 한다. 특히 Nw는 부정적일 때 예상치 못한 제3자의 개입을 뜻하곤 하며, 이때 질문 주제나 질문자의 기반이 되는 분야/장소와 동떨어진 사람이 Nw에 해당한다.

이런 새로운 개념/관념의 유입은 어떤 폐쇄적인 집단에 속한 질문자에게는 약이 될 수 있으나, 반대로 안정된 상황이고 개입할 필요 없는 상황에서는 새로운 경쟁자나 도전자가 발생해 일을 망치거나, 지연시킬 수 있다는 점이 독이 될 수 있다.

모든 Knight가 자신만의 입지를 다지려 세상을 주유하고, 그 과정에서 수많은 경험과 학습, 분쟁, 최소한의 경영을 한다. 그렇기에 자신의 재량과 기반을 어떻게 확장하거나 자신의 특출함을 드러내고 이를 더 뛰어나게 운용·유지할지 계속 고민한다면 더 높은 수준으로 발돋움할 수 있다.

위에서 언급한 Nw의 긍정/부정을 살필 수 있는 역사적 사례로 조선 말기 위정척사衛正斥邪 운동*과 일본의 견수사遣隋使/견당사遣唐使**를 들 수 있으며, 콜럼버스의 신대륙 발견***도 이에 부합한다.

배열 위치별 특징 켈틱 크로스 배열에서 Nw가 나왔을 때는 질문자가 얻고자 하는 바를 외부에서 찾고자 방황/여행한다는 의미거나, 반대로 다른 사람/개념이 질문자에게 어떤 방식으로라도 영향을 끼치거나 개입하고 있다는 것을 뜻하기에 긍정/부정 파악이 어렵다. 그렇기에 위에서 언급한 긍정/부정 기준에 질문자가 어떻게 부합하는지 확인한 뒤, Nw에 해당하는 인물/상황이 질문자에게 유익/유해한지 먼저 파악해야 한다.

이런 문제로 Nw는 2, 5, 8번 위치에 나왔을 때 영향력이 더 쉽게 강해진다. 이는 Nw가 의미하는 인물/상황/개념이 직접 드러나기 쉽기 때문이다. 그러나 1, 5, 9번 위치에서는 영향력이 줄어들거나 강하더라도 부정적인 의미로 적용되기 쉬운데, 이는 자신에게 어떤 철

* 조선 말기 유림의 대표적 인물인 최익현(1833-1906)을 비롯한 유학자들은 척사론斥邪論이나 동도서기론東道西器論으로 유학의 철학과 이상을 보존하되 서양의 기술을 이용해 세상을 경영하려 했으나, 극단적인 국력 차이를 개선하지 못하고 제국주의 시대의 흐름에 매몰돼 끝내 국권을 빼앗기는 치욕을 겪는다.

** 신라의 삼국통일과 함께 외부 문물의 유입 통로를 수-당나라로 옮기려던 이 제도는 백제 유민의 반발을 가라앉히고 선진 문물을 일본 고유의 문화와 융합해 일본만의 독자적 문화를 싹틔우는 데 큰 양분이 됐다. 이렇게 새로운 문물과 일본 고유의 문화가 합쳐져 발원한 헤이안-나라의 양식은 일본 문화의 원류로 자리 잡았다.

*** 크리스토퍼 콜럼버스Christopher Columbus(1451-1506)는 신대륙을 발견하는 위업을 세웠으나, 그 신대륙을 끝까지 인도라고 믿은 착각과 가혹한 통치라는 오점 때문에 저평가됐다.

학이 확고하게 자리 잡은 것이 오히려 문제가 되거나, 스스로 상황을 개선할 수 있는 조건이 걸린 정도의 고난이나 방황을 겪는 도중임을 의미하는 경향이 있으며, 이도 아니라면 이미 문제와 관계 있는 제3 자들로 인해 상황이 질문자에게 불리하게 흘러가고 있는 상태라는 것을 경고하기 때문이다.

특히 9번 위치는 외부의 개입을 원하는 것인지, 자신이 원하는 바를 얻을 수 있는/얻게 해줄 미지의 영역/분야로 나아가길 원하는 것인지만 파악한다면 해석이 쉬워지나, 그마저도 후자는 자칫 상황이 불리하게 흐르거나 질문자의 역량이 수준에 미치지 못해 닥친 위기를 회피하고 쉬워 보이는 방편을 취하려는 모습으로 비치기 쉽다는 점을 주의해야 한다.

연애(관계가 성립한 상황) 연인/부부의 공통 목적을 이루고자 외유, 여행, 유학 등의 계획을 세우고 있지 않은 한 반드시 제3자가 관계에 개입하기 시작했음을 경고한다.

이 개입이 긍정적이라면 둘의 관계 개선을 촉진하는 귀인의 개입을 의미하며, 서로 목표하던 일을 발전시키고자 다양하고 새로운 수단/정보/방법을 찾아내려 같이 노력할 것이며, 이 여정을 통해 관계가 좋아질 수 있음을 뜻한다.

그러나 부정적인 의미가 강해지면 원치 않는 남의 개입이나 서로의 의견 충돌로 생기는 불화를 의미하며, 최악의 경우 '외도' 자체를 의미한다. 이는 어떤 관계가 이미 성립해 안정적인데도 새로운 변수가 생기는 것 자체가 부정적일 수밖에 없는 경우가 대부분이기 때문이다.

연애(관계가 성립하지 않은 상황) 관계 성립을 기원한다면 두 가지로 해석할 수 있으며, 이는 위에서 언급한 것과 같은 이유가 적용된다.

 1. 질문자 자신이 엉뚱한 개입자일 경우
 이때는 질문자가 관계를 맺으려는 상대방이 이미 연애 중일 수 있다.
 2. 질문자와 이 관계를 맺기 원하는 상대방 사이에 새로운 이가 난입
 최악의 경우 Nw에 해당하는 사람 때문에 좋아하는 사람과 관계를 포기(당)해야 할 수 있다.

긍정적인 경우라도 위 두 사안은 크게 변하지 않으며, 대의명분 또는 상대방이 질문자와 맺어져야 하는 이유를 주변 사람들에게 설득할 수 있는 논리를 세워야 한다는 점에 유의해 해석해야 한다.

그 밖에, 관계 성립 의지조차 없는 상황이라면 외부 환경이나 인물 때문에 연애하기 위한 준비나 행동의 시도를 의미한다. 긍정적인 영향을 받는다면 연애 성사 가능성을 높이려 기존 행동 범위에 속한 곳

이 아닌 새로운 분야/공간/방식을 동원하라고 조언해야 하나, 부정적인 영향을 받는다면 Pw와 비슷하면서도 한층 더 부정적인 모습으로 변질한다. 자신의 성과/기반을 맹신하거나 잘못된 태도/방식을 고칠 생각이 없어 비슷한 이유로 번번이 연애에 실패하거나 다른 경쟁자보다 많이 뒤처져 허송세월하는 상황으로 드러나기 때문이다.

이는 Pw의 자기 발전이 Pw의 잠재력에라도 일말의 기대를 걸 수 있는 것과 달리, Nw는 자신이 추구하려는 이상이나 비전Vision에 더 중점을 두기에 연애를 못하는 부정적인 현실에 대한 대응력이 부족하거나, 그것이 문제인지조차 인식하지 못할 때가 많기 때문이다.

대인관계 긍정적이라면 새로운 대인관계를 형성하면서 자신의 역량/분야의 이야기를 공유해 주변의 호의적인 반응을 끌어낼 수 있다는 의미로 해석되나, 부정적인 영향을 받는다면 남의 관심사가 아닌 것을 억지로 이야기하며 자신의 입지를 확보하는 모습으로 비칠 수 있다는 점을 경고하며, 최악의 경우 상대방에 대한 몰이해를 인식하지 못한 채 자신에게만 당연한 말을 늘어놓다가 큰 결례를 저지르는 상황으로 드러난다.

Nw가 다른 사람이나 질문자가 새로 접한 분야 자체를 의미할 경우도 위와 비슷하게 해석할 수 있으나, 다만 해당 인물/분야/장소의 상황에 새로운 관점/의견이 필요하다는 의미로 해석될 여지를 남겨두고 조언해야 한다.

사업의 흐름이나 전망 다음 의미들로 해석된다.

1. 신규 경쟁자의 시장 개입
2. 새로운 시장 개척
3. 기존 사업 아이템의 변용을 통한 수익 기회

1은 긍정적인 영향을 받는다면 선의의 경쟁이 가능하며, 이로써 질문자가 생각지 못한 방법이나 접하지 못했던 수익 구조를 받아들여 사업을 더 번창하게 할 수 있다. 그러나 부정적인 영향을 받는다면 출혈 경쟁이나 도의적 책임론에 휘말려 성장 동력을 낭비할 수 있다는 점을 경고한다.

2는 새로운 분야/장소의 시장 개척을 의미하는데, Nw는 특히 새로운 영역을 개척하는 것에 해당한다. 그러나 이는 완벽한 블루 오션은 아니라는 점에 주의해야 한다. 다시 말해, A시 ××구에 대형 마트가 없기에 지역 밀착형 마트 가맹점을 유치하는 등의 경우에 한정된다. 이는 메이저 아르카나와 달리 Nw 자신의 역량에 확실한 한계가 있으며, 아무리 뛰어나도 한계를 뛰어넘기 힘들 만큼 차이가 뚜렷하기 때문이다. 부정적인 영향을 받는다면 해석이 반대로 적용된다고 이해하거나, 수요 예측에 실패해 사업에 암운을 드리울 수 있다는 점을 경고한다.

3은 긍정적인 영향을 받는다면 기존 아이디어/관념을 새로운 방식에 접목해 사람들에게 해당 상품을 어필하도록 조언해야 한다. 그러나 Nw만으로는 새로운 방식이 사실상 기존의 조합에 지나지 않는다는 한계를 자각해야 하며, 그만큼 부정적인 영향을 받기 쉽다는 점을 지적해야 한다. 이런 시도가 성공적이더라도 소비자의 관심이나 유행이 짧거나 다른 경쟁자들이 쉽게 진입할 수 있다는 점을 경고해야 한다.

창업의 성사 여부 코트 상징편에서도 지적했듯 Nw와 Nc의 의미가 같은 단어로 표현되나 그 의미가 다르기에 구분이 필요하며, 규모가 비교적 협소하기에 진로 적성 분야와 많은 부분이 겹치곤 한다. Nw가 의미하는 분야는 핵심 의미인 '개척, 탐험, 여행'을 그대로 적용할 수 있고, 단순 나열한다면 정규 기자나 칼럼니스트처럼 무언가를 평가하거나 여론을 수렴해오는 행위에 자신의 의견을 덧씌워 수익을 창출할 수 있으며, 다른 사람의 사업에 의미 있는 조언을 진행하는 컨설팅 관련 업종도 유력하다고 할 수 있다.*

> * 이 묘사를 제대로 이해하려면 외국인에게 정치나 외교 고문/자문 역할을 맡기는 인재 등용 제도인 춘추전국시대의 객경客卿을 참고할 필요가 있다.

더 넓게는 새로운 상품을 대중에게 배포하는 마케팅 업종도 해당하나, 이때는 단순히 즐기거나 소비하는 것과 거리가 있다는 점에 주의해야 한다.

긍정적인 영향을 받을수록 Nw는 더 멀고 높은 이상을 추구하며, 이 과정에서 대중의 지지를 얻어낸다면 명예가 드높아져 이에 따른 이익이 자연스레 뒤따라오는 구조가 형성된다. 그러나 부정적인 영향을 받는다면 비전 없는 상태에서 장소만 바뀌어 같은 행위를 천편일률적으로 반복하는 등 제대로 수익을 얻지 못해 악수를 연달아 두는 상황이 올 수 있음을 경고한다.

진로 적성 Nw는 핵심 의미에 인칭대명사만 붙여도 의미를 추론할 수 있다. 개척자, 탐험가, 여행가 등으로, 셋 모두 '자신의 역량을 이용해 사람들이 잘 모르는 개념/분야/환경/문화 등을 소개하거나 대신 분석해주는 직업'과 연관 있다.

이는 곧 사진 촬영, 평론, 사설 등의 분야로 확장해 적용할 수 있으며, 더 나아가 원론적인 철학을 응용해 새로운 철학/관점/가설/의견을 발표하는 연구자/구도자의 재능을 포함한다.

그러나 부정적인 영향을 받는다면 자신의 지식이나 환경에 과하게 파고든 나머지 보수주의, 국수주의와 결합해 변질하거나, 밖으로 나아가지 않고 자신의 가능성과 잠재력에 족쇄를 채우는 경향이 있다는 점을 지적한다. 이에 따라 사고가 경직되지 않도록 더 폭넓은 경험을 할 수 있게 조언해야 한다.

긍정/부정을 떠나 Nw는 그릇이 완성되는 데 드는 시간이 매우 길고, 이 점 또한 질문자의 기반과 역량이 제대로 따라주지 못하면 조언이 무용지물이 될 수 있기에 특히 주의해 현실과 이상의 괴리를 메울 수 있도록 도와야 한다.

시험 결과나 합격 여부 Nw는 경쟁자의 등장을 뜻하기에 그리 좋게 해석할 수 없다. 그러나 방법론에서 시험에 그동안 중요하다고 여겨졌으나 출제되지 않았던 문항이 등장할 수 있음을 알리며, 시류를 반

영하는 문제가 출제될 징조로 해석할 수 있다.

논술형 시험이라면 Nw는 수험생이 풀 수 없는 형이상학적 문제의 출제를 암시하며, 이때는 섣불리 해당 문항에 확답이나 개인적 평가를 하지 말도록 조언해야 한다. 나아가 이상적인 것을 관철하고 이를 심적으로 어떻게 향해야 하는지 설파하는 방법을 취하도록 조언해야 한다.*

질병의 호전, 완치 의사의 진료 방침에 자신의 처방을 곁들이는 행위를 뜻하며, 이 과정에서 전문가의 의견을 무시하고 자신의 체질에 대한 과신이나 정신론에 따라 엉뚱한 처방을 남발해 병이 악화하는 것을 경고하나, 이는 Qw보다 정도가 덜하며 비교적 육체적으로 무리하는 방법을 쓰는 경향을 띤다.

긍정적이라면 적절한 운동이 내과 처방과 맞물려 좋은 효과를 낼 수 있으나, 거의 경증이나 재활 운동에만 적용할 수 있다. 부정적인 영향을 받는다면 설상가상이라는 말이 적절할 정도로 정양이 필요한 신체를 더 혹사시켜 합병증이 발생하는 수준이기에 충분히 경고하여 전문가의 처방에 따를 것을 종용해야 한다.

단순한 건강 문제 일상적인 상황이라면 과로나, 스트레스로 인한 몸살, 저항력 저하에 가깝다. 이는 성인이 누릴 수 있는 적절한 유희들을 통해 해소할 수 있다.

발병 가능성을 점친다면, 정신적인 면에서 너무 말이 많은 것을 위시한 과잉 정보 제공이나 편집성 성격장애를 경계할 것을 경고한다. 그러나 이는 Kw보다 심각하지 않으며, 다른 사람이나 분야 또는 자신이 모르거나 겪지 못한 것을 크게 경계하지 말도록 당부하는 상식적인 조치로도 예방할 수 있다.

신체적 질병으로 이해한다면 외부로 투사/내부로 진입하는 장기의 질병으로 풀이되는데, 이때 내과는 전자라면 항문/직장/성병을

---

* 좋은 사례로 세종 27년, 성삼문의 장원 급제 답안을 예로 들 수 있다.
http://iws.inha.ac.kr/~ssyim/book/book42.htm

들 수 있으며, 후자라면 지방간/염증으로 볼 수 있다. 외과는 스스로 의도치 않거나 환경적인 문제로 인해 발생한 골절, 충치, 편도염 정도로 볼 수 있다.

이는 Nw의 중추 의미를 통해 이해할 수 있다. 최악의 경우 매독/성병, 여행 전염병*을 의미할 수 있으나, 이런 극단적인 사례는 흔치 않기에 함부로 해석해서는 안 된다.

---

* 매독이 유럽에 창궐한 까닭은 신대륙 개척자들이 매독균을 퍼트렸기 때문이다. 이는 곧 '새로운 것을 받아들이다/경계하다'라는 Nw의 키워드와 깊이 연관돼 있고, 과거 유행했던 흑사병(대항해시대 교역량 증가로 발병 확산), 최근 유행한 메르스를 예로 들 수 있다.

켈틱 크로스 배열 위치별 긍정/부정 해석법

1 → ②③④⑧ 카드 확인 질문자가 개입(당)하는 것인지 파악하고 그에 따른 여론이 어떤지 확인하면서 질문과 관련한 질문자의 성향과 이력을 통해 Nw의 긍정/부정적인 영향을 판단할 수 있다. 긍정적인 영향을 받는다면 이 문제에 대해 질문자 나름의 해결책/개선책이 정당하거나 정확하며, 이로써 사람들을 선동/주도해 질문자가 원하는 상황을 만들어낼 수 있다는 것을 의미한다. 그러나 부정적인 영향을 받는다면 질문자가 이미 다른 사람들이나 질문과 관련된 상황에 맞지 않는 인물이자 방해꾼으로 여겨진다는 의미이며, 질문자가 하려는 새로운 일이나 방식이 사람들에게 거부당하기 쉬운 위태로운 상황임을 경고한다. 이때 해석자는 질문자에게 강제로 남의 영역을 바꾸는 것보다 자립함으로써 사람들을 서서히 감화시키며 문제를 해결하는 방법도 있다는 점을 언급해 질문자의 생각을 환기해야 한다.

---

2 → ①⑤⑦⑨ 카드 확인 개입하려는 이가 어떤 문제를 일으키며, 질문자가 남의 개입을 어떻게 받아들이고 변수를 어떻게 통제/조정해 목적을 달성하려는지, 그리고 그럴 역량이 있는지 파악해야 한다. 긍정적인 영향을 받는다면 다른 분야나 사람들이 제안한 새로운 아이디어를 받아들여 문제를 해결할 수 있다는 것을 의미하나, 부정적인 영향을 받는다면 질문자의 기반/지위/업무가 침해되거나 최악의 경우 자신의 의지나 의도를 망각한 채 개입한 자의 의도대로 조종당할 수 있다는 것을 경고한다.

---

3 → ①②④⑦⑨ 카드 확인 1, 2번 위치의 카드를 통해 질문자가 개입(당)한 것인지 알 수 있고, 4, 7번 위치의 카드를 통해 질문과 관련한 사안에 질문자가 어떤 의중으로 행동했는지 파악해야 한다. 이마저도 명확치 않다면 9번 위치의 카드를 통해 질문자의 궁극적인 목적과 두려움의 대상을 알아냄으로써 긍정/부정적인 영향을 판가름해야 한다.

긍정적인 영향을 받는다면 질문자의 높은 열의가 사람들에게 닿아 문제 해결의 계기가 되는 의지를 발현하거나 판세 역전을 일으킬 수 있다는 것을 뜻하나, 부정적인 영향을 받는다면 질문자의 의도가 모두 허사로 돌아가며, 엉뚱한 욕심이나 의도를 배제하지 못한 나머지 이를 대중에게 들켜 공개적으로 망신을 당할 수 있다는 것을 경고한다. 최악의 경우, 질문자가 저질러 온 잘못들이 밝혀지고 과한 혹평을 받더라도 억울함을 증명할 길 없는 곤경에 빠질 수 있다는 것을 암시한다.

---

4 → ① ⑤ ⑥ ⑧ 카드 확인 질문자가 어떤 개입을 했거나 받았느냐에 따라 참고할 카드들의 의미가 조금씩 바뀐다. 이때 가장 주의할 점은 질문자의 모든 이야기를 그대로 믿으면 안 된다는 점이다. Nw가 나왔다면 질문자는 자신의 모든 행위에 이유가 있다고 생각하며, 자신(의 상황)을 객관적으로 평가하지 못하고 있을 공산이 크다. 설령 질문자가 옳더라도, 옳고 그름과 사람들이 원하는/원하지 않는 것은 엄밀히 다르다는 점에 주의해야 한다.

긍정적인 영향을 받는다면 질문자의 과거 고난이나 문제들이 질문자를 꾸준히 키워왔고, 이제 문제의 해법을 찾아낼 마지막 관문에 다다랐다는 것 의미한다. 그러나 부정적인 영향을 받는다면 질문자의 독선과 고집이 문제를 더 악화시켰거나 옳더라도 상황 개선에 적절하지 않은 대안/행동이었음을 지적한다.

---

5 → ① ② ⑦ ⑨ 카드 확인 주제와 관련해 질문자가 수혜자/피해자인지 확인해야 하며, 이를 어떻게 극복/관철하려는지 자초지종을 확인해야 긍정/부정적인 의미를 간파할 수 있다. 긍정적인 영향을 받는다면 질문자가 원하는 외부 세력의 개입 또는 외부 요청으로 질문자의 영향력 확장이 실현되며, 이로써 기반을 다질 수 있다는 것을 의미한다.

부정적인 영향을 받는다면 다른 세력/인물의 간섭으로 변수가 생겨 일에 차질을 빚거나 기존 개념의 대체재가 생겨 군이 질문자의 역량을 빌릴 필요가 없는 상황이 왔다는 것을 경고한다. 최악의 경우 '선자불래, 내자불선善者不來, 來者不善'이라는 말처럼 좋지 못한 이들의 방문을 받아 기반을 송두리째 빼앗길 수 있다는 점을 암시한다.*

---

6 → ② ③ ④ ⑦ 카드 확인 질문자가 현 상황에 취할 수 있는 조치나 기량을 확인함으로써 다가올 변수를 질문자가 어떻게 활용하느냐에 따라 긍정/부정의 의미가 나뉜다. 긍정적인 영향을 받는다면 더 확장적인 태도로 자신의 이상/목표를 달성하려 치고 나가야 함을 의미하고, 외부/제3자의 협력이나 조력을 얻어 일을 더 잘할 수 있다는 의미로 해석할 수 있다. 최상의 경우, Nw는 평생 믿고 신뢰할 수 있는 가치나 인물을 만나는 기회를 암시한다.

그러나 부정적인 영향을 받는다면 질문자의 의견/이상/목표에 저항하는 이들이 두각을 드러내는 것을 의미하며, 이 과정을 순탄히 극복하더라도 상

---

* 콘키스타도르, 미국 개척민이 각기 잉카·아스테카문명과 미국 원주민에게 어떤 영향을 끼쳤는지 생각한다면 이해하기 쉽다.

처뿐인 영광에 그칠 수 있음을 경고한다. 굳이 예를 들자면 중세-근대 유럽의 정세*를 참고하면 이해가 쉬울 것이다.

---

7 → ②④⑤⑨ 카드 확인 질문자가 개입하려 하거나 새로운 것들을 찾으려 하는지 살펴야 한다. 그렇기에 당면한 장애물의 심각성, 과거부터 해결되지 못한/문제의 원인이 된 것, 이를 극복해 질문자가 얻으려는 것을 확인한 뒤 긍정/부정을 판가름해야 한다.

긍정적인 영향을 받는다면 질문자가 추구하는 바가 옳으며, 어려운 상황이더라도 심지를 굳혀 계속한다면 끝내 목적을 달성할 수 있다는 것을 의미한다. 부정적인 영향을 받는다면 질문자의 엉뚱한 간섭과 비틀린 심성이 사람들을 오염시킬 수 있다는 점에 착안해, 우회적으로 경거망동을 삼가도록 조언해야 한다. 그러나 대부분 이미 주위에 민폐를 끼치고 있는지도 모른 채 자신의 의지를 강요하고, 다른 사람들의 컵(감정) 안에 오물을 뿌리고 있을 때가 많다.

---

8 → ①②④⑤ 카드 확인 이 문제에 개입하는 이유와 명분이 무엇인지 확인해야 한다. 긍정적인 영향을 받는다면 외부 개입으로 상황이 호전되거나 문제 해결 가능성이 큰 상태를 의미하나, 부정적인 영향을 받는다면 질문자가 남의 명령/조치/의지에 휘둘릴 수 있으며 자칫 잘못하면 꼭두각시로 전락할 수 있다고 경고해도 상황을 반전할 방법이 없거나 몹시 어려운 형국임을 지적한다.

---

9 → ①②⑥⑦ 카드 확인 질문자가 원하는/두려워하는 개입/진출이 무엇인지 파악해야 한다. 이는 곧 질문자 자신과 이를 막는 현안이 어떻게 진행되며, 질문자가 이 문제를 어떻게 판단하고 있는지 파악하면 더 구체적으로 상황을 확인할 수 있다.

---

10 → 계속 강조했듯 크게 두 가지 해석으로 결정된다. 그렇기에 질문 사안을 먼저 확인해서 둘 중 하나의 해석을 결정해야 한다.

1. 새로운 방향으로 발전 모색
2. 외부 인물/세력의 개입으로 목표 변경

---

* 중세-근대 유럽의 외교를 한 줄로 말하면 다음과 같은 결론을 얻을 수 있다. "패권국의 탄생을 막고자 대륙의 각국이 각국을 견제하는 치열한 방해 공작."

1, 2 둘 다 질문자의 역량이 부족하거나 다른 카드들의 영향이 부정적으로 나타난다면 이 문제를 해결하기 힘들고, 오히려 억지로 상황을 바꾸려다가 강력한 저항을 받거나 축출되는 경향을 보인다. 더 심각하게는 홀로 떠도는 처지가 될 수 있음을 지적한다. 여기에 메이저 아르카나가 결합하면 문제는 더 심각해진다. 지면 한계상 자세한 예를 들 수 없으나, 16과 연계되면 최악의 경우 전쟁 난민 또는 강제 퇴거 등의 충격을 받는 것으로 해석되며, 2가 연계되면 질문자가 이렇게 배척되는 이유를 스스로 전혀 모른 채 이를 깨달을 때까지 방황하는 것을 뜻한다.

1의 상황에서 긍정적인 영향을 받는다면 자신의 비전을 찾아내거나 다른 분야 또는 인물의 노하우를 받아들여 문제를 극복해낼 수 있다는 것을 의미한다. 다만 이 경우 시간이 오래 걸릴 수 있다는 데 주의해야 한다.

2의 상황에서 긍정적인 영향을 받는다면 귀인의 개입이나 다른 분야의 지식으로 문제가 원만히 해결될 수 있다는 것을 의미한다. 이때 해당 인물/단체/분야와 발전적 유착이 필연적으로 발생하기에, 이를 미리 대비하면 좋은 인연을 더 확고하게 맺어 둘 것을 조언해 상황을 개선할 수 있도록 이끌 수 있다.

실제 사례 (2001년, 한국외국어대학교 축제, 20대 초반 남성)

질문 편입해서 진로를 바꾸는게 더 나을까?

사전 정보 제대하고 나니 전공의 미래가 불투명해 보여서 편입이나 다른 직종을 노리고자 자격증이라도 준비하는 것이 어떨까 싶어 문의했다.

4w – 7w – 5c – Nw – Pw – 9 – 4s – 5p – 10c – 7

4w (질문자 자신) 갓 제대했으며, 이 분야에 있으면 어떤 결과가 나올지 예측했다.

7w (장애물) 어영부영 시간이 흘러갔고, 적절히 대처하지 못했다.

5c (기저) 현실에 크게 상심했고, 자신이 놓친 기회에 미련을 품고 있다.

Nw (과거) 다른 곳(군대)에서 이런저런 경험을 하며 생각이나 의지가 바뀌었다.

Pw (현재/곧 일어날 일) 질문자가 바라는 소식이 도착할 것이나, 긍정/부정적인지는 명확하지 않다.

9 (미래) 자신의 미래를 위해 고난을 감내해야 할 것이다.

4s (질문자의 내면) 질문자는 (더 나아지고자) 쉬고 싶어 한다.

5p (제3자가 바라보는 질문자) 다른 사람들은 질문자의 수준이 평균에 못 미치거나, 기반이 없다고 평가하고 있다.

10c (희망/두려움) 더 안정적이고 편한 방향으로 나아가길 바라며, 이대로 대학 생활을 낭비할까 봐 두려워한다.

7 (결과) 어떤 방향이든, 선택한다면 돌아갈 생각조차 하기 힘들어질 것이다.

실전 해석

이 배열에서 Nw는 4번 위치, '과거'에 나왔다. 진로 적성과 관련한 질문의 특성상 질문자가 지금껏 이룩한 성과나 발전 정도를 확인해야 한다. 그 수준이 다른 사람보다 높거나 질문자의 면학 의지가 얼마나 있는지 알 수 있다면 더 정확히 해석할 수 있다.

이 질문에서 Nw는 새로운 분야/인물/생각을 받아들였거나, 자신의 의지를 계속 밀어붙이며 다른 분야의 소식이나 다른 사람의 접근을 경계하고 있었다는 것을 의미한다. 배열에서 Nw에게 영향을 주는 카드는 4w, Pw, 9, 5p로 확인되는데, 이로써 Nw가 비교적 부정적인 영향을 받을 수밖에 없다는 것을 간파할 수 있다.

과거에 겪은 질문자의 성과나 경험이 자신의 이상이나 학업에 대한 열망을 꺾으려 하거나, 기존의 길을 고집하더라도 결말을 속단하고 있으며, 여러 새로운 소식에 영향을 받긴 했으나 확신으로 이어지기까지 필요한 분석이나 평가를 할 역량이 부족하고 대신해줄 인맥도 없다는 것을 드러내기 때문이다.

이 과정에서 다른 이들도 질문자의 역량/수준이 낮다고 여기나, 학사를 마치지 않은 이의 판단이 명확하다고 확신하기는 어렵기에 군대에서의 경험이나 그때 만났던 사람들과의 소통 및 정보 교환이 질문자에게 자신의 전공에 대해 회의감을 심어주었다고 이해할 수 있다.

그렇기에 겪어보지 못한 일을 처음부터 하는 게 얼마나 어려운지 언급하며, 질문자가 지금껏 연마한 것을 어떻게 발현할지 조언해 이 과정을 통해 질문자가 최근까지 사회와 격리·고립됐던 상황을 고려하게 만들어 현재의 흐름을 스스로 분석하거나 더 현명하게 판단할 수 있도록 도와야 한다.

---

① **4w(질문자 자신)** 질문자가 이미 결론을 내렸거나 자신에게 이상적인 상황이 무엇인지 가늠했다는 것을 뜻한다. 긍정적인 영향을 받는다면 자신의 이상향을 정립하고 이를 향해 나아가려는 모습으로

해석되나, 부정적인 영향을 받는다면 자신의 분야를 손에서 내려놓고자 하거나 휴식기를 가지려 하고 있다는 것을 암시한다.

② **7w(장애물)** 질문자가 자신의 현 상황에 제대로 대처하지 못하고 있다는 것을 뜻한다. 긍정적인 영향을 받는다면 좌충우돌하더라도 질문자가 원하는 목적에 닿을 수 있거나 시의적절하게 대응해 문제에서 벗어날 수 있다고 해석할 수 있지만, 부정적인 영향을 받는다면 어설픈 판단이나 기대로 인해 엉뚱한 결과를 얻을 수 있음을 경고하며, 최악의 경우 되돌리기 어려운 잘못된 선택으로 고생할 수 있다는 것을 암시한다.

③ **5c(기저)** 질문자가 전공의 전망을 암울하게 본다는 것을 드러낸다. 긍정적인 영향을 받는다면 명확한 상황 분석과 자기 판단으로 늦더라도 올바른 길을 찾아갈 수 있다는 것을 뜻하지만, 부정적인 영향을 받는다면 질문자의 과거 선택/노력에 과도하게 절망함으로써 자신의 다양한 가능성을 모두 버리려 한다는 점을 경고한다.

④ **Nw(과거)** 질문자가 이 문제에 대해 다른 사람들의 의견을 모았거나 홀로 방황해왔다는 것을 알 수 있다. 제대 직후라는 상황상 군생활 동안에 다양한 경험을 하고 많은 사람의 의견을 참고한 것이라 이해할 수 있다. 긍정적인 영향을 받았다면 이 경험을 발전의 계기로 삼거나 이 시기에 만난 좋은 인연으로 자신의 수준/환경을 개선하는 것을 의미하지만, 부정적인 영향을 받는다면 자신이 가진 것(전공지식)을 깎아내리거나 의미 없이 대하는 것에 낙심한 나머지 자신의 장점을 제대로 평가하지 못하고 방황이 더 길어질 수 있다는 것을 경고한다.

　이는 결국 질문자가 자신의 시야를 차단하고 좁은 견문에 의지해 자신 또는 자신이 속한 분야의 가능성을 외면한다면 주변의 사람들마저 질문자나 질문자가 속한 분야에 대해 좋지 않은 평가를 내릴 수 있다는 것을 경고한다. 그렇기에 질문자가 처음 이 분야를 선택했을 때 다졌던 의지를 돌아볼 수 있도록 조언해 부정적인 영향을 배제해야 한다(4w, Pw, 9, 5p).

---

⑤ **Pw(현재/곧 일어날 일)** 이 배열에서는 곧 도착할/한 소식이 부정적이라는 것을 의미한다. 이는 이 소식이 질문자가 결단을 내릴 정도라는 점과 더불어, 다른 사람들이 자신의 분야를 그리 매력 있게 보지 않으리라는 자의적 판단 때문에 스스로 실망하며 다른 사람들에게도 명확히 악재로 인식할 만한 소식이라는 점을 다른 카드를 통해 알 수 있으며, 이로써 부정적인 의미가 적용된다는 것을 알 수 있다(4w, 5c, 5p).

---

⑥ **9(미래)** 메이저 해석편을 참고하면 이 카드가 비교적 긍정적인 영향을 받고 있다는 것을 알 수 있다. 다양한 악재나 불투명한 미래에 대한 불안감이 커지며 힘든 여정이 다가온다는 것을 의미하나, 이는 거꾸로 '어려운 길을 계속 걸어가는 이들'만이 이룰 수 있는 것이 반드시 존재한다는 점을 암시한다. 나아가 9의 의미를 되새김으로써 다른 부정적인 의미를 극복할 수 있다고 격려하면서, 어설픈 대처나 낙심으로 길을 저버리지 말라고 조언해야 한다.

　이 조언을 받아들이지 않는다면 9는 곧바로 부정적으로 변하고, 소득도 실체도 없는 가치 때문에 자신이 품었던 빛을 스스로 꺼뜨릴 수 있다는 점을 경고하며, 최악의 경우 자신이 선택한 대가에 대한 인지부조화를 일으켜 조언이나 다양한 이야기를 들려줬던 사람들을 홀로 계속 원망하는 상황으로 몰릴 수 있다는 것을 경고한다(4w, 7w, Nw, Pw).

---

⑦ **4s(질문자의 내면)** 질문자가 현재 휴학/휴식하고 있다는 것을 뜻한다. 긍정적이라면 더 발전하고자 자신의 기량을 연마해 학업/사회 복귀를 착실히 준비하고 있다고 해석되지만, 부정적인 영향을 받는다면 방만한 휴식 때문에 실전 감각이나 현직 능력을 점차 갉아먹고 있다는 것을 경고한다.

⑧ **5p(제3자가 바라보는 질문자)** 이 분야나 질문자의 역량이 떨어지고 있거나 물질적인 가치가 없다고 평가받는 중이라는 것을 의미한다. 그러나 질문자의 분야가 나라/민족이 없어지거나 교전/적대 상황이 아니면 가치가 보존·유지되는 분야이기에 이런 의미를 적용할 수 없으며, 질문자의 부족한 경험/기반을 사람들이 간파하고 있다고 경고하는 카드로 이해해야 한다.

긍정적이라면 물질적인 가치를 희생하더라도 자신의 가치를 실현하려 노력해왔음을 인정받고 있다는 것을 의미하나, 부정적이라면 재정 지원 단절이나 상실로 학업을 이어가기 어려운 처지라는 것을 경고한다.

⑨ **10c(희망/두려움)** 안정적 삶과 감정의 조화를 원하나, 한때에 지나지 않는 부귀영화를 쫓다 자신의 꿈마저 흩어질까 봐 두려워하는 모습을 보여준다.

⑩ **7(결론)** 메이저 해석편을 참고해 해석한다면 어차피 가야 할 길이 확정됐고, 이를 변경하면 되레 시간과 비용을 허비할 수 있다는 점을 경고한다. 나아가 이 분야의 진가를 모르거나 얕본 이들이 경쟁에서 이탈함으로써 점차 유리해질 수 있으며, 더 노력해 선두로 나선다면 질문자에게 이점이 많다는 점을 지적해 의기소침해진 질문자를 일으켜 다시 나설 수 있도록 격려해야 한다는 것을 강조하고 있다.

질문자는 해석을 들으며 사정도 모르면서 점을 빌미로 자기 생각이 틀렸다고 잔소리하면 뭐가 바뀌냐며 억울해했다. 복학생들이 그렇듯 압박감을 느끼거나 친구들이 입대·제대하면서 제대로 의견 교환도 못 하는 것까지는 그렇더라도, 먹고사는 문제를 자기 나름대로 고민해왔는데 이렇게 무시할 수 있냐며 볼멘소리를 했다.

나는 편입도 대안은 아니라고 만류하며, 누군가의 관심이나 수요가 줄어든다는 것은 거꾸로 풍선에 바람이 빠지는 것일 뿐, 풍선이

터지는 것은 아니라는 비유로 전공 분야를 붙들어보도록 조언했다.

현실적으로 가족의 지원도 기대하기 힘들지 않냐는 내 말에 그는 편입 공부와 아르바이트를 병행한다고 했으나, 곧바로 그게 계획이 냐고 반문하자 항변하지 못했다. 나는 차라리 돈을 모아 스페인 콤포스텔라 순례에 가볼 것을 권했다.

이 점의 후일담은 2002년 가을에 들을 수 있었다. 그는 돈을 모아 여행을 떠났고, 그 과정에서 '내가 어떻게 전공 공부를 놓을 생각을 했을까' 하는 마음이 더 강해졌다며, 제대 직전 누구나 하는 '사회 나가서 뭐해 먹고살지?'라는 물음을 되풀이하다가 판단 착오를 일으킨 것 같다며 머쓱한 표정을 지었다.

이후로 스페인과 교류가 크게 늘 기미는 보이지 않았으나 농산물 무역과 관광이 활성화하면서 서서히 물꼬가 트이는 것을 확인한 뒤 그가 고행한 보상을 얻었으리라 결론 내렸다.

이 배열에서는 Nw들이 흔히 겪는 문제인 '내가 가려는 길이 진짜 내 길인가?' 하는 화두에 짓눌린 경우라 할 수 있다. 그러나 다행히도 배열 내의 메이저 카드들이 이를 바로잡을 실마리를 제공했으며, 다른 사람 모두가 우려하거나 질문자가 절망에 빠질 만한 요소라 판단한 것들이 사실은 그리 큰 문제도 아니었다는 판단을 내리고 조언할 수 있었던 사례였다.

견물생심이라는 말이 그저 단순히 물질이나 겉모습에 국한하진 않을 것이다. 누구나 자신이 원하는 바를 알고 확신한다면 좋겠지만, 그렇지 못하기에 고민하는 것 아닐까?

자신이 추구하는 것이 무엇인지 잊지 않는다면 어떤 유혹에도 휘둘리지 않을 수 있다. 과정이 조금 고될 수 있으나, 더 높은 단계로 나아가기 위한 성장통이라는 사실을 잘 알려준다면 해석자의 의무에 충실했다고 판단할 수 있으리라.

실제 사례 (2010년 11월, 성남시 분당구 모처, 10대 후반 남성)

질문   앞으로도 이 사람과 잘 지낼 수 있을까?

사전 정보 고등학교 2학년 남학생이 사귄 지 200일쯤 된 첫 여자 친구와의 관계를 묻는 단순하고 흔한 질문이었다. 질문자는 둘의 관계에 별다른 이상 징후가 없다고 했다.

$$3c - 2p - 7w - Nc - 5 - 7p - 6s - Nw - Ac - 7$$

3c   (질문자 자신) 질문자는 현 상황이 매우 즐겁고 좋다 여긴다.

2p   (장애물) 이 관계를 유지하려는 노력이나 기반이 부족하다.

7w   (기저) 어떻게든 현 상황을 유지하려 적절히/적당히 대처하려 한다.

Nc   (과거) 관계를 성립하려 자신의 감정을 전달했다.

5   (현재/곧 일어날 일) 주변에 중재자가 있거나, 서로 각자의 일(공부)을 해야 한다.

7p   (미래) 더 많은 것을 바라다가 자신이 가진 것을 놓칠 수 있다.

6s   (질문자의 내면) 좀 더 좋은 관계를 추구하려 한다.

Nw   (제3자가 바라보는 질문자) 사람들은 다른 이의 개입이 이루어지고 있거나, 새로운 시도를 하려 한다고 본다.

Ac   (희망/두려움) 자신이 원하는 감동을 얻길 희망하나, 통제가 안 될 만큼 감정이 폭발해 주변과 부딪히고 싶어 하지 않는다.

7   (결과) 관계를 본격적으로 주도하지 않는다면 남의 의도에 말려 들어갈 것이다.

실전 해석

이 배열에서 Nw는 8번 위치 '제3자가 바라보는 질문자'에 나왔다. 이미 관계가 성립한 상황의 질문 특성상 '새로운 인물의 난입'으로 관계가 변화하고 남들의 시선으로도 이미 변화가 포착됐다고 의심할 수 있다. 긍정적인 영향을 받는다면 둘 사이를 더 끈끈하고 돈독하게 만들어줄 사람이 등장한다고 해석할 수 있으나, 부정적인 영향을 받는다면 이미 다른 사람들도 이 관계가 파국으로 치닫고 있다는 것을 인지하고 있거나, 그렇지 않더라도 새로운 연적戀敵이 등장해 둘 사이를 혼란스럽게 만들 수 있다는 점을 경고한다.

이 질문에서 Nw는 긍정적인 영향을 받는 것으로 보인다. 그러나 이는 부정적으로 이해해야 하는데, 이는 다른 모두가 인지한 새로운 경쟁자를 질문자만 모르거나 심지어는 방만하게 같이 어울리며 즐기는 상황을 의미하며, 질문자가 좋지 않은 전조나 경험을 한 적이 없을 법한 상황이라는 점(사전 정보 참고)이 취약점으로 드러나 있기 때문이다. 나아가 이 관계를 맺고 유지하고자 질문자가 했던 의미 있는 행위들이 오로지 Nc에만 국한돼 있다는 점과 더불어, 이 새로운 등장인물 또는 질문자나 상대방이 전념할 수밖에 없는 주변 상황이 Nw를 더욱 부정적으로 해석할 수밖에 없도록 만든다.

이에 더해 메이저 아르카나인 5의 영향력이 우선하기에 Nw가 아무리 그 영향을 강화해도 5가 어떤 영향을 받았는지 고려해야 한다. 또한, 질문 주제의 특성상 별문제 없는 상황에서 등장한 제3자가 질문자의 처지에서 그리 반가운 존재가 될 수 없다고 인식해야 하며, 그렇기에 이 사례는 메이저 해석편을 같이 참고해 읽어본다면 많은 도움이 될 것이다.

---

① **3c (질문자 자신)** 질문자가 현 상황에 만족하고 즐긴다는 것을 의미한다. 긍정적인 영향을 받는다면 축복 같은 즐거움을 통해 자신이 하고자 하는 바를 더 효과적이고 편하게 이룰 수 있다고 해석되나, 부정적인 영향을 받는다면 자신의 감정을 단순히 소모하거나 향락

또는 방종에 빠져 자신의 본분을 잊었다는 점을 경고한다.

② **2p(장애물)** 현 상황을 단순히 유지하려고만 하거나, 그마저도 어렵다는 점을 지적한다. 긍정적인 영향을 받는다면 자신이 할 수 있는 다양한 행동이나 실적으로 조화를 추구하고 이로써 작은 변수나 현실적 문제에 대한 경험을 습득하게 만들어서 주제와 관련한 문제 자체를 일으키지 않을 수 있다고 해석할 수 있으나, 부정적인 영향을 받는다면 경험과 기반이 부족한 나머지 작은 균열이나 불안으로도 쉬이 무너져 정상적인 판단력을 쉽게 상실할 수 있는 상태라는 것을 경고한다.

③ **7w(기저)** 질문자의 개선 의지 부족을 드러낸다. 긍정적이라면 시의적절하게 대처해 이런 문제를 잘 해결해왔다고 해석할 수 있으나, 연애 관련 주제에서 관계가 돈독한 초창기에 단순한 대처로 임시 조치를 했을 뿐이라는 한계가 명백하며, 첫 연애이기에 부정적인 영향이 더욱 강화될 수 밖에 없기 때문이다. 이는 점차 부정적으로 변해 질문자가 이 관계에 안주하려 들 것을 암시하고 있다.

④ **Nc(과거)** 부정적인 영향을 받았다. 기본적으로 남에게 감정을 고백받았던 것을 과거라고 단순히 해석할 수 있으나, Nw로 인해 질문자가 현재를 즐기려다 보니 상황을 자신이 유리한 대로 해석/적용하려 들었다는 것을 암시하며, 이 상황을 포기하지 않거나 계속 유지하려는 욕망이 있다는 것을 지적한다(3c, 2p, 7p, Nw).

⑤ **5(현재/곧 일어날 일)** 간단히 본다면 각자의 학업 때문에 제대로 연애하지 못하는 상황을 의미한다고 해석할 수 있다. 그러나 메이저 해석편을 참고하면 비교적 부정적인 영향을 받고 있다는 것을 간파할 수 있다. 관계에서 응당 취해야 할 것들을 저버리고 자신이 원하는 감정만 탐닉하는 상황에 더해, 자신이 해야 할 것들을 (학업/공부 때문에) 피하고 있기 때문이다. 이 때문에 다른 사람의 개입이나 정규

교육과정 문제로 이별 또는 관계 유지의 방해 요소부터 질문자가 믿고 의지하는 사람 또는 질문자나 상대방 주변의 상급자나 연상의 인물이 문제를 일으킬 수 있다는 것을 경고한다(3c, 2p, 6s, Ac).

⑥ **7p(미래)** 긍정적인 영향을 받는다면 두 사람의 사랑이 무르익어 수확의 결실을 기대한다는 의미로 해석되나, 부정적인 영향을 받는다면 노력이 부족하거나 상대방의 애정을 갈구할 자격을 갖추지도 않은 채 요구만 반복하고 있다는 것을 경고한다.

⑦ **6s(질문자의 내면)** 긍정적인 영향을 받는다면 관계 발전을 위해 질문자가 새로운 시도나 경험, 지식을 쌓으려는 속내를 뜻하나, 부정적인 영향을 받는다면 상황을 자신에게 유리하게 만들려고만 하거나 자신의 처지/기술/학업에 매진해 주변을 도외시하고 있다는 점을 경고한다.

⑧ **Nw(제3자가 바라보는 질문자)** 이 관계에 제3자의 개입이 이루어졌다는 것을 의미한다. 위에서 언급했듯 질문자와 상대방 가운데 어느 쪽이라 확정할 수 없으나, 사전 정보를 확인한다면 질문자보다 상대방 주변일 가능성이 매우 크다고 판단할 수 있다.

Nw의 부정적인 면이 두드러진다는 점은 앞서 지적했기에, 요약해본다면 제3자는 곧 상대방 주변의 상급자/선배/선생 또는 상대방이 정신적으로 의지하는 친구라고 확정할 수 있으며, 최악의 경우 이 개입이 상대방의 적극적인 동의/거부 상태에서 (강제로) 진행됐을 수 있다는 것을 암시한다. '제3자의 개입과 새로운 것을 맛이/경계하다'라는 카드의 의미가 적용된 것이다.

⑨ **Ac(희망/두려움)** 질문자가 자신이 원하는 감동적인 상황이 다가오길 바라면서, 이성을 놓을 정도로 분노하거나 평정심을 유지하지 못하는 상황이 오는 것을 두려워하고 있다는 것을 뜻한다. 이 관계가 (구체적이지 않은) 자기 생각/상상대로 흘러가기를 헛되이 바란다고

볼 수 있다.

---

⑩ **7(결론)** 메이저 해석편을 참고하면 부정적으로 해석할 수밖에 없다는 것을 알 수 있다. 질문자가 상황을 더 적극적으로 주도하려 하지 않는 한 관계가 자신이 아닌 남의 의도에 끌려 들어가 스스로 결정할 수 있는 것이 사라진다고 해석되기 때문이다.

이를 방지할 다양한 조언이 필요한 상황이지만, 구체적인 사실을 알아야 정확히 조언할 수 있다. 질문자가 현 상황을 제대로 파악하지 못하고 있으며, 이는 끝내 자신이 어디쯤 있는지 모른 채 고속도로 한복판에 멈춰 있는 것과 같다.

이럴 때 현실에서는 멈춰 있는 차를 강제로 견인하기 마련이며, 점의 결과 또한 그와 비슷할 수밖에 없다.

해석을 마치자, 그럴 리 없다며 너스레를 떨던 그는 상대방에게 전화를 걸어 간단히 상황을 확인했고, "점을 이따위로 해석하니 사람들이 점을 혹세무민으로 아는 것"이라는 논조로 신랄한 비난을 퍼부었다.

나는 애당초 이런 해석을 들었는데도 상대방에게 전화를 걸어 확인한 데서 결론의 7이 반드시 부정적일 수밖에 없으리라 판단하며 낙담했고, 계속되는 비난에 화가 난 터라 연락처를 남겨주고 내가 틀렸다면 찾아가 사죄할 테니 한번 크리스마스이브 전까지 해석이 틀렸는지 직접 겪어보라고 말하며 자리를 박차고 나왔다.

예상대로 상대방은 이미 다른 사람과 연애 중이라는 사실을 겨울방학 직전에야 밝혔다. 그는 관계를 회복하려면 어떻게 해야 하는지 다짜고짜 내게 물어왔으나, 나는 화도 가라앉지 않은 상태에 스스로 뭘 잘못했는지조차 전혀 모르는 기색이었기에 조언한들 무의미할 것이라는 판단하에 의뢰를 거절했다.

사정은 이러했다. 애당초 고백을 받아주기 전부터 상대방은 대학생이던 과외 선생과 연애 중이었고, 이를 부모에게 알리기 싫어 질문자를 위장막으로 쓴 것뿐이었다. 상대방은 방학식에서 울면서 미안하다고 이야기했으나, 상대방의 친구들이 이 사실을 모두 알면서도 숨겨왔다는 것이 폭로되자, 질문자가 격분해 폭력을 가하려 들기까지 했으며, 이를 본 다른 이들이 질문자를 강제로 막아 교실이 소란스러웠을 정도였다고 한다.

이 배열에서 Nw는 말 그대로 제3자의 개입으로 나타났다. 만약 질문자의 상황이 더 나았거나 역량이 뛰어났다면 모든 문제를 해결해 자신의 인연을 곁에 둘 수 있었을 것이며, 모든 일을 순리에 맞춰 자신과 상대방 모두 떳떳하게 나설 수 있도록 관계를 정리할 수 있었을 것이다.

그러나 Nw의 역량을 질문자가 갖추지 못했고, 메이저 아르카나 두 장 모두 긍정적인 효과를 내기 위해 필요한 질문자의 의지/능력/기반이 부족했다는 한계점(10대라는 나이와 경험 미숙 등)에 부딪혀 부정적인 의미가 확정된 경우였다.

이처럼 연애와 관련한 주제에서 Nw가 나오면 질문자에게 새로운 경쟁자를 물리칠 능력/기반이 있는지, 그리고 관계에 틈이 생기지 않도록 잘 조처하고 있는지 점검해야 한다.

이를 잘 수행하면 문제 자체가 생기지 않으며, 오히려 제3자 덕에 관계가 더 돈독해지고 조언이나 새로운 방식을 통해 의미 있는 관계로 발전할 수 있다는 점을 늘 고려해 해석해야 한다.

QUEEN of WANDS.

열광적인 추종자
Enthusiast(fan/groupie)

QUEEN 공통 의미
운영자, 후원자, 내조, 실무자, 과장(대기업)/부장(중소기업) 등의 중간관리직, 중년 초입, (대표자가 아닌 각 분야의)전문가, (다른 코트 카드가 등장해 영향을 받을 때)수준이 대등하거나 자신만의 영역을 확보한 경지, 장기적인 통원 치료나 꾸준히 관심을 두고 치료해야 하는 질병, 식이 조절, (내부에서 인정받은)실력자, 매력적인 여성/남성, 석사/박사

Queen of Wands의 키워드
표독스러움, 새침데기, 자신의 주장을 밝히다, 재치, 남의 주장/관념을 설파하다, 마녀, (어떤 관념/이상/인물의)추종자, 특정 분야의 이론/원론을 실정에 맞춰 구사하다, (언론/출판 분야의)편집장, 사람들을 자신이 추종하는 이상에 맞춰 선도하다, 여성운동(가), 정치적 올바름, 시위, 프로파간다, (개그, 위트에 초점을 맞춘)광고 등……

긍정/부정 확인 기준

질문자가 따르는 것이 올바른(Nw와 같은 개념)가?

질문과 관련해 새로운 이상이나 유행 요소를 질문자가 지지하는가?

사회/대인 관계 속의 인물들이 질문자를 환영/배척하는가?

질문자가 남을 얼마나 배려하고 있는가?

어느 단체/집단/인물에 소속해 맡은 일이 무엇인가?

질문자의 실제 역량은 어떤 수준인가?

질문자가 후원하는 이가 사람들에게 어떤 영향을 주며, 어떤 모습으로 드러나는가?

질문자가 지배적 영향을 끼치는 이들(상하가 뚜렷한 관계)이 질문자를 어떻게 인지/인식하는가?

이는 코트 상징편에서 언급했던 열광적인 추종자의 의미에 더해, 검은 고양이로 대변되는 '주류에 반하는', '(스테레오 타입을 거부하는)이단아'적 요소들이 결합하며, 이에 여왕Queen으로서 입지/역량/체면치레 등이 더해지고, 나아가 후견인/지원자Supporter의 의미가 들어 있기에 판단해야 하는 몇 가지 기준들이다.

뭔가를 추종하고 이를 최고의 자리에 올리거나 모두가 인정할 수밖에 없도록 만드는 행위들은 Qw 및 Qw가 추종하는 것에 관심 없는 이들을 움직이며, 이를 더 올바르고 사람들의 관념/처지/의지에 합당하게 제공해 널리 인정받을 수 있다. 이런 모습이 더 긍정적으로 극대화되면, 사람들은 어느덧 Qw의 언행을 통해 Qw가 추구/추종하는 것을 우월하고 응당 따라야 할 기준으로 공인하게 될 것이다.

그러나 추종하려는 것을 제대로 알아보지 않거나 이를 모르는 사람들을 편협하게 대하고 비판적으로 보거나 스스로 삼갈 줄 모르면 질시받는 데서 그치지 않고 Qw가 추종하는 것 자체에도 악영향을 미친다. 최악의 경우 자신의 인생을 무가치하게 소모하거나 극단적이고 폭력적인 수단으로 자신의 수단과 방법을 강요하면서도 스스로 옳다고 착각하는 수준으로 전락할 수 있다는 것을 경고한다.

해석용법

긍정 Qw는 자신이 추구하는 이상을 제시하는 인물/사상/관념을 주변에 확산시키며, 이를 거부하거나 반대하는 이들 또는 개념/사상과 충돌하는 것을 꺼리지 않는 인물로 묘사된다. 그러나 엄밀히는 자신이 바라보는/추구하는 것을 다른 사람들과 함께하는 것보다, 다른 사람들이 자신이 추구하는 바가 옳다고 인정하면서 이에 따르길 원하는 모습에 더 가깝다.

이런 모습이 질문 주제에 명분상 합당하거나 상대방 또는 다른 사람들에게 엉뚱하거나 억척스러워 보이더라도 매력적으로 여겨진다면 배열에 나타난 다른 카드들에 긍정적인 영향을 미치며, 위에서 언급한 내용이 다수 부합될수록 해당 배열의 해석 전반은 긍정적인 의미로 변화한다.

부정 Qw의 문제는 자신의 주장을 펼치면서 타협의 여지를 두지 않으려는 모습으로 비치기 쉽다는 점이다. 이는 Ns와 차이를 보이는데, Ns는 자신의 지식이 객관적으로 옳기만 하면 주관을 포기하거나 심지어 자신이 지금껏 해왔던 모든 것이 무효가 되더라도 감내하고 처음부터 시작하는 반면, Qw는 자신이 추종하는 것이 부정당하거나 잘못됐다는 것을 끝내 믿으려 하지 않을 때가 많기 때문이다.

이때 문제가 더 악화할 수 있음에도 자신이 옳다는 것을 무리하게 주장하면 주위와 마찰을 일으키고, 끝내 배척받게 된다. 이런 이유로 Qw를 비롯한 모든 Q/K는 질문과 관련해 어떤 관점/태도/역량을 지니는지 확인하는 과정을 해석 전에 반드시 거쳐야 하며, Qw의 성향상 카드에 해당하는 인물/분야가 비교적 기존에 이미 형성돼 있거나 제시됐던 철학/개론/이상/아이돌 등의 객체들을 지원, 추종하려 만들어진 개념/단체라는 분류로 나뉜다는 점에 착안할 필요가 있다.

그렇기에 Qw에 해당하는 인물/분야/개념/이상 등이 어떤 긍정/부정적인 영향을 미치는지 먼저 판단해야 하며, 이 인물/사건/분야가 질문/질문자에게 어떤 영향력을 얼마나 미칠 수 있는지 확인해야 한다. 이는 Qw의 해석이 애매한 것은 보통 반항적인 수준이 폭넓고, 해석자의 관점에 따라 단순한 엉뚱함, 감정을 숨기려는 새침, 신경질, 당당한 항의, 거센 저항, 폭력성 등에 모두 해당되기 때문이다.

이때 특히 주제에 따라 의미가 크게 바뀌는 일이 잦은데, 사안마다 경중이 다르기에 어쩔 수 없다. 예를 들어 연애 관련 점에서는 보통 단순히 활달하거나 새침데기에 머무르며, 심각한 상황이더라도 고집 세고 강단 있는 정도로 표현되곤 하지만, 사회 문제와 관련한 점일수록 새로운 사상을 추종해 기존 사회와 충돌을 빚는 모습으로 해석되는 등, 범주가 매우 넓어진다.

모든 Queen이 어떤 방식으로 영역을 넓히고 영향력을 미치려 하느냐는 매우 중요한 문제며, 각 Q의 기질, 특수성, 장점을 사람들에게 각인시키거나 공인받을 수 있다면, 단순한 격의 성장뿐 아니라 분야 전체의 위상을 높일 수 있다.

이런 좋은 예로 여성 참정권 운동Suffragette 당시 여러 운동가의 구호와 그들이 겪었던 수난을 들 수 있으며*, 반대의 사례로 정치적

* "일하는 여성Women work, 투표하는 여성Women Vote."
"모든 남성과 여성은 평등하게 창조됐다All men and women are created equal."
루크리샤 모트Lucretia Mott, 「여성 인권 협약 보고서」, 1848.
https://www.nps.gov/wori/learn/historyculture/report-of-the-womans-rights-convention.htm
영국에서는 여성 참정권 운동 중 단식투쟁을 벌이던 운동가에게 강제로 음식을 주입하는 조처를 했으며, 석방 후 기력을 회복하면 다시 체포하는 등의 탄압을 겪어야 했다. 정식 명칭은 「죄수의 건강을 위한 임시조치the Prisoner's Temporary Discharge for Ill-Health Act」였으며, 속칭 쥐와 고양이법The Cat and Mouse Act로 불린 이 법안은 1913년 가결됐다.
1910년 11월 18일 영국 국회 앞에서 일어난 평화적 시위를 경찰이 폭력적으로 진압한 사건이 벌어진다. 이를 '검은 금요일' 사건이라 한다.
이남희, 박지향, 「영국 여성참정권운동의 성격, 1897-1918: 활동가에 대한 분석을 중심으로Who were the suffragist activists? : rethinking the British women's suffrage movement, 1897-1918」, 서울대학교 대학원 박사학위논문, 1999, 46-47쪽.

올바름의 부작용으로 생긴 문제를 지적할 수 있다.*

이는 Qw의 의지가 아무리 옳은 방향을 향해 나아가더라도 수단과 방법을 잘못 쓰거나 대척점에 선 이들을 일방적으로 매도하는 데 그친다면 사람들은 Qw가 추구하려는 것에 쉽게 지치거나 반발하게 되고, 이런 상황에도 자신의 수단과 방법에 대한 검토나 반성 없이 이를 반복한다면 결국 무시나 조롱을 받을 수 있다는 것을 경고하기 때문이다.

이는 최상의 경우 어떤 위대한 인물이나 사상을 전파하고 킹 메이커 노릇을 하며 자신의 수준과 수완을 사람들이 추앙하는 모습으로 드러나나,** 최악의 경우 세인의 손가락질을 넘어 사회적 탄압을 받아 좋은 의도를 구현할 시도조차 하지 못한 채 숨죽여 미래를 기다려야 하는 상황/사건으로 드러난다.

Qw가 추앙하는 것이 정녕 옳은지는 그 자신보다 그가 추앙하는 것이 어떤 내용/모습을 하는지 살피면 된다. 으레 떳떳하고 옳은 것

* 정치적 올바름의 시초는 제국주의 시기 열강들에 속했던 국가들의 추태와 아돌프 히틀러에게서 기원한다고 볼 수도 있다. 모든 '올바름'이 제국주의 열강-나치의 만행과 조금이라도 유사하면 하지 않아야 한다는 주장에 기초하기 때문이다. 그러나 현실적인 한계를 충분히 고려하지 않고 옳다는 이유만으로 보완책을 제대로 갖추지 않은 채 원론적인 방법을 졸속으로 강행 또는 주장해 현실에 맞추지 못하거나 오히려 혐오를 키우는 문제가 생기기도 한다.

유럽 몇몇 국가는 인도적인 차원에서 난민 및 이민을 한꺼번에 많이 받아들이는 정책을 펼쳤으나, 범죄율이 치솟고 사회가 불안정해지며 극우주의가 재창궐하는 부작용을 겪고 있다. 미국의 도널드 트럼프 대통령 당선도 이러한 반발 사례의 하나이다. 이러한 문제는 크게는 정치·사회적 논담에서 시작해 문화 매체 창작까지도 영향을 미치고 있으며, 점차 자신들만의 '정치적 올바름'을 주장해 피로감을 늘리거나 반발backlash을 불러오기도 한다.

이런 문제를 더욱 악화하는 것은 '올바름'을 취사 선택하는 추태나 선민의식으로 무장한 채 자기 생각과 의견이 무조건 옳고 다른 이들의 생각을 이해하거나 상대방의 이해를 구할 생각조차 없다는 식의 태도, 자신들이 어떤 '올바름'을 추구하는지 제대로 연구나 학습조차 하지 않고 자신에게 유불리만 따지는 행태다.

** 이런 좋은 예로 연예인의 팬으로 시작해 자신이 연예인이 돼서도 마음을 이어가, 같은 무대에 서는 사례를 들 수 있다.

은 당당히 세상에 드러낼 수 있기 때문이다. 그렇기에 더 현실적인 지원과 지지 세력을 등에 업기 시작한다면, Qw는 원하는 바를 비교적 수월히 이룰 수 있다.

배열에 Qw가 나오면, 특별히 다른 사람이나 어떤 단체와 대립하는 상황이 아닌 한 개성 있고 재미있고 활달한 사람을 뜻할 때가 많으며, Qw에 해당하는 인물이 강경한 태도를 고수하지만 않으면 대부분 부정적인 의미가 적용되지 않는다.

군이 부정적인 의미를 적용해야 하는 상황은 주로 물러날 수 없는 문제와 관련 있거나, Qw 자신이 강경하게 나서 주변의 우려/비판을 받는 상황에 국한된다. 단, 예외로 시누이/올케 등 시가와 관련한 점에서는 비교적 부정적인 영향이 강한데, 이는 우리나라의 가족 문화 때문에 생긴 문제일 때가 많다.

배열 위치별 특징 켈틱 크로스 배열에서 Qw가 나왔을 때 긍정/부정적인 영향을 받는지 판단하려면 가장 먼저 질문과 관련한 내용이 Qw의 의미에 부합하는 역할/상황이 있는지 먼저 판단한 뒤, 다른 카드들의 맥락을 살펴 분석해야 한다(이에 관해 더 상세한 내용은 84-87쪽을 참고).

Qw는 앞서 언급했듯 자신의 의지, 판단, 통찰의 기준이 되는 가치, 이상이 중요하기에 사전 정보나 질문자의 역량을 먼저 판단하고 나서 긍정/부정적 의미를 가늠해야 하며, 이런 성향 때문에 1, 4, 8번 위치에 있을 때 영향력이 더 쉽게 강화된다.

이는 어떤 문제든 질문자가 극복하려는 이유를 스스로 내세웠으며, 이런 방식으로 문제를 해결하거나 사람들에게 자신이 호락호락하지 않다고 알림으로써 상황 변화를 끌어낼 수 있기 때문이다.

반대로 2, 7, 9번 위치에 나오면 부정적인 의미로 적용되기 쉬운데, 만만찮은/억지를 쓰는 자신/상대방의 입장이 당면 과제인 한 부담될 수밖에 없거나, 자신의 기발한/옳다고 생각하는 것을 마음속에 담아두기만 하는 것이 Qw의 의미와 맞지 않기 때문이며, 자신이 바라는/두려워하는 모습으로 Qw가 나왔다는 것은 질문자가 문제 해결에 소극적이거나 이미 자신이 원하는/추구하는 것이 그릇된/비판받을 여지가 이미 스스로 인지하고 있는 경우가 많기 때문이다.

단, 3번 위치에 나오면 긍정/부정적인 영향이 모두 극단적으로 발현하는데, 이는 다음과 같이 구분할 수 있다.

1. 질문자가 원하는 바가 이상적/도덕적인가?
2. 질문자의 태도가 어떠한가?

이는 Q_w가 신봉하는 바가 사람들이 권면하거나 선망하는 방향으로 향해 있는지 살펴보면 된다는 점에 더해, '안에서 깨진 바가지 밖에서도 샌다'라는 말이 있듯 질문자가 질문 주제와 관련해 사람들에게 어떤 평가를 받게 행동했는지 기본 심성을 유추함으로써 긍정/부정적인 의미를 쉽게 적용할 수 있다. 그러나 이런 기준은 어디까지나무거운 주제에만 적용할 수 있으며, 가벼운 연애나 대인 관계와 관련한 주제일 때는 그저 잠깐 지나칠 가십을 말하는 일이 대부분이기에 위의 두 조건을 비교하기는 어렵다.

연애(관계가 성립한 상황) 재기발랄한 이성 또는 잦은(작은) 분쟁을 일으키는 이성으로 해석할 수 있다. 긍정적인 영향을 받는다면 함께하는 나날 동안 즐겁고 유쾌한 관계를 이어갈 수 있으며, 매력을 충분히 발휘하도록 조치하면 된다.

만약 질문자 자신이 Qw로 판명되면, 자신의 주장을 뒷받침할 논리나 증거를 차분히 이야기하도록 조언하기만 해도 대부분 문제가 쉽게 풀린다.

그러나 부정적 의미가 강화되면 상대방과 분쟁이 더 격해지거나 따르기 싫은/따르면 안 되는 억지를 부리고 있다는 것을 경고하며, 이를 조율하려면 많은 희생이 따른다는 것을 암시한다. 최악의 경우 이별의 전조로 해석되기도 하는데, 이는 Qw에 해당하는 인물이 자신의 고집을 꺾기 싫어하거나 새로운 태양(코트 상징편 69쪽 참고)과 계속 비교하며 상대를 무시하는 흐름이 굳혀졌다는 것을 드러내기 때문이다.

그 밖에 Qw가 극단적으로 부정적인 영향을 받는다면 어떤 목적이나 법적 분쟁을 일으켜 질문자의 기반을 빼앗으려는 이성으로 해석할 수 있으나, 흔치 않은 사례이므로 적용에 특히 주의해야 한다.

연애(관계가 성립하지 않은 상황) 관계 성립을 원하는 상황에서는 자신의 매력을 발견하고 개발해 어필해야 한다는 점을 의미하며, 특정 이성과 관계 성립을 원한다면 반드시 상대방에게 전달될 수 있게 능동적인 행동이나 과시를 하도록 조언해야 한다. 이는 파격적인 노출/언행이 필요하다는 것을 의미한다.

긍정적인 영향을 받는다면 이런 변화들이 이루어지며 주변이나 다른 사람들이 반응을 보이며, 이를 이용해 이성의 관심을 유도할 수 있다는 점을 의미하나, 부정적인 영향을 받는다면 이 변신마저도 엉뚱하거나 수위 조절에 실패해 역효과만 날 수 있다는 것을 경고한다.

관계 성립 시도조차 없는 상황이라면 Qw는 적어도 질문자 주변에 자신을 챙겨주는 이가 있다는 것을 암시하나, 이 경우 질문자의 부모님도 포함되기에 해석에 유의해야 한다. 나아가 연애하는 데 필요한 기본적인 외부 활동을 얼마나 하는지 파악한다면 긍정/부정적인 의미를 쉽게 구분할 수 있다.

긍정적인 영향을 받는다면 연애를 못하는 게 아니라 안 하는 경우가 많고, 질문자의 역량을 가늠해 원하는 이성이 많은 곳을 조언하거나, 이상형에 비슷한 사람을 만나려면 질문자가 갖춰야 할 최소 조건이 무엇인지 조언해 이를 충족하면 연애 운이 점차 좋아질 것이라고 말할 수 있다. 그러나 부정적인 영향을 받는다면 전형적인 말 많고 행동 없는 상황이거나 허황한 잣대로 이성을 재단하려는 경우가 많기에 연애 시작에 앞서 기초적인 정신/물질적 기반을 갖추도록 조언해야 한다.

대인관계 Qw의 의미가 특정 인물을 지칭한다면 그 인물의 매력과 개성을 어필하거나 자신이 옳다고 여기는 바를 주변에 주장해 사람들의 지지를 받아 긍정적인 방향으로 일을 성취하거나 원하는 바를 이룰 수 있다는 것을 의미한다. 그러나 그렇지 않다면 어설픈 선동이나 협잡, 이간질이 들통나 위신이 추락할 수 있음을 경고하며, 그만큼 자신이 추종하는 것이 사람들에게 부정당할 수 있다는 점을 주의시켜야 한다.

어떤 특정 상황과 관련한 의미일 때는 단체 행동을 하면서 옳은 부분을 어떻게 대중에게 전파할지 고려해야 하며, 긍정적인 영향을 받는다면 더 많은 이에게 자신이 속한 분야의 내용을 알려 좋은 반응을 얻거나 획기적인 캠페인으로 참여를 끌어낼 수 있다는 점을 강조한다. 이로 인해 규모가 작더라도 자신이나 다른 사람의 효과적인 아이디어를 통해 효율적인 성과를 낼 수 있다는 것을 뜻한다.

그러나 부정적인 영향을 받는다면 Qw에 해당하는 인물/세력이 '반대를 위한 반대'를 반복하고 자신들의 이기적인 욕망을 충족하려 의사 진행을 가로막는 상황으로 드러나며, 불화를 일으켜 모임/단체에 부정적인 영향을 끼칠 수 있다는 것을 경고한다.

사업의 흐름이나 전망 이슈나 유행에 민감한 사업이라면 Qw는 긍정/부정적인 의미 모두 잠깐의 특이한 변수 정도를 의미하며, 시세 변화에 따른 질문자의 상황, 관점에 따라 호황/불황 요소를 분류해야 한다.

나아가 사업 초기에 어떤 특정 이미지나 연고에 의존해 사업을 시작했다면, 이 요소를 더욱 부각해 공격적인 마케팅을 펼쳐서 흐름을 끌어올 수 있다.

그러나 부정적인 영향을 받는다면 사업 자체의 모순점이 발견돼 소비자들의 반감을 사거나 불매운동 등으로 피해를 받는 경우로 드러나며, 작게는 무례한 손님부터 부정적·악의적인 의도를 지닌 옴부즈맨, 방송 보도 등으로 인한 피해를 경고한다.

이를 미연에 방지하려면 사회 공헌을 미리 해두는 등 도덕적인 면모를 충분히 보여둠으로써 피해를 줄이거나 이 악재를 거꾸로 이용해 이익을 확고하게 만들 수 있다는 점에 착안해 다양한 조언을 할 수 있다.

창업의 성사 여부 사람들에게 새로운 아이디어나 특정 관념/이상을 설파·보급하는 사업에 용이하며, 긍정적인 영향을 받을수록 더 새로운 도구나 수단을 통해 빠르게 확산하는 특성이 있다. 더 강력하고 자극적인 방식을 동원하는 것도 필요하나 이 과정에서 위법적인 사안이 개입하면 창업을 시도조차 하지 못하는 상황으로 전락할 수 있으나 유의해야 한다.

Qw의 핵심 의미와 앞서 언급한 내용을 조합한다면 구체적인 업종으로 해석할 수 있다. 정규 패션모델 및 내레이터 모델*, 사회적 기업, 공익 캠페인, 매니지먼트 사업, 광고 기획, 초·중등 학원, 각 지역 관공서와 연계된 학습 강좌 운영 등을 들 수 있다(과거에는 SOHO 쇼핑몰도 Qw의 의미에 부합했으나, 현재는 방법이나 기준, 콘셉트가 어느 정

---

* 판매를 촉진하려 고용하는 파견직의 하나다. 명확한 정식 명칭이 없어 통용되는 명칭을 따랐다.

도 일반화됐기에 이제는 적용할 수 없다).

부정적인 영향을 받을수록 파견직이나 남의 요청에 휘둘려 자신의 일정을 희생해야 하는 분야로 드러나며, 이때 이런 개인적인 요소 (사생활, 일정 변경)를 의도적/능동적으로 받아들여 더 고소득의 전문 직종으로 나서는 경향이 있는 Q_s와 혼선을 빚을 수 있다. 그러나 Q_s는 관련 분야의 지식을 확보하고 사회나 해당 분야의 공식 인증을 받는다는 점에서 Q_w와 차이가 있다.

진로 적성 앞서 살펴본 창업 여부와 비슷하나 더 세부적인 구성을 보인다. 이는 이른바 1인 기업으로 운영할 수 있으면서 자신이 추구하려는 바를 공식적으로 밝힐 수 있는 분야가 매우 다양하기 때문이다. 이에 더해 카피라이터나 작은 규모/분야의 기획, 실내 디자인, 건축 디자인 등이 추가되며, 기본적으로 사람들이나 특정 원론, 특정 문화 코드 등을 이용/응용해 경쟁력으로 삼는 분야에 유리하다.

긍정적인 영향을 받을수록 기발하고 참신한 방식으로 사람들이 즐거워하면서 따르게 만들며, 이로써 자신의 격을 높일 수 있다는 것을 의미하나, 부정적인 영향을 받는다면 반항아적 사고방식을 강요하거나 성숙하지 못한 표현을 극단적으로 사용해 유동층을 포섭하기는커녕 적대자를 결집하게 만드는 역효과만 낳을 수 있다는 것을 경고한다.

그렇기에 주제와 관련한 배열에서 Q_w가 나오면 폭넓은 지지를 얻을 수 있거나 오해의 소지를 줄이는 표현 방식과 언행을 조언해 단점을 상쇄할 수 있도록 조언해야 한다.

시험 결과나 합격 여부 Q_w는 이 주제와 비교적 어울리지 않는 카드다. 자신이 추종하는 것과 시험의 문항이 대치될 때, 문제의 정답을 맞히기보다 자신이 추종하는 것을 답하려는 성향이 있기 때문이다. 물론 시험을 응시하면서 질문자가 추구하고 지향하는 종목이나 분야라면 이런 상황이 비교적 덜한 편이나, 독자 연구나 자신의 신념이 개입되기 쉽다면 극도로 주의하도록 조언해야 한다.

질병의 호전, 완치 성향에 따라 극단적으로 다르지만, 기본 기조는 결국 핵심 의미와 닿아 있다. 크게는 진료 전에 건강에 대한 염려가 심하거나 반대로 자신의 건강을 과신하는 사례로 나뉜다.

전자는 작은 질환을 크게 상상하거나 두려워해 과잉 진료를 원하거나 단순 식이요법이나 운동으로 해결할 문제를 주치의에게 문의하는 염려증으로 치달을 수 있는데, 이때는 의료와 관련한 불상사나 친인척의 전력이 경계심을 낳은 것으로 이해할 수 있다.

후자가 더 보편적인 반응인데, 평소 건강 관리 여부와 상관없이 자신의 상태에 일말의 의심조차 하지 않거나 자부심이 과해 이미 발병했음에도 임시방편으로 일관하다가 질병을 키울 수 있다는 것을 경고해야 한다.

단순한 건강 문제 일상적인 상황이라면 가벼운 두통이나 신경과민증을 의미한다. 이는 목욕, 마사지 등의 이완, 안정을 통해 쉽게 해결할 수 있다.

발병 가능성을 점친다면 정신적 면에서 과민반응, 외상 후 스트레스 장애PTSD, 경계성 성격장애Borderline Personality Disorder 등을 경계할 것을 경고한다. 이는 애매한 의구심만으로도 남을 의심하거나 위해를 가하려는 성향이 Qw에 있기 때문이다.

신체적 질병으로 이해한다면 시력이나 뇌의 질환과 관련성이 두드러지는데, 이는 옳고 그름을 파악하고 식별해 피아를 식별하는 기능이 쉽게 감퇴할 수 있다는 것을 의미하며, 그 밖에도 족저근막염, 골다공증, 통풍 등 활동을 제약하거나 행동에 지장을 주는 질병이 해당한다. 최악의 경우 치매를 의미할 수도 있으나, 이런 사례를 해석하기 전에 전문가의 진단을 받도록 조언해야 할 것이다.

켈틱 크로스 배열 위치별 긍정/부정 해석법

1 → ②④⑦⑧ 카드 확인 질문자가 어떤 문제에 봉착했는지 확인하고, 스스로 의도한 바와 남들이 받아들인 의도가 일치하는지 확인해 질문자의 장단점을 파악해야 한다. 긍정적인 영향을 받는다면 자신의 의지를 관철해 계속 나아가면서 문제가 자연스레 해결될 것을 의미하며, '하늘은 스스로 돕는 자를 돕는다'라는 말과 같이 추구하는 바를 이룰 수 있다는 것을 뜻한다.

그러나 부정적인 영향을 받는다면 질문자의 계획이나 의도가 옳지 않거나 반대에 부딪혔다는 것을 경고하며, 최악의 경우 자신의 표리부동한 면모를 다들 간파했거나 이미 경계하고 있다는 것을 깨닫게 해야 한다.

2 → ③④⑦⑨ 카드 확인 어떤 반대에 부딪혔는지 파악하기에 앞서 질문자가 질문과 관련한 사안을 어떻게 처리해왔으며 어떤 태도를 보이는지 확인할 필요가 있다.

긍정적인 영향을 받는다면 이는 좋은 조언자를 의미하며, 들어서 문제 될 것 없는 이야기이자 이를 어떻게 소화해내느냐에 따라 문제의 근원을 한꺼번에 해결할 수 있다는 것을 뜻하나, 부정적인 영향을 받는다면 문제 해결에 전혀 도움이 되지 않는 잔소리꾼을 의미하거나 사건의 본질을 흐리려 자신의 주장을 되풀이하기만 하는 등, 타협할 수 없는 장애물에 봉착했다는 것을 경고한다.

---

3 → ②⑤⑥⑧ 카드 확인 질문 주제와 관련한 질문자의 태도를 먼저 확인해야 한다. 문제에 대해 질문자가 어떤 불만을 품고 있으며, 이에 동의하는 이들이 얼마나 질문자에게 힘을 실어줄 수 있는지 유추해야 한다.

긍정적인 영향을 받는다면 질문자가 문제 삼는 부분이나 선결 과제라고 여기는 것들을 적극적으로 피력해 목적을 달성할 수 있다는 것을 의미하며, 최상의 경우 이런 흐름 속에서 뜻밖의 크고 다양한 경험과 가치를 얻을 수 있다. 그러나 부정적인 영향을 받는다면 질문에 관한 대부분의 기책 사유가 질문자에게 있거나 이를 부정/우회하려는 질문이 아닌 한 배열 전체를 해석하더라도 질문자가 이를 올바로 이해하려 들지 않을 공산이 크며, 나아가 문제 해결보다 개인 욕구의 해소에 치중한 나머지 일을 그르칠 수 있다는 것을 경고한다. 최악의 경우 해당 질문이 치정 문제와 관련 있거나 불법적 수단을 다루는 경우라면 해석을 포기하고 질문자가 듣고자 하는 바를 말해준 뒤 자리를 신속히 떠나는 것이 해석자의 신변에 도움이 될 수도 있다.

4 → ① ② ⑤ ⑧ 카드 확인 Qw에 해당하는 이가 어떤 태도나 행동, 반응을 보였기에 상황이 이렇게 변화했는지를 관찰함으로써 긍정/부정의 의미를 파악할 수 있다.

긍정적인 영향을 받는다면 해당 인물의 개입이나 발언으로 상황이 유리하게 변화하고 있으며, 서서히 지지를 확보해 나아가게 된다는 것을 뜻한다.

부정적인 영향을 받는다면 과거의 언행으로 구설에 오를 수 있다는 것을 경고하며, 최악의 경우 어떤 사건이나 행동의 주동자로 지목돼 곤경을 면치 못할 수 있다는 것을 암시한다.

5 → ① ② ③ ⑦ 카드 확인 Qw에 해당하는 인물이 기존의 구태의연한 태도에 머물러 있는지, 아니면 무언가 개선하고자 행동하는지 판가름해야 하며, 질문과 관련한 내용에서 신/구에 해당하는 기준을 잡고 이에 따른 각각의 장단점을 파악해 비교적 옳은 방향에 있는지 따져보아야 한다.

긍정적인 영향을 받는다면 자기 뜻을 강화하는 데 성공하거나 새로운 대안을 제시해 모두가 발전할 수 있는 방향으로 나아가는 것을 의미하며, 그 영향이 미미하더라도 자신만의 계파나 추종자나 동지를 규합할 수 있으나, 부정적인 영향을 받는다면 이미 소규모 파벌이 난립해 파벌의 우두머리 격인 인물들의 이권 주장이나 각각의 이해타산에 휘둘려 문제가 더 꼬일 수 있다는 점을 경고한다.

6 → ① ④ ⑧ ⑨ 카드 확인 질문자가 안정/변화 중 무엇을 원하는지 파악해야 한다. 안정적이고 보수적인 태도를 보이면 대부분 부정적인 영향을 받고, 변화를 원하거나 진보적인 태도일 때 긍정적인 영향을 받는다.

긍정적인 영향을 받는다면 새로운 발전적인 선택지가 제시되거나 유쾌한 상황이 이어져 일이 순조롭게 진행되며, 최상의 경우 기대하던 반려자나 동반자를 맞이하는 의미로도 적용되나, 부정적인 영향을 받는다면 대적자Arch Enemy가 등장하거나 자신의 잘못을 인정하지 못하고 계속 주변과 충돌할 수 있다는 것을 뜻하는데, 이때 굳이 적과 싸우거나 논쟁거리를 만들어 상대방의 세력이나 기반을 형성하는 데 역으로 도움을 줄 수 있다는 점을 경고해 쓸데없는 역량 낭비를 줄이고 초심대로 행동하도록 조언해야 한다.

기본적으로 질문자가 해당 문제와 관련해 줄곧 원했던 바가 어떤 성향을 띠며, 이를 지지하거나 당연시하는 수준을 관찰해 더 세부적인 요소들을 끌어낼 수 있다.

7 → ① ③ ④ ⑧ 카드 확인 Qw는 질문과 관련한 요소들보다 질문자가 우선시하는 요소들이 무엇인지 명확히 분석해야 한다. 이때 질문자가 생각하는 바가 '옳은' 방향에 속하는지 판별해야 하나, 질문자가 주는 정보만으로 모든 것을 판단할 수 없기에 질문자가 제공하는 정보가 앞서 살펴본 위치에 드러난 카드들과 내용상 일치하는지 확인해야 한다. 이에 더해 외부(2, 5, 8번 위치)의 시각들을 비교해 객관적인 판단을 내리는 데 주력해야 한다.

긍정적인 영향을 받는다면 질문자의 생각과 배려가 타의 모범이 되거나 함께 어우러지고자 다양한 생각과 계획을 수립하는 의욕이 있다는 것을 의미하나, 부정적인 영향을 받는다면 평소에 대중에게 비치는 이미지와 달리 충동적이고 공격적인 자신의 속내를 숨기고 있거나 모종의 계획을 별도로 구상해 자신의 의지를 비틀어가면서라도 분출하려 기회를 모색하고 있다는 것을 암시한다. 이때 해석자는 이런 시도나 속내가 문제를 더 악화할 수 있다고 조언해 질문자의 목적과 해당 문제와 관련한 모두의 목적을 합치하려 노력해야 한다.

---

8 → ② ③ ⑤ ⑦ 카드 확인 긍정적인 영향을 받는다면 당차고 활달한 이미지로 다른 이들에게 활력을 나누어주며, 이들이 자연스레 따르리라는 것을 뜻한다. 최상의 경우 유행을 선도하거나 사상적 지도자로서 신뢰받는다는 것을 의미한다.

그러나 부정적인 영향을 받는다면 성가신 사람, 무례한 손님 등으로 여겨진다는 것을 의미하며, 더 심각하게는 이런 인식이 팽배해져 이유 없이 가해자로 몰리는 상황에 봉착하는 것을 의미한다. 최악의 경우는 누구도 질문자가 자신의 조언이나 충고를 들을 생각이 없다고 여기는 것으로, 이때는 문제 해결에 대해 누구도 조언하려 하지 않기에 상황이 더 고착될 수 있다는 것을 암시한다.

이는 질문지기 마주한 장애물이 질문자의 역량에 비춰볼 때 얼마나 어려운지, 질문과 관련된 외부 상황이 어떤 국면을 맞이하는지 판단해 긍정/부정의 의미를 결정해야 한다.

---

9 → ③ ④ ⑤ 카드 확인 희망적인 면으로 이해한다면 자기주장을 더 명확히 해 목적을 달성했으면 하는 바람으로 이해할 수 있으며, Qw와 같은 인물의 개입이나 어떤 이슈의 발생으로 일이 좌초되거나 지연되는 것을 두려워하

는 모습으로 드러난다.

이에 더해 사람들의 (현실을 바꾸는 데 별 도움이 안 되는) 잔소리로 평판이 나빠지는 상황을 두려워하는 것도 포함된다.

---

10 → 결국 질문자 및 질문 주제와 관련한 분야와 당사자들이 모두 어느 정도 동의하는 원론적 기조로 일이 진행된다는 것을 뜻하며, 이 과정에서 어느 정도의 변용은 있을지언정 기조 자체는 왜곡되지 않게끔 이끌어야 한다는 점에 주의해야 한다.

이 과정에서 잡음이 생길 수 있는데, 이는 Qw가 잡은 Wands에 기초하도록 강하게 조언해야 하며, 이로써 생각과 행동을 일치시켜야 갈등을 초기에 진화할 수 있다는 것을 강조해야 한다. 그러나 질문자의 목적이 Wands를 탈취하거나 변조하려는 데 있다면 후폭풍을 생각해 움직이도록 조언해야 하며, 이 과정에서 희생되는 것들이 많을 수밖에 없다는 것을 경고해야 한다.

실제 사례 (2003년 3월, 서울 강남구 모처, 20대 중반 여성)

질문 이 아이돌 그룹의 특정 멤버가 인기를 얻을 수 있을까?

사전 정보 지금껏 없었던 개성파 13인조 남자 그룹의 멤버 중 한 명의 인기 여부를 물었다. 질문자의 사건을 줄이고자, 해석의 관점을 해당 멤버의 시각으로 바꾸겠다는 말에 동의했기에 아래에서는 해당 연예인을 질문자로 칭하겠다.

$$9 - 2w - 2p - 6s - Pc - Aw - Qw - 10 - 7s - Pw$$

---

9 (질문자 자신) 계속 연습생 생활을 하며 데뷔를 준비하고 있다.

2w (장애물) 데뷔 가능성만 점칠 뿐 현실화하지 않고 있다.

2p (기저) 이 상황을 견디는 데 별 어려움을 느끼지 않는다.

6s (과거) 처음부터 연예인을 꿈꾸진 않았으나, 괜찮은 길이라고 여겨 지망했다.

Pc (현재/곧 일어날 일) 충동을 일으킬 만한 사건/인물이 개입한다.

Aw (미래) 새로운 방법/기획에 임하게 될 것이다.

Qw (질문자의 내면) 자신의 개성대로 해나가는 것이 옳다고 믿으며, 굳이 자신의 스타일을 바꿀 필요가 없다고 확신한다.

10 (제3자가 바라보는 질문자) 운이 따라주지 않거나, 데뷔 분야를 변경하거나 계속 때를 기다려야만 할 것이라 평가받고 있다.

7s (희망/두려움) 이러다 데뷔 시기가 늦춰지거나 어설픈 데뷔 후 조기 강판될까 봐 두려워하며, 완벽하지 않더라도 어떻게든 데뷔하고 싶어 한다.

Pw (결과) (비록 원하는 것에 딱 맞출 수는 없으나) 기다리던 소식이 올 것이다.

이 배열에서 Qw는 7번 위치, '질문자의 내면'에 나왔다. 진로 적성 및 창업을 겸하는 질문의 특성상 연예인이라는 직종에 어느 정도 확신이 있거나, 자신의 역량으로 승부수를 띄울 수 있다고 확신하는 상황이라는 것을 드러낸다.

이 질문에서 Qw에게 영향을 주는 카드는 9, 2p, 6s, 10으로 확인되며, 이 사례에서는 긍정/부정을 판단하는 데 9, 10이 매우 중요하다는 점을 알 수 있다. 나아가 단순히 이 두 카드의 긍정/부정을 결정하더라도 질문자가 어떤 태도나 역량으로 고난을 버텨왔으며, 대중이 원하는 연예인 상에 질문자 같은 스타일의 수요가 있는지 확인할 수 있다면 긍정/부정을 더 쉽게 알 수 있다.

결과적으로 부정적인 영향을 받고 있다는 것을 알 수 있다. 질문자가 제 나름의 생각과 결심으로 이 시도를 하고 있지만, 이 과정이 점차 길어지거나 질문자가 가진 개성/스타일을 대중이 아직 요구하지 않는 등 질문자의 매력이 전달되지 못하는 상태이기에 소속사에서도 데뷔 결정을 미루고 있다는 것을 강조하고 있기 때문이다.

그렇기에 자신을 그대로 내세우기보다 대중의 요구에 맞춰야 할 필요가 있는 상태로 보일 수 있으나, 개성을 버리지 않고 매력 포인트로 내세워 부정적인 흐름을 버텨낸다면 오히려 사람들이 이에 주목할 수 있다고 격려해야 했던 사례였다.

① 9(질문자 자신) 메이저 해석편을 참고한다면 비교적 긍정적인 영향을 받고 있다는 것을 알 수 있다. 이는 이미 질문자가 이 어려운 상황을 예상했거나, 이를 견뎌내려는 각오와 계획을 했기에 지금의 불편과 고난을 기꺼이 감내하고 있다는 것을 의미한다.

부정적인 영향을 받는다면 고립무원 상황에서 일을 포기하고 싶을 만큼 힘들어하는 상태라는 것을 뜻하나, 이미 질문자가 현 상황이 충분히 적응해 자신의 상태를 점검 및 조율하고 있다는 점에서 부정적인 의미를 적용하기 어렵다는 것을 알 수 있다(2w, 2p, 6s, 10).

② **2w(장애물)** 질문자가 기다리는 소식이 오지 않거나 자신의 구상 또는 기획이 반려되기 쉽거나, 이미 반려됐다는 점을 암시한다. 긍정적인 영향을 받는다면 이 의견이나 기획에 그 나름의 가치가 있으며, 이를 구체적이고 계획적으로 실행한다면 성과를 거둘 수 있다는 것을 뜻하나, 부정적인 영향을 받는다면 '생각은 좋으나 현실에 적용하기 힘든' 방법이나 구상이기에 주변을 잘 설득하지 않으면 질문자의 의도나 기획, 생각이 받아들여지지 못하리라는 것을 경고한다.

③ **2p(기저)** 긍정적인 영향을 받는다면 질문자가 이 고난을 견디면서 제 나름의 생활 패턴을 만드는 데 이미 성공했으며, 심지어 적응해서 일상적인 수준까지는 아니더라도 감당해왔다는 것을 뜻한다. 최상의 경우, '실패하면 집에 돌아가면 그만이지 뭐' 하는 낙천적인 마음가짐이라는 것을 뜻하기도 한다. 그러나 부정적인 영향을 받는다면 질문자의 상황이 나빠지거나 문제가 생긴 이유가 사실 질문자가 문제의 원인을 제대로 해결하지 않고 시간 때우기에 불과하다고 여기거나 억지로 특정 상황을 연출하기 때문이라는 것을 암시한다.

④ **6s(과거)** 질문자가 자신의 길을 능동/수동적으로 선택했다는 것을 의미한다. 긍정적인 영향을 받는다면 질문자가 자신의 역량과 기반을 냉철히 판단하고 명확한 계산하에 움직였다는 것을 뜻한다. 그러나 부정적인 영향을 받는다면 안 그래도 적은 자신의 자산을 소모하듯 투기한 뒤 막연히 성공을 기원하는 데 그치거나 요행을 바라고 있다는 것을 암시한다.

⑤ **Pc(현재/곧 일어날 일)** 9가 긍정적인 영향을 받고 있기에 여기에서 언급한 1, 2번 유형에 해당하는 상황(이 책 144쪽을 참고)이라는 것을 알 수 있다. 이로써 낙천적인 태도를 유지하며 엉뚱한 방향으로라도 데뷔 기회가 왔을 때 즐겨볼 것을 권하거나 질문자에게 제안된 일들이 취소 또는 변경되더라도 큰 틀에서 연예계와 연관될 수밖에

없으니 경력을 쌓는다고 여기도록 조언한다. 나아가 그동안의 무명 생활이 서서히 끝나고 있으며, 본격적인 흐름을 타려면 자신의 끼를 보여주기만 하면 되는 상황이라는 점을 다른 카드들로 확인할 수 있다(9, 6s, Aw).

⑥ **Aw(미래)** 긍정적인 영향을 받는다면 새로운 기회나 아이디어가 생긴다는 것을 의미한다. 이로써 자기 뜻을 펼칠 기회를 얻는 것으로 해석되나, 부정적인 영향을 받는다면 자신의 화를 이기지 못한 채 자기 뜻대로 일을 멋대로 처리한 나머지 수습할 수 없는 수준까지 진행해버릴 수 있다는 것을 경고한다.

⑦ **Qw(질문자의 내면)** 이 배열에서의 Qw는 약화되기 쉬운 상황이거나 질문 분야의 특수성을 참작할 여지가 있다. 앞서 언급한 내용대로 부정적인 영향을 받고 있으며, 이 때문에 자신의 개성이나 생각이 현재로서는 그리 큰 장점이 되지 못한다는 것을 지적한다.

긍정적인 영향을 받는다면 질문자의 자질 및 개성을 대중이 원하고 있으며, 이를 어떻게 가공해 드러낼 것인지 고민해 자신의 무기로 삼아 인기를 얻을 수 있다는 것을 뜻한다. 그렇기에 더 긍정적인 방향으로 발전할 수 있도록 자신의 개성을 잠시나마 드러내지 않거나 고정 팬을 어느 정도 확보해 지지층을 결집하고 난 뒤 개성을 서서히 드러내는 방식을 취하도록 조언해, Qw의 장점을 보존하면서도 대중과 거리감을 줄일 수 있도록 조처해야 한다는 것을 알 수 있다(9, 2p, 6s, 10).

⑧ **10(제3자가 바라보는 질문자)** 긍정적인 영향을 받는다면 질문자의 데뷔가 점차 다가온다는 것을 의미하며, 질문자에게 곧 기회가 찾아오리라는 것을 뜻한다. 부정적인 영향을 받는다면 질문자와 비슷한 캐릭터가 이미 있거나 대중이 원하지 않는 상황이 지속되리라는 것을 암시한다.

이 배열에서는 비교적 긍정적인 영향을 받고 있다는 것을 확인할 수 있다. 질문자가 자신의 어려움을 기꺼이 감내하고 있으며, 기회만 되면 언제든 만개할 수 있는 원동력이라는 것을 알 수 있기 때문이다. 그렇기에 본업이 아닌 방향으로 우회하는 것도 이해하고 따라야 찾아올 행운을 잡을 수 있는 상황임을 인지시켜 더 나아갈 수 있도록 격려해야 한다는 것을 강조한다(9, 6s, Pc, 7s).

⑨ **7s(희망/두려움)** 수단을 가리지 않더라도 자신에게 데뷔할 방법이 있었으면 하는 바람과 함께, 이런 방법 때문에 생길 수 있는 논란 또는 다른 사람이 이런 수단을 먼저 쓰는 바람에 자신에게 올 기회가 소진되는 상황을 두려워하는 모습으로 이해할 수 있으며, 이를 질문 주제와 결합한다면 더 구체적으로 해당 내용을 파악할 수 있다.

⑩ **Pw(결론)** 새로운 소식이 도착한다는 것을 의미하며, 다른 카드들로 미뤄볼 때 이 소식이 그토록 기다렸던 데뷔나 제안이지만 자신이 생각했던 무대가 아닐 수 있다는 것을 알 수 있다. 그러나 이 소식은 '데뷔', '인기 몰이'라는 원래 질문자의 목적에 들어맞으며, 제대로 경험하지 못했거나 역량이 부족하더라도 이를 소화해냄으로써 자신이 고대했던 바를 성취할 수 있다는 것을 뜻한다.

그러나 질문자가 이 일 자체에 큰 의미를 두지 않거나, 역량을 쌓는 데 게을리하고 있다면 이 모든 기회를 놓칠 것이며, 9로 대변됐던 고난의 결실이 전혀 없다는 통보를 받고 치명적인 위기에 빠질 수 있다는 점 또한 경고해야 한다. 다행히 전체 배열을 확인하면 긍정적인 영향이 강화됐다고 판단할 수 있는데, 다른 카드들을 통해 고난을 충실히 버텨낸 인물이라는 점을 쉽게 확인할 수 있기 때문이다.

해석을 마치고 나서 나는 도대체 어떤 사람이기에 배열이 이렇게 나오냐고 물었다, 그녀는 간단히 표현하기를 '겉은 멀쩡하고 연예인이 맞는데, 내실을 알면 알수록 겉모습과 전혀 어울리지 않는 요소가 계속 나오는 사람'이며, 이 내용이 점차 퍼지면서 열성 팬이 생기기 시작했다고 전했다.

이후 가수 지망생이던 그가 하이틴 드라마로 데뷔했다는 것을 확인했으며, 한참 뒤 13인조 남성 그룹으로 데뷔한 그는 활동을 이어가며 기반이 생기자, 자신의 소신이나 취향을 가감 없이 밝혀 사람들에게 주목받으면서 인지도를 쌓는 데 성공했고, 지금도 왕성히 활동하고 있다.

이 배열에서 Qw는 이 연예인의 개성과 특질이 대중과 괴리되기 쉽거나 시기가 맞지 않는 등 좋지 못한 전례들이 있어 함부로 내세우기 힘든 단점이 있으나, 시의적절한 조언을 받아서 따르거나 자신의 역량을 쉬지 않고 연마해 성공을 이룬 사례라 할 수 있다.

실제 사례 (2008년 6월, 경기도 성남시 모처, 20대 후반 여성)

질문 올겨울엔 사랑하겠죠?

사전 정보 연애하는 족족 실패했으며 공통적인 이별 멘트가 '더는 네가 여자로 보이지 않아'였다고 한다. 외양은 매우 준수했으나, 말을 시작하면 외양으로 얻은 좋은 이미지가 곧장 깨지는 수준이었다.

$$1 - 10s - 16 - 5c - 7p - 4s - Pw - Qw - 8 - 6$$

1 (질문자 자신) 내 나름대로 최선을 다했으나 능력이 부족했다.

10s (장애물) 뭘 해도 부정적인 결과를 낳는 상황이다.

16 (기저) 이별 통보를 받거나, 외양과 다른 이미지를 바꾸려 노력하지 않았다.

5c (과거) 상심만 거듭했다.

7p (현재/곧 일어날 일) 자신이 얻을 수 있는 것보다 높은 수준을 원한다.

4s (미래) 당분간 새로운 연애를 위해서라도 쉴 필요가 있다.

Pw (질문자의 내면) 이성들의 기대에 부응하려 한다.

Qw (제3자가 바라보는 질문자) 다른 사람들은 이 여성을 어렵게 여기거나 이미지만으로 성격을 재단하려 한다.

8 (희망/두려움) 다음 기회를 놓치지 않기를 바라며, 다시는 이런 경험을 하지 않았으면 한다.

6 (결과) 이대로 자신의 단점을 개선하지 못한다면 제대로 된 연애를 하지 못한 채 과거와 비슷한 상황을 계속 반복하게 될 것이다.

이 배열에서 Qw는 8번 위치, '제3자가 바라보는 질문자'에 나왔다. 관계 성립을 원하는 상황에서 질문자가 사람들에게 Qw의 어떤 면모로 비치는지 분석해야 한다.

기본적으로 질문자의 외적 조건이 남성의 관점에서는 충분히 매력적으로 비칠 만했다. 질문자의 외견이 뛰어났고, 누가 봐도 신체적 조건이나 이미지가 활발하고 강렬하다는 것을 금방 판단할 수 있을 정도였다.

이런 상황에도 연애 관계에서 부정적인 결과를 통보받는 이유는 10s, 16, 7p, Pw로 확인할 수 있으며, 이로써 원인을 더 구체적으로 언급해야 한다. 외견과 다른 정신 연령 상태나 교양 수준이 드러나는 순간 사람들이 높게 평가했던 요소가 대부분 하향평가되며, 여성으로서 매력이 느껴지지 않는다는 것을 보여주기 때문이다. 이를 긍정적으로 이끌어주려면 질문자의 장점을 어떻게 강화할 수 있으며, 자칫 자존감 부족이나 자괴감에 빠지는 것을 방지해 좋은 인연을 찾을 수 있게끔 조언해야 한다는 것을 알 수 있다.

---

① **1 (질문자 자신)** 자신의 의지가 모두 꺾여 문제를 해결하지 못하게 됐다는 것을 뜻한다. 이는 연인의 일방적 통보로 상심하는 일이 반복됐거나 자신에게 내재한 문제가 무엇인지 판단하지 못한 채 '연애'라는 대명제를 해소하려다 이런 처지에 내몰렸다는 사실을 쉽게 판단할 수 있다(16, 5c, Pw, Qw).

---

② **10s (장애물)** 긍정적인 영향을 받는다면 기존의 인연이나 자신이 접하기 쉬운 사람과 맺은 연애 관계를 모두 종료하고 완전히 새롭게 접할 사람들과 인연이 시작됨을 의미하나, 부정적인 영향을 받는다면 더는 연애하지 못할 만큼 절망적인 상황에 빠지거나 (연애 상대방 또는 연애 조언을 해줄) 이성이 없는 상황임을 지적한다.

---

③ **16(기저)** 질문자가 연애를 하며 다른 사람들에게 충격을 줬다는 것을 알 수 있다. 물론 현 상황을 비롯해 과거의 인연에게 충격을 받은 것도 있으나, 질문자가 원인을 제공한 것으로 파악되는데, 외양과 달리 연애 방식이나 상대방에 대한 배려가 서투르거나 그 격차가 너무 큰 탓에 연인들이 실망하는 상황이 항상 있었다는 것을 경고한다 (1, 10s, 5c, Pw).

---

④ **5c(과거)** 질문자가 상대방과 관계를 지속하며 자신의 감정을 상실해왔음을 의미한다. 더 넓게는 과거의 모든 인연이나 자신의 연애에 자괴감을 느껴왔음을 암시하기도 한다. 긍정적인 영향을 받았다면 이 관계로 자신의 감정을 치유, 보완하고자 새로운 대안을 찾은 것으로 해석되나, 이런 의미가 적용되더라도 이미 문제가 발생한 상황이기에 배열에 큰 영향을 미칠 수 없다는 점을 알 수 있다.

---

⑤ **7p(현재/곧 일어날 일)** 이런 상황에서도 질문자가 스스로 소화하기도 힘든 행운을 바라는 모습을 의미한다. 긍정적인 영향을 받는다면 질문자를 어쭙잖게 탐하는 이성이 나타나거나, 질문자가 원하는 이상형 자체가 나타날 수 있음을 뜻하나, 이 사례에서는 질문자의 역량이 부족하기에 긍정적인 의미를 적용하더라도 이를 취할 수 없다는 점을 쉽게 파악할 수 있다.

---

⑥ **4s(미래)** 이 상황이 어느 정도 정리된 후 휴식을 취하리라는 것을 의미한다. 긍정적인 영향을 받는다면 다음 인연을 더 뜻깊고 알차게 만날 수 있도록 자신을 추스르고 단점을 보강하거나 사람을 만나는 데 부족했던 부분을 채워 더 좋은 방향으로 나아갈 준비를 마친다는 의미를 떠나, 부정적인 영향을 받는다면 발전 없이 현 상태를 모면한 뒤 같은 실수를 반복하게 될 수 있음을 경고한다.

---

⑦ **Pw(질문자의 내면)** 앞서 살펴본 대로 충분히 부정적이라 해석할 수 있다. 이는 곧 질문자가 원치 않는 현실을 통보받은 것이라 쉽게

이해할 수 있기 때문이다.

그 밖에, 질문자가 연애 관련 경험이나 요령을 모르고 남의 취향을 무턱대고 따르며 자신의 개성을 묻어버리거나 상대방에게 잘 보이려 애쓰면서도 방법이 서툴러 자신의 의도나 주관을 배려 없이 상대방에게 들키는 행동으로 상대방의 심기를 거북하게 만들었음을 암시하며, 이 모든 과정이 질문자 나름의 선의에 기반한다는 것을 의미한다.

이를 긍정적인 방향으로 이끌려면 질문자의 연애관과 가치관을 파악하고 더 의미 있는 만남과 소통법을 조언해 역량을 쌓아서 더 명확한 기준을 가질 수 있게 해줘야 한다. 이로써 질문자가 겪는 문제의 원인을 해결할 수 있다(10s, 7p, Qw, 8).

---

⑧ **Qw(제3자가 바라보는 질문자)** 질문자가 과대평가 받고 있다는 것을 의미한다. 앞서 살폈듯이 부정적으로 해석할 수밖에 없으나 최소한 외형은 질문자가 다른 사람보다 낫다는 점을 파악하고, 부족한 내실을 어떻게 갈고닦을지 궁리하며 준비에 성공한다면 상황을 개선할 수 있다는 것을 드러낸다.

이는 겉모습(Qw)과 속마음(Pw)의 격차가 심하기에 할 수 있는 해석이며, 이런 (Wands의 의미와 닿는 분야에 대한 안팎의) 격차가 질문자의 취약점이라는 것을 강조함으로써 자신이 연애로 달성하려는 의지가 어디에 닿아 있는지 파악하고, 목적을 이루고자 스스로 각오를 다잡을 수 있도록 구체적인 대안을 다양하게 제시해야 한다는 점을 알 수 있다(10s, 16, 7p, Pw).

---

⑨ **8(희망/두려움)** 다시는 이런 결과를 반복하기 싫고, 더는 같은 이유로 괴로워하지 않았으면 하는 바람에 더해, 그만큼 더 나은 사람이 될 수 있기를 염원하는 모습으로 드러나나, 자신의 잘못을 과하게 생각한 나머지 자신감을 잃어 연애 기회가 오더라도 붙잡을 자격이 없다고 여겨 스스로 기회를 포기할까 봐 두려워하는 모습을 암시하고 있다(10s, 7p, Qw).

⑩ 6(결론) 질문자가 그동안 연애에 실패할 수밖에 없었던 이유를 분석하고 자신이 원하는 이성상이나 다시 만나기 싫어하는 사람의 기준을 세워준 뒤 스스로 어떤 사람이 되고 싶은지, 자신이 남에게 보여주고 싶은 이미지를 어떻게 부각할 수 있는지 고민해야 한다는 것을 알려주는 카드다. 이렇듯 소통 방식을 재정비한다면 더 뜻깊은 인연을 만날 수 있으며, 질문자가 문제 해결을 위해 노력할 수 있도록 의욕을 북돋워야 한다.

이에 실패하면 이 카드는 부정적으로 해석되며, 질문자의 현재 소통 방식에 걸맞은 이들만 주변에 남아 계속 이전과 비슷한 이성만 꼬이게 될 수 있다는 것을 경고한다.

해석을 마치자 질문자는 자기 성격이 그렇게 문제가 되냐며 항변했는데, 이렇게 남이 접근하고 이별을 통보받는 게 한두 번도 아닐 텐데 변명해서 뭐하냐는 내 말에 아무 말도 하지 못했다.

나아가 교양 부족을 꼬집자 반쯤 울먹였으며, 상황을 바꾸려 이런저런 조언을 하자 "과연 그런 것으로 자신의 연애 운이 바뀔 수 있을까요?" 하고 되물었다.

긴 시간 동안 나는 그녀에게 자신이 무엇을 원하고, 어떻게 비치길 원하고, 어떤 사람을 원하는지 물어 그에 따라 세부 조치를 했다. 이 과정을 잘 수행하면 굳이 의식하지 않더라도 주변을 맴도는 이성의 수준이 달라질 것이라고 확답했으며, 그중 누구를 만나더라도 예전보다 더 길게 서로 좋은 관계를 유지할 수 있을 것이리 확언하며 해석을 마쳤다.

얼마 지나지 않아 답례로 식사를 함께하자며 만난 그녀의 모습은 과거와 너무나 달라져서 당황했던 기억이 난다. 그녀는 새로이 연애에 성공했으며 그동안 부족했던 요소들을 잘 메웠는지, 사람을 만날 때 좀 더 조심하게 됐고 그 대신 더 좋은 사람을 많이 만날 수 있었다고 했다.

이 배열에서 Qw는 객관적인 평가가 후하다는 점에서 긍정적인 영향을 받았다고 볼 수 있다. 그러나 Qw가 지녀야 할 소양이나 기품, 품위를 뒷받침할 역량이나 경험이 부족했기에 부정적인 영향을 받을 수밖에 없었다고 할 수 있다.

연애와 관련한 배열에서 Qw가 나오면 보통은 활기찬 모습이나 개성 있는 성격 또는 외모 따위로 긍정적인 요소들이 쉽게 두드러진다고 생각할 수 있으나, 이 사례와 같이 뒷받침할 신체적·정신적 수준이 부족하면 오히려 매력이 사라지거나 탕진, 소모될 수 있다는 점에 주의해야 한다.

모든 Wand 수트의 코트 카드는 기본적으로 의지를 어떻게, 어떤 수준으로 관철할 수 있는지 판단해야 한다. 이 부분을 해석하는 데 누락하면 애써 풀어둔 내용들이 무의미하게 될 수 있다는 점을 해석자는 늘 경계해야 한다.

KING *of* WANDS

영감, 철학
Insight, Philosophycal

KING 공통 의미

전문가, 경영인, 부장/상무(대기업), 사장/이사(중소기업) 등의 준 결정권자급 직원/임원, 병장, 원사, 대령, 중년 이후 성인, 핵심 장기(오장육부 등), (다른 코트 카드에게 영향을 받는 경우)우세하거나 결정권을 지니며, 남을 평가할 권한이 있는 사람/분야/상황, 반드시 전문가가 개입해야 하는 질병들, 장·차관급 인사, 자신의 분야에서 일가를 이루다, 보수주의

King of Wands의 키워드

영감, 직관, 선견지명, 언어학, (원론에 대한 통달을 기반으로 한)통찰, (삶을 살아가며 직접 체득한)지혜, 고집불통, 현자, 교수, 정론지, 권위 있는 매체/수단/방법, 철학(적인), 원론, 기초과학, 순수 미학, (순수 예술에 가까운 평가를 받는 고전)문학, 완고함, 바꿀 수 없는 문제, (듣기 싫어도) 신뢰할 수밖에 없는 말/상황/인물, 재야 연구가, 심장과 관련한 치명적인 질병 등……

긍정/부정 확인 기준

질문자의 의지, 목적이 현실에 구현돼 있는가?

질문과 관련한 문제가 원론적/윤리적 문제인가?

과거에 질문과 관련한 실전 경험이 있는가?

Kw에 해당하는 인물/분야의 수준/역량이 어느 정도인가?

해당 질문과 관련한 내용/분야의 권위자가 있는가?

뚜렷한 결과물을 일궈낸 사람/분야인가?

이는 코트 상징편에서 언급했던 '영감, 철학'과 함께, 이 의미를 통해 자신의 영역과 기반을 얻어낸 자/분야라는 핵심 의미 및 파생 키워드들로 세울 수 있는 몇 가지 기준이다.

뭐가 됐든 갖은 역경과 저항을 뚫어내어 끝내 자신의 의지를 관철하고 고유의 영역을 확보한 이의 이야기는 무겁고 이해하기 어려울 수밖에 없으며 쉽게 찾기도 힘들다. 그렇기에 이들의 이야기는 모두 정론에 입각하며, 정확하다고 할 수 있다.

그러나 그 굳건한 원론과 통찰도 시대의 발전과 함께 변해가며, 이에 맞춰 자신의 의지로 일궈낸 영역을 함께 변화시키거나 시류에 맞춰야만 하나, 그렇지 않고 과거의 기억과 통찰을 되풀이한다면 사람들은 어느덧 옛이야기를 잊어버리거나 구태로 치부당한 채 대중에게서 버림받아 서서히 고사枯死당할 수 있다는 것을 경고한다.

해석용법

긍정 Kw는 이미 자신의 통찰력이나 원론/이상향을 구현한 인물/분야이기에 긍정적인 영향을 받는다면 Kw에 속한 인물/분야의 말이나 예측은 모두 성사된다. 이를 초월할 경우 선견지명에 가까운 통찰로도 드러난다.

최상의 경우 이 통찰이 선견지명조차 넘어선 예언에 가깝거나 자초지종을 모두 파악해 완벽한 대비책을 세우며, 일상 속 문제의 개혁을 이끌어 세상을 바꾸고 구원하는 영역에 닿는다.

이 과정에서 윤리적·원론적으로 옳고貞, 바른正 방향으로 일을 끌어가려 하며, 다른 카드들의 장단점을 꿰뚫어 배열 전체의 해석을 전부 긍정적으로 할 수 있도록 선도한다.

부정 Kw의 문제는 자신의 견해와 생각에 투철한 나머지 그 밖의 방편을 꺼리거나 배격한다는 데 있다. 이런 상황에서 Kw를 설득하는 것은 불가능할 정도다. 이때, 대부분은 자신이 결실을 보았던 방식을 (시류에 맞지 않더라도) 강행하려 하며, 최악의 경우 자신이 겪은 전성기의 관점을 사람들에게 계속 강요하거나 그 밖의 방식 또는 변화를 모두 깎아내리는 만용을 부린다.

이런 까닭에 Kw는 자신의 통찰/경험/원론을 대중/다른 사람들에게 이해하기 쉽고 자연스럽고 친절하게 설명하도록 조언해야 하며, 이에 해당하는 인물/분야에게 직접 조언하기보다 자연스레 그리할 수밖에 없도록 권유/유도하는 방식을 써야 한다.

이는 의지의 정수, 총화로 대변되는 철학을 자신의 경험/노력/궁리 끝에 구현한 인물/분야이기에 그만한 노력이 필요하기 때문이다. 그 밖에 이런 현실적 결과물이 없다면 Kw는 무조건 부정적일 수밖에 없다. 결실 없는 이들의 공허한 외침은 젊음에 대한 질투에 지나지 않기 때문이다.*

> * 대한민국에서 북한 선제타격을 비롯한 강경 발언을 하는 자들에게 일침으로 할 허버트 후버의 명언이 있다. "늙은이들이 전쟁을 선포한다. 그러나 싸워야

그렇기에 질문자 또는 Kw에 해당하는 인물/분야/단체가 관철하려는 것이 무엇이고, 이 사안이 질문 내용과 어떻게 합치/대치하는지 확인해야 한다. 나아가 이를 더 긍정적으로 전환할 수 있도록 다양한 수단을 동원해야 한다.

이는 Kw가 설득이나 변화를 끌어내기에는 너무나도 완고한 존재이며, 이를 뛰어넘으려면 그만큼 충격적인 사건이나 의식의 대전환이 필요하기 때문이다. 작은 분야일수록 Kw의 이런 완고함 때문에 분야 전체가 사라지거나 존재 의의를 상실할 수 있는데, 이런 수준의 변화가 이루어지면 Kw의 권위는 언제 있었냐는 듯 사라질 수 있다. 비교적 단순한 관념이거나 현실과 동떨어진 주제와 관련돼 있다면 그나마 충격이 덜하지만, 현실적인 개념에 가까울수록 직접적이고 쉽게 관찰할 수 있는 수준으로 큰 영향을 끼치게 된다.

모든 King에게 이 같은 면모가 공통으로 내재하나, Kw는 다른 무엇보다도 '사람들이 이미 당연하고 응당 해야만 하는 것이라 여기는 원론적·관념론적인 영역'에 자리 잡고 있기에 더 변화하기 어렵다.

이런 사례의 하나로 퇴계 이황과 고봉 기대승의 사단칠정논변에서 퇴계 이황이 보여준 면모를 들 수 있다. 이 사례는 Kw의 긍정적인 면모를 그대로 드러낸다. 현대로 따진다면 갓 고시에 합격해 부임한 신임 공무원과 국립대학교 총장이 서로 격의 없이 논변을 진행하는 모습도 모습이지만, 퇴계 이황의 생애에 있었던 일화만으로도 Kw의 긍정적 면모를 관찰하기 쉬울 것이다.* 또한, 이런 Kw의 영향력을 극단적으로 발현한 역사적 인물로 카를 마르크스Karl Marx를 들 수 있

하고 죽어야 하는 것은 젊은이들이다." 과연 강경론자 중에 병역을 치렀거나 전쟁터에서 전방을 사수해본 이가 몇이나 될까?
〈40년대생 38% → 70년대생 18% … 병역 미필, 세대마다 차이 났다〉,《중앙일보》, 2014년 4월 16일 자.

* 사단칠정논변과 관련한 내용은 다음의 책에서 자세히 다루고 있다.
김영두,『퇴계와 고봉, 편지를 쓰다』, 소나무, 2003
사단칠정논쟁 연구팀,『퇴계·고봉, 율곡·우계 사단칠정논변』, 한국학술정보, 2008

다.*

부정적 사례로 메이지 유신의 주역인 사이고 다카모리西鄕隆盛와 그가 벌인 내전인 세이난 전쟁西南戰爭을 들 수 있다.** 다른 사례로는 적기조례赤旗條例, Red Flag Act도 있다.***

이처럼 끊임없는 격변에도 과거에 형성된 고정관념에 사로잡혀 있거나 구태의연한 사상을 버리지 않으면 기반을 송두리째 빼앗길 수 있고, 그렇지 않더라도 세월에 잊혀 누구에게도 기억되지 못할 수 있다는 것을 Kw는 경고한다.

배열 위치별 특징 배열에 Kw가 나오면 기존 관념/관점을 고수/변경해야 하는 문제거나 결정권이 있는 사람/분야의 생각이 질문자에게 궁극적으로 긍정/부정적인 영향을 끼친다는 것을 의미한다. 나아가 질문자 자신의 확고한 신념 또는 아집이 질문과 밀접하게 관련 있다는 뜻이기에, 앞서 정리한 긍정/부정 판단 기준을 적용해 해당 신념/통찰/고집/보수주의적 관점이 필요하거나 그에 맞는 근거 및 역량을 증명했는지 확인해야 하며, 이 과정에 판단 착오가 일어날 요소가 있지는 않은지 파악해야 한다.

위 과정을 거쳐 Kw의 혜안이 어디에 속한 것인지 알아내고, 부정적 요소를 배제하거나 Kw의 반대 의견이 어떤 생각/관념으로 제기된 것인지 고려해 조언해야 한다.

> * 그의 『자본론』,『공산당 선언』은 세계 인구의 절반에게 영향을 끼쳤다는 점에서 더더욱 그렇다. 단순한 공산주의 체제의 발흥이 아니라, 그가 논한 자본주의의 문제들은 자본주의 체제 내부에서 연구되고 체제의 모순을 수정하게 했다.
>
> ** 그는 정한론征韓論을 주장해 메이지유신 이후 불안정해진 구식 군대와 무사로 지칭되는 사족士族 계급의 불만을 외부 침략으로 유도하려 했으나 반대로 실패했으며, 이후 자신의 지지 기반인 사족士族의 구심점이 돼서 활동을 이어갔으나 내전에서 패해 할복자살했다. 이후 사족의 무력 항쟁은 자유민권운동으로 전환해 명맥을 이어갔다.
>
> *** 이 조례의 제정으로 영국 자동차 산업은 궤멸적인 타격을 입는다. 이 법안은 이후 국가의 규제를 반대하는 이들이 단골 소재로 내세우곤 한다.

이런 문제 때문에 Kw는 켈틱 크로스 배열에서 1, 3, 5, 8번 위치에 나왔을 때 영향력이 쉽게 강화되고, 해석하기 쉬워진다. 이는 질문자 자신이 관철하려는 것과 직접 연관 있거나 문제와 관계된 특정 인물 중에 Kw에 해당하는 인물/분야가 누구인지 명쾌하게 보여주는 사례가 많기 때문이다.

반대로 2, 7, 9번 위치에 나오면 영향력이 약화되거나, 강화되더라도 쉬이 부정적인 영향을 받는데, 이는 질문 주제와 관련해 항거/개선이 어렵거나 불가능한 상황이기에 이를 극복하려면 많은 희생과 노력이 따르는 등 현실적 난관이 있기 때문이며, 질문자 자신의 신념 자체가 문제 해결에 도움이 되지 않는 것이라면 조언이 무의미해질 공산이 크다.

9번 위치는, 해당 질문과 관련한 지혜나 통찰을 대신할 사람이 없거나, 문제 해결에 필요한 영감inspiration이 부족하거나, 심지가 약한 상태라고 해석할 수 있다.

연애(관계가 성립한 상황) 긍정적인 영향을 받는다면 Kw는 성별을 떠나 믿음직한 가장이나 조언자(손윗사람)를 의미하며, 이 과정에서 의지를 관철해 상대방에게 신뢰를 얻는 이를 뜻한다. 그 밖에 이미 결혼했다면 현명하고 덕망 있어 의지가 되는 장인/장모, 시아버지/시어머니로 해석할 수 있다.

그러나 부정적인 영향을 받는다면 가장, 친부모, 시부모의 부정적인 면에 더해 사회나 특정 시류 또는 관념이 이 관계에 압박/반대 의견을 내세우는 것으로 이해할 수 있으며, 이 영향이 가볍다고 해도 상대방의 고집/아집으로 관계 유지가 점차 힘들어질 수 있다는 것을 경고한다.

최악의 경우 해당 관계가 (그 당시의 관점에서는) 비상식/반인륜적 관계라고 평가받거나 이런 비슷한 문제 때문에 강제로 관계를 끊어야 하는 상황에 몰릴 수 있다는 것을 암시한다.*

연애(관계가 성립하지 않은 상황) 자신이 원하는 이성상을 확고히 정립해 그 밖의 사람들을 배제하고 원하는 이성이 어떤 요소에 마음이 흔들리는지 확인한다면 더 접근하기 쉬운 상황이며, 자신의 의지를 내보이는 것만으로도 사람들의 관심이나 호감을 살 수 있다는 것을 의미한다. 이는 모든 King에게 공통으로 적용되는 요소로, 다른 사람들보다 역량이 뛰어난 것을 넘어 각자의 영역에서 기반을 형성한 경우에만 적용할 수 있는 해석이라는 데 주의해야 한다.

그러나 부정적인 영향을 받는다면 Kw에 헤딩하는 인물이 접근하기 어렵거나 자신의 기준을 강제로 강요/권유하는 나머지 연애하기에 적당하지 않은 사람으로 평가받거나,** 주변의 연장자 또는 손윗

---

* 대한민국에서 이런 관계의 예는 근친상간을 제외하고는 거의 없다. 과거에는 사제 관계 사이의 결혼이나 과부의 재가도 이에 해당했고, 일부 국가에서 자행되는 명예살인도 해당할 수 있다.

** 전형적인 예로 가스라이팅Gas-Lighting을 들 수 있다. 남의 심리나 상황을

사람의 개입이 이루어지기 쉬워 보여 연애를 진행하기 어렵다고 여기는 상황, 또는 최악의 경우 어떤 권위나 기반으로 남을 겁박하거나 상대방의 의지를 강제로 꺾어 Kw에게 복종/종속하게끔 만드는 것을 암시할 수 있다. 그러나 이는 기본적으로 흔치 않은 사례이기에 섣불리 적용하지 말아야 한다.

대인관계 앞서 살펴본 Kw가 어떤 인물상을 제시하는지 이해한다면 해석하기 쉽다. 긍정적인 영향을 받는다면 Kw는 해당 집단의 정신적 지주이자 해당 모임의 활동 방향을 제시하고 실제로 증명해나갈 좋은 지도자라는 것을 의미한다. 이로써 모임이나 집단의 정체성을 확고히 하고, 대외적으로 활동을 시작해 더 많은 사람의 참여나 선망을 불러일으킬 수 있다는 의미도 있다.*

부정적인 영향을 받는다면 자신의 경험이나 기존 관행에 익숙해 바꾸려 하지 않거나 옛날 타령을 일삼으며 새로운 시도를 막아서는 것에서 시작, 옳지만 현실성은 없는 원론적인 푸념을 쏟아내 주변의 의욕을 꺾는 인물/상황으로 드러난다.**

사업의 흐름이나 전망 절대 변하지 않는 분야에 대한 비전 제시나 원론적 관념에 초점을 맞춰 기반을 쌓아야 하는 업종에 부합한다. 1차 산업에서도 농업***, 석유 채취**** 등 에너지원을 직접적으로 채취/채굴하는 것이 아니라 자원/원석을 이용해 세상이 필요로 하는 것을

교묘하게 조작해 그 사람이 스스로 의심하게 만듦으로써 남에 대한 지배력을 강화하는 행위를 가리키는 신조어다.

* 적십자, 국경 없는 의사회, 그린피스, 노벨상의 첫 시작이 대표 사례다.

** 대표적으로 "나 때는 말이야", "옛날엔 이랬는데 요새는 영"으로 시작하는 레퍼토리들이며, 정작 이런 이야기를 하면서 문제 개선에는 하나도 도움을 주지 않는 군상들로 이해할 수 있다.

*** 농업은 기후에 민감하고 땅이라는 불변의 매개체를 기반으로 한다. 또한, 먹지 않고는 누구도 살 수 없다.

**** 현대 문명은 석유 없이 10년을 버티기 힘들다. 내셔널지오그래픽의 〈인류 재앙 가상 시나리오 ― 석유가 사라진다면〉 참고.

만들어내는 업종과 관련되며, 동시에 교육 사업을 의미한다..* 이는 단순한 사숙私塾부터 무형문화재 전수**, 연구소까지 자신이 몸담은 분야의 원개념에 충실하며, 분야 전체에 비전Vision을 제시하게 해 선도하는 방식을 취한다.

그러나 부정적인 영향을 받는다면 한참 뒤처진 발상을 그릇된 의도로 판매하거나, 자신들의 주장이 맞다고 억지를 부리며 사람들을 현혹하거나***, 여론을 호도하면서라도 자신의 기반을 지키려는 작태로 이어질 수 있다는 것을 경고한다. 이런 소요로 벌어질 손해나 상황을 방지하고자 Kw는 원론에 더 충실하고 자신(이 속한 분야)의 가치를 세울 수 있었던 근본적인 이유에 천착할 것을 주문한다. 해석자는 이를 대중에게 어떻게 쉽고 유용한 것인지 알릴 궁리를 해야 하며, 이에 해당하는 다양한 수단을 배열의 다른 카드들을 해석해 조언해야 한다.

창업의 성사 여부 Kw는 창업과 비교적 거리가 멀다. 이는 Kw가 이미 어느 정도 자신의 기반을 만들었기에 새로운 시도를 의미하는 창업에 관심을 잘 보이지 않기 때문이다. Kw의 핵심 의미들을 조합한다면, 연구·개발 분야에 특화돼 있다는 것을 알 수 있다.

과거에는 학문과 관련한 산업에 치중됐으나, 현대에 들어서는 신新에너지 연구·개발 사업이 이에 해당하며, 그 밖에 기존에는 채산성이 부족하다고 여겼거나 활용하기 어려웠던 자원을 재활용하는 분야에 기울어 있다. 농업 분야에서는 일반적인 농사부터 신품종 개량이나 농법 창안과 관계있다. 부정적인 영향을 받을수록 남들이 보기

---

* 교육은 백년지대계教育百年之大計라는 『관자管子』의 말은 허언이 아니다. 이는 역사에서 공립 교육과 민족주의의 대유행이 역사에 어떤 영향을 끼쳤는지 확인한다면 더 명확해진다.

** 무형문화재를 지정해 보존하는 이유는 민족성이나 역사 전통을 증명하기 때문이다. 이는 곧 얼의 전승傳承을 의미하며, 코트 상징편에서 논한 영Spirit과 혼Soul을 후대로 계승하는 것이라 이해할 수 있다.

*** 유사과학을 끌어들여 효용 없는 제품을 판매하는 행위를 예로 들 수 있다.

에 격이 떨어질 수밖에 없으며, 최악의 경우 아무리 좋은 의도라도 사람들의 반감을 살 수밖에 없는 일로 번질 수 있기에 이를 어떻게 이해시킬지 고려해야 한다.*

진로 적성 변함없는 가치를 지닌 형이상학적 분야에 재능을 띤다. 이는 연구를 넘어 영감靈感을 필요로 하는 분야이기 때문이다. 긍정적인 영향을 받을수록 재능의 빠른 개화를 의미하며, 제 나름의 결과물을 만들고 자기 생각을 현실에 내보이기 시작한다.

부정적인 영향을 받는다면 자신의 전문 분야를 제외한 것에 관심이 없거나 상식 이하로 대응하는 상황을 의미하며, 그렇지 않으면 자신의 재능을 침소봉대針小棒大해 실제 재능보다 과대평가하는 문제가 불거질 수 있다는 것을 경고한다.** 대기만성이라는 말을 생각하면서 질문자가 뭘 하려 하고, 목적 달성에 무엇이 필요한지 조언해 더 발전할 수 있도록 조언해야 한다. 이 과정에서 해석자가 모든 조언을 할 수 없다는 점을 인정해야 하며, 좋은 멘토를 어떻게 찾을 수 있는지 같이 고민해야 한다.

시험 결과나 합격 여부 자신의 주 분야에서 월등히 뛰어난 결실을 보았다는 것을 의미한다. 전공 분야와 관련될수록 긍정적이지만, 반대로 관심사 밖의 영역이라면 부족함을 드러내거나 이해력이 떨어져 원하는 평가를 얻지 못함을 경고한다. 특히 면접과 관련해서는 경력직일수록 긍정적이며 신입일수록 불리해지는데, 이는 Kw의 기반과 밀접한 관련이 있다. 이때 채용 담당자와 충돌하지 않으면서 자신의

---

* 제너는 종두법을 창시하고 전파하려 했으나 대중과 업계 종사자의 강력한 반발에 맞닥뜨렸다. 종두법이 사람을 짐승으로 바꿀 것이라 풍자한 만평은 유명하다. 이런 반발을 이겨내고, 종두법에 특허를 내지 않은 제너는 이후 전 세계적인 존경을 얻었으며, 인류에게 천연두의 악명을 과거의 기록으로 남기게 만든 위인으로 여겨진다.

** 장평에서 대패하며 나라를 멸망으로 이끈 춘추전국시대 조괄趙括을 예로 들 수 있다.

능력을 증명하는 방식에 대해 조언해야 하며, 반대로 자신이 회사를 평가하는 자리라고 여기도록 조언해 스스로 하고자 하는 바가 무엇인지 정확하게 알릴 수 있도록 이끌어준다면 역량에 맞는 결과를 얻을 수 있을 것이다.

질병의 호전, 완치 일반적인 상황이라면 자기 관리를 생활 습관에 적용해 무난히 유지하고 있다는 것을 의미한다. 그러나 치료 중인 상황이라면 극단적으로 해석이 나뉘는데, 크게 의사의 오진 또는 질문자의 고집으로 처방을 거부하거나 진료 사항을 이행하지 않는 경우를 들 수 있다. 전자라면 질문자가 스스로 병의 예후를 살핀 결과가 의사의 처방과 전혀 맞지 않거나 투약 후 되레 병세가 악화할 때 적용할 수 있다. 후자는 부정적일 수밖에 없는데, 현대 의학에 대한 불신이나 자신만의 엉뚱한 신념으로 병을 키우는 사례로 볼 수 있다.*

단순한 건강 문제 일상적인 상황이더라도 숙환宿患이거나 스트레스를 강제로 해소하려다 발생하는 부작용과 관련 있다. 폭음, 기허氣虛**, 흡연, 폭식 등 스트레스를 해소하려다 병을 얻는 상황에 해당한다. 이때 질문자가 따로 의존하려는 의도가 없음에도 별다른 해소방안이 없어서 생긴 문제이기에 대안을 만들거나 스트레스 원인 자체를 해소해줘야 한다.

발병 가능성을 점친다면 정신적 면으로 편집성 성격장애나 집착, 편집증Paranoia을 경계해야 한다***. Kw가 나오면 반드시 전문가와

---

* 극단적인 단식, 자연주의나 채식주의를 고집한 나머지 신체를 망가뜨리는 사례를 예로 들 수 있다.

** 원기가 허약하거나 부족하거나 약해진 것을 말한다. 노권내상勞倦內傷으로 장부가 쇠약해지거나 중병을 오래 앓아서 원기가 부족해져 생긴다. 기허 때의 일반적인 증상은 얼굴이 창백하고 식욕이 부진하며 어지럽고 권태감과 무력감이 심해 말하기 싫어하고 누워 있기를 좋아하며 몸을 약간 움직여도 땀이 나고 말소리가 약하며 가슴이 두근거리고 숨결이 밭은 것이다.

*** 조선 후기 영조 대 있었던 임오화변壬午禍變은 영조의 편집증적 성격 또한 원인의 하나였다. 자녀인 사도세자를 망치다 못해 광증을 얻게 했으며, 끝

상의해야 하며, 질문자의 편견이 무엇인지 파악해 사람들에게 도움을 받도록 해야 한다.

신체적인 질병이라면 심장마비 등 심혈관계 질환이나 폐 질환을 의심할 수 있으며, 소아마비 등 신체 외형이 눈에 띄게 통제되지 않는 중증에 해당하거나 신체 일부의 결손과 관련한 장애를 의미하기도 한다.

내과 질환이라면 생물학적 기능을 주관하는 장기인 심장이 '원론적인' 생체 활동에 속하며, 폐는 호흡이 생명 유지의 '기본'이라는 점에 기인한다.

외과 질환은 신체 활동의 기반이 되는 구조 자체가 어긋나는* 문제와 관련 있기에 절단이나 결손을 유추할 수 있으나, 이런 사례는 극도로 희귀하기에 전문가의 견해를 들어야 한다.

내 직접 죽음을 내렸다.

정하은, 김창윤, 〈사도세자에 대한 정신의학적 고찰: 사도세자, 양극성 장애 환자인가 당쟁의 희생양인가〉, 《신경정신의학》 제53권 제5호, 299-309쪽.

* 신체 한쪽이 결손 또는 절단되면 행동의 불편함을 넘어 신체 골격의 균형이 무너져 생기는 합병증이 더 심각한 문제가 된다.

켈틱 크로스 배열 위치별 긍정/부정 해석법

1→②⑧⑨ 카드 확인 질문자가 무엇을 왜 추구하는지 확인해야 한다. 주변에서 어떤 문제를 지적하는지 확인하고, 질문자의 최종 목적이 질문과 관련된 사람들의 공익과 관계있는지 확인해야 한다.

긍정적인 영향을 받는다면 질문자의 생각이 옳다는 점을 확신하되 이를 왜 해내야 하는지 사람들에게 차분히 설명해주기만 해도 문제 대부분이 해결돼 일을 쉽게 이룰 수 있음을 뜻하나, 부정적인 영향을 받는다면 질문자가 문제 삼거나 개선해야 한다고 여기는 것이 오히려 사람들에게 방해되거나, 공익을 위한다고 주장하면서 사리사욕을 꾀하는 문제가 있다는 점을 경고한다. 최악의 경우 모든 문제의 발단 또는 상황을 악화시킨 주범이 질문자 자신임을 암시한다.

2→③⑦⑧⑨ 카드 확인 다음 유형으로 나눌 수 있다.

1. 질문자 자신의 고정관념이나 주장이 문제 해결에 방해가 되는 상황
2. Kw에 해당하는 사람(손윗사람일 때가 많다)의 고정관념이나 주장이 문제 해결에 방해가 되는 상황
3. 어떤 절차나 개념/분야의 견해/태도가 질문자를 부정적으로 인식하는 상황
4. 외부/외국과 이념 충돌(상국上國 개념이거나 갑을 관계. 이때 상국이거나, 갑에 속한다)

1은 질문자가 어떤 오류를 저지르는지 판단해야 하며, 이 과정에서 자기 생각이 '너무나 당연하고 누구나 따라야 하는 것'이라는 판단이 장애물이라는 점을 지적해야 한다. 사안에 따라 다양한 해석이 나올 수 있으나, 세대 차이처럼 세월의 변화에 따른 문제라면 그나마 낫다. 다른 문제에서는 고집을 부리다가 남에게 위해를 가할 수 있다는 점에 주의해야 하기 때문이다.

2, 3은 관련 인물/분야가 내세우는 명분을 살피고 타협할 여지가 있다면 조언을 통해 해결할 수 있으나, 그렇지 않으면 충돌을 감수하거나 반대 여론에 입각한 다른 세력/인물을 들여와 저항을 상쇄하도록 조언해야 한다.

4는 보통 거대담론에 적용되며, 국가 간의 이념 차이나 상호 이익 실현과 관련한 태도 등과 밀접하게 관계있기에 주관하는 국제기구나 계약/조약 사항을 확인해 귀책 사유를 짚고 문제를 극복할 수 있도록 조언해야 한다.

Kw가 긍정적인 영향을 받을수록 문제를 원활히 해결하거나 상대방의 맹점 또는 귀책 사유를 통해 논리적으로 반대를 무마할 수 있다는 것을 의미하나, 부정적인 영향을 받는다면 자신의 뜻을 꺾거나 남의 의지를 무시하고 일을 진행하다가 문제가 쉬이 악화될 수 있다는 점을 경고하며, 최악의 경우 이런 충돌/분쟁으로 예상을 넘어설 만큼 광범위한 물리적 피해를 받을 수 있다는 것을 암시한다.

---

3 →②④⑨ 카드 확인 질문자가 어떤 방식으로 질문과 관련된 사안들에 현명/완고하게 대처했는지 파악해야 하며, 이를 통해 무엇을 얻고자/배제하고자 했는지 확인함으로써 긍정/부정적인 의미를 판단할 수 있다.

긍정적인 영향을 받는다면 질문자를 방해하는 이들이 내세운 명분 자체가 잘못됐거나 본의와 다른 의도를 품고 있음을 의미하며, 이에 굴하지 않고 자신의 뜻을 관철하도록 조언해야 한다. 최상의 경우 당대에는 인정받지 못하더라도 질문자의 의도를 알아줄 이들이 점차 늘어나 후대에 크게 재평가될 수 있다는 것을 의미한다.

그러나 부정적인 영향을 받는다면 질문자의 완고함 때문에 주변이 피폐해지거나 꿈만 잔뜩 키우고 행동하지 않은 채 주위를 탐하다가 스스로 고립됐다는 것을 뜻하며, 불리한 상황을 개선하려 하지 않고 자신의 기반에만 집착해 앞으로 나아가지 못하는 처지에 놓였다는 것을 경고한다.*

---

4 →①②⑦⑧ 카드 확인 과거에 질문자가 Kw에게 영향을 받았거나, Kw가 의미하는 바를 실천함으로써 어떤 상태가 됐는지 판단하고, 이로써 질문자의 심경과 주변의 여론/평가가 어떻게 변화해왔는지 파악해야 한다.

긍정적인 영향을 받는다면 현상만 유지해도 무방하며, 질문자에게 저항/반대하는 세력이나 명분이 한참 뒤처진다는 것을 뜻한다. 최상의 경우 장애물이라 여긴 인물/세력을 흡수/합병해 자신의 지위나 기반을 강화할 수 있다는 것을 뜻한다.

그러나 부정적인 영향을 받는다면 Kw의 오판, 착각으로 상황이 크게 악

---

* 삼국시대의 군벌인 공손찬公孫瓚(?-199)은 강맹한 군세를 자랑하며 당시 13주州 중 유주, 병주, 서주, 기주에 영향력을 뻗칠 정도였으나, 명망 있던 황족인 유우를 죽여 인심을 잃고 이후 포구鮑丘에서 원소에게 참패한 뒤 역경易京에 거대한 요새를 짓고 칩거하며 버티는 악수를 둔 나머지 모든 세력을 눈뜨고 잃었으며, 이윽고 성이 함락돼 전사했다.
『삼국지』「위서」8권,〈이공손도사장전二公孫陶四張傳〉참고.

화했다는 것을 뜻하며, 이 과정에서 질문자가 무엇이 잘못됐는지 모른다는 것을 인정하지 않아 계속 문제가 악화했다는 점을 경고한다. 이때는 현실을 직시하게 만들거나 이런 상황이 유지될수록 질문자의 입지나 평판, 체면이 더 깎인다고 조언해 상황을 수습할 수 있도록 조처해야 한다.

---

5 → ②⑧⑨ 카드 확인 문제를 둘러싼 상황에서 다른 사람들과 질문자가 어떤 기준이나 관점으로 개입하려 하는지 판단한다면 긍정/부정적인 영향을 받았는지 확인할 수 있다. 긍정적인 영향을 받는다면 모두의 여론이 한데 모이거나 질문자의 의도를 높게 평가해 그에 맞는 위치를 제공하거나 추대될 수 있다는 것을 의미하며, 최상의 경우 신분이나 기반을 초월해 선견지명을 인정받을 수 있다.*

그러나 부정적인 영향을 받는다면 권위나 명분을 동반한 반대자 때문에 문제가 악화하며, 이 과정에서 다른 사람들까지 가세해 질문자를 현실/정신적으로 몰아세울 수 있다는 점을 경고한다. 최악의 경우 질문자의 인망이나 사회적 평가를 반대자들이 박탈하거나 실추시킬 수 있다는 것을 암시한다.

---

6 → ①②④⑤ 카드 확인 이 위치의 Kw는 점을 보기 전에 질문 주제와 질문자의 관점을 어떻게 결정했는지 명확히 정의하지 않으면 해석하기 난해하다. 긍정적인 영향을 받는다면 질문자의 권위가 세워지거나 해당 문제를 해결할 수 있는 제3자의 조언 및 조치가 뒤따르리라는 것을 의미한다.

그러나 부정적인 영향을 받는다면 특정인의 강경한 반대에 부딪히거나 다른 사람의 권위를 인정해야 하는 상황이 온다는 점을 경고한다. 특정 인물이 아니면, Kw는 긍정/부정을 막론하고 공식 책임자/결정권자에게 승인/자문, 방해/협박을 받는 것을 뜻하며, 다른 카드들을 통해 어떤 문제와 관련한 내용인지 파악해야 한다.

---

7 → ①③⑧⑨ 카드 확인 질문자가 관철하는 것에 대한 자신/다른 사람의 평가를 살피고, 질문자의 역량이 이를 반쳐주는지 확인함으로써 긍정/부정적인 영향력을 파악할 수 있다. 긍정적인 영향을 받는다면 질문자의 신념이 옳고 문제 해결 의지가 충만하기에 쉬이 해결할 수 있다는 것을 뜻한다. 최상의 경우 질문자의 이런 생각이 문제 전반을 해결할 수 있으며 사람들에게

---

* 예로써 강상姜尙(강태공)을 들 수 있다. 나이 70에 등용돼 재상을 역임했고, 주나라의 통일 뒤에는 제나라에 봉해져 왕후의 신분을 얻은 전설적인 인물이며, 이와 관련한 고사가 많다.

구세주 같은 존재라는 것을 의미한다.

그러나 부정적인 영향을 받는다면 질문자의 편협한 시각과 관점이 문제 해결에 전혀 도움이 되지 않는다는 것을 뜻하며, 자신을 과대평가하고 있다는 점을 지적한다. 최악의 경우 일이 자신의 의도대로 되는 것이 매우 당연하고, 다른 사람들이 자신의 요구에 따라야 한다는 망상에 빠져 있다는 점을 경고한다.

8 →①②③④ 카드 확인 앞서 언급한 위치의 카드들을 통해 사람들이 왜 질문자를 Kw처럼 인식하는지 파악해야 한다. 긍정적인 영향을 받는다면 현명하고 통찰력 있는 사람, 또는 어떤 사안의 해결책을 제시할 수 있는 믿음직한 조언자로 인식된다는 것을 의미한다.

그러나 부정적인 영향을 받는다면 소통할 수 없는 사람 또는 원론적으로 옳으나 현실성 없는 탁상공론만 늘어놓는 사람으로 여겨진다는 점을 경고한다. 만약 질문자가 최고 책임자/결정권자라면 이런 나쁜 평판이 질문자의 위신이나 기반에 큰 타격을 줄 수 있으니 주의해야 한다.

9 →③⑦⑧ 카드 확인 질문자가 자신의 목적을 이룬 뒤 정당한 평가를 받길 원하거나 남들이 자신의 권위를 인정해주길 바라는 모습으로 드러나며, 반대로 자신이 고집불통이거나 과거에 얽매여 올바른 선택을 하지 못하고 사람들에게 외면받을까 봐 두려워하는 것으로 해석된다. 앞서 언급한 위치의 카드들을 통해 질문자의 역량을 분석한다면 이 분야/내용이 구체적으로 무엇인지 좀 더 세밀하게 관찰할 수 있다.

10 → 결국 질문자 및 질문 주제와 관련한 내용이 큰 범주에서 Kw의 의미에 부합된 채 사안이 끝나리라는 것을 의미한다. 이는 크게 다음과 같이 나뉜다.

1. 질문자가 Kw에 해당하는 상황
2. 다른 사람/상대방이 Kw에 해당하는 상황
3. 영감, 통찰의 의미로서의 Kw

1, 2는 각자의 역량/명분이 얼마나 투철한지 다른 카드들로 검산해야 하며, 이때 긍정/부정을 떠나 사안이 어느 정도 확고히 의견 차이를 좁혔다면 번복할 수 없는 상태로(단, 메이저 카드급 인물/세력의 개입은 가능) 흘러가리라

는 것을 의미한다. 나아가 이 과정에서 Kw에 해당하는 인물의 권위가 더욱 굳건해짐을 뜻한다.

3은 해당 사안이 일반적으로 처리되는 경우라 볼 수 있으며, 이 과정에 예외를 두려면 Kw보다 높은 수준의 인물임을 스스로 증명하지 않는 한 그전까지 당연했던 관례에 따라 질문과 관련한 사건이 끝난다는 것을 의미한다.

실제 사례 (2000년 말~2001년 초, 서울 서초구 모처, 20세 남성)

질문 어느 학과를 선택해야 할까?

사전 정보 입학은 문제없고 경제, 경영, 회계 중 어떤 학과가 더 나을
지 물었다.

$$2s - 5c - Kw - 1 - 7 - 6s - Pw - 10p - 4w - 3w$$

2s (질문자 자신) 아직 명확히 결정하기를 망설인다.

5c (장애물) 하나를 선택하면 다른 쪽을 버려야 한다.

Kw (기저) 자기 확신이 있으나, 이에 닿기 위한 구체적인 방법을
경험하지 못했다.

1 (과거) (다른 수험생보다) 실력이 뛰어나다는 것을 증명했다.

7 (현재/곧 일어날 일) 주어진 시간 안에 결정해야 한다.

6s (미래) 더 나은 곳을 향해 나아갈 것이다.

Pw (질문자의 내면) 의욕적으로 더 많은 것을 배우려 한다.

10p (제3자가 바라보는 질문자) 다른 사람들은 누구나 이런 고민을
한다고 여기며, 그리 큰 문제로 생각하지 않는다.

4w (희망/두려움) 모든 일이 생각대로 이루어지길 바라거나, 잘못
선택해 장기적으로 손해 입는 것을 두려워한다.

3w (결과) 어디를 택하더라도 기다리던 답은 얻을 수 있다.

실전 해석

이 배열에서 Kw는 3번 위치 '기저'에 나왔다. 진로 탐색과 관련한 질문의 특성상 질문자가 기본적으로 자신의 진로를 어느 정도 결정해 뒀으며(상경 계열이라고만 언급했기에 학과를 더 추려 말해달라고 요청해 질문을 확정했다), 질문자가 원하거나 재능을 보유한 분야가 기초 학문에 가깝거나 영감, 통찰력이 요구되는 학문이라는 것을 간파할 수 있다.

이 배열에서 Kw는 비교적 긍정적인 영향을 받고 있다는 것을 알 수 있다. 이는 <u>5c, 1, 4w</u>로 확인되는데, 다행히 질문자의 실력이 뛰어나 학과를 선택하는 데 현실적인 어려움이 없고, 질문자의 두려움은 그저 학과를 선택함으로써 다른 학과들을 포기해야 한다는 막연한 불안일 뿐이기 때문이다.

그렇기에 질문자가 제시한 넓은 분야(상경 계열 학과)에서 Kw의 의미를 극대화할 수 있는 역량과 의지가 얼마나 충만한지 확인하고, 이를 어떻게 관철하려는지 파악해 더 구체적으로 진로 탐색을 도와야 한다는 것을 알 수 있다.

① **2s(질문자 자신)** 질문자가 선택을 확정하지 못했다는 것을 의미한다. 긍정적이라면 심사숙고해 더 큰 이득이나 유리함을 얻으려 하거나 좋지 못한 상황에 몰리는 것을 막고자 적절히 대처했다는 의미로 해석되지만, 부정적인 영향을 받는다면 선택할 수 있는 시간을 이미 넘겨버렸거나 기한이 임박한 나머지 좋지 않은 선택을 할 수 있다는 것을 경고한다.

② **5c(장애물)** 질문자의 선택을 방해하는 요소가 감정적 소실, 실망과 관련 있다는 것을 의미한다. 긍정적인 영향을 받는다면 질문자의 실망이 단순히 어떤 것을 선택함으로써 소멸하는 기회에 대한 미련/집착/회한 정도로 해석되며, 만족할 만한 선택을 한다면 별문제 없다는 것을 의미한다.

그러나 부정적인 영향을 받는다면 어떤 곳을 선택해도 만족하지 못하거나 선택을 강요받고 있다는 것을 경고하며, 최악의 경우 상심이 큰 나머지 극단적인 선택이나 학업을 중도에 포기할 수 있다는 것을 암시한다.

---

③ **Kw(기저)** 앞서 언급한 대로 질문자의 의지가 뚜렷하다는 것을 의미한다. 이는 긍정적인 영향을 받을수록 의미가 강화된다. 질문자가 자신의 연령대에서 이룰 수 있는 지식 습득이나 목표치를 뛰어넘었거나 그럴 수 있을 만큼 노력을 쏟으며 현 수준에 이르렀다는 것을 의미하기 때문이다. 나아가 자신의 연령대(20대 초반)에서 볼 수 없는 역량(Kw)을 지녔기 때문에(질문자가 대입 자체에 전혀 부담을 느끼지 않고 있다) 배열 전체에 긍정적인 영향을 끼치고 있다는 것을 알 수 있다.

만약 부정적인 영향을 받는다면 엇나간 고집을 부려 가능성을 매몰시키거나 재능과 젊음을 낭비할 수 있다는 점을 경고하나, 사신의 기반이나 역량이 확고하기에 부정적인 영향을 적용하기는 어렵다 (5c, 1, 4w).

---

④ **1(과거)** 질문자가 충분히 자신의 능력을 증명해왔다고 해석할 수 있다. 질문의 특수성을 고려하면 두 학과에 동시 입학할 수는 없기에 2s, 5c의 의미가 더 악화하기 힘들고, 다들 똑같이 고민할 만큼 흔한 문제이기에 의지가 굳건하다면 부정적인 의미를 적용할 수 없다. 나아가 다른 사람들은 질문자가 무슨 고민을 하는지도 모르거나, 이를 고백해봐야 부러움 또는 엄살로 받아들이고 있다는 점이 10p로 드러났다고 볼 수 있다(2s, 5c, 7, 10p).

---

⑤ **7(현재/곧 일어날 일)** 사실상 장애물이 질문자의 선택 지연 정도에 그쳤으니, 일이 절차대로 빠르게 진행되리라는 것을 의미한다. 앞선 카드들의 해석을 통해 2s-5c의 의미가 부정적일 수 없다는 것을 확인할 수 있기 때문이다. 그렇기에 이 배열의 7은 단순히 원서 접수

마감이 임박했다는 뜻으로 해석할 수밖에 없다. 이 과정에서 세부 학과 선택에 대한 갈등이 시간이 지나며 점차 커지는 데 그치리라는 것을 드러낸다(2s, 5c, Pw, 10p).

---

⑥ **6s(미래)** 긍정적인 영향을 받는다면 더 나은 방향으로 나아가려 한다는 것을 뜻한다. 그러나 부정적인 영향을 받는다면 기량/역량 부족으로 시류에 떠밀려 도피해야 한다는 것을 의미하며, 이 때문에 지망 학과에 합격하지 못한 채 목표하지 않은 곳에 입학할 수 있다는 것을 경고한다.

---

⑦ **Pw(질문자의 내면)** 자신의 의지나 목표에 대해 뚜렷한 비전Vision이 있다고 확신하고 있다는 것을 드러낸다. 다른 카드들을 통해 쉽게 긍정적인 영향을 받는다는 것을 확인할 수 있다. 질문자를 제약하는 것은 더 많은 공부를 동시에 할 수 없다는 데서 오는 실망감뿐이며, 입시와 관련한 고민임에도 마치 통과의례처럼 여겨진다.

만약 부정적인 영향을 받았다면 단순한 호기심 때문에 하지 않아도 될 고생을 긴 시간 동안 하게 되는 것을 경고하며 직접 선택하지 못하고 남에게 결정을 미루는 경우를 암시할 수 있으나, 이 배열에서는 질문자의 역량과 상황상 적용하기 어렵다는 것을 알 수 있다(5c, 7, 10p, 4w).

---

⑧ **10p(제3자가 바라보는 질문자)** 남의 눈에는 질문자의 상황을 평범하게 여긴다는 것을 의미한다. 이는 질문자가 다른 이들에게 자신의 고민을 털어놓지 않았거나, 털어놓았더라도 비슷한 처지의 학우들에게나 공유했다는 것을 의미한다.

긍정적인 영향을 받는다면 무난히 문제가 해결되거나 그리 심각한 문제가 아니라 평가받는 것을 의미하며, 부정적인 영향을 받는다면 범재凡才 수준인 질문자가 꿈만 크다 여기거나 볼품없다고 평가받고 있다는 것을 암시한다.

---

⑨ **4w(희망/두려움)** 질문자가 모든 일이 자기 생각대로 이루어지길 바라는 면모와 함께 다시는 이런 고민을 하지 못할 수 있다는 두려움을 내보인다. 대학 입학의 특성상 질문자가 반수나 재수를 전혀 고려하지 않고 있다는 것을 암시한다.

---

⑩ **3w(결론)** 이런 고민 속에서도 질문자가 결정만 한다면 원하는 답변을 얻을 것이며, 나아가 자신의 의지를 확신하는 기회가 되리라는 것을 의미한다.

부정적인 영향을 받았다면 질문자의 수준에 맞지 않는 모험이 결국 실패로 돌아가는 것을 뜻하겠지만, 앞서 언급한 내용과 사전 정보를 통해 이럴 공산이 없다는 점을 쉽게 알 수 있다.

해석을 마치며 나는 질문자에 경제/경영학과를 고르고, 상황에 따라 복수전공을 하는 방법을 넌지시 조언했다. 아직은 고등학생인 터라 고교 생활과 학사 과정의 차이를 잘 모를 테니, 나중에 여유가 생긴다면 의도한 바를 살려보라고 말했다.

질문자는 주변의 의견과 사뭇 다르다며 왜 이런 조언을 하느냐고 되물었으나, 원론적인 학문과 더불어 스스로 관심 있고 하고자 하는 바를 꺾었을 때 생기는 문제들을 언급하자 금방 내 의도를 이해했다. 주변에서는 취업에 유리해 보인다는 점 때문에 회계학과를 전공으로 삼으라고 했으나, 막상 결정하려니 탐탁잖아 점을 보려 했던 것이라고 속내를 털어놓았다.

이 점의 후일담은 질문자가 입대를 앞두고 내가 아르바이트를 하던 주점에 찾아와 들을 수 있었다. 무난히 경영학과에 합격해 공부하고 있으며, 제대 후 복학하고 나서의 계획을 이것저것 즐거이 나누며 사안을 종료했다.

이 배열의 Kw는 질문자가 다른 학우보다 자신의 의지를 내세우면서 양보가 없고, 그만큼 전력을 다해왔다는 것을 증명한다. 단순히 학교 성적을 떠나 자신이 왜 공부하려 하며, 어디로 나아가려 하는지가 명확하다는 것을 성적이나 시험 결과로 증명했기 때문이다.

모든 King은 자신의 기반을 증명할 방법이 없으면 부정적일 수밖에 없다. 홀로 자신이 왕이라 주장하는 자들의 말로가 어떠했는지는 역사가 증명하며, 반면교사가 돼준다. 그렇기에 해석자는 왕이 왕다워지려면 어떻게 해야 하는지를 살펴 질문자가 놓치고 있는 부분을 지적해주거나 방만해진 상황인지 점검해줘야 한다.

실제 사례 (1996년 3월, 성남 분당 모처, 10대 중반 여성)

질문　그 사람은 내가 마음에 들지 않나?

사전 정보 중학교가 달라 멀어진 동네 친구의 점이었다. 호감은 있는데 상대방(남자)이 전혀 반응하지 않아 자신을 싫어할까 봐 걱정돼 점을 봤던 사례다.

$$17 - Kw - 2c - 4p - 5s - 2w - 7s - 10p - 6w - 2$$

17　(질문자 자신) 새로운 곳에 들어와 새로운 사람들을 만났다.

Kw　(장애물) 상대방이 무뚝뚝하고 감정 표현이 없어 관계 진척이 되지 않는다.

2c　(기저) 그동안 자신이 써왔던 방법이 통했기에 같은 방식으로 친하게 지내고 싶다.

4p　(과거) 자신의 교우 관계를 계속 유지하려 했다.

5s　(현재/곧 일어날 일) 아쉬운 사람이 우물을 파야 하거나, 상대방의 반응을 강제로 끌어내야 한다.

2w　(미래) 관계를 개선하려 할 것이다.

7s　(질문자의 내면) 사실 조금 쉽게 친해지고 싶었다.

10p　(제3자가 바라보는 질문자) 일상적인 이야기라 누구도 주목하고 있지 않다.

6w　(희망/두려움) 상대방이 적극적으로 호응해주길 바라며, 반대로 자신만 엉뚱한 사람으로 보일까 봐 두려워 한다.

2　(결과) 으레 그 시기가 그렇듯 편히 지내다 보면 자연스레 해결될 문제다.

이 배열에서 Kw는 2번 위치, '장애물'에 나왔다. 중학교 1학년의 대인관계 관련 질문이기에 앞서 언급했던 것 중 2번, Kw에 해당하는 (손윗)사람이라는 것을 쉽게 유추할 수 있다. 아이들의 관계에 교사가 관여하는 일도 드물던 시절이었기에 결국 Kw에 해당하는 인물이 상대방이며, 질문자가 그만큼 상대를 어려워하거나 두려워하고 있다는 것을 알 수 있다.

Kw는 2c, 7s, 10p, 6w의 영향을 받고 있는데, 이로써 비교적 긍정적인 영향을 받고 있다는 것을 알 수 있다. 이는 어디까지나 우열을 가리는 것이 아니라 단순한 접근이거나 친분을 쌓는 것이 목표이기에 자잘한 꼼수가 어느 정도 허용되며, 그 과정에서 불순한 의도가 없음을 밝히거나 큰 문제를 일으키지 않는 한 이슈조차 되지 않을 평범한 일상에 가깝기 때문이다.

그렇기에 상대방이 무슨 이유로 대화에 나서지 않거나 남의 호의를 무덤덤하게 지나칠 수 있는지 배열을 통해 간파해야 하며, 나아가 상대방이 어떤 사람을 선호하는지 조언해 문제를 해결할 수 있도록 도와야 한다.

① **17(질문자 자신)** 메이저 해석편을 참고하면 비교적 긍정적인 영향을 받고 있다는 것을 알 수 있다. 이는 새로운 기반에 놓여 대인관계를 확장하려는 질문의 목적과 17의 의미인 '새로운 경지로 나아감'이 결합하기 때문이다. 다만 그 방법이 과거 초등학교 시절에 비해 그리 발전하지 않았고, 상대방에 대한 정보도 없다 보니 정수正手보다 기책奇策에 의존하는 꼴이 되기 쉽다는 점이 문제가 될 수 있다는 것을 경고한다(Kw, 4p, 7s, 6w). 이 문제를 해결하면 쉽게 긍정적인 효과를 낼 수 있다는 것에 착안해 조언해야 한다.

② **Kw(장애물)** 앞서 언급했듯 상대방의 완고함을 지적하는 카드다. 그러나 상대방이 질문자의 의도를 전혀 눈치채지 못했거나, 알더라

도 좋은 내색을 하기 싫어하는 성향이 있는 것으로 해석할 수 있다. 이는 질문자가 상대방에게 솔직히 의도를 표현하지 않았거나 완곡히 표현한 탓에 상대방이 별것 아니라 여겼다고 볼 수 있으며, 최악의 경우 이미 충분한 대인관계를 형성했다고 생각해 질문자에게 관심을 두지 않거나 질문자가 쓴 방법 자체를 혐오할 수 있다는 점을 암시한다. 다행히 이 배열에서 부정적인 영향은 그리 크지 않기에 질문자의 접근 방법만 조율하면 상황을 쉽게 개선할 수 있다(2c, 7s, 10p, 6w).

③ **2c(기저)** 질문자가 지금껏 대인관계에 실패한 경험이 없으며, 이번 상대방도 자신의 호감을 전하면 관계가 금방 성립되리라 여겨왔음을 보여준다.

긍정적인 영향을 받는다면 이 관계가 단순히 성립하는 것을 넘어 긴 세월 고락을 같이할 관계로 성장할 수 있다고 해석할 수 있으나, 부정적인 영향을 받는다면 질문자의 의도가 옳지 않아 단순히 자신 주위에 사람을 늘리는 데 그치고 있다는 점을 지적하며, 이마저도 부적절하게 관계를 운영해 인심을 잃을 수 있다는 것을 경고한다.

④ **4p(과거)** 질문자가 과거의 인연에 집착하고 있다는 것을 의미한다. 이는 이 시기의 아이들에게 당연한 일이라고 할 수 있다. 긍정적인 영향을 받는다면 그동안 자신 주변에 있었던 이들을 배려하면서 새로운 사람들을 들여 자신의 영향력을 조금씩 늘릴 수 있다고 여겼던 것으로 해석되나, 부정적인 영향을 받는다면 과거의 관계에 집착한 나머지 새로운 사람들을 경계하거나 텃세를 부릴 수 있다는 것을 경고한다.

⑤ **5s(현재/곧 일어날 일)** 상황이 어느 한쪽에 이롭게 흘러가리라는 것을 뜻한다. 긍정적이라면 이 기회를 틈타 질문자가 원하는 바를 취할 수 있으며, 관계에서 유리한 고지를 선점할 수 있다는 것을 의미하나, 부정적인 영향을 받는다면 질문자의 의도가 악의적이거나 상

대방이 질문자의 호의를 이용해 뭔가를 꾸미고 있다는 것을 경고하며, 최악의 경우 망신을 줄 작정으로 뻗대고 있다는 것을 암시한다.

⑥ **2w(미래)** 질문자가 자신의 의도를 다시 한번 내보일 것을 뜻하는 카드다. 긍정적인 영향을 받는다면 이 행위를 상대방도 알고 받아들이는 것을 의미하나, 부정적인 영향을 받는다면 과거와 같은 방법을 사용해 또 전달되지 못하거나 거부당할 수 있다는 것을 경고한다.

⑦ **7s(질문자의 내면)** 질문자가 관계를 개선하려 수단 방법을 가리지 않을 것을 의미한다. 질문의 의도 자체가 부정적이지 않기에 이를 극단적인 수단으로 해석할 수 없으며, 그저 단순한 꼼수 정도에 그치리라는 것을 알 수 있다. 질문자의 의도가 선의에 기반했다는 점을 상대방이 이해해주거나 그렇지 않더라도 이 방법으로 친해지는 데 별거부감이 없으리라는 것을 의미한다. 그러나 부정적인 영향을 받는다면 질문자가 꾸미는 일이 들통나 오히려 상대방에게 큰 실망이나 혐오감을 심어줄 수 있다는 점을 경고한다.

⑧ **10p(제3자가 바라보는 질문자)** 이 모든 상황이 일상적이고 평범한 문제에 지나지 않거나, 사람들이 별로 주목하지 않는다는 것을 뜻한다. 부정적이라면 이 모든 행위가 의미 없고 그저 지나가는 인연이라 평가된다는 것을 의미하나, 긍정적인 영향을 받는다면 이 모든 과정에서 벌어지는 촌극들은 먼 훗날에도 웃으며 떠올릴 추억이 되리라는 것을 뜻한다.

⑨ **6w(희망/두려움)** 질문자가 자신이 원하는 바를 능동적으로 성취할 수 있기를 바라며, 반대로 다른 사람이 이 관계를 먼저 취하거나, 자신이 놀림감이 되지 않기를 바라는 것으로 이해할 수 있다.

⑩ **2(결론)** 메이저 해석편을 참고한다면 질문자가 이렇듯 복잡하게 생각할 필요 없이 그저 순리대로 흘러가게 내버려 두기만 해도 목적

을 달성할 수 있다는 것을 알 수 있다. 우연이든 필연이든 그 나이대의 사람들이 그러하듯 호의를 주는 상대방에게 함부로 대하기는 어려우며, 굳이 무리해서 일을 강행할 필요가 없어지리라는 것을 암시한다.

해석을 마치고 나는 무슨 연애도 아닌데 이리 호들갑이냐며 그냥 두면 알아서 친해지려니 하고 넘기라 했으나, 마음이 급했던 질문자는 이를 인정하려는 기색이 없었다. 나는 더 말해줄 것도 없었기에 그냥 헛짓거리나 하지 말라는 이야기만 해두고 해석을 종료했다.

얼마 지나지 않아 중간고사 철이 다가올 즈음 하교길에서 여러 명이 몰려다니는 사이에 그녀를 비롯한 또래 무리들이 즐겁게 이야기하던 것을 보며 그럼 그렇지 하고는 지나가며 씨익 웃고 넘겼던 기억이 난다. 한참 뒤에야 내용을 물어보니, 사실 상대도 중학교에 적응을 잘 못해서 괜히 무게잡고 있는데 왜 방해인지 갑갑해하다가 시간 지나 편해지니 그냥 원래 모습이 나와버려 친해진, 그런 흔한 이야기였었다.

이 배열에서 Kw는 완고하거나 자기 뜻을 섣불리 바꾸지 못하는 모습으로 드러났다. 사안이 가벼운 내용에서 King들은 그리 큰 영향을 주지 못하거나 부정적이기 쉬운 것이 사실이나, 이 사례처럼 그저 특정한 태도나 성향을 대변하는 데 그칠 수 있다는 점도 고려해야 한다. 이때, 해석자는 각 코트 카드의 성향과 태도를 살펴 질문자가 원하는 상황을 만드는 데 필요한 것이 무엇인지 조언해야 한다.

PAGE *of* CUPS.

충동적인 감정
Impulsive feeling

PAGE 공통 의미

견습, 아르바이트, 인턴, 초보, (회사 일반) 평사원, 이등병, 미성년자, (초/중/고등/대)학생, 연소자, (다른 코트 카드가 나와 영향을 받을 때는 그 카드보다)수준이 떨어지다, 말초 조직, 처방전 없이 해결할 수 있는 작은 질병들, 자연스러운 인체의 회복력으로 완쾌할 수 있는 경증

Page of Cups의 키워드

충동(으로 인한 감정), 좁은 도량, 원 히트 원더, 님비/핌피, 쉽게 흥분하다, 쉽게 사랑에 빠지다, (자신의 감정을)배려 없이 퍼붓다, 정제되지 못한 언행, 천재적인 감정 표현, 순간적으로 이루어진 감동적인 (아이의)행위, 어설픈/투박한 감정 표현, 취하다/주량이 낮음, (뒤를 생각하지 않고)갑작스럽게 일을 벌이다, 숙취, 전위예술, 즉흥연주, 스캣Scat, 외물外物에 쉬이 흔들림, 진솔하고 순수한 행위/사람(아이), 의도는 좋으나 민폐를 끼치다, 남의 생각을 쉽게 넘겨짚는 사람, 호객꾼, (클럽에서)웨이터, 거리 연주자, 서커스, 탁주濁酒, 울혈/멍, 충동적으로 맺은 원치 않는 관계 또는 아이, 급성 뇌졸중/출혈/맹장염/장염 등……

긍정/부정 확인 기준

질문자의 감정이 순수한가?

질문자의 상태가 취중이거나 불안정한 상태인가?

질문의 관련자 중에 돌발 행동을 하거나 경솔히 사안을 언급할 만한 사람은 누구이며, 그 사람은 질문 주제와 깊은 관련이 있는가?

이 사람의 실제 감정 통제력은 어느 정도인가?

질문과 관계된 분야가 여론에 크게 좌우되는가?

이는 코트 상징편에서 언급했던 '순수하나 충동적인 감정'이라는 핵심 의미와 그 파생 의미들을 참고함으로써 세울 수 있는 몇몇 판단 기준이다. 이로써 Pc가 배열에서 어떻게 긍정/부정적인 의미를 띠는지 확인할 수 있다.

순수하고 진실한 감정을 품는 것은 아름답다. 이를 잘 전달해 주변의 공감을 얻는다면 계속 성장할 수 있다는 것을 보여준다.

그러나 감정을 정제하거나 전달하는 과정을 제대로 거치지 않으면 Pc의 호의와 진심이 악의와 당혹스러움으로 받아들여질 수 있다는 점을 경고하며, 이 여과 과정을 끝내 거치지 않으면 그저 말썽꾼으로 여겨질 수 있다는 것을 지적한다.

해석용법

긍정 Pc는 기본적으로 자신의 감정을 감추지 않기에 진술하며, 그렇기에 자신의 의도를 순수하게 주변에 알릴 수 있는 상황에서 가장 큰 힘을 발휘한다. 다른 사람이 이 과정에서 불편을 느끼거나 피해를 보지 않도록 해준다면 카드의 의미를 극대화할 수 있다. 이때 Pc는 배열의 다른 모든 카드에 긍정적인 영향을 미치며, 문제의 원인을 단숨에 해결할 단초로 작용할 만큼 영향력이 커진다.

부정 그러나 Pc의 이런 솔직함과 순수함은 때와 장소와 사람의 성향, 분위기를 가려야 하거나 감정을 함부로 내보이면 안 될 때 치명적인 문제를 곧잘 일으키며, 이로 인해 관련 인물들을 난처하게 만들기 쉽다. 최악의 경우 자신의 선의를 강권하거나 감정 통제에 실패해 돌이키기 힘든 실수를 저지를 수 있으며, 이 과정에서 자신이 무엇을 잘못했는지조차 모르거나 그 잘못이 자신에게는 선의였다고 주장하는 상황에 이를 수 있다는 것을 경고한다. 그렇기에 배열 주제와 질문자의 성향/입지/역량을 모두 살펴야 하며, 질문자가 뭘 원하는지 간파하고, 이를 넘어 배열 주제와 관련한 주변 인물 중 Pc에 해당하는 인물이나 상황이 있는지 탐색해 미리 방지할 수 있도록 조언해야 한다.

뒤에서 언급하겠지만, 이런 까닭에 Pc는 연애 관련 점에서는 최악의 카드 중 하나로 꼽히며, 고백과 관련한 점에서 상대방의 호감이 전제되지 않는다면 반드시 실패할 만큼의 부정적인 영향을 끼친다.

이 경우 감정에 휩쓸려 경거망동하지 말도록 조언해도 이들이 자신의 감정을 통제하는 사례가 매우 드물다. 이런 단점에도, 진솔한 감정 표현은 생각지 않은 상황에서 많은 이의 공감을 얻고 심금을 울려 사람들의 생각을 바꿔놓곤 한다.

이런 긍정적인 사례의 하나로 스캣Scat을 들 수 있다.* 나아가 돌발

---

* 재즈Jazz 보컬 기법의 하나인 스캣은 즉흥적으로 의미 없는 말을 통해 멜로디를 이어가는 것을 지칭한다. 이 기법은 1910년대 초반부터 시도됐으나,

적인 감정 표현이 강한 공감을 끌어내고, 이를 원동력 삼아 역경을 극복하거나 목적을 달성하는 데 성공했던 사례들을 들 수 있다.*

이런 요소들 때문에 Pc는 통제/절제되지 못한 감정을 남에게 투사하는 아이/사람/분야/방법이라는 의미를 확립한다. 그러나 Pc의 부정적인 면모들은 주변을 너무 힘들게 하거나 견딜 수 없게 만들며, 나아가 자신이 속한 기반/단체/집단을 위태롭게 한다. 작게는 그저 떼를 쓰는 정도지만 단순한 요구에 멈추지 않고 물리력을 동원하는 단계로 넘어서면 큰 문제가 생기기 때문이다.**

이런 이유로 벌어진 전쟁이 제2차 세계대전이다. 추축국들의 무리한 요구가 일방적으로 계속되면서, 각국 지도자와 시민이 이에 심정

1926년 루이 암스트롱Louis Armstrong의 〈Heebie Jeebie〉를 시작으로 본격적으로 대중에게 알려진다. 이 기법은 본래 정식적인 기법이 아니라 어디까지나 즉흥적인 애드리브, 추임새에 가까웠기에 초기에는 재즈 연주가들이 이 기법을 꺼렸으나, 루이 암스트롱의 시도 후 대중적으로 퍼지기 시작했으며, 현재는 재즈 보컬 기법에서 빠지지 않는다.
남무성, 『재즈 잇 업!』, 서해문집, 2018, 44-46쪽.

* 1944년 12월 16일~1945년 1월 25일까지 벌어졌던 아르덴 대공세Ardennes Offensive, 미국에서는 벌지 전투Battle of the Bulge로 부르는 바스토뉴 공방전 당시 미국 101공수사단은 독일군에 완전히 포위됐고, 독일 제47기갑군단장 하인리히 폰 뤼트비츠는 미군에 항복을 제안했으나, 당시 미국 101공수사단을 지휘하던 앤서니 맥콜리프 준장은 항복 권고에 너털웃음을 터뜨리며 "NUTS!"라는 단어로 답했다. 이는 공식 언사로 볼 수 없을 만큼 충동적인 은어였으나, 최악의 열세에 놓였던 미군의 사기를 북돋는 효과를 보였다.
Hugh M. Cole, *The Ardennes: Battle of the Bulge*, Center of Military History, 1965.
또한, 인류 역사 대부분에 걸쳐 술은 군대의 주요 보급품이었다. 이는 사기 진작을 목적으로 하며, 술이 주는 감정적인 동요를 통해 일시적인 흥분을 일으켜 전투력을 잠깐이나마 높이려 했기 때문이다.
존 키건, 『전쟁의 얼굴』, 지호, 2005.

** 전쟁에서 Pc와 Ps가 결합한 행위가 바로 약탈이다. 정상적인 국가에서는 군법으로 강력하게 막고 있지만, 여전히 군대의 골칫거리다. 특히 르완다 내전, 보스니아 내전, ISIS 등 민족적·종교적 갈등으로 벌어진 전쟁에서 더 심하게 일어나는 병폐다.

적으로 경도됐기 때문이다.*

순수하다는 것은 그만큼 오염되거나 곡해되기 쉽다. 그렇기에 자신이 표현하려는 바를 요령 있게 전달하고 생각의 차이를 조율할 수 있어야 자신의 격을 높일 수 있다는 것을 자각해야 한다. 그렇지 않으면 사람들의 신뢰를 잃는 것을 넘어, 자신이 느끼는 것을 남에게 전달할 수조차 없다는 점을 조언하면서 늘 유의해야 한다.

배열 위치별 특징 켈틱 크로스 배열에서 Pc가 나왔을 때 어떻게 긍정/부정적인 영향을 주고받는지 판단하려면 가장 먼저 Pc와 같은 인물이나 상황이 무엇인지 규명해야 하며, 그 뒤 다른 카드들의 맥락을 살핀다면 해석이 자연스럽게 이루어질 것이다.

앞서 언급했듯이 Pc는 자신의 감정을 통제하기 힘들거나 금세 뜨거워지거나 식는 경향이 강하기에, 이런 존재가 무엇인지 더 쉽게 알 수 있다. 이런 성향 때문에 Pc는 6, 10번 위치를 제외한 모든 위치에서 영향력이 쉽게 커진다. 6번 위치는 적용 범위가 넓기에 모호하며, 실제 영향력이 커진다고 해도 흐름을 좌우하기에는 역량이 부족한 경우가 많기 때문이다.

또한, Pc는 언행이 사려 깊지 못하거나 심계가 얕아 생각을 쉽게 간파당하며, 남의 생각에 관심을 두기보다 자신의 감정에 집중하는 경향이 있기에 대부분 긍정적인 의미가 적용되지 않는다. 설령 적용되더라도 심정적 공감이나 '너로선 그럴 수 있겠다'라는 정도의 반응

---

* 나치 독일의 집권은 결과와 과정 모두 민주적으로 결정됐고(그것이 바이마르 공화국 헌법의 취약점을 이용했더라도), 이들은 집권 후 무리한 대외 진출을 고집해 주변국들을 긴장 상태로 몰아세우는 한편, 배후 중·심·설을 이용해 유대인을 탄압하는 여론을 조성하는 데 성공했다. 라인란트 재무장에서부터 뮌헨 협정을 통한 체코슬로바키아 병합의 흐름은 이를 극단적으로 보여주며, 끝내 폴란드 침공으로 이어지며 제2차 세계대전의 포문을 연다.

또한, 대공황으로 경제가 침체하자 일본 군부는 쿠데타를 일으켜 집권했으며, 내부 불만을 잠재우고 외적 팽창을 꾀하려 침략 전쟁을 계속했다. 전쟁을 끝내 멈추지 않자 미국은 이들에게 석유 수출을 금지령을 내렸으나, 이에 불복한 일본은 선전포고도 없이 진주만을 급습해 태평양전쟁을 일으킨다.

이 전부일 때가 많다.

　그러나 Pc의 진심이 순수하게 받아들여지고 이로써 긍정적인 영향을 일정 이상 받으면 문제를 단박에 해결할 수 있는 폭발적인 호소력을 갖출 수 있다는 점에 주의해야 한다.

연애(관계가 성립한 상황)[*] 스트레스를 일방적으로 발산해 분쟁을 일으킬 수 있다는 것을 경고하는 상황이 대부분이며, 최악의 경우 한때의 엇나간 감정으로 관계가 파탄 낼 정도의 행위를 저지른다는 점을 암시한다.

긍정적인 영향을 받는다면 자잘한 이벤트를 하거나 즉흥적인 계획 또는 애교를 시도해 서로의 감정이 빠르게 달아오를 수 있다는 것을 의미하며, 나아가 기혼자라면 자녀의 재롱이나 언행을 보고 스스로 회고하며 감수성이 가득 찰 기회가 온다는 것을 뜻한다.

연애(관계가 성립하지 않은 상황) Pc는 긍정/부정적인 영향을 어떻게 받느냐에 따라 의미가 극단적으로 나뉜다. 섣부른 애정 표현이 거절당하거나, 순수한 표현에 감복해 관계가 급속도로 가까워진다고 해석되기 때문이다. 그러나 이 의미는 보편적으로 20대 중후반을 기준으로 할 때 저연령층에서 그나마 긍정적인 영향을 드러내며, 나이가 많아질수록 부정적인 영향을 받는 경향이 있다.

이는 단순한 연애라도 더 현실적일 수밖에 없기 때문이며, 한때의 감정(아무리 순수하더라도)으로 관계 성립을 결정하기는 어렵기 때문이다.

관계 성립 시도조차 없는 일상적인 상황에서 Pc는 갑작스러운 접촉이나 사건[**] 때문에 감정적으로 흥분하거나 감동해 관계의 초석이 순식간에 파멸/완성되는 상황을 뜻한다. 이때 주변 카드의 의미를 살펴 해당 사건이 어떤 의도와 생각으로 이루어졌는지 파악해 조언함으로써 다가온 인연을 이어나갈 수 있도록 도와야 한다.

---

[*] 관계 성립 여부를 떠나 연애 관련 배열에서 Pc와 3이 모두 부정적인 영향을 받은 채 의미의 결합이 이루어지면 '원치 않는 임신'이라는 의미로 해석되기에 예방에 주의해야 한다.

[**] 헌팅이나 소소한 사건으로 만남이 반복되거나 감정을 주고받는 경우를 들 수 있다.

대인관계 매우 부정적일 수밖에 없다. 다만, 문제를 일으켜도 전혀 상관없을 상황에 한정하면 긍정적인 역할을 할 수 있다. 이를 코트 상징편에 언급한 궁정 광대Jester의 의미와 함께 본다면 이해하기 편할 것이다. 사고뭉치인 것을 고려해도 모두의 화합이나 결속을 추구해 사랑받을 수 있고, 이로써 해당 집단의 마스코트/감초 같은 위상을 얻을 수 있다는 것을 의미한다.

그러나 부정적인 영향을 받는다면 분위기를 깨는 원흉이자 통제를 받아들이지 않고 자기 멋대로 남의 계획이나 집단의 질서를 흐리는 행동/인물이 있다는 것을 지적한다.*

***

사업의 흐름이나 전망 갑작스러운 사건이나 특정 시점에만 유통/판매할 수 있는 한정 품목으로 해석된다. 그러나 Pc의 한정품은 어디까지나 색 또는 디자인의 단순 변경 정도에 머무른다. 나아가 단순히 비위를 맞추거나 한시적 유행을 따라 이익을 얻을 수 있다는 것을 의미한다.

이는 본질을 개선/변경하지 않은 채 시류에 편승하거나 소비층의 수요에 대응하는 것 또한 해당한다. 가장 흔한 사례로 백반집에서 여름 한정으로 냉면이나 열무 국수를 파는 경우를 들 수 있다.

또한, 장기 투자나 운영보다 단기 고수익을 노리는 사업 흐름을 보이며, 반복하면 해당 방식의 단점이 뚜렷하기에 이런 수단들을 쓰지 않아야 하는 분야에 기울어 있다는 것을 암시한다.

***

창업의 성사 여부 Pc는 갑작스러운 감정의 분출을 담당하기에 이를 조장하는 사업에서 두각을 드러낸다. 유흥업, 일회성 오락, 한 철 장사, 사냥, 현장 게릴라 홍보 등의 분야와 밀접하게 관련돼 있다. 유통업에서는 폭이 넓은데, 더 세밀히 논한다면 카페, 나이트클럽, 성매매 등과 연관되며, 다른 카드들의 의미를 통해 각각의 큰 분야에서

***

* 공부가 목적인 모임에서 계속 술과 연애를 몰래(다른 사람들은 다 알지만) 하려는 인물을 예로 들 수 있다.

'감정의 분출'을 의미하는 지점/분야가 무엇인지 세부적으로 파악할 필요가 있다.

긍정적인 영향을 받는다면 유행 포인트를 잡아 때를 놓치지 않고 이익을 거둔 뒤 다른 아이템을 찾아 변경하는 방법으로 이익을 극대화하거나 단순 기부 또는 봉사가 시류와 맞물려 주목받는 것을 의미하나, 부정적인 영향을 받는다면 창업자나 창업 아이템 자체가 사람들을 격분하게 하거나 논란의 소지가 있어 악명을 얻거나 주취자 또는 취객 등의 무례한 손님 때문에 피해를 받는 것을 경고하며, 최악의 경우 법적 절차를 지키지 않아 모든 수익이 물거품이 되거나 큰 타격을 받는 것을 암시한다.*

진로 적성 질문자의 적성 여부는 해당 인물의 희망 사항이 자주 바뀌기에 예측하기 힘든 편이다. 관련 주제에서 질문자의 성향과 관련해 Pc가 나왔고, 특정 분야를 논하더라도 이를 '직업'으로 보기에 어려울 때가 많은데, 이는 남의 감정이나 공감을 일시적으로 붙잡거나 들뜨게 만드는 분야에 국한되기 때문이다.

이는 거리 공연, 일회성 이벤트/부스로 수익을 올리는 방식의 직종이나 소질에 해당하며, 긍정적인 영향을 받을수록 이런 시도로도 큰 효과/이슈를 생성해 후원/지원을 얻는 방식을 취한다.**

그러나 부정적인 영향을 받는다면 이런 공감이나 관심이 빨리 식을 수밖에 없거나, 들인 수고에 비해 수익이 적다는 점을 지적한다. 이로 인해 최근 대두되기 시작한 인터넷 방송인의 대다수를 이 카드에 배정할 수 있는데, 차후 이 직종의 평균 수입이나 납세 문제, 사회적 평가의 상승이 진행된다면 Pc보다 더 격이 높아질 수 있다.***

* 이런 최악의 사례에서 가장 흔한 것으로 신분증을 검사하지 않아 영업 정지 처분을 받거나 노점상이 기습 철거를 당하는 상황을 들 수 있다.

** 일본의 코믹 마켓이나 한국의 코믹 월드 행사에 참가해 일회성으로 고수익을 올리는 아마추어 만화가를 예로 들 수 있다. 이런 행사에서 대기업 중견 사원의 연봉보다 더 많이 벌어들이는 이들도 있다.

*** 본문에서 언급한 Pc의 수준은 실시간 방송기준 시청자 800~1000명 이상,

그 밖에 학습 태도나 속도와 관련한 질문이라면 Pc는 다른 Page보다 잠재력을 터트리기 쉽고 그만큼 빨리 소모되는 경향이 있으며, 이를 어떻게 개선/보완해 장기적·주기적으로 유지할 수 있는지 조언해야 한다.

시험 결과나 합격 여부 Pc의 불안정성은 이 분야와 상극이며, 그만큼 해석에 어려움을 겪을 수밖에 없다. 의미만 본다면 자신이 좋아하거나 즐기는 한두 과목만 잘하고 나머지는 절망적인 수준으로 표현되나, 특정 상황에서는 이와 같은 기질이 오히려 도움을 줄 수 있기 때문이다. 이른바 실기 시험이나 작품 활동으로 자신을 증명하는 계열이 주로 이에 속한다.

이런 의미 때문에 정석적인 수능이나 논문 통과 과정 같은 절차 위주의 시험에는 부적합하기에 해석자는 다른 카드들이나 배열을 분석해 질문자의 재능이나 관심사에 부합하는 문제나 기준의 여부를 살펴 운의 흐름을 조율해줘야 한다. 다만 이 과정이 난해하기에 많이 노력해야 할 것이다.

면접 등 대인 면담이나 실무 시험 등의 과정에 임하는 상황이라면 Pc의 천적은 압박 면접 등 응시자의 심기를 건드리는 방식이 되는데, 이때 부정적인 영향을 받으면 반드시 탈락하기에 아예 모르쇠로 일관하기를 강권해 평판의 실추를 막아야 한다는 점에 유의해야 하며, 이에 해당하지 않더라도 돌발 상황에서 함부로 과격하거나 급진적인 표현을 쓰지 않도록 조언해야 한다.

질병의 호전, 완치 병세가 널뛰는 상황이거나 중병일 때 약이 독해 신체의 부작용을 겪거나 적응 과정이 격한 상황이라는 것을 의미한

영상 조회 기준 10~15만 회 이상에 해당한다. 그 이하는 Pc로 배정할 수조차 없고, 서서히 성장에 성공할 때 상위의 코트 카드로 배정할 수 있다. 이는 해당 시청 인원이 보장하는 최소 수익이 최저임금 이상을 보장해야 한다는 전제가 핍 카드와 코트 카드를 가른다고 봐야 하기 때문이다. 아무리 Page라도 엄연히 궁정Court에 들어설 수 있는 지위라는 점에 주목해야 한다.

다. 경증이라면 Pc는 대부분 투약이 곧 완치인 수준으로 해결되며, 그렇지 않더라도 회복력은 평균을 상회한다. 다만 입원·통원 치료 중이라면 부정적인 의미가 강화되는데, 최악의 경우 '꾀병 환자'에 가까운 상황으로 볼 수 있다.

그 밖에 몸이 조금 호전되면 나가 놀기 바쁘거나, 금주/금연 조치를 무시하는 상황에 국한되며, 통원 치료 중이라면 진료 예약을 잊거나 어기는 행태로 드러난다.

단순한 건강 문제 일상적인 상태라면 단순한 폭음, 숙취, 체력 방전으로 인한 피로에 해당하거나 자신의 기분이 좋기에 기분이 덩달아 좋아지는 듯한 상태를 뜻한다.

발병 가능성을 점친다면 정신적인 면에서 조울증, 의존증, 게임 중독을 의미하며, 배열의 다른 카드들을 통해 심리적 기전을 추측할 수 있다. 최악의 경우 색정증Satyriasis/Nymphomania에 해당한다.

신체적인 질병으로는 급성 출혈이나 위산 과다, 피부 문제, 조산, 염증 발생 정도로 추려지며, 맹장염 등의 질병을 의심할 수 있다. 기본적으로 순환계, 내분비계에 치중하나, 증상이 격하지 않거나 현대 의학으로 극복할 수 있는 수준이다. 다만 이런 사례들은 어디까지나 전문가의 진단이 가장 우선한다는 점을 반드시 주의해야 한다.

켈틱 크로스 배열 위치별 긍정/부정 해석법

1 → ③ ⑥ ⑦ ⑧ 카드 확인 질문자가 문제와 관련해 어떤 태도를 견지했는지 파악하고, 이런 태도를 유지할 때 불러올 상황을 토대로 긍정/부정적인 영향을 판단해야 한다.

긍정적인 영향을 받는다면 질문자의 행동으로 문제의 원흉이나 원인이 모두에게 드러나 해결의 실마리를 찾아내거나 여론을 전환해 유리한 고지를 선점하게 되는(이른바 소 뒷걸음치다가 쥐 잡은 격으로 기회를 거머쥘 수 있다는) 것을 예고한다.

그러나 부정적인 영향을 받는다면 질문자의 우발적·돌발적인 행동으로 문제가 본격적으로 악화하기 시작했으며, 이 때문에 질문과 관계된 사안을 절대 혼자서 해결할 수 없다는 점을 경고한다. 최악의 경우 도움을 구해도 반응하는 이가 없거나 오히려 배격당할 수 있다는 것을 암시한다.

2 → ① ⑤ ⑦ ⑧ 카드 확인 질문자의 성정이 급하거나 어떤 상황/환경에서 평정심이 깨진다거나 과도하게 흥분할 수 있는지 파악해야 하며, 다른 사람에 대한 점이라면 이 돌발적인 감정 표출로 문제를 겪을 수 있는지 확인함으로써 긍정/부정의 의미를 확정해야 한다.

긍정적인 영향을 받는다면 시답잖은 훼방일 뿐이거나 이를 역이용해 필요한 것들을 얻을 수 있고, 최상의 경우 이를 발판 삼아 자신이 의도한 최고의 결과를 피해 없이 이룰 수 있다는 것을 의미한다.

그러나 부정적인 영향을 받는다면 질문자의 여물지 못한 성정 때문에 문제가 악화할 여지가 있거나 다른 사람의 우발적인 행동 때문에 작은 문제가 큰 문제로 비화할 수 있다는 점을 경고한다.

3 → ① ④ ⑦ 카드 확인 질문자가 과거에 어떤 문제 때문에 질문 주제에 대해 대비하지 못했거나 자신의 감정을 우선시하는지 확인해야 한다. 긍정적인 영향을 받는다면 질문자의 의도가 선의에 기울어져 있다는 것을 의미하며, 이를 어떻게 증명할 수 있는지 조언해 문제에서 벗어나거나 시빗거리를 만들지 않을 수 있으나, 부정적인 영향을 받는다면(그중에서도 18과 결합하면) 질문자에게 이른바 트릭스터Trickster 기질이 있으며, 동시에 이 모든 문제가 단순한 장난이나 즐거움 때문에 일어났다는 것을 의미한다.

그 밖의 경우 질문자가 이런 문제가 생길 줄 예측하지 못했고 질문 주제와 관련한 생각이나 견해가 당혹감에 가득 차 있거나 불안해한다는 것을 의미하거나, 충동적이거나 얕은수로 쉽게 원하는 바를 얻으려 했다는 것을 지적한다.

---

4 → ①⑤⑦⑨ 카드 확인 질문과 관련한 과거의 어떤 행적인지 파악하고, 이 영향으로 질문자가 유리/불리해진 상황인지 확인해야 한다. 긍정적인 영향을 받는다면 질문자의 순수한 감정이 상황을 조율하는 데 공헌했거나, 문제를 해결하는 단초로 작용했다는 것을 의미한다(단, 이때 질문자는 이를 인지하지 못하고 있다).

그러나 부정적인 영향을 받는다면 이 모든 문제는 질문자의 경솔한 감정 표현으로 발생한 것이며, 문제 해결 의지가 없다면 다른 모든 카드에 부정적 영향을 크게 끼칠 수 있다는 점을 언급해 이를 바로잡도록 인도해야 한다.

---

5 → ①④⑥ 카드 확인 질문 주제와 관련한 사안 중 갑자기 어떤 일이 생겨 지금껏 유지되던 구도가 어떻게 바뀌는지 파악해야 한다. 이 흐름은 다음과 같이 구분할 수 있다.

	4번 위치	1번 위치	6번 위치
1	긍정적인 영향	긍정적인 영향	긍정적인 영향
2	긍정적인 영향	긍정적인 영향	부정적인 영향
3	긍정적인 영향	부정적인 영향	부정적인 영향
4	긍정적인 영향	부정적인 영향	긍정적인 영향
5	부정적인 영향	긍정적인 영향	부정적인 영향
6	부정적인 영향	부정적인 영향	부정적인 영향

1은 문제에 관한 촌극을 의미하며, 의도치 않게 덤을 얻는 것을 의미한다.

2는 Pc에 해당하는 인물/사건 때문에 문제가 악화하나, 이는 기본적으로 선의에 기인한 것이다.

3은 Pc에 해당하는 인물/사건 때문에 문제가 악화하나, 이는 Pc에 해당하는 인물의 배려 부족 또는 가벼운 흥미나 호기심을 풀어보겠다며 어설프게 접근한 탓이기에 조언을 통해 예방, 방지할 수 있다.

4는 질문자의 잘못된 언행 때문에 문제가 더 심해지거나 자신의 명예/권위/감정의 상실이 발생할 것을 경고한다.

5는 질문자가 아무리 애써도 문제가 너무 악화한 상태거나 손 쓸 도리 없는 상황에 휘말리는 것을 암시한다.

6은 악화한 상황인데도 질문자가 부족한 능력으로 무리해서 개입하거나 자신의 불건전한 의도를 포함해 더 큰 문제를 일으키는 것을 경고하며, 이때 다른 카드들의 영향과 상관없이 배열의 모든 카드에 부정적인 의미를 증폭한다.

1은 그저 즐기면 되는 수준이기에 질문 주제가 중대한 것이 아니라면 별다른 조언을 해줄 것도 없으며, 2, 3, 4는 각 문제의 원인을 따져서 조율하면 쉽게 해결된다. 그러나 5, 6은 조언의 의미가 무색할 수 있고, 더 심각해지면 해석자에게 자신이 원하는 답을 받아내려는 태도로 이어질 수 있다는 점을 경계해야 한다. 만약 해석자의 지인과 관련한 점을 볼 때 5, 6번과 결부된다면 조언을 하려다 오히려 사건에 휘말릴 수 있으므로 주의해야 한다.

6 → ① ⑤ ⑦ 카드 확인 질문자가 직접적인 연관이 있을 만한 사안인지 확인해야 한다. 긍정적인 영향을 받는다면 질문자의 의도나 생각에 동의하는 이들이 생기며, 이로써 단기 과제나 목적을 함께 달성할 수 있다는 것을 의미한다. 이때 Pc가 다른 사람을 의미한다면 좋은 추종자의 등장이나 잠재력 있는 아랫사람의 등장이 이루어지는 경향이 있다.

부정적인 영향을 받는다면 골칫덩이의 등장을 의미하며 그에 걸맞은 사건 사고가 벌어지는 것을 예견한다. 질문자의 역량이 뛰어날수록 그 영향이 미미하기에 이를 통제하도록 조언하면 되나, 최악의 경우 질문자나 Pc에 해당하는 인물/분야의 의도치 않은 폭로나 약점 노출로 예상치 못한 사고를 당할 것을 암시한다.

7 → ① ② ④ ⑨ 카드 확인 질문자의 심리가 긍정/부정적인 의미를 떠나 불안정하다는 것을 인식해야 하며, 이런 심리가 어떤 요인으로 가속됐는지 살펴야 한다. 긍정적인 영향을 받는다면 질문자의 이 흥분 상태가 목적에 부합하거나 의욕으로 바뀌어 순수한 마음으로 일을 진행하고 있으며, 이 여정으로 많은 경험을 얻을 수 있다는 것을 의미한다. 그러나 부정적인 영향을 받는다면 질문자가 생각 없이 즉흥적인 결정을 내려 신망을 잃거나 실패를 겪을 수 있다는 것을 경고한다.

8 → ② ③ ④ ⑨ 카드 확인 그동안 질문자가 질문 주제와 관련해 어떤 모습을 보였으며, 무엇을 원하기에 이런 평가를 얻었는지 확인해야 한다. 긍정적인 영향을 받는다면 역량이 부족하고 어설퍼도 사람들이 질문자를 이해해 주거나 보호 대상으로 여기고 있다는 것을 의미한다.

그러나 부정적인 영향을 받는다면 질문자의 낮은 수준을 모두 간파하고 있거나 대책 없다고 생각하는 것을 의미하며, 질문자를 모종의 목적을 위해 이용하거나 유도하기 쉬운 상태로 여긴다는 것을 경고한다. 최악의 경우 이미 질문자가 저지른 일 때문에 제재를 받거나 공분을 사고 있는 상황을 암시한다.

---

9 → ① ③ ⑤ ⑦ 카드 확인 질문자가 억압당하거나 표현하지 못한 감정적 응어리가 무엇인지 확인해야 한다. 기본적으로는 질문자가 스트레스를 어떻게든 해소하려는 욕구가 있다는 것을 의미한다.

이는 위에 언급한 위치들로 더 구체적인 조건/방법을 확인할 수 있으나, 현실적으로 실현할 수 없거나 다른 사람을 곤란하게 할 수 있는 요소를 제거하는 방식으로 조언을 할 수 있다.

---

10 → 결론에 있을 때 해석하기 어렵다. 갑작스러운 계기나 새로운 국면을 의미하며, 이 과정에서 감정이 불안정해질 일들이 벌어지는 것을 뜻하기 때문이다.

Pc의 부정적인 면을 다른 카드들과 질문자의 역량을 비교해 혹여 있을 문제 발생 여지를 없애는 방법으로 접근한다면 부정적인 의미의 발현을 없애거나 늦추는 효과를 낳을 수 있으며, 이로써 질문의 결과를 유쾌한 소동 정도로 봉합할 수 있다. 그렇기에 안팎을 통틀어 질문자가 얼마나 성장했으며, 어떻게 대처하느냐에 따라 의미가 극명하게 갈리는 카드라는 점에 유의해 조언을 진행해야 한다.

실제 사례 (2011년 2월, 서울 신촌 모처, 20대 초반 남성)

질문   고백한 상대방에게서 좋은 답변이 올까?

사전 정보 스터디를 함께하던 여성에게 뒤풀이 자리에서 고백했으나, 상대가 조금 시간을 달라고 답했고, 그 뒤 5일째 대답이 없어 불안한 마음에 본 점이었다.

$$9 - 5s - 7p - 7s - Pc - 12 - Kw - 2s - 4p - 10p$$

9   (질문자 자신) 노심초사하며 답을 기다리고 있다.

5s   (장애물) 비겁한 방식을 사용(당)했다.

7p   (기저) 연애 문제에서 적은 노력으로 큰 수확을 얻고자 했다.

7s   (과거) 질문자의 방식이 옳지 못한 꼼수로 이루어진 것이다.

Pc   (현재/곧 일어날 일) 어설픈 감정 표현 때문에 애물단지가 됐다.

12   (미래) 모두가 질문자를 조롱하게 될 것이다.

Kw   (질문자의 내면) 질문자는 자신이 옳다고 확신한다.

2s   (제3자가 바라보는 질문자) 다른 사람들은 이 상황을 좀 더 두고 보려 한다.

4p   (희망/두려움) 상대방과 관계를 이어가고 싶어 하나, 자신이 다른 사람들에게 부정적인 평가를 받을까 봐 걱정하고 있다.

10p   (결과) 이 시도는 하찮은 결과를 낳을 것이다.

실전 해석

이 배열에서 Pc는 5번 위치, '현재/곧 일어날 일'에 나왔다. 관계를 성립하려는 질문의 특성상 질문자가 얼마나 상대방에게 자신의 감정을 적절한 시기와 장소와 방법으로 전달했는지 살펴야 한다.

애석하게도 이 질문에서 Pc는 부정적인 영향이 확정됐다는 것을 알 수 있다. 이는 9, 7s, 12로 확인할 수 있으며, 메이저 아르카나인 9(5s, 7p, 7s, 2s)와 12(7p, Pc, Kw, 4p)조차 부정적인 영향을 받고, 질문자의 내면으로 드러나는 Kw(9, 7p, 2s, 4p)조차 긍정적으로 보기에 너무 어렵다는 점을 여실히 드러내고 있기 때문이다.

나아가 7s도 자신의 의도를 쉽게 달성하려는 꼼수일 뿐이므로 질문자의 의도가 아무리 선의에 기초하더라도 다른 사람들, 특히 상대방이 곤란해하거나 의심 또는 분노할 수 있는 여지가 많다는 것을 알 수 있다.

이에 더해 이미 일을 저지른 뒤이니 조언이 무색하다는 점을 앞서 언급한 위치별 해석 용법(144-145쪽)에서 확인할 수 있는데, 이는 6번, 모두 부정적인 의미가 나타날 때 참고할 내용들로써 Pc가 배열 전체에 부정적인 영향을 끼칠 수밖에 없다는 점을 드러낸다.

그렇기에 이미 벌어진 사건들에 대한 후폭풍을 줄일 방도를 찾아 조언해야 하며, 자신이 어떤 문제를 일으켰는지 제대로 인지하지 못하고 있는 질문자의 태도를 어떻게 바꿔 사태의 악화를 막을지 고민해야 한다.

① 9(질문자 자신) 질문자가 상대방의 답변을 기다리고 있다는 것을 의미한다. 앞서 언급한 대로 부정적인 의미가 적용되며, 이 때문에 질문자가 쉬운 방법을 목적을 달성하려 했으나 거꾸로 자신이 궁지에 몰렸다는 것을 뜻한다. 나아가 남의 도움을 받기 매우 어려운 처지에 몰렸다는 것을 경고한다(5s, 7p, 7s, 2s).

② 5s(장애물) 해당 질문과 관련해 인심이 떠나가고 있다는 것을 경

고한다. 긍정적인 영향을 받는다면 어차피 스쳐 지나갈 인연일 이들이 알아서 정리될 수 있다는 것을 의미하나, 부정적인 영향을 받는다면 질문자가 이 상황을 내버려 둠으로써 주변 사람들의 인망을 잃다 못해 적대감을 심어주는 상황이라는 점을 경고하며, 최악의 경우 해당 집단에서 강제로 축출당할 수 있다는 것을 암시한다.

---

③ **7p(기저)** 긍정적인 영향을 받는다면 단순한 부러움을 가져왔기에 언젠가 질문 주제(연애 성립)와 관련한 목적을 이뤄야 한다는 마음으로 좋은 시기가 오기까지 참아왔다는 것을 의미하나, 부정적인 영향을 받는다면 질문자의 허황한 욕망을 채우고자 되지도 않는 만용을 부렸거나 상대방의 무방비함을 기회 삼아 자신의 목적을 달성하려 했다는 것을 암시한다.

---

④ **7s(과거)** 이 시도가 부적절하거나 한쪽의 일방적인 이득을 위해 이루어졌다는 것을 의미한다. 긍정적인 영향을 받는다면 수단이야 어떻든 목적을 달성한 뒤 문제의 소지를 없애는 방식으로 해결했다는 것을 의미하나, 부정적인 영향을 받는다면 이 잘못된 수단마저 어설프게 사용해 지탄받거나 꼼수를 썼음에도 목적을 달성하지 못한 채 그 위험만 떠안았다는 것을 강조한다.

---

⑤ **Pc(현재/곧 일어날 일)** 앞서 언급했듯 모든 카드를 부정적으로 만든 원흉이다. 질문자의 명예가 크게 실추할 수밖에 없는 일들이 벌어지고 있거나, 곧 벌어지리라는 것을 의미한다. 이는 질문자도 막연히 불안해할 정도로 흐름을 악화시켰으며, 질문자가 자신이 행동한 일에 대한 후속 조치를 하지 않으면 더 심각한 상황으로 내몰릴 수 있다는 것을 경고한다(9, 7s, 12).

---

⑥ **12(미래)** 메이저 해석편을 참고한다면 부정적인 영향을 받았다는 것을 알 수 있다. 이 과정에서 질문자의 진심 아닌 진심이 사람들에게는 그저 기회주의에 의존하려는 시도로 여겨지고 있다는 점과

함께, 이 사안들 속에서 적절한 조치를 하지 않는다면 향후 사람들에게 책임을 추궁당할 것이며, 이 과정에서 질문자가 조롱당할 수 있다는 것을 경고한다(9, 7p, 2s, 4p).

⑦ **Kw (질문자의 내면)** 비교적 부정적인 영향을 받고 있다는 것을 알 수 있다. 이는 자기 생각이 아무리 옳아도 남에게 설명하지 않는 태도로 파악할 수 있으며, 질문자가 다른 사람들이 어떻게 보든 아랑곳하지 않는 편협한 사고방식을 가지고 있다는 것을 보여주기 때문이다. 상황을 바꿀 수 있음에도 이렇게 움직이려 하지 않는 한, 망신을 당하는 것은 확정적일 수밖에 없다(9, 7p, 2s, 4p).

⑧ **2s (제3자가 바라보는 질문자)** 상대방을 비롯해 다른 사람들은 이 상황에 대한 자신의 견해를 경솔히 밝히지 않고 있다는 것을 뜻한다. 긍정적인 영향을 받는다면 이런 소강 상태나 무관심을 이용해 일을 진척시킬 수 있거나 위험을 피할 수 있다는 것을 의미하나, 부정적인 영향을 받는다면 모두가 자기 나름의 판단을 내렸으며, 이 판단을 질문자에게 공유하지 않거나 질문자의 행동에 따라 의견을 조율하려 하고 있다는 것을 암시한다. 물론 이 의견은 이 배열에서 질문자의 처벌 강도와 관련된다.

⑨ **4p (희망/두려움)** 질문자가 자신이 원하는 것 말고는 욕심이 없기에 그 작은 하나라도 가지려는 희망을 의미하며, 동시에 부당하게 홀로 남거나 스스로 위로해야 하는 상황이 오는 것에 대한 두려움으로 해석된다.

⑩ **10p (결론)** 질문자의 의미 없는 행위 탓에 별 소득 없이 과거의 일상이 반복될 것을 암시한다. 긍정적인 영향을 받는다면 일상 속의 소동 정도로 나타나나, 부정적인 영향을 받는다면 흥미나 공감을 유발하지 못한 채 상황이 흘러가며, 이 과정에서 질문자에 대한 평가가 크게 실추되고 격하되리라는 것을 암시한다.

해석을 마치고, 해석 내용을 전부 말하기 꺼려졌던 나는 당사자나 스터디 내에 사과나 진심을 담아 이야기해보라고 넌지시 조언했지만, 예상대로 '약속했던 것도 있으니 그냥 답을 기다릴 것이며, 다른 스터디 구성원에게는 미안하나 사랑에 죄가 없다'라는 논조로 자기변호만 늘어놓을 따름이었다. 나는 계속 만류하려 했지만, 조언을 들을 기미가 없었기에 그저 행운을 기원하고 해석을 마쳤다.

3일 뒤 그는 해당 스터디에서 퇴출당했고, 내게 '아니 내가 무슨 큰 잘못을 했다고, 사람들이 이럴 수 있는가' 하며 분한 마음을 숨기지 못했다. 나는 '군대도 갔다 온 사람이 앞뒤 구분 못 하는데 누가 네 편을 들고 네가 말하는 것이 진심이라 여겨주리라 생각하겠나? 거기 공부하러 갔지 연애하러 갔냐?' 하며 추궁했으나, 돌아온 대답은 '그럼 이런 일 안 생기게 조언했어야지!' 하는 성화뿐이었다.

그 뒤로 나는 그와 연락을 끊어버렸고, 이날은 심히 불쾌하고 피곤했던 날로 기억된다.

이 배열에서 Pc는 자신의 감정에 휘둘려 주변에 민폐를 끼치고 주변 사람들이 자신을 왜 떠나거나 고립시키는지 깨닫지 못하고 떼를 쓰는 모습으로 드러났다.

이런 문제는 결국 자신의 감정에만 충실해지려다가 남의 감정을 살피지 않는 Pc의 특징이라 할 수 있다. 다른 예시로는 아이만 신경 써 남의 비위를 상하게 하는 부모나, 자신만의 만족을 채우려 금연구역에서 담배를 피우는 흡연자를 들 수 있다.

실제 사례 (2019년 5월, 온라인 상담, 20대 후반 남성)

질문   면접에 합격하려면 어떻게 해야 하나?

사전 정보 모교인 서울 모 유명 대학의 행정직에 응시했고, 학사장교 제대를 앞두고 있었다. 1차 서류에 통과한 뒤 2, 3차 면접의 대비책을 문의한 사례다.

$$21 - Kw - Qw - 4 - Kp - 10 - Ks - 15 - 1 - Pc$$

---

21   (질문자 자신) 기나긴 군 생활의 끝을 앞뒀다.

Kw   (장애물) 자신의 목표를 달성하지 못하고 있는 현실이 문제거나, 면접 준비 계획을 하던 대로 하려는 것이 문제다.

Qw   (기저) 그동안 다양한 방법이나 준비를 해왔다.

4   (과거) 질문자는 과거부터 이 목표(취업)를 달성하려 노력했다.

Kp   (현재/곧 일어날 일) 충실한 이력과 침착한 자세로 대응할 수 있을 것이다(면접은 일상적인 사건에 대한 시사적 관점이나 경험으로 쌓은 혜안을 어떻게 제시하는지 보려는 자리다).

10   (미래) 흐름을 타면 반드시 합격한다. 2차 합격(최종 합격)을 의미한다.

Ks   (질문자의 내면) 그 나름대로 구직처에 대한 전문적인 정보나 판단을 얻을 수 있다.

15   (제3자가 바라보는 질문자) 자신의 태도를 제대로 밝히지 않은 사람 또는 표면적으로 구직처의 구미에 맞게 자신을 내보인 사람이라 평가하고 있다.

1   (희망/두려움) 자신의 의지를 내보여 당당히 합격하고자 하며, 이 과정에서 모교의 후광을 받았거나 꼼수를 썼다는 평을 받을까 봐 두려워한다.

Pc   (결과) 순수한 마음으로 임하되, 자신의 부족한 점을 솔직하게 인정한다면 좋은 평가를 얻을 것이다.

이 배열에서 Pc는 10번 위치, '결론'에 나왔다. 합격 여부와 관련한 질문의 특성상 Pc가 긍정적인 영향을 받기 매우 어렵다는 것을 쉽게 알 수 있다. 이 상황을 타개하려면 다른 카드들의 영향력을 끌어와야 하는 사례다.

다행히 이 배열에서 Pc는 긍정적인 영향을 최대한 끌어낼 수 있는 상황이다. 사전 정보로 확인해본다면 다른 경쟁자보다 유리한 점이 많다는 것을 알 수 있는데, 이는 내부 정보를 어느 정도 얻을 수 있으며 1차 서류 면접을 통과했다는 데서 그 나름의 기반이 있다는 점이 확정됐기 때문이다(그는 제대를 1년가량 앞둔 시점부터 취업 전략을 고심했다고 한다). 또한 배열에 핍 카드들이 하나도 없고, 메이저 아르카나와 코트 카드가 배열을 양분하는 모습을 통해 질문자가 동원할 방법이 몇 없으며, 거대한 흐름과 남의 의도/행동에 휘둘리기 쉬운 상태라는 것을 암시*하고 있기에 더더욱 질문자가 얼마나 절치부심했는지 살필 필요가 있다.

중대 국면을 맞이한 질문자의 강점과 배열에 개입한 수많은 영향력을 파악해 조언을 최대한 탐색해야 한다.

① **21 (질문자 자신)** 자칫 부정적인 영향을 받았다면 서류 통과조차 못하거나 애당초 탈락시킬 목적으로 질문자에게 면접 기회를 주었을 뿐이라는 것을 경고하는 카드이지만, 다행히도 긍정적인 영향을 받아 질문자의 실력이나 상황이 높게 평가받거나 최상의 경우 합격이 확정된 상태로 면접에 임하고 있다는 의미로 해석할 수 있다.

이는 이 사안을 막는 요소가 최종 결재자 정도거나 질문자 자신의 노파심 또는 자격지심일 뿐이며, 질문자도 자신의 목적이나 목표가 뚜렷했기에 이 목표를 달성하고자 필요한 기술적인 부분들을 메우는 데 성공했기 때문이다(Kw, Qw, 4, Ks).

---

* 이는 이후 『타로카드 연계 해석』에서 다룰 예정이다.

② **Kw(장애물)** 이 책(114쪽)을 참고하면 항목의 1, 2, 3을 모두 적용할 수 있다는 것을 알 수 있다. 그러나 Qw, Ks, 15, 1을 확인한다면 1, 3번 항목이 제외된다는 점을 알 수 있다. 이미 질문자는 자신의 계획이나 면접관/구직자의 취향에 맞춰 기술적인 대처방안을 구성했다는 것을 배열에서 확인할 수 있기 때문이다.

이로써 Kw에 해당하는 태도/인물이 질문자를 가로막을 수 있다는 것을 확정할 수 있다. 이는 곧 다가올 면접에서 생길 충돌이나 논란이 될 만한 문답에 조정이나 타협을 시도해 장애물을 우회/극복할 수 있다는 것을 암시한다(Qw, Ks, 15, 1).

③ **Qw(기저)** 마찬가지로 비교적 긍정적인 영향을 받고 있다는 것을 알 수 있다. 장애물(Kw)을 Qw의 장점으로 극복하며, 그 표현 방식을 15의 방법으로 변환하기만 되기 때문이다. 그렇기에 면접을 진행할 때 회사에서 '조직의 일원'으로 활동할 수 있는 품성을 증명하는 방향으로 임한다면 큰 무리가 없으며, 자신의 기질이나 역량이 이에 어울린다는 점을 현명히 주장하기만 하면 된다는 것을 알 수 있다.

이 기회를 어떻게든 확보하기만 하면 마지막 불안감을 떨쳐낼 수 있으며, 이 과정에서 여유 있게 표준적인 사회 경험에 맞춰 구직처의 신조/사훈과 연관된 사상적 내용을 질문자가 일치시키기만 하면 된다(Kw, Kp, 10, 15).

④ **4(과거)** 긍정적인 영향을 받았다는 것을 알 수 있다. 무사고 전역 및 1차 서류 합격 등 질문자기 자신의 기반을 쌓는 데 성공했으며, 이로써 외부의 압박을 견뎌낼 여유를 확보한 채 면접을 준비하고 있다는 것을 알려주기 때문이다. 다만 질문자의 여유가 실전에 통하느냐는 문제가 남아 있으나, 순발력만 보충해주면 충분히 극복할 수 있는 문제라 이해할 수 있다(21, Kw, Kp, 1).

⑤ **Kp(현재/곧 일어날 일)** 긍정적인 영향을 받고 있다는 것을 알 수

있다. 역량을 증명할 만한 이력들을 질문자가 쌓아왔다는 점에 더해 '모교'라는 학연까지 겹쳐 더 큰 효과를 낳는다. 그렇기에 굳이 자신이 유리한 점을 면접에서 내세우지 않더라도 이미 면접관들이 이런 요소들을 충분히 알고 질문자를 대하리라는 것을 암시하기에, 무리하거나 경거망동할 필요가 전혀 없다고 조언해야 한다(21, 4, 15).

⑥ **10(미래)** 긍정적인 영향과 부정적인 영향이 공존하고, 이 과정에서 여유(Kp)를 중요시해야 하며, 자신의 주장을 함부로 내세우면 기회를 잡지 못할 수 있다는 것을 경고한다. 이 점에 주의해 대응한다면 이 움직이는 수레바퀴에서 더 유리한 위치를 차지할 수 있으며, 흐름을 한번 끌어올리는 데 성공/실패하면 그 상태로 결말까지 닿으리라는 것을 암시한다(21, Kw, Kp, 15).

⑦ **Ks(질문자의 내면)** 긍정적인 영향을 받고 있다. 이는 스스로 Ks에 해당하는 역량을 확보했다는 확신을 넘어 객관적으로 평가받으려는 질문자의 속마음을 드러내면서, 동시에 질문자가 이런 학연, 지연 등 기준 밖의 역량을 발휘해 자신을 내세우려 하지 않으려는 태도를 취하려 애쓰고 있다는 점을 강조한다. 나아가 이런 태도가 질문자의 운을 배가하는 요소로 작동한다는 것을 다른 카드들로도 알 수 있다(Kw, 4, 10).

⑧ **15(제3자가 바라보는 질문자)** 메이저 해석편을 참고하면 긍정적인 영향을 받고 있다는 것을 알 수 있다. 질문자의 임기응변이나 태도, 이력에서 오는 장점들이 결합해 역량 이상으로 평가받거나 구직처의 구미에 맞는 인재로 여겨진다는 것을 의미한다. 섣부른 자기주장(Kw)을 삼간다면 이 착각이 유지돼 합격에 더 가까워질 수 있다는 것을 의미하며, 이를 연출할 역량이 있다는 점을 다른 카드들로 보장받고 있기 때문이다(Kw, Qw, Kp, Ks).

⑨ **1(희망/두려움)** 질문자가 자신의 뛰어남을 인정받고 싶어 하며,

이로써 자신의 의지(합격)를 실현하길 바라는 모습과 함께 자신의 기교로 갖춘 가면이 실수나 자존심 때문에(Kw, Qw) 벗겨져 실패할까 봐(15) 두려워한다는 것을 의미한다. 질문자가 현재 계산하지 못한 부분들을 언급해 대비하도록 조언함(Ks)으로써 긍정적인 의미를 강화하도록 도울 수 있다(Kw, Qw, Ks, 15).

⑩ Pc(결론) 배열의 다른 카드들을 통해 Pc의 의미인 순수함을 어떻게 강조할 수 있는지 확인한다면 섣부른 자기주장을 삼가고, 해당 학교의 신조에 맞는 말로 바꿔 자연스럽게 대답 속에서 언급하도록 주문해야 하며(Kw, Qw, Kp, Ks), 이에 성공하면 반드시 합격(10)하리라는 것을 의미한다.

나아가 이렇게 갓 입사한 뒤에는 사람들을 부정기적으로 맞아야 하는 업무에 배치될 수 있으며, 새로운 영역에 발을 내디뎌 자신의 현실적 기반을 쌓기 시작한다고 해석할 수 있다.

다만 21과 15의 영향이 더 먼 미래까지 끼치면 이 직장에서 이직하기 어려워질 수 있다는 점을 경고할 수 있으나, 그만큼 안정적인 직장이라는 이점으로 단점을 상쇄할 수 있다. 이후 자신의 감정을 더 다채롭게 꾸며줄 반려자나 동반자를 통해 문제 요소를 최소화할 수 있다고 말할 수 있으나, 더 먼 미래의 일이기에 훗날 다시 점을 봐야 할 필요가 있다는 것까지 예측할 수 있다.

해석을 마치고, 나는 질문자에게 '다른 사람의 실수가 반드시 있을 것이며, 이 기회를 잡는다면 반드시 합격할 것'이라 호언장담했다. 그는 정확히 어떤 부분을 주의해야 할지 모르겠다고 되물었고, 나는 '학교가 숭앙하는 기치나 원론에 충실한 대답'을 하도록 주문했다.

이후 합격 통보를 전할 때 그는 소름 돋는 상황이었다며 당시 이야기를 들려줬다. 마지막에 질문자와 다른 한 명에게 시사와 관련한 내용에 대해 견해를 묻자, 다른 한 사람이 먼저 자신의 의견을 내세운 것과 달리 질문자는 자신이 이 사안에 대해 잘 모른다는 점을 깔끔히 인정하고 앞으로 '더 배워' 답할 수 있도록 '노력'하겠다고 답했다고 했다. 그러자 관계자 중 한 사람이 '이 사람'이라고 면접관에게 언급했다는 것이다.

이 이야기를 듣고 나는 합격을 확신했고, 점의 대가는 첫 월급 후 크게 대접이나 하라며 웃어넘겼다. 시간이 정신없이 흐르고, 마침 다가온 8월에 일정이 맞았던지라 질문자를 직접 만나 좋은 대접을 받고 향후의 이야기들을 기약하며 사안을 종결했던 사례였다.

Pc는 이 배열에서 결정적이지는 않더라도, 몇 안 되는 유동적인 상황을 예견한 카드라 할 수 있다. 돌발적인 상황을 질문자가 만들지 못하는 상태라는 점은 다른 메이저 아르카나와 코트 카드들로 충분히 드러나지만, 오직 결론의 Pc만이 이에 해당하지 않기 때문이다.* 이는 곧 Pc가 의미하는 내용을 통해 마지막 변수를 끌어낼 수 있다는 점을 암시한다.

이 배열 자체가 해석하기에 매우 난해한 편이며, Pc의 영향이 결정적이라고 보기에 부족한 감이 있다. 이에 더해 Page들이 10번 위치에 나왔을 때 해석이 미묘하게 곤혹스러울 정도로 어려워지는 사례가 많으나, 기본적으로는 이 사례와 같이 다른 카드들의 긍정/부정적인 의미를 살펴 해석할 것을 권한다.

---

* 메이저 아르카나는 거대한 흐름에 속하기에 각 카드의 키워드만으로 이뤄진 특출난 조언이나 방편만으로는 변화시키기 까다롭다. 이렇게 조언으로 적용시키기 어려운 카드들을 어려운 순서대로 나열한다면 Ace → King → Queen → Knight → Page 순이다. 이는 각자 확보한 영역이나 기반 안에서는 비교적 확고한 움직임과 변화를 주도할 수 있으나, 그 밖의 내용에 대해 무지하거나 자신의 기반을 억지로 변화시킬 필요성을 느끼지 못하는 등 여러 애로 사항이 있기 때문이다. 이 또한 『타로카드 연계 해석』에서 더 다룰 예정이다.

특히 Ace는 『타로카드의 상징: 핍 카드』에서 다시 언급하겠지만, 해석하기 가장 어려운 축에 속한다.

KNIGHT *of* CUPS.

관광, 전도傳道
Mission(기독교 의미로서의)

KNIGHT 공통 의미

성인(이 갓 된 사람), 대학생(학사), 정직원/사원(중견 기업 이상), 대리/계약직/
과장(중소기업), 외주자, 일병(군대 계급), (다른 코트 카드가 나와 영향을 받을 때
해당 카드보다)대등하지는 못하더라도 제 나름의 영역 확보에 성공한 사람,
초급 관리자, (소규모)팀장, 정규 병명으로 칭할 수 있는 병 가운데 투약/입
원/(간단한)수술로 완치할 수 있는 경증, 젊은 꼰대, 대사ambassador

Knight of Cups의 키워드

관광, 전도(사), 영매, 무당/박수, 퇴마사, 외교관, 자신이 믿어 의심치 않는
것을 다른 인물/분야에 전파하다, 신심은 깊으나 이를 증명하지 못하는 상
황/인물, 자신이 소속된 것에만 공감/신뢰를 얻고 있는 사람/분야/상황, 미
인, 신랑, 준수하고 신사적인 매너를 갖춘 사람, 예술 계열의 (촉망받는)신인,
프러포즈(를 하는 사람), 외판원, 마케팅, 집사, 호텔리어, 스튜어디스/스튜어
드, (자신의 완성작을 대중에게 들려주기 시작한)연주자, 설문 조사, 아웃바운드
(전화 상담), 헌팅(연애 용어), 영업직 사원/대리, (찾아오는)유행, 순례자 등…

긍정/부정 확인 기준

질문자가 얼마나 상대방을 배려하는가?

질문자의 감정과 상대방의 감정이 괴리가 심한가?

상대방이 질문자의 감정에 기대하는 부분이 얼마나 되는가?

질문자의 감성이 상대방 또는 사회에서 공감하는 종류인가?

질문자가 자신의 행동을 정당화하는가?

이 사람의 실제 역량은 어느 수준인가?

코트 상징편에서 언급했던 '관광, 전도'의 핵심 의미와 그 파생 키워드들을 살펴본다면 왜 위와 같은 조건을 세우는지 이해할 수 있을 것이다. 나아가 이 기준이 어떻게 적용되는지 확인함으로써 긍정/부정적인 의미를 분별할 수 있다.

자신이 아름답다고 여기는 것을 다른 사람에게 전달하거나 자신이 느끼고자 하는 바를 위해 다른 영역/사람/분야로 나아가기에 앞서 어떤 마음가짐과 준비를 해야 하는지 살피고, 이를 전달받는 이들이 거부하지 않도록 다양한 절차나 배려를 진정성 있게 한다면 진심에 공감해 사람들이 감화하고 함께하고자 먼저 손을 내밀게 되며, 이로써 세상을 바꿀 만한 영향력을 얻을 수 있다는 것을 Nc는 그림으로 표현하고 있다.

그러나 자신이 믿는 신앙과 감정이 옳다고 여긴 나머지 남을 배려하지 않거나 동의 없이 일방적으로 전달해 물의를 일으키고 자신의 잘못을 인정하지 않는 태도로 일관한다면, 사람들은 서서히 등을 돌려 외면할 것이고 점차 고립돼 사라진 사람으로 기억될 수 있다는 것을 경고한다.

해석용법

긍정 Nc는 자신의 감정이나 신앙을 나누고자 다른 사람/분야에 다가가는 이로 묘사되며, 이를 공유하고 공감을 얻어내는 과정을 거쳐 자신의 기반을 형성하려는 인물/사건/상황/분야를 의미한다. 그렇기에 상대를 배려하고 진심으로 위해준다면 긍정적인 의미가 강화된다. 이때 Nc는 남들이 이해하기 힘든 일이 벌어지더라도 자신의 신앙이나 감정을 저버리지 않으며, 이에 더욱 많은 사람이 Nc와 그가 믿는 것에 감화돼 세상을 바꿀 정도의 지지를 받게 되고, 어떤 문제도 이를 기반 삼아 해결할 수 있다는 것을 강조한다.

부정 그러나 Nc는 남을 배려하지 않거나 자신의 감정 또는 신앙을 일방적으로 전달하는 것마저 신념으로 착각할 수 있다. 수많은 엉뚱한 고백 사례와 억지로 자신들의 종교를 설파하는 거짓 선지자를 본다면 쉽게 이해할 수 있을 것이다. 최악의 경우 이것이 선의라 단단히 착각하고 스스럼없이 생명을 내던지거나 대다수 시민을 우민으로 매도해 자신이 믿는 것의 평판을 실추시키는 망종으로 격이 떨어질 수 있다.

그렇기에 질문자가 질문 주제와 관련해 다른 사람들에게 접근하는지/받는지 먼저 확인하고 그것을 원하는/기피하는 상황인지 판단해야 한다.

특히 Nc는 상황상 질문과 관련한 이들이 배타적일 수밖에 없을 때는 부정적인 영향을 쉽게 끼치며, 질문자가 아닌 다른 사람이 이에 해딩하면 그가 실흉을 어떻게 몰고 올 수 있는지 고려해야 한다.

앞서 언급한 Nc의 긍정적인 역사적 사례로 위대한 선교자, 순교자*들이나 충격적인 데뷔를 했던 연예인을 들 수 있다. 특히 비틀즈

---

* 우리나라에서 가장 극적인 전도로 이차돈(불교)과 김대건 안드레아 신부(천주교)를 꼽을 수 있다. 이들은 자신의 신앙을 전파하고자 순교했으며, 이로써 현실을 바꾸는 데 성공했다. 또한, 각 종교의 수호성인이나 존자 중 선교 과정

Beatles의 미국 데뷔는 충격을 넘어서 변화를 이끌었다고 할 수 있다. 브리티시 인베이전British Invasion이라 부르는 사회문화적 현상으로, 미국 대중에게 록 장르를 다시 알리는 데 성공했다. 이후 이들은 한 분야, 한 시대의 메이저 아르카나급 존재가 됐다.

Nc의 부정적인 실제 사례로는 영국 작가인 러디어드 키플링Rud-yard Kipling의 「백인의 멍에The White Man's Burden」다. 백인의 우위를 은유하며 선민사상을 설파한 이 시는 제국주의에 정당성을 부여했다.* 또한, 지금도 계속되는 잘못된 포교 행태 역시 부정적 사례로 들 수 있다.

Nc가 믿는 것을 어떻게 올바르게 전파할 수 있는지는 이미 그림에 모두 설명돼 있다. 천천히 다가가 상대방의 의향을 확인하고, 자신이 믿는 것을 차분히 전달할 수 있도록 분위기를 조성해야 한다는 점을 그림이 묘사하고 있기 때문이다. 그렇기에 어떻게 이 방법을 적용할 수 있는지 고민한다면 해석에 뒤따르는 조언을 더 확실히 선별할 수 있을 것이다.

배열 위치별 특징 켈틱 크로스 배열에서 Nc가 나왔을 때 질문 주제가 직접적인 감정/의향의 전달과 관련 있다면 해석하기 쉬워진다. 반대로 정확한 대상이나 사건이 전혀 일어나지 않으면 해석이 어려워지는데, 이는 질문자에게 Nc의 의미에 합치되는 행동이 필요하게 된다는 것을 의미하기에 이에 대한 구체적인 사안을 언급해야 하기 때문이다.

이런 문제 때문에 Nc는 1, 2, 4, 9번 위치에 있을 때 영향력이 쉽게 강화된다. 이는 Nc가 의미하는 인물이나 행위가 이미 진행됐거나 구

에서 이적을 행하거나 순교한 성인을 예로 들 수 있다.

* 이런 인종차별적이고 제국주의의 첨병과도 같은 시를 썼던 그는 정작 징병 신체검사에 부적격 판정을 받았고, 콤플렉스 때문에 이런 글을 쓴 것으로 알려져 있다. 그 뒤 아들을 군대로 보내 콤플렉스를 해소하려 했으나 제1차 세계대전에서 아들이 사망한 후 반전사상을 설파하던 중 뇌졸중으로 1936년 사망한다.

체적인 희망/기피 사항을 풀어내기 쉽기 때문이다. 이와 달리 <u>3, 7번 위치</u>에 있으면 영향력이 약화하기 쉬운데, 이는 보통 질문자가 곤란하거나 부족한 역량을 메우려는 상황에서 점을 보기 때문이다.

연애(관계가 성립한 상황) 배우자/상대방의 기분 좋은 접근 또는 초청/초대로 함께 즐길 수 있는 일을 제안받거나 스스로 이런 사안을 제시함으로써 관계를 더 돈독히 할 수 있다는 것을 뜻한다. 그러나 부정적인 영향을 받는다면 일방적인 감정 투사로 상호 불화가 깊어지거나 최악의 경우 이혼/결별의 통보를 암시한다.

연애(관계가 성립하지 않은 상황) 긍정적인 영향을 받는다면 고백 시기를 조율할 것을 주문하며, 필요한 요소들을 조언/설계해 관계를 성사시킬 수 있다는 것을 강조한다. 최상의 경우 모두의 축복 속에 원하는 관계를 이룰 수 있다는 것을 알려준다. 부정적인 영향을 받는다면 상대방이 기대하지 않았던 고백으로 상심할 일이 벌어지거나 자신의 마음을 받아들이지 않는 사람 때문에 실망하게 될 수 있다는 것을 암시한다. 최악의 경우 자신의 진심을 전하려 해도 받아들이지 않는 상황으로 발전할 수 있다.

관계 성립 의지조차 없는 일반적인 경우라면 헌팅 등 외부에서 질문자에게 호감이나 감정을 전달하는 것으로 해석되거나, 그도 아니라면 자신이 좋아하는 장소/공간에서 그 나름대로 일상적인 관계의 폭을 넓히는 방식으로 연애 운 자체를 끌어올릴 수 있다는 것을 의미하나, 부정적이라면 관계 성립 의지가 있는 상황과 마찬가지로 연애 가능성이 없다는 것을 시사한다.

대인관계 다음 경우로 나뉘는 경향이 있다.

1. 자신이 공감하는 집단에 접근/투신
2. 자의/타의로 다른 집단에 접근해야 하는 상황

1은 부정적인 영향을 받더라도 상대방의 호불호와 관련해 문제가 생길 요소를 최대한 방지함으로써 좋은 반응을 얻어낼 수 있다는 것을 의미한다. 연애 상대방의 부모님을 정식으로 뵐 때를 상상해본다면 이해하기 쉬울 것이다.

2는 자신이 속한 곳과 접근해야 하는 곳의 차이를 자각하고 배려해서 대한다면 문제없이 목적을 달성할 수 있다는 것을 의미하며, 부정적인 영향을 받을 여지를 주지 않도록 조언하기만 해도 최악의 상황을 피할 수 있다.

사업의 흐름이나 전망 긍정/부정적 의미를 떠나 마케팅의 필요성을 역설하나, 반감을 살 수 있는 노이즈 마케팅은 제외된다. 점진적으로 접근하고 수요를 점검하면서 수익을 늘릴 수 있고, 최상의 경우 해외 진출 또는 무역을 통해 큰 이익을 얻을 수 있다는 것을 뜻한다.

투자의 경우 Nc는 주식/선물 투자의 유리함으로 이해할 수 있는데, 이때 고수익을 보장하는 것이 아니라 장내 흐름을 관찰하고 편승해야만 이익을 얻을 수 있다는 것을 의미한다. 그러나 부정적인 영향을 받는다면 새로운 유행의 시작에 편승하지 못하거나 홍보 부족으로 손실을 보는 것을 의미한다. 또는 경솔한 조언이나 검증되지 않은 정보에 사업/투자를 감행하는 결정을 할 수 있다는 것을 경고한다.

창업의 성사 여부 자신의 신앙이나 감정을 전달하는 사업을 통칭한다. 그러나 큰 시장을 노리기보다 개인 대 개인, 개인 대 단체로 영업/접근/투자 유치를 해야 하는 상황/사업에 국한되는데, 이는 역량이 Knight급이기에 어쩔 수 없는 한계라 볼 수 있다. 가장 흔한 직업으로는 마케팅, 연예인, 예술가, 선교, 봉사 활동, 개인 방송, 그 밖의 행사 관련 스태프 등의 관련 분야와 연관된다. 자신이 주도적으로 이끌어야 하는 1인 기업의 양태를 띠거나, 조직화하더라도 소규모 조직에 국한된다는 한계가 있다.

긍정적인 영향을 받을수록 호응이 자연스럽게 유도되거나 수요층의 열렬한 환영을 받는 것을 의미하나, 부정적인 영향을 받는다면 어설픈 재롱으로 호불호가 갈리거나 논란을 일으켜 자멸하거나 공감 요소 자체가 남의 질시를 받는 콘텐츠에 국한돼 새로운 시도를 하지 못하고 악순환을 반복할 수 있다는 것을 경고한다.

진로 적성 포교, 홍보에 특화된 감성은 곧 예술, 문학과 결부되며, 각종 서비스업/문화/예술/관광 계통의 소질을 의미한다. 자신의 감정이나 감수성을 전달하는 분야와 합치되나, Qc와 달리 자기 내면의 감수성을 그대로 표출하는 것이 아니며 다른 사람이나 주변 환경에 영향을 받고 난 뒤 자신의 감수성으로 약간 가공하거나 감상을 그대로 전달하는 것에 국한한다.

이는 곧 호텔리어, 승무원, 연예인, 화가, 시인(서정시에 국한. 사상을 전파하거나 자신이 새로이 관념을 창출해내는 경우는 Wand 수트에 속한다), 선교, 봉사 활동, 이미지 마케팅 등으로 파생된다.

부정적인 의미를 받을수록 재능을 빠르게 소모하거나 공감을 얻지 못한 나머지 기반을 형성하기 어려워지며, 다른 기반/영역의 사람들이 반발할 수 있다는 것을 의미한다. 최악의 경우 이 과정에서 목숨을 잃거나 자신이 공감하는 것에 잡아먹혀 주관을 잃어버릴 수 있다는 점을 경고한다.

시험 결과나 합격 여부 Nc는 자신이 믿는 것을 그대로 전한다는 의미이기에 긍정적인 영향을 받는다면 수능 등의 절대 평가에서는 보편적으로 자신의 평소 실력을 그대로 보여줄 수 있다는 것을 뜻하며, 상대 평가에서는 주로 자신의 주 분야만 남을 상회하거나 조별 과제, 수행 평가에서 자신의 느낌을 가감 없이 작성해 호평받을 수 있다는 것을 암시한다. 나아가 소규모 팀을 조율해 준수한 성적을 올릴 수 있다는 것을 의미한다.

면접에서는 높은 확률로 긍정적인 반응을 얻을 수 있다는 것을 의미하며, 이미지/연출에 신경 써 구직처가 원하는 인재상을 복장/화술로 어필하면 좋은 소식을 얻을 수 있다는 뜻을 담고 있다. 그러나 부정적인 영향을 받는다면 불성실하고 방만한 태도로 손해를 볼 수 있다는 것을 강조하며, 특히 시험 외의 목적으로 음주, 연애, 향락에 몰두해 될 것도 안 되는 상황에 빠지기 쉽거나 이런 유혹에 유독 취약하다는 점을 지적한다.

질병의 호전, 완치 의사의 진료를 신뢰하고 기꺼이 따르는 것을 의미하며, 경증이라면 간단한 투약으로도 완치될 수 있다는 것을 의미한다. 굳이 운동을 겸할 필요는 없고 일상적인 활동만 할 수 있어도 쉽게 치유될 수 있으나, 외과적 부상(골절 등)이라면 치료가 조금 지체될 수 있다는 것을 의미한다.

다만 투약 과정에서 식이 조절이나 금지 약물(술, 담배, 자몽 등)을 기호품이라 생각하고 접할 수 있으므로, 중병이거나 내성/부작용이 생길 수 있는 여지를 주는 행위를 삼가도록 조처해야 한다.

단순한 건강 문제 일상적인 상황이라면 과음/숙취를 가리킬 때가 많고, 잦은 성적 관계로 인해 발생하는 방로房勞 현상을 의미할 수 있으나, 이는 충분한 휴식과 안정으로 해결할 수 있다.

발병 가능성을 점친다면 정신적인 면에서 조현형 성격장애Schizo-typal (Personality) Disorder의 가능성을 경계할 것을 주문한다. 이는 Cup 수트의 변질을 대인 관계에서 자신이 다른 세상/개념의 인물이라 착각하는 점에 더해 관계에 대한 망상으로 발전한 것이라 이해할 수 있기 때문이다. 굳이 경증으로 구분한다면 자신의 기반에서 생활하는 모습/언행과 그 바깥에서 하는 언행이 상반되거나 겉돌 수 있는 수준에 수렴된다.* 또한 Pc나 Qc보다는 덜하나, 알콜/약물 의존 경향도 있다(매일 자기 전에 술을 마시거나 반주를 하는 수준).

신체적 질병으로 이해한다면 주로 내과 질병에 해당하는데, 으레 식중독이나 해외여행 때 음식이나 물이 맞지 않아 생기는 물갈이를 뜻하며, 경증에 속하는 성병이나 면역 결핍을 의미한다. 이는 Nc가 의미하는 여행과 다른 사람/세계와 접촉이 갖는 의미로 추론할 수 있으나, 다시 당부하듯 건강과 관련한 모든 요소는 전문가의 소견이 반드시 우선한다는 점을 언급하고자 한다.

---

* 집은 난장판인데 외출할 때 공들여 치장하는 경우를 들 수 있다.

켈틱 크로스 배열 위치별 긍정/부정 해석법

1 → ②④⑦⑨ 카드 확인 질문자가 어떤 동기로 자신의 감정이나 신앙을 내보이거나 남에게 다가가려 하는지 그 속내를 살펴야 한다. 긍정적인 영향을 받는다면 질문자의 진심이나 질문자가 채우려 했던 감정을 사람들의 동의하에 전달 또는 충족할 수 있다는 것을 의미하나, 부정적인 영향을 받는다면 질문자의 목적이 불순하거나 어떤 착각 속에서 생긴 감정을 남에게 들이미는 형국이라는 점을 경고한다.

2 → ⑤⑧⑨ 카드 확인 어떤 통보/양해가 전달됐는지 확인해야 하며, 이것이 질문자/다른 사람이 원하는 것인지 파악해야 한다. 긍정적인 영향을 받는다면 기다렸던 사람과의 해후나 인재가 스스로 찾아와 취약점을 보완해 준다는 것을 뜻한다.

부정적인 영향을 받는다면 사회 또는 사람들의 배척에 따른 통보를 받거나 거절 의사를 전달받을 수 있다는 것을 경고하며, 최악의 경우 질병에 걸릴 수 있다는 것을 암시한다.

3 → ①⑦⑨ 카드 확인 질문자의 현 상태를 확인하고 주제와 관련해 질문자의 진의를 파악해야 한다. 긍정적인 영향을 받는다면 불리한 상황에도 진심을 알아줄 이들이 생기고 이를 기반으로 문제를 극복할 역량을 확보할 수 있다는 것을 뜻하며, 최상의 경우 모두의 추대를 받아 생각하지 못했던 영예를 누릴 수 있다는 것을 의미한다.[*]

부정적인 영향을 받는다면 질문자의 신념이나 믿음이 잘못됐다는 것을 경고하거나 외부 세력을 끌어들여 문제를 억지로 해결하려다가 더 큰 문제를 일으킬 수 있다는 것을 암시한다.

4 → ①②④⑥ 카드 확인 질문 주제와 관련해 질문자가 어떤 감정을 표현/전달했기에 현 상황이 이처럼 형성됐는지 파악하고, 이런 흐름이 상황을 어떻게 호전/악화시키는지 확인해야 한다.

긍정적인 영향을 받는다면 질문자가 전달한 감정이나 믿고자 하는 바를

---

[*] 로마제국 황제 율리아누스Iulianus는 부제였다. 정제인 콘스탄티우스 2세의 무리한 요청에 난감해하던 때에 자신의 군단병들에게 의도치 않게 정제로 추대됐고, 끝내 공식적으로 황제의 지위에 올랐다. 그의 흥망은 Nc의 긍정/부정적인 의미를 골고루 확인할 수 있는 사례다.
에드워드 기번, 『로마제국 쇠망사 2』, 민음사, 2009.

전파한 행위로 문제가 해결될 기미를 보이거나 기존의 반대파에게 동의를 얻어내는 것을 의미하며, 최상의 경우 위기의 순간에 기적 같은 대역전을 이뤄 여론을 자기편으로 삼을 수 있다는 것을 의미한다.

부정적인 영향을 받는다면 잘못된 신념을 전파해 질시를 받거나 어쭙잖은 정치질로 역풍을 맞아 자신의 원래 기반조차 박탈될 수 있다는 것을 경고한다. 최악의 경우 이 기반에서 추방/격리당할 수 있다는 것을 암시한다.

---

5 → ① ② ③ ⑧ 카드 확인 어떤 계기로 감정을 주고받는지 파악해야 하므로 질문자가 Nc에 해당하는지를 먼저 확인해야 한다.

1. 질문자일 때
2. 질문자 외의 제3자/상대방일 때

1은 긍정적인 영향을 받는다면 질문자의 의도나 진심을 어떻게 전달해야 하는지 조언해 원하는 반응을 얻을 수 있다는 것을 의미하니, 부정적인 영향을 받는다면 질문자의 강권이나 억지를 사람들이 반대하며 이로 인해 곤경에 처하거나 구설에 오를 수 있다는 것을 경고한다.

2는 긍정적인 영향을 받는다면 그동안 질문자가 기대했던 고백이나 제안이 온다는 것을 뜻하나, 반대로 부정적인 영향을 받는다면 원치 않는 간섭이나 감정을 받아줘야 하는 상황이 되며, 최악의 경우 간섭에 가까운 행위로 인해 질문자의 기반 내부에서 반발이 일어날 수 있다는 것을 경고한다.

---

6 → ③ ④ ⑧ ⑨ 카드 확인 질문자가 문제에 어떻게 대처했고, 주변의 반응이 어떤지 파악해야 한다.

1. 질문자가 자신의 감정, 신념을 전달
2. 다른 사람들이 각자의 감정, 신념을 전달

1은 긍정적인 영향을 받는다면 이 과정이 순탄하고, 나아가 해당 인물/장소/분야 내에서 질문자의 주장/감성에 공감하는 이들이 늘어나리라는 것을 의미한다. 그러나 부정적인 영향을 받는다면 이방인 취급이나 텃세를 받는 등 자신의 의도와 감정을 의심하는 이들 때문에 문제가 좌초하거나 실망할 수 있다는 것을 경고한다.

2는 긍정적인 영향을 받는다면 귀인의 방문이나 조력을 의미하며 질문자가 고대해왔던 사람의 호의적인 반응을 받는 것을 의미하나, 부정적인 영향을 받는다면 좋지 못한 감정 표현으로 손해를 입거나 실망하는 것을 의미하며, 최악의 경우 다른 인물/분야/영역의 진출이 거부당할 수 있다는 것을 경고한다.

---

7 → ② ⑥ ⑧ ⑨ 카드 확인 질문자의 진심이 왜 전달되지 않는지 파악해야 하며, 주변 평가와 질문자가 어떤 희망/두려움을 품고 있는지 분석해 질문자의 진심을 간파해야 한다.

긍정적인 영향을 받는다면 질문자가 진실하며 악의가 없다는 점을 증명하거나 알림으로써 문제를 쉽게 해결할 수 있으며, 연심戀心으로 진지하게 대하고 있다는 것을 의미한다.

부정적인 영향을 받는다면 질문자가 자신의 감정을 일방적으로 해소하려 하거나 부적절한 접근을 원하고 있다는 것을 암시한다. 나아가 질문자의 겉과 속이 다르다는 것을 다들 서서히 간파하기 시작했다는 것을 의미한다.

---

8 → ② ④ ⑤ ⑦ 카드 확인 질문자의 어떤 제안이나 감정 공유/전파 시도가 어떻게 시도된 것이며 이 때문에 어떤 방해나 상황 변수가 생길 수 있는지 확인해야 한다.

긍정적인 영향을 받는다면 다른 사람들이 질문자의 제안을 믿고 따르거나 질문자에게서 감정적인 회복 또는 고양감을 얻고 있다는 것을 의미하며, 신뢰할 만하다고 평가받는다는 것을 의미한다.

부정적인 영향을 받는다면 질문자를 이방인으로 대하거나 겉돌고 있다고 인지한다는 것을 지적하며, 이 마음의 벽을 어떻게 허물 수 있는지 조언해 문제를 해결할 수 있도록 도와야 한다.

---

9 → ③ ④ ⑦ 카드 확인 질문자가 어떤 감정을 전달받길/하길 원하는지/두려워하는지를 의미하며, 비슷한 문제나 과거에 질문자가 어떻게 처신해왔는지 확인함으로써 보다 구체적으로 내용을 파악하고 언급할 수 있다.

---

10 → 아래 조건들을 먼저 고려해야 한다. 핵심 의미인 '감정 전달'이 어떤 방식으로 벌어지는지 확인해야 하기 때문이다.

1. 질문자가 직접 전달
2. 다른 사람이 전달
3. Nc의 위치/격에 부합해야 하는 상황

1, 2는 각자의 처지에 따라 긍정/부정적인 내용을 파악해야 하며, 이에 따른 행동, 상황이 무엇일지 유추하면 조언하는 데 큰 무리가 없다.

3은 배열의 다른 카드들로 질문자가 더 발전/퇴보하는지 확인해야 한다. 이 과정에서 질문자가 변화를 긍정/부정적으로 어떻게 받아들이느냐에 따라 세부 내용이 갈라진다. 특히 질문 주제가 이직, 진학, 승진, 영전, 출장, 좌천 등의 주제와 연관 있다면 긍정/부정에 따라 해석이 극단적으로 달라질 수 있기에 배열의 다른 카드들이 어떤 영향을 주고받는지 주의를 기울여야 한다.

긍정적인 영향을 받는다면 아무리 현실이 부정적이라도 어디까지나 잠깐 동안의 문제라 볼 수 있고, 이 과정에서 여유를 되찾아 자신의 영역에서 다시 활력을 불어넣을 수 있다는 것을 의미하나, 부정적인 영향을 받는다면 이런 좌천성 인사나 강제 이동 때문에 생긴 부작용이 장기적으로 누적될 수 있다는 것을 경고하며, 최악의 경우 원래 자신의 기반이 됐던 곳으로 돌아오지 못할 수 있다는 것을 암시한다.

실제 사례 (2006년 5월, 성남 분당 대형 병원 근처, 40대 중반 여성)

질문　이 병이 잘 회복될까?

사전 정보　무슨 질병인지는 명확히 밝히지 않았으나 통원 치료를 받고 있다는 것을 넌지시 언급했으며, 병색은 있었지만 깊어 보이지는 않았다. 거동도 자연스러웠다.

4s – 6p – 3 – 7s – 8p – Nc – 8 – 13 – 4w – Pw

4s　(질문자 자신) 병을 치료하려 휴식하고 있다.

6p　(장애물) 투약이나 식이요법으로 생활에 많은 제약이 있었다.

3　(기저) 주변의 도움을 받아 관리를 충실히 해왔거나 치료로 생활에 지장이 있진 않았다.

7s　(과거) 더 빨리 치유하고자 수술이나 시술을 받았다.

8p　(현재/곧 일어날 일) 치료하려는 노력을 계속해야 한다.

Nc　(미래) 노력에 대한 좋은 반응이나 결과를 얻을 것이다.

8　(질문자의 내면) 약의 효력이 없을까 봐 노심초사하고 있다.

13　(제3자가 바라보는 질문자) 그동안의 휴식을 통해 병세가 호전됐다고 평가받고 있다.

4w　(희망/두려움) 어서 완치하기를 바라고, 이 병으로 다시는 회복하지 못할까 봐 두려워한다.

Pw　(결과) 그토록 고대했던 소식을 들을 것이다.

이 배열에서 Nc는 6번 위치, '미래'에 나왔다. 질병 호전 및 완치와 관련한 점의 특성상 치료 과정과 질문자의 완치 의욕을 확인하고, 그 과정에서 어떤 노력을 기울여왔는지 파악해야 한다.

배열에서 Nc에게 영향을 주는 카드는 3, 7s, 13, 4w로 드러나는데, 이로써 비교적 긍정적인 영향을 받고 있다는 것을 알 수 있다. 질문자의 기반이 굳건하고 병세를 호전하려 다양한 조치를 다른 사람들도 알 수 있을 만큼 해왔다는 것을 확인할 수 있으며, 질문자의 완쾌 의지가 명확히 드러나고 있기 때문이다.

나아가 병세를 어떤 조처로 개선할 수 있는지 확인해 질문자의 투병 의지를 북돋워야 하며, 과거의 수많은 노력이 어떤 결과로 다가올지 예측해야 한다는 것을 알 수 있다.

---

① 4s(질문자 자신) 질문자가 휴식해왔다는 것을 의미한다. 긍정적인 영향을 받는다면 이 휴식으로 재충전에 성공해 더 나은 결과로 나아갈 원동력을 얻어낼 수 있다는 것을 의미하나, 부정적인 영향을 받는다면 병환을 이겨낼 체력이나 기반이 없기에 재입원할 수 있다는 것을 경고한다.

---

② 6p(장애물) 상황을 바꾸려 질문자가 능동적으로 할 수 있는 일 자체가 크게 제한된다는 것을 의미한다. 긍정적인 영향을 받는다면 병을 다스리는 데 최적화된 철저한 식단과 생활 지침으로 회복 속도를 높일 수 있다는 것을 뜻하나, 부정적인 영향을 받는다면 체력/기력 저하로 다른 사람에게 도움을 받아야 한다는 것을 경고하며, 최악의 경우 거동 불능 상태 또는 24시간 의료인의 대기가 필요한 정도의 병을 앓고 있다는 것을 암시한다.

---

③ 3(기저) 메이저 해석편을 참고한다면 긍정적인 영향을 받고 있다는 것을 간파할 수 있다. 이는 질문자의 기반이 치료에 소모되는 비

용이나 체력을 충분히 감당할 수 있으며, 몸만 완치되면 다른 건 필요 없다고 여기며 자신의 건강에 여력을 투자하고 있다는 것을 드러내고 있기 때문이다(6p, 7s, 8, 4w).

---

④ **7s (과거)** 질문자가 쾌유하고자 다양한 기술적 시도를 해왔다는 것을 의미한다. 긍정적인 영향을 받는다면 자신이 해야 할 일을 남에게 (정당한 대가를 주고) 떠넘기거나, 빠른 회복을 도울 수술/시술을 겸했다는 것을 의미하나, 부정적인 영향을 받는다면 처방전을 어설프게 따르거나 빠뜨리는 등 허술한 관리로 병세가 악화했다는 것을 경고한다. 그러나 이 사례에서는 부정적인 의미가 적용되지 않았다는 것을 알 수 있다. 만약 부정적인 의미가 적용됐다면 통원 치료가 불가능하거나 병이 재발해 그에 합당한 대가를 질문자가 떠안아야 하는 상황이어야 마땅하기 때문이다.

---

⑤ **8p (현재/곧 일어날 일)** 질문자가 계속 노력해야 하는 상황이고, 주변 사람이나 조무사, 간병인이 할 수 있는 조처로 현 상태를 유지할 수 있다는 것을 의미한다. 긍정적인 영향을 받을수록 스스로 이런 관리를 할 수 있는 상태라는 것을 보여주며 부정적인 영향을 받을수록 남에게 비용을 내면서라도 이를 지속해야 하는 상황이라는 것을 지적한다.

---

⑥ **Nc (미래)** 앞서 언급한 위치별 해석의 1, 2를 모두 적용할 수 있으며, 둘 다 비교적 긍정적인 영향을 받는다는 것을 알 수 있다. 1이라면 이 질문이 병원에서 이루어졌기에 질문자의 처지나 태도를 의사에게 전달하는 것이 큰 문제가 될 수 없으며, 2라면 질문자가 회복하려는 노력이나 완치 의지를 다른 사람들이 확인할 수 있을 정도로 이미 한 상황이라는 것을 배열의 다른 카드들로 알 수 있기 때문이다.

만약 부정적인 영향을 받는다면 복용한 약제들이 문제를 일으키거나 부작용이 발생해 건강이 악화하거나 더 강한 치료 방식(통원→입원, 수술 등)을 권할 수 있다는 것을 경고하나, 이를 적용하기는 어렵다(3, 7s, 13, 4w).

---

⑦ **8(질문자의 내면)** 메이저 해석편을 참고한다면 비교적 부정적인 영향을 받았다고 해석할 수 있다. 다만 궁극적으론 미리 조치했기에 (7s) 주치의의 역량에 따라 긍정/부정의 의미가 변하기 쉽다는 점이 해석하기 까다롭게 만든다.

단순히 생각한다면 체내 저항력이 약화/강화된 탓에 투약 효과가 더뎌지는 정도로 볼 수 있으나, 카드의 핵심 의미를 통해 질문자의 완치 의지가 아직 군건하다는 점이 부정적인 요소를 일부 상쇄할 수 있다(4s, 3, 7s, 13).

---

⑧ **13(제3자가 바라보는 질문자)** 긍정적인 영향을 받았다는 것을 알 수 있으며, 이로써 회복세라는 것을 모두 알아챌 수 있다는 의미로 해석된다. 충분한 휴식과 개선 조치가 이루어진 결실을 곧 확인할 수 있고, 질문자가 희망을 품을 만한 상황이라는 것을 배열의 다른 카드들로 알 수 있다. 나아가 이 배열의 해석에 가장 중요한 축으로 기능한다는 것을 알 수 있다(4s, 8p, Nc, 4w).

---

⑨ **4w(희망/두려움)** 질문자가 완치를 바라며 재발하지 않았으면 하는 희망과 자칫 잘못돼 병으로 생을 무의미하게 마감할 수 있다 여기는 두려움을 드러낸다.

---

⑩ **Pw(결론)** 이 책을 참고하면 쉽게 답할 수 있다. 병세 회복 또는 완치에 가까운 희소식이 전달된다는 것을 의미한다. 이미 자신이 할 수 있는 최선의 방법들을 통해 건강 관리에 성공한 것을 확인했으며, 중병이었더라도 모종의 조치 후 홀로 거동할 만큼 회복해 긍정적인 소식이 곧 도착할 것을 예측할 수 있기 때문이다. 그렇기에 완치되지 않더라도 향후 신체 활동량을 늘리는 데 지장이 없는 정도의 진단이 나올 수 있다고 해석된다.

해석을 마치며 나는 그동안 고생이 많았다고 위로하며, 회복을 축하한다고 말했다. 그녀는 약간 놀란 눈치였는데, 오늘 항암 결과를 받아보러 온 것이며, 내심 완치된 것 아닐까 하는 마음으로 온 것이라는 말과 함께, 한두 해 전만 해도 가족과 같이 와야 했으나, 근래 들어 부쩍 건강해졌다고 이야기했다.

나는 구체적인 병명이 무엇인지는 잘 모르겠으나, 필시 유방암 관련 문제 아닐까 하는 추측을 전했다. 그녀는 고개를 끄덕이며 완전 절제술을 진행했다고 말했다. 당시 내 해석은 단순 추측이었다는 것을 자각하고 있었기에, 자세한 건 잘 모르니 의사의 진료를 받고 더 이야기해달라고 부탁했고, 그녀는 알았다며 병원 안의 편의점에서 이것저것 사다가 내게 주고는, 잠시 기다려달라고 말했다.

잠시 후 돌아온 그녀의 안색은 한층 밝았다. 축하한다는 말에 이제 약도 반 이상 줄일 정도고, 운동도 조금 더 늘려보도록 처방받았다며 기쁨을 감추지 못했다.

이 배열은 13이 가장 큰 역할을 담당했다고 볼 수 있으나, 어디까지나 보편적인 주변 사람들의 판단일 뿐 다른 카드의 영향으로 의미가 변하기 쉬웠던 사례였다. 그렇기에 Nc의 등장이 긍정적인 의미를 확정해주는 역할로 적용될 수 있었다.

이 배열에서 Nc는 질문자(환자)와 상대방(의사)가 더 긍정적·적극적으로 소통하기 시작했으며, 이 과정에서 각자 원하는 공통의 목적(완치)으로 나아가기 시작했다는 의미로 해석할 수 있다. 이처럼 건강과 관련된 점에서 Nc는 질문자에게 몇 가지 내용을 확인해야 한다는 것을 알 수 있다.

1. 질문자의 완치 의지
2. 질문자의 기반과 체력
3. 의사와 의학에 대한 신뢰(단, 이들의 실력과 신변이 보증돼야 한다)

이 세 가지가 충족된다면 Nc는 라파엘의 화신*으로 변화할 조건을 갖춘 것이며, 건강의 회복에 더해 삶의 의미를 되찾을 정도의 경험을 하게 된다는 것을 보여주곤 한다.

---

* 대천사 라파엘Raphael의 이름은 '하느님의 약'이라는 뜻이며, 젊은이와 여행자의 수호천사이자 치유의 천사로 유명하다. 동양에서 이와 비슷한 존재로 약사여래藥師如來가 있다.

실제 사례 (2007년 7월, 서울 송파구 모처, 30대 초반 남성)

질문 이 사업에 투자하면 수익이 잘 나올까?

사전 정보 생명공학 관련 분야의 사업체에 투자해도 되는지 묻는 점이었다. 최근 외국에서 뭔지는 잘 몰라도 이것저것 승인을 받는다는 등 좋은 소식이 있는 회사라 풍문은 많으나, 정확한 정보인지조차 모르겠다며 문의한 사례였다.

$$3p - 5s - 4 - 2p - 5w - Ap - Nc - 10p - 16 - Ac$$

3p (질문자 자신) 다른 사람에게 투자 제안을 받거나 권하고 있다.

5s (장애물) 쉽게 수익을 내려는 태도가 문제다.

4 (기저) 자신의 목적/의도를 숨기거나 양보하려 하지 않았다.

2p (과거) 그럭저럭 현 상태를 유지했다.

5w (현재/곧 일어날 일) 투자 문제로 이런저런 고민/의논을 반복해야 한다.

Ap (미래) 기회를 거머쥔다면 큰 이득을 볼 수 있으나, 이 기회의 가치를 제대로 알지 못한다면 기회를 잡기 힘들 것이다.

Nc (질문자의 내면) 어떻게든 원하는 곳에 투자할 생각이다.

10p (제3자가 바라보는 질문자) 그다지 큰 액수의 투자자로 여겨지지 않기에 다른 사람들도 주목하고 있지 않다.

16 (희망/두려움) 일확천금을 원하며, 자신의 투자금이 증발하는 상황을 두려워한다.

Ac (결과) 기회를 잡는다면 큰 수익에 환호할 수 있으나, 그렇지 않다면 크게 분노하거나 후회할 수밖에 없다.

이 배열에서 Nc는 7번 위치, '질문자의 내면'에 나왔다. 투자 및 사업의 흐름이나 전망과 관련한 점의 특성상 투자로 벌어들이려는 수익 및 투자 규모를 확인해야 하며, 이 행위로 다른 예비 투자자까지 마음을 돌릴 수 있는 정도의 역량을 질문자/투자처가 갖췄는지 파악해야 한다는 것을 알 수 있다.

이런 문제가 있다 보니 나도 조심스럽게 질문자에게 더 문의했는데, 그는 투자액이 5000만 원 정도라 했으며, 3~5년 동안 투자금의 1.5~3배의 수익을 원한다고 했다.

이 질문에서 Nc에게 영향을 주는 카드는 5s, Ap, 10p, 16으로 드러나는데, 이로써 부정적인 영향을 받고 있다는 것을 확인할 수 있다. 질문자가 뛰어난 능력이나 기반 또는 확증 없이 고수익을 노리려 하나, 정작 구체적인 계획이나 목표가 없는 데다 투자액이 크지 않다는 점에서 질문자의 본심이 투자가 아닌 투기에 가까운 모습으로 해석되기 때문이다.

그렇기에 질문자의 의도를 언급하기에 앞서 투자 목적을 명확히 하고 찾아온 기회를 어떻게 해야 성공적으로 거머쥘 수 있는지 조언해야 한다. 이 과정에서 투자처의 실제 가치가 어느 정도인지 파악해 정확한 투자금 회수 시점을 포착한다면 최상의 결과일 것이나, 내게 이 배열은 두 Ace 때문에 해석하기 까다로웠던 사례로 손에 꼽을 정도였다.

① **3p (질문자 자신)** 질문자가 현재 어떤 제안을 받았거나, 하는 상황이라는 것을 의미하며, 이는 사전 정보로 상황을 충분히 확인할 수 있다. 긍정적인 영향을 받는다면 질문자가 전문적으로 투자하거나 질문자의 자문을 원하는 이들이 꽤 있는 것으로 해석할 수 있으나, 부정적인 영향을 받는다면 이 투자가 공식적이지 않거나 정보나 투자 실적 부족으로 성공을 거두기 힘든 상황이라는 것을 경고한다.

② **5s (장애물)** 질문자가 남의 의도에 휘둘려 투자 유혹을 받고 있거나 더 쉽게 수익을 내고자 수월한 방법을 동원하려는 상황이라는 것을 드러낸다. 긍정적인 영향을 받는다면 자신의 유리한 입장이나 입지를 토대로 합법적인 방법을 동원해 문제를 수월하게 풀어나갈 수 있다는 의미로 해석되지만, 부정적인 영향을 받는다면 이런 쉬운 방법을 사용하다가 피해를 보거나 다른 사람의 고발 따위로 투자금을 회수하기 어려울 수 있다는 것을 경고한다.

---

③ **4(기저)** 메이저 해석편을 참고한다면 부정적인 영향을 받고 있다는 것을 알 수 있다. 질문자의 욕심이 도를 넘었거나 분수에 맞지 않는다는 것을 의미하며, 그 방법조차 정석적이지 않기에 위험을 크게 감수해야 하는데도 자신의 감정에 의지해 투자를 강행하려는 모습으로 이해할 수 있다(3p, 5s, 5w, 16).

---

④ **2p(과거)** 질문자의 재정 운용 능력이 현 상태를 유지하는 데 큰 무리가 없다는 것을 의미한다. 긍정적인 영향을 받는다면 이 사안이 질문자에게 그리 큰 영향을 주지 않는 심심풀이나 연례행사 정도의 지출을 요구한다는 것을 의미하나, 부정적인 영향을 받는다면 애써 모아둔 역량을 한 번의 기회로 탕진할 수 있다는 것을 경고하거나 투자에 나설 수준의 금액이 아니라는 점을 지적한다.

---

⑤ **5w(현재/곧 일어날 일)** 투자 결정 과정에서 주변과 논의/충돌/언쟁이 일어나고 있거나 곧 일어날 예정임을 경고한다. 긍정적인 영향을 받는다면 건설적인 논의를 거쳐 더 효율적/안정적으로 투자할 수 있다는 것을 의미하나, 부정적인 영향을 받는다면 주변의 만류를 뿌리치고 자신의 의지대로 일을 밀어붙이거나 남의 의견을 무시한 채 위험을 자초할 선택을 하게 될 것을 암시한다.

---

⑥ **Ap(미래)** 이 기회를 어떻게 이용하느냐에 따라 긍정/부정적으로 인생을 뒤바꿀 만한 계기가 될 수 있다는 것을 의미한다. 긍정적인

영향을 받을수록 남들은 꿈꾸지 못할 이익을 얻는 것을 의미하나 이를 이용할 역량이 부족하거나 부정적인 영향을 받을수록 기회인지조차 모르는 채 지나치거나 어설프게 붙잡은 끝에 기반에 큰 충격을 줄 수 있다는 것을 경고한다.

---

⑦ Nc (질문자의 내면) 앞서 언급했듯 부정적인 영향을 받고 있다는 것을 알 수 있다. 이는 질문자가 원하는 바를 뚜렷하게 설정하지 못했다기보다 작은 것으로 너무 큰 것을 쉽게 얻으려 한다는 점에 기인한다. 나아가 이것이 진실이자 진리라 믿는 질문자의 태도를 수정하기 어려우며, 조언해도 아래 두 방침 중 하나를 택할 수밖에 없다는 것을 알 수 있다.

1. 질문자가 원하는 방식이 아니더라도 결과를 만족시킬 조언
2. 질문자가 원하는 결과가 아니더라도 방식을 만족시킬 조언

그러나 이를 설득하거나 조언하려 해도 질문자는 자신이 내심 결정해둔 방법대로 한다는 것을 배열의 다른 카드들로 알 수 있다. 극단적인 수익 창출을 지향하는 질문자의 의도가 매우 뚜렷하기에(5s, 4, 16 등등) 질문자의 예상보다 장기적인 투자를 권할 수밖에 없다는 점을 언급해야 할 상황이다. 이는 곧 질문자가 원하는 방식으로는 목적을 절대로 달성하지 못하리라는 것을 확정한다. 만약 긍정적인 영향을 받았다면 다른 투자자들과 정보를 공유하거나 연합해 목적을 쉽게 달성할 수 있다는 의미로 해석될 카드지만, 이를 적용할 수 없었다.

---

⑧ 10p (제3자가 바라보는 질문자) 이 배열에서는 긍정/부정을 떠나 질문자의 역량이나 투자 기반이 그리 특출하지 않다는 것을 지적한다. 이를 어떻게 향상/이용해야 하는지 조언해야 하나, 앞서 언급한 4나 Nc의 해석을 참고하면 조언이 무의미하거나 질문자에게 위험한(대출 과다 이용, 저당 등) 방식이라는 것을 알 수 있다.

⑨ **16(희망/두려움)** 일확천금과 패가망신 두 단어로 희망과 두려움을 논할 수 있다. 특히 이는 재산과 매우 밀접한 관계를 맺고 있으며, 질문자가 이 위험을 전혀 감당하지 못하리라는 점을 드러낸다. 위험 요소나 질문자가 예상하지 못한 일이 벌어지면 질문자는 상황을 이 카드와 같이 이해해 제대로 판단하지 못하리라는 것을 보여준다(3p, 2p, Ap, Nc).

⑩ **Ac(결론)** 감정의 폭발적인 분출을 의미하는 카드다. 긍정적인 영향을 받는다면 기쁨과 감격에 겨울 충만함을 느끼거나 소소해도 자신의 감성을 충족하는 걸 넘어 다른 사람과도 나눌 수 있을 정도의 성공이 보장된다는 것을 의미하지만, 부정적인 영향을 받는다면 스스로 통제하지 못하고 남에게 이를 떠넘기려 들거나 자신이 틀리지 않았다는 인지부조화를 일으키다 못해 자신을 비롯한 주변에 정신적·육체적으로 피해를 줄 수 있다는 것을 암시한다.

해석을 마치고 나는 어차피 이러나저러나 투자할 걸 왜 나한테 묻냐고 화를 냈다. 배열을 봐도 수익을 잘 내기 위해 할 수 있는 것은 질문자가 생각한 것보다 더 장기로 투자하거나 아예 사업에 본격적으로 개입하는 방식 말고는 조언할 수 없었기 때문이다. 아직 상장도 되지 않은 회사라는 것을 질문자가 고백하고 나자 나는 더 격분해 상대를 몰아붙였다.

질문자는 결국 자기가 알아서 한다는 투로 날 비웃었고, 나는 고기도 썹어본 사람이나 먹는 것이라 받아치고는 해석을 종료했다. 헛소리로 먹고사는 놈답다는 비아냥을 받긴 했지만, 어차피 내가 무슨 말을 하든 조언을 들을 준비가 전혀 되지 않은 이라 여겼기에 그리 아쉬워하지도 않았다.

그가 말한 기업은 결국 코스닥 상장에 성공했으나, 상장 시기가 좋지 못했다. 서브프라임 모기지 사태가 벌어지며 성장에 따른 수익을 제대로 평가받기 어려웠기에 그 뒤 내가 이 기업에 대한 소식을 들은 것은 이 점을 본 뒤 8~9년이 지난 뒤였다. 다행히 회사는 꾸준히 유지됐으며 제약 관련 연구 개발을 멈추지 않고 계속한 끝에 상장 후 10년이 지나자 가치가 30배 넘게 폭등했다. 코스닥에서 코스피로 진입한 것은 덤에 지나지 않았다.

아마도 질문자가 조언을 들었거나, 마음을 바꿔 먹지 않았다면 일확천금이 아니라 일확만금을 했을 것이다. 어쩌랴, 그가 질문한 것은 3~5년 동안의 투자였고, 그가 내 조언을 받아들일 상황이 아니었던 것을.

이 배열에서 Nc는 오로지 자신의 감성에 의존하거나 남에게 별 근거 또는 가능성을 제시하지 못한 채 일을 강행하려는 면모를 드러냈다. 만약 질문자의 기반에 좀 더 여유가 있었거나 투자금 자체를 없는 돈으로 여길 배포가 있었다면 큰 이익을 얻었을 것이다. 물론 점한 번으로 5000만 원을 좌우할 사람이 몇이나 될까?

그러나 다른 카드들의 영향과 더불어 자신의 감정을 통제하지 못한 상태로는 조언을 받아들이기 어려웠으리라는 것이 아쉬운 사례였다.

이처럼 사업, 그중에서도 투자와 관련해서 Nc는 질문자의 의도나 감정적으로 투자에 따른 스트레스 등을 견뎌낼 배포가 없으면 금세 변덕을 부리거나 불안정성을 견디지 못한 나머지 손실을 감내하고서라도 투자를 취소하는 수준으로 격하될 수 있다. 그렇기에 투자라는 행위로 무엇을 어떻게 감내할 각오를 다졌는지 확인해야 하며, 주객이 전도되거나 자신이 믿는 바를 어떤 위험이 와도 고수할 수 있는지 사전 정보와 배열의 다른 카드들로 알아내 긍정/부정적인 요소를 촉진/제어할 수 있도록 조언해야 한다.

QUEEN *of* CUPS.

(내적/외적)아름다움
Inner/Outer Beauty

QUEEN 공통 의미

운영자, 후원자, 내조, 실무자, 과장(대기업)/부장(중소기업) 등의 중간관리직, 중년 초입, (대표자가 아닌 각 분야의)전문가, (다른 코트 카드가 등장해 영향을 받을 때)수준이 대등하거나 자신만의 영역을 확보한 경지, 장기적인 통원 치료나 꾸준히 관심을 두고 치료해야 하는 질병, 식이 조절, (내부에서 인정받은) 실력자, 매력적인 여성/남성, 석사/박사

Queen of Cups의 키워드

내/외적으로 아름다운 사람, 자신의 감성에 집중/열중하다, 유명인Celebrity, 팬덤이 확고한 예술/방송인, 성녀聖女, 헌신적인 여성, 고상/고아한 아름다움, 사람들/사회에서 추앙하는 이상적인 여성상, 신앙/감성에 몰두해 남의 호응/공감/감동을 끌어내는 사람, 기품, 품위, (대규모 기업/단체/사회의)홍보대사, 성지聖地, (문화재)보물/국보 등……

긍정/부정 확인 기준

질문자가 믿으려는 것이 반사회적인가?

질문자가 자신의 감정에 충실한가?

남들이 질문자를 어떻게 평가하는가?

질문자가 자신을 어떻게 가꾸고 있는가?

질문자가 속한 분야/단체에서 어떤 위상을 가지고 있는가?

질문자의 실제 역량은 어느 정도인가?

질문자가 지배적인 영향*을 받는 이들이 질문자를 어떻게 인지/인식하는가?

이는 코트 상징편에서 언급했던 '내/외적 아름다움'의 의미와 함께 '자신의 감성에 집중하는 사람'의 의미가 결합하고, 이에 여왕의 입지/역량/권위 등이 더해진 기준이라 이해할 수 있다.

Qc는 그 어떤 시대/상황/장소에서도 사람들이 원해왔던 이상형에 가까운 이성(특히 여성)을 의미했다. 시대가 바뀌었기에 여성으로 특정하기 어려울 수 있으나, Nc와 역할이 나뉘기에 의미를 적용할 때는 주로 여성형이 배정된다.

Qc는 점차 현대사회에서 찾아보기 힘들어지고 있다. 이는 개인의 취향이나 이상형이 하나로 통합되기 힘들고, 보통 전설적인 미모나 미담을 모두 지녔다고 일컬어질 때만 적용할 수 있기 때문이다.**

Qc의 이런 긍정적인 면을 강화한다면 한 분야/시대/국가/세계를 대표하는 아이돌이자 아이콘으로 자리 잡는다.*** 그러나 감정에 매몰돼 자신을 제대로 돌아보지 않고 남들이 자신에게 감정을 투사하

---

* 사제 관계처럼 상하가 명확한 관계를 말한다.

** 침어낙안侵漁落雁, 폐월수화閉月羞花의 고사는 동양에서 미인상을 함축하는 표현의 하나이며, 이는 각각 서시西施, 왕소군王昭君, 초선貂蟬, 양귀비楊貴妃에 대응된다.

*** 이를 인위적으로 선출하는 것이 미스 유니버설, 미스 코리아로 대표되는 미인선발대회다. 이런 사례는 진정한 Qc로 볼 수 없다.

길 원하거나 이미 그런 상황이라 착각하는 상황이 더 일상에 가까울 것이다. 이른바 과거에 한참 유행했던 '공주병, 도끼병'*이 이런 Q_c의 부정적인 면을 드러낸다.

* 쉽게 설명한다면 나르시시즘의 혐칭이다. 그리스 신화 속의 나르키소스도 Q_c의 이런 부작용을 여실히 드러낸다.

긍정 Qc는 자신이 믿으려는 것을 더 깊숙이 탐구하며, 이 과정을 바라보는 이들이 자연스럽게 Qc에게 매혹되게 만드는 인물/상황으로 묘사된다. 무언가에 집중하는 이성의 모습에 가슴 설레었던 기억이 있다면, 이해하기 쉬울 것이다. 어떤 행동을 하지 않더라도 아우라를 내뿜는 Qc의 모습에 사람들은 지지와 후원과 성원을 아끼지 않는다. 이런 내용이 질문 주제와 밀접한 관련이 있거나, 사람들에게 Qc와 같은 평판을 확보하는 데 성공했다면 다른 카드들에도 긍정적인 영향을 미쳐 자신이 고생할 필요조차 없이 문제를 해결하는 사례가 많다.

부정 그러나 자신이 순수하게 믿는 것 자체가 잘못됐거나, 주객이 전도돼 남을 현혹하고자 순수함을 가장하는 상황을 스스로 인지하지 못한 채 자기최면에 빠져 있으면 상황을 개선하기는커녕 자신이 무엇을 잘못하고 있는지조차 모르거나 남을 배려하지 않는 말과 태도로 공분을 불러일으키는 상황이 빈번히 일어난다.

이때는 지지자들을 동원해 정당한 비판을 뭉개려 하거나 감정에 호소해 문제를 흐지부지 넘기려는 행태를 보이며, 끝내 자신이 옳다고 여긴 나머지 남을 이해하려 하지 않고 폐쇄적인 태도로 일관해 스스로 유폐될 수 있다는 점을 주의해야 한다.

위와 같은 내용 때문에, Qc에 해당하는 인물/상황/분야들이 어떤 긍정/부정적인 영향을 미치는지 더 구체적으로 파악하려 노력해야 한다. 다행히 Qc의 해석은 그 진정성을 살피는 데 그리 어렵지 않기에 긍정/부정적인 의미 적용이 애매한 상황은 몇 없으나, 반대로 조언을 어떻게 취해야 Qc의 부정적인 영향을 개선할 수 있는지 고민해야 할 때가 많으며, 실제 조언이 유의미할 때도 그리 많지 않다는 점이 해석자를 힘들게 한다.

이런 문제는 신앙심이 굳건하다는 점에서 비롯한다. 그렇기에 Qc가 배열에 드러날 때는 극단적인 해결책을 내세워 접근하는 조언 방식보다, 좀 더 시간이 걸리더라도 Q_c에 해당하는 이가 자연스럽게 해석자가 원하는 방향으로 움직일 수 있도록 경로 자체를 유도하는 방식을 고려해야 한다.

이런 Q_c의 순수한 믿음과 그로 인해 발생한 위대한 변화를 직접 일으킨 역사적 인물로 잔 다르크Jeanne d'Arc*를 들 수 있으며, 우리나라에서는 피겨 스케이팅의 김연아**를 들 수 있다.

위 두 인물은 자신의 분야/사회/종교를 위해 신앙과 기량에 집중했으며, 그 결과 한 나라를 재건하거나 한 분야의 역사에 길이 남는 위업을 달성했다.

반면 자신의 감정에만 집중한 나머지 자신과 자신의 분야/사회를 파멸로 이끈 역사적 사례도 있다. 굳이 예를 든다면 노이슈반슈타인 성을 축조한 바이에른 왕국의 루트비히 2세***와 목수로 태어났다면

---

* 알자스-로렌 지방의 시골 처녀인 잔 다르크는 계시를 받고 백년전쟁에서 멸망의 갈림길에 선 프랑스를 구원하고 왕통을 바로잡는 업적을 달성한다. 그러나 정치적인 계산 때문에 왕은 그녀를 구하지 않았으며, 영국에서 이루어진 심문은 그녀의 신앙심을 역으로 증명했다. 사후 25년 뒤 왕은 그녀를 복권했고 시성·시복을 시도했으나 당대에는 이루지 못한 채 1910년에야 시복, 1920년에 시성됐다. 그 뒤 프랑스 혁명기와 민족주의 유행을 거쳐 프랑스를 상징하는 인물로 주목받았으며, 좌우파 할 것 없이 잔 다르크의 이미지를 자신들에게 덧씌우려 안간힘을 쓰고 있다. 나아가 여성 참정권 운동가들도 그녀의 이미지를 빌려 선전했을 만큼 대중적인 인지도가 있다.

W. P. Barrett, The trial of Jeanne d'Arc, Gotham House, 1932.

https://blog.britishmuseum.org/suffragettes-and-the-british-museum

** 국내에서 비인기 종목이었던 피겨스케이팅을 지금의 위상으로 올려놓은 그녀의 업적은 반드시 회자하고 재평가해야 한다. 협회의 비협조적인 태도, 정치권의 이용 시도를 극복하고 헌신적인 노력과 천재적인 재능을 쏟아부음으로써 그녀는 한국 피겨스케이팅의 역사를 다시 썼다. 피겨스케이팅에 뛰어들거나 관심 있는 사람들에게 그녀가 이룩한 업적을 더 논할 필요가 있을까? 이를 바로 보여주는 것이 2010년 동계 올림픽에서 미국 NBC 방송의 해설자인 톰 해먼드가 말했던 '여왕 폐하 만세Long Live the Queen!'다.

*** 보불전쟁보다 약간 이른 시점이지만 이미 산업혁명이 이루어지고 철도가 곳곳에 놓이던 시기에 자신의 예술적 취향을 국가사업으로 밀어붙여 만들려 했던 이 성은 실제 한 번도 방어용으로 쓰인 적이 없으며, 그마저도 자신의 사

명인으로 자신의 기술을 남겼으리라 조롱받는 중국 명나라의 천계제*를 들 수 있다.

　사실 Q_c를 변호하지 못하는 것은 아니다. 결국 Q_c는 어떤 모습이 되든 해당 사회나 집단 구성원들이 대부분 원하는 이상향에 속하며, 이에 공감하는 모습을 구체화한 것에 지나지 않기 때문이다. 곧, Q_c가 타락하는 것은 특별한 이유가 없어도 되고, 언제든 쉽게 일어날 수 있다는 점을 지적하고자 한다. 10년 전에는 이것이 된장녀 등의 혐오 표현으로 일어났으며, 2019년 현재 진행형으로는 아이돌을 꿈꾸는 아이들로 바뀌었을 뿐이다. 지금으로부터 40~50년 전에는 복부인이 이런 대명사였다.

배열 위치별 특징 배열에 Q_c가 나오면 해당 인물이 어떤 것에 몰입하는지 살펴야 한다. 이는 다양한 감정/종교/인물/분야로 적용되며, 객관적인 시각에서 해당 조건/요소들이 어떤 평가나 공감/비공감을 받는지 확인해야 한다.

　이런 까닭에 켈틱 크로스 배열에서 Q_c가 나오면 4, 5, 8번 위치에서 영향력이 비교적 강화되기 쉽다. 긍정/부정적인 의미와 상관없이 평가 내리기 유용한 위치이기 때문이다. 반대로 1, 7번 위치에 나오면 영향력이 약화하기 쉬운데, 이는 배열 특성상 질문자 자신만 믿는 것을 Q_c로 착각하기 쉬운 위치이기 때문이다.

망으로 미완성인 채 공사가 끝났다. 이 때문에 왕국이 기울어지다 못해 망국의 길로 들어설 정도였다. 사후 6주도 안 돼 관광지로 개방해 현재는 많은 관광객을 유치하고 있다.

* 천계제는 16세에 즉위한 뒤 7년 동안 목수 일만 하고, 국정은 하나도 하지 않은 채 요절했다. 명나라의 정궁인 건청궁을 작은 규모로 완벽히 재현하기도 했다지만, 황제가 자신의 취미에 빠진 바람에 국정은 마비됐다. 이 시기는 임진왜란이 끝나고 청 태조 누르하치의 세력이 서서히 실체를 드러내 견제해야 했던 위중한 시기였다. 뒤를 이은 숭정제에 이르러 명나라는 결국 멸망한다. 그 앞의 정덕제, 가정제, 만력제와 함께 명나라의 멸망을 이끈 4대 암군으로 조롱에 가까운 평가를 받는다. 이 네 황제의 통치 기간은 무려 117년, 명나라 역사의 절반이다.

단, 3번 위치는 질문자가 해당 문제에 얼마나 헌신적이었거나 집중해왔는지를 증명할 수 있는지 간파해야 한다. 보통 Q_c는 이 위치에서 긍정/부정적인 의미가 극단적으로 발현하는 경향이 있다. 이는 Q_c의 핵심 의미를 질문자가 비슷한 문제 해결을 위해 어떻게 사용해왔느냐를 관찰하면 해석하기 편할 것이다.

연애(관계가 성립한 상황) 보편적으로 긍정적인 영향을 받으며, 자신/상대방의 진심에 기뻐하거나 애정을 계속 서로 줄 수 있는 계기나 상황이 계속된다는 것을 의미한다. 그러나 부정적인 영향을 받는다면 각자의 감정에만 집중한 나머지 상대방의 희생이나 감정 소모를 배려하지 않아 오해가 깊어지거나 관계를 파탄으로 이끌 수 있다는 것을 경고하며, 다른 이성들의 접근에 무방비해 상대방의 고민을 깊어지게 만들 수 있다는 것을 암시한다.

연애(관계가 성립하지 않은 상황) 관계 성립을 기원하는 상황에서 긍정적인 영향을 받는다면 질문자의 이상형이 나타나거나 자신의 감정을 쏟아부을 수 있는 사람이 있음을 의미하나, 부정적인 영향을 받는다면 자신에 대한 과대평가를 먼저 경고하며, 그 밖에 질문자가 호감을 품은 인물이 질문자뿐만 아니라 다른 사람들에게도 이미 호감을 많이 받고 있기에 감정 전달이 어렵거나 전달하더라도 그에 상응하는 답을 듣기 어렵다는 점을 암시한다.

관계 성립 시도조차 없는 일상적 상황에서 긍정적인 영향을 받는다면 자신의 감정이나 취향에 집중함으로써 자신의 아름다움을 주변에 발산할 수 있으며, 나아가 다른 사람들이 이를 포착해 접근할 수 있다는 것을 의미하나, 부정적인 영향을 받는다면 해석자를 난감하게 만드는 카드가 된다. 작게는 비혼주의나 독신주의를 의미하지만, 부정적인 영향이 클수록 자신의 잘못된 연애관이나 현실적인 문제로 취할 수 없는 이상을 계속 맹신하려는 모습으로 전락하며, 최악의 경우 호감도 없는 이에게 자신의 망상을 덧씌우거나 남의 단순한 감정 표현을 호감으로 왜곡하고 있다는 것을 경고한다.

대인관계 Q_c가 특정 인물을 지칭할 때, 긍정적이라면 모두의 우상이자 청/홍일점으로 다른 사람들이 굳이 말하지 않아도 모임의 중심이 되는 사람을 의미한다. 그러나 반대의 경우, 해당 구성원들의 애정과 관심을 자신에게 묶어두려 하는 사람을 암시한다.

Q_c가 특정 상황과 관련될 때, 긍정적인 영향을 받는다면 모임의 취지에 모두 공감/집중해 함께 특정 프로젝트에 임하거나* 그에 걸맞게 활동하는 것을 의미하나, 부정적인 영향을 받는다면 해당 모임이 대중적인 시각에서는 호불호가 심하게 갈리거나 모종의 불문율을 강요해 '그 나물에 그 밥' 같은 상태로 변질되고 있다는 것을 경고한다.

사업의 흐름이나 전망 고정적인 장소나 분야를 확립하고 이를 같은 분야에 속한 사람들에게 어필해 '알만한 사람은 알아서 찾아오는' 방식의 사업을 의미하며, 그렇기에 이와 같은 흐름을 생성/유지할 필요가 있다는 것을 의미한다. 나아가 기본적으로 질문자가 좋아하는 분야를 통해 사업을 권할 수 있기에 사전 정보에서 질문자가 이에 대한 선호도나 관심도가 낮을수록 부정적인 영향을 끼친다.

긍정적인 영향을 받는다면 모델/연예인을 이용한 홍보/협찬이나 일종의 성지聖地화** 작업으로 확고한 입지를 선점할 수 있다는 것을 의미하나, 부정적인 영향을 받을수록 해당 분야의 저변이 넓지 못하거나 사람들의 공감 또는 수요가 부족해 사업이 좌초되거나 사양길로 접어들 수 있음을 암시한다.

창업의 성사 여부 주로 장인, 예술, 미용 쪽에 편중한다. 사람을 아름

---

* 골프 동호회에서 라운딩을 겸해 야유회를 하거나 만화/게임 동호회에서 이를 좋아한 나머지 기념 삼아 작품을 만들거나 대회를 여는 행위를 예로 들 수 있다.

** 이런 방식으로 장기간 생존에 성공한 사례로 서울 노량진의 정인 게임장을 들 수 있다. 이곳은 각종 격투 게임의 성지로 유명하며, 지방이나 해외에서 대전 격투 게임을 하러 찾아오는 이들이 있을 정도로 명성을 확보했으며 계속 영업을 이어갔지만, 안타깝게도 2020년 6월 16일 코로나19의 유행(메이저 아르카나급 충격)으로 이용객이 치명적으로 줄어 폐업해 역사 속으로 사라졌다. 〈그놈의 사명감 때문에. '정인'이라는 타이틀 때문에. 참 별것 아닌데…〉, 디스이즈게임, 2018년 5월 31일 자.

답게 만드는 것을 넘어 자신의 기량으로 자신이 속한 분야를 초월한 아름다움을 추구하는 부문에 분포돼 있다. 이 과정에서 중요한 것은 질문자가 그에 맞는 기량을 군이 공적으로 증명할 필요 없이, 자신의 작품이나 손길이 닿은 고객들이 자연스레 증명하는 방식이라는 점이다.

그러나 자신의 미학에 공감해줄 상황이 아니거나 그럴 여건이 되지 않는다면 다른 사람들이나 사회의 무시 또는 핍박을 받을 수 있다는 데 유의해야 한다. Q_c의 핵심 의미와 앞서 살펴본 내용을 조합한다면 더 구체적인 창업 방식을 확인할 수 있을 것이다. 이는 곧 가수, 연기자, 화가, 시인 등의 예술과 연관되며, 공식/정식으로 발돋움하는 데 성공하거나 해당 분야에 몸담는 이들이 인지한 수준의 트레이너, 기획자, 매니저 등과 연계된 사업/창업에 특화돼 있다. 또한, 해당 분야의 사람들이 온/오프라인으로 찾는 장소에 확고히 자리 잡아 다른 문제들을 신경 쓰지 않고 자신의 업무에 매진하면 되는 방식을 권할 수 있다.

부정적인 영향을 받을수록 해당 분야를 부정적으로 평가*하거나 한정적인 고객층으로 사세 확장이 어려울 수 있다는 것을 지적하며, 최악의 경우 대표 격의 인물 한두 명의 판단 착오나 사건 사고로 분야 전체를 먹칠하는 일이 생기면 자신의 의도와 무관하게 창업을 포기해야 하는 부류의 사업이 될 수 있다는 것을 경고한다.

진로 적성 위에서 언급한 창업 여부와 비슷하다. Q_c는 이때 예술이나 감정 교환/표현을 하면서 자신의 의도를 자연스럽게 전파하되 남의 영역을 침범하지 않고 배려하며, 그로 하여금 주변의 호감을 얻는 방식을 선호한다.

그렇기에 연예나 예술 분야를 지향하기 쉬우며, 자신이 타고난 아

* 이런 가장 좋은 예로 문신/타투 관련 사업을 들 수 있다. 현재는 조금씩 인식이 바뀌고 있으나, 아직 유교 문화의 영향이 깊게 남아 있다.
장한지 기자, 〈문신 잔혹사〉 기획기사 시리즈 참고.
http://www.ltn.kr/news/articleView.html?idxno=24577

름다움을 가꾸거나 자신이 아름답다고 믿는 것에 집중/헌신하는 방법에 특화돼 있으며, 이 과정에서 주목을 받되 자신다운 모습을 유지할 수 있는 수준으로 기량을 쌓도록 권한다.

긍정적인 영향을 받을수록 더 폭넓은 대중에게 다가갈 수 있는 재능이나 잠재력이 있다는 것을 의미하며, 이를 어떻게 가공할지 조언해 이를 현실에 구현할 수 있도록 이끌어야 한다. 최상의 경우 한 시대/분야를 대표하는 아이콘으로 자리매김한다.[*]

그러나 부정적인 영향을 받을수록 이 재능을 갈고닦는 데 게을러져 자신의 재능에 만족한 나머지 자기 복제를 반복하는 식으로 쉽게 태만해질 수 있다는 것을 경고하며, 최악의 경우 사람들의 기대 또는 호응을 배신하는 행위 때문에 재능을 꽃피울 새도 없이 물러나거나 도태될 수 있다는 것을 지적하며, 더 얕은수로 본래의 인기나 입지를 회복하려다가 큰 추문에 빠질 수 있다는 것을 경고한다.[**]

시험 결과나 합격 여부 Q_c는 다른 카드들보다 평소 실력과 행실이 크게 당락을 좌우하며, 긴장으로 시험을 망칠 수 있다는 것을 경고한다. 이는 시험이라는 것 자체가 응시한 이들의 상태/수준을 외부의 힘/시각으로 조망하는 것이기에 쉬이 흔들릴 여지를 어떻게든 포함하기 때문이다. 그렇기에 긍정적인 영향을 받을수록 평상시와 비슷한 상태를 유지하기만 해도 문제없거나 오히려 호재로 적용될 때가 많으나, 부정적인 영향을 받는다면 예상치 못한 질문이나 신체/정신의 상태가 좋지 않아 크게 실수하거나 시험에 응시도 못할 수 있다는 것을 경고한다.

---

[*] 이런 Q_c의 의미 때문에 과거에 한 시대를 풍미했던 유명 여배우나 디바는 대부분 Q_c에 속했다.

[**] 이런 추문들은 주로 평상시 Q_c에 속하는 이가 인기를 끌었던 이미지와 상반되는 행위가 강제로 폭로되거나 조명받음으로써 일어난다. 청순미로 유명했던 이가 기존 이미지와 상반되게 누드 화보집을 촬영하는 경우를 사례로 들수 있을 것이다.

질병의 호전, 완치 Q_c는 투병 기간이 길지만 않다면 완치를 확정하는 경향이 있는데, 이는 약효가 적절하거나 신체 적응 속도가 빠르기 때문이다. 다만 중병에 속할수록 헤어나오기 힘들거나 병을 이겨내지 못하는 경향이 있는데, 이는 Q_c의 컵 안 내용물에 병세가 안착한 경우로 이해해야 한다. 그렇기에 해석하면서 해당 질환의 난치 시기나 불치에 가까운 요건을 파악하고 배열의 다른 카드들을 살펴 미리 치료할 것을 조언해야 한다.

단순한 건강 문제 일상적인 상황이라면 화장품, 식품으로 인한 피부 문제나 생리현상을 억지로 참아 발생하는 소소한 증상을 지칭하며, 적절한 처방만 있더라도 쉽게 해결될 수 있다.

발병 가능성을 점친다면 정신적인 면에서 피해망상, 자폐와 연관이 많고 폐소/광장공포증 등의 병을 의미할 수 있는데, 이는 자신의 감성에 집중한 나머지 다른 요소들을 인식/배려하지 못하거나, 사람들이 이를 거부할 것이라 여기는 두려움에 기인한다.

신체적 질병이라면 모든 컵 수트가 그렇듯 내과 질환에 배정되는 경향이 있으며, 난소암, 유방암, 자궁경부암, 고환암 등 성 역할의 중추를 맡은 장기의 문제를 꼽을 수 있다. 그러나 늘 언급하듯, 이런 내용은 반드시 전문가의 처방이나 진료가 우선해야 한다는 점을 언급하고자 한다.

켈틱 크로스 배열 위치별 긍정/부정 해석법

1 → ③⑦⑨ 카드 확인 질문자가 무엇을 원하거나 믿는지 확인하고 그것이 옳은지/정당한지 판단해야 한다. 긍정적인 영향을 받는다면 다른 것에 현혹되지 말고 생각대로 나아가길 조언해 좋은 흐름을 이어가게 만들면 될 정도로 문제가 없으나, 부정적인 영향을 받는다면 해당 문제에 질문자의 귀책 사유가 반드시 있다는 것을 의미하며, 최악의 경우 이 상황이 왜 벌어졌는지도 모른 채 자신의 견해를 항변하려 들어 질시를 받는 것을 경고한다.

2 → ①④⑧ 카드 확인 어떤 인물/개념이 질문자를 가로막고 있는지 파악해야 하며, 장애물을 극복하는 과정에서 여론이 어떻게 질문자를 도와주거나 압박을 가하는지 확인함으로써 긍정/부정적인 의미를 확정할 수 있다.

긍정적인 영향을 받는다면 지원을 받거나 자신의 진심을 묵묵히 행동으로 옮겨 감화시킬 수 있으며, 나아가 다른 사람들의 측은지심을 불러일으켜 문제를 개선할 수 있다는 것을 의미한다.

부정적인 영향을 받는다면 질문자가 미처 배려하지 못해 다른 사람들의 감정을 크게 상하게 하거나, 본의가 아니었어도 사람들의 항의나 비호감을 사는 행위를 저질러 경쟁자에게 명분을 쥐여주는 사태가 올 수 있다는 것을 경고하며, 최악의 경우 자신의 통제력을 전부 상실해 상대방/대중의 의향에 따라 움직일 수밖에 없는 상황이 온다는 것을 암시한다.

3 → ①④⑥⑨ 카드 확인 비슷한 문제를 대하는 질문자의 태도나 기량, 감성 상태가 과거부터 무엇을 열망하였기에 현 상황을 만들었는지 파악해야 하며, 그 과정에서 질문자가 믿고자 하는 감정적인 요소들이 무엇인지 밝혀야 한다.

긍정적인 영향을 받는다면 질문자의 선의가 증명되는 것을 뜻하며, 이를 어떻게 현실에까지 영향을 미칠 수 있는지 고려해 이끌어준다면 향후 비슷한 문제들을 모두 스스로 해결하거나 아예 반복하지 않을 수 있게끔 할 수 있다.

부정적인 영향을 받는다면 질문자가 자신의 감정에 집중한 나머지 문제 해결을 도외시하거나 남에게 실권을 넘기는 식의 방침을 세워 자신의 본심과 달리 상황이 악화됨을 암시한다.

4 → ①②⑧ 카드 확인 이때 질문자는 자신이 옳고 정당한 행동을 했다고 인식할 확률이 매우 높다. 어떤 영향을 주었기에 현 상황이 이렇게 변해버렸

는지 확인한 뒤, 질문자의 생각과 달리 사람들의 평가가 어떤지 파악함으로써 긍정/부정적인 의미를 확정할 수 있다.

긍정적인 영향을 받는다면 과거의 행위로 지지와 성원을 받아 상황을 원하는 방향으로 이끌어갈 수 있다는 것을 의미하나, 부정적인 영향을 받는다면 Qc에 해당하는 인물이 초래한 문제를 질문자가 제대로 인식하지 못하거나 이를 옳다고 여겨 다른 사람들에게 배제당할 수 있다는 것을 경고하며, 최악의 경우 이성異姓 또는 자신이 속한 분야/영역의 성향에 잠식돼 판단력을 상실하고 있다는 것을 암시한다.

5 →①③⑦⑨ 카드 확인 보편적으로는 질문과 관계된 내부 인원들의 회합을 의미하거나 자신의 감정을 사람들에게 은연중에 내비치는 상황을 의미한다. 또는 그와 비슷한 사건이 벌어지거나 인물이 등장하는 것을 의미한다. 이 과정에서 질문자가 원하는 상황이나 속내가 어디에 기울어져 있는지 확인해 긍정/부정의 의미를 판단해야 한다.

보통 긍정적인 영향을 받은 상황이라면 앞서 언급한 배열 위치들이 구체적인 인물 묘사나 어떤 사건들로 규정되는지 쉽게 알 수 있으며, 질문자 자신이 Qc라면 자신이 해야 할 일들에 집중할 수 있도록 해주면 되나, 그렇지 않다면 곧 일어날/등장할 사건/인물을 위한 안배를 조언해 상호 발전이나 공동 목표를 이룰 수 있도록 방침을 세워줘야 한다.

부정적인 영향을 받는다면 Qc에 해당하는 인물/상황의 난입으로 내부에서 감정적으로 불화가 일어나거나* 파벌이 형성되려 한다는 것을 경고하며, 이를 갈무리 하려 해도 감정의 골이 뒤틀려 화합하지 못하는 것을 경고한다. 이때 질문자는 읍참마속泣斬馬謖 또는 부작용을 각오하고서라도 융합을 감행할 것을 종용받으나, 두 결정 모두 문제의 원인까지 해결하는 것이 아닌 임시방편일 뿐이라는 점을 일깨워줘야 한다.

---

6 →①③⑤⑧ 카드 확인 질문과 관련해 가장 중요한 감정/신념이 무엇인지 질문자와 다른 사람들의 관점을 모두 고려해 판단해야 한다. 기본적으로는 원하는 일/사람이 접근해온다는 것이나 자신이 원했던 내면에 집중 또는 안정을 취하는 것을 의미한다.

긍정적인 영향을 받을수록 호재/귀인의 출현을 의미하며, 이때 외부의 접

---

* 보통 이런 상황은 동아리나 소규모 모임 내부에서 연애 관련 이슈가 떠오르거나, 사내 정치와 관련해 발생하곤 한다.

근보다 내부 또는 이미 알고 있던 요소/인물인 경향이 있다. 그러나 부정적인 영향을 받을수록 Q_C는 폐쇄적인 면모를 강화하며, 각각의 극단적인 의견이나 입장 관철로 소통할 수 없어지거나 Q_C에 해당하는 분야/단체/인물의 입장에 끌려다니게 될 수 있음을 경고한다.

---

7 → ① ② ④ ⑧ 카드 확인 질문자의 진정성을 확인해야 하며, 다른 카드들을 통해 질문자가 논하는 문제에 대한 언행일치 여부를 파악해야 한다. 만약 이에 어긋난다면 배열의 모든 카드에 부정적인 의미가 덧씌워진다.

이때, 질문자의 발언은 대부분 거짓이거나 착각일 수 있으며, 사람들이 이를 간파했다면 앞서 언급한 Q_C의 부정적인 의미들을 대부분 적용해야 할 수 있다. 최악의 경우 현실적인 조언을 부정·거부함으로써 스스로 인생을 망친다는 것을 암시한다.

긍정적인 영향을 받는다면 질문자의 진심 어린 접근과 소통을 남들이 알아가도록 조율하면 되나, Q_C의 특성상 이를 행동에 옮기기 어려우며, 우회하는 방식을 통해 도울 수 있다고 조언해 홀로 괴로워하지 말고 질문자에게 공감해줄 수 있는 이들을 확보하도록 이끌어야 한다.

---

8 → ① ③ ④ ⑦ 카드 확인 Q_C가 이 위치에서 긍정적으로 발현하는 사례는 대부분 질문과 관계있는 모든 사람이 상황을 알고 있다. 사람들의 시선에서 질문자가 이상적인 모습을 취한다고 평가하거나 굳이 이 문제에 휩쓸려 상하지 않기를 바라는 것을 의미하기 때문이다.

이런 긍정적인 요소를 확립하려면 결국 질문자의 행보가 이런 평가를 받을 만했는지 검토해야 하며, 이에 못 미치거나 자신/다른 사람을 기만하고 있다면 부정적인 영향을 받아 언제고 이 모든 거짓이 다 들통나며, 자신의 되바라진 품성으로 다른 사람들이 고난에 빠질 수 있다는 것을 경고한다.

---

9 → ① ② ③ ⑤ 카드 확인 보통 자신이 심정적으로 기댈 인물/공간이 생기길 바라거나 심리 치유를 갈망하는 것으로 이해할 수 있으며, 거꾸로 격리/유폐되는 상황이 올까 봐 두려워한다는 것을 의미한다. 이는 질문자가 수동적이기에 발생하는 것이며, 그렇기에 질문자의 취약한 부분이나 단점들이 무엇이고 이를 자극하는 외부 상황 변수가 무엇인지 파악해 더 구체적인 사안을 언급할 수 있다.

---

10 → 긍정/부정적인 의미와 상관없이 질문과 관련된 사항들이 결국 질문자나 질문의 관련자들이 감정적으로 흔들리기 쉬운 방향으로 귀결된다는

것을 의미한다. 그렇기에 문제가 소소할수록 해석이 쉬워지며, 반대로 질문 주제가 무거울수록 이해 관계자들의 본심이 혼재돼 해석을 어렵게 만든다.

이때는 각각의 수요나 욕망에 휘둘리지 말고 질문이 요구하는 바가 무엇인지 명료하게 정의한 뒤 해석을 진행해야 하며, 이 과정에서 결이 다른 사람들을 격리시키거나* 반대로 궁극적인 목표가 같은지 확인함으로써 전면적인 대화합**을 이뤄 일이 성사될 수 있음을 조언해야 한다.

---

* 의견이 다른 이를 의도적으로 외유나 출장을 보내 의사 결정에 참여하지 못하게 하는 방식을 예로 들 수 있다.

** 이런 현실적인 사례가 바로 커피 클럽이다. 유엔 안전보장이사회 상임이사국 진출과 관련해 자국과 원한이 있는 국가의 상임이사국 선임을 전혀 연고 없는 타국들과 논의하며, 각국이 반대하는 대상을 대신 반대해줌으로써 자국이 원치 않는 타국의 상임이사국 선임을 방어하는 상호 견제 시스템이다. 실제로 대한민국도 일본의 상임이사국 선임을 반대하며, 스페인과 이탈리아는 독일을, 파키스탄은 인도를, 멕시코와 아르헨티나는 브라질을 반대하는 식으로 견제하려 하며, 소속 국가 사이에 품앗이하는, 범지구적 '물귀신 작전'이라 할 수 있다.

https://terms.naver.com/entry.nhn?docId=646680&cid=43124&categoryId=43124

실제 사례 (2004년 1월, 성남시 분당구 모처, 10대 후반 남성)

질문 8월에 있을 야구 대회에서 이 사람의 활약으로 좋은 성적을 낼 수 있을까?

사전 정보 자신이 아닌 출전하는 친구에 대한 점이기에 해당 선수를 질문자로 칭하겠다. 학교 선수 풀이 너무 좁아져 전력 유지가 힘든 상태이며, 자신이 잘해야 한다는 생각을 자주 비쳤다고 한다.

$$4p - 2s - Pw - Pc - 5c - Qc - 1 - Aw - 7s - 8c$$

4p (질문자 자신) 집착에 가까우리만치 승리를 얻고자 한다.

2s (장애물) 향후 전망을 누구도 예측하기 어려운 상황이다.

Pw (기저) 긍정적인 마음으로 훈련에 전념할 것이다.

Pc (과거) 과거부터 이런 집착이 강해 사소한 문제들을 일으켰다.

5c (현재/곧 일어날 일) 부족한 전력으로 스트레스를 받을 것이다.

Qc (미래) 자신의 재능을 믿어 의심치 않으며, 자신만 잘해도 긍정적인 결과를 얻게 될 것이다.

1 (질문자의 내면) 승부욕을 자극해 폭발적으로 활약하려는 마음을 가지고 있다.

Aw (제3자가 바라보는 질문자) 사람들이 상상하기 힘든 대활약을 할 가능성이 있다고 평가받고 있다.

7s (희망/두려움) 부정적인 방법으로라도 이기고 싶어 하며, 실력 부족이나 부상 누적으로 분하게 탈락할까 봐 두려워한다.

8c (결과) 제 나름의 목적을 달성하긴 할 것이나 최고의 영예를 얻지 못한 채 졸업할 것이다.

실전 해석

이 배열에서 Qc는 6번 위치, '미래'에 나왔다. 대회 및 경쟁/시험과 관련한 질문의 특성상 누가 왜 주목받는지 파악해야 한다.

배열에서 Qc에 영향을 미치는 카드는 4p, Pw, 5c, Aw로 확인되는데, 질문자가 얼마나 실력을 갖췄는지 명확히 파악되지 않았다는 점 및 구체적인 정보가 부족하다는 문제 때문에 긍정/부정적인 의미로 확정하기 어렵다는 것을 알 수 있다.

그럼에도 기본적으로는 긍정적인 영향을 받기 쉽다는 것을 알 수 있다. Pw(2s, Pc, 1, 7s)의 대책 없는 낙천성으로 이를 판단할 수 있으며, 질문 특성 및 질문자의 연령(고등학교 3학년)에 그 나름의 장점이 있기에 팀원의 사기 진작을 도모하거나 전술에 영향을 미칠 수 있는 기량이 어느 정도 보장돼 있다는 것을 알 수 있기 때문이다.

다만 이 과정에서 상대하는 팀이나 같은 업계 사람들에게 눈총이나 거센 비판을 받을 수 있다는 약점이 있지만, 이를 해결하는 것은 어디까지나 코치진의 적절한 조율에 달렸다는 것을 사전에 경고해야 했다. 그러자 의뢰인은 자기 학교 감독이 팀 창설 뒤부터 지금까지 오랫동안 재임하고 있어 그런 부분은 별로 걱정 없다고 말했다.

이런 요소 때문에 질문자의 승리욕과 향상심, 투쟁심을 어떻게 발현할 수 있을지 확인해 질문자를 Qc로 만들고, 나아가 Aw의 긍정적 의미까지 취할 수 있도록 이끈다면 결실이 실망스러울 수 있어도 다른 사람들(특히 프로 구단 스카우터)에게 새로운 스타의 탄생을 알릴 수 있다는 점을 강조해 질문자를 독려해야 한다는 것을 알 수 있다.

① **4p (질문자 자신)** 질문자가 이 기회를 어떻게 생각하는지 그대로 드러내는 카드다. 이 집착은 긍정적인 영향을 받는다면 자신의 잠재력 이상을 발휘해 업적을 쌓을 모든 준비가 끝났다는 것을 의미하나, 부정적인 영향을 받는다면 목적에 매몰돼 다른 사람들과 마찰을 빚거나 자신을 망치며, 최악의 경우 자신의 모든 것으로 생각한 나머지 몸을 불살라 이기려다가 향후 선수 생활에 치명적인 문제가 생길 수

있는 부상을 얻는 등, 손해나 피해가 치명적인 문제가 생길 수 있다는 점을 경고한다.

---

② **2s (장애물)** 질문자가 무엇을 딱히 해결할 수 없는 오리무중인 상황을 암시한다. 긍정적인 영향을 받는다면 이 상황을 완벽하게 통제할 수 없다는 점을 인정하고 자신의 본분이나 목표에 집중하는 것을 의미하나, 부정적인 영향을 받는다면 이런 흐리멍덩한 외부 상황 탓에 의욕이 저하되거나 제대로 훈련받지 못해 기량이 저하될 수 있다는 것을 경고한다.

---

③ **Pw (기저)** 질문자가 현 상황에서 감독/코치진의 의견을 받아들이며, 현 상황이 자신에게 더 유리하다고 판단하고 있다는 것을 의미한다. 이는 사전 정보에서 언급한 선수층이 얇다는 문제를 거꾸로 자신의 주전 출전 기회가 확고해졌다고 본다는 것을 의미하며, 이 기회에 자신의 재능을 내보이고 승리를 얻어낼 수만 있다면 딱히 문제없다고 여기는 성향이 있다는 점을 강조한다. 물론, 이를 겉으로 경솔히 드러내 인망을 잃을 필요가 없다는 점을 경고할 필요가 있다(2s, Pc, 1, 7s).

---

④ **Pc (과거)** 이 사안과 관련한 사건들이 다분히 충동적이었다는 것을 의미하며, 그 여파로 선수층이 얇아진 것을 암시한다. 나아가 질문자가 정신적으로 (자신의 의지나 의도와 상관없이) 비교적 덜 성숙한 상태로 지내왔다는 것을 뜻한다.

이 배열에서는 긍정/부정적인 요소가 혼재하는데, 이는 Pc의 충동적인 싱향이 팀 분위기를 흐리거나 다른 업계 사람들의 질시를 받는 모습으로 드러나기 쉽다는 점과 함께, 순수한 감정 표출로 다른 이들의 의욕까지 끌어올릴 수 있으며, 자신의 이런 행위로 상대방의 사기 저하나 실책을 유도할 수 있다는 장점이 뒤섞여 있기 때문이다.

이때 나는 이 카드를 긍정적으로 해석했는데, 이런 요소들을 일부러라도 사용하는 플레이 스타일이 이미 있고, 질문자도 이를 알고 실제 사건 사고로 이어질 만한 일은 벌이지 않았으리라 판단했기 때문이다(4p, 5c, 1, 7s).

---

⑤ **5c(현재/곧 일어날 일)** 감정적 손실 또는 지지층 이탈을 겪을 수 있다는 것을 의미한다. 긍정적인 영향을 받는다면 어차피 떠날 사람 떠난 것이니 어서 추스르고 미래를 대비하는 데 열중하게 될 것을 시사하며, 부정적인 영향을 받는다면 이런 감정 소모로 슬럼프를 겪거나 훈련 의지가 저하된 나머지 무단이탈 같은 사건 사고를 저지를 수 있다는 것을 경고한다. 최악의 경우 팀 자체가 무너지고 다른 학교로 전출당할 수 있다는 것을 암시한다.

---

⑥ **Qc(미래)** 앞서 언급했듯 4p, Pw의 영향으로 비교적 긍정적인 의미가 적용된다. 이때 Aw를 통해* 이 호재가 (투수가 아니라면) 신들린 타격일 수 있다는 점을 간파할 수 있다. 나아가 5c의 감정 손실도 상쇄돼 '안 그래도 거치적거린다고 생각했던 사람들이 다 나갔네?'(이는 어디까지나 가정일 뿐이다) 식으로 상황을 인식하며 자신의 능력을 폭발시키는 상황이 곧 다가온다는 것을 확정한다(4p, Pw, 5c, Aw).

---

⑦ **1(질문자의 내면)** 2s의 애매함이 해석을 어렵게 만드는 듯하나, 긍정적인 영향을 받고 있다. 이는 2s의 의미가 실제 대회에 임하지 않은 상태이기에 객관적인 전력을 평가하지 못한다는 의미 정도로 약화되기 때문이다. 오히려 질문자의 정신 무장 상태가 Pc의 개입에도 매우 충실하다는 점을 확인할 수 있는데, 이는 야구라는 종목이 다른 스포츠보다 개인의 역량이 두드러지는 요소가 강하기 때문이다.**

---

* Ace 카드들의 해석은 매우 어렵다. 『타로카드의 상징: 핍 카드』에서 자세히 다루려 하니 참고하기 바란다.

** 유명한 야구 선수들도 모든 부분에서 두루 뛰어난 성적을 거둔 이들보다 어떤 특정한 상황이나 분야에 치중해 역사적인 기록을 남기거나 대중의 뇌리에 남은 선수가 더 많다. 이는 수상 분야로도 알 수 있는데 홈런왕, 도루왕, 타격왕 등 각 분야에서 최고가 된다면, 1명 이상의 전력을 발휘할 수 있다는 전제

⑧ **Aw (제3자가 바라보는 질문자)** 모든 Ace 카드는 긍정/부정적인 의미가 극단적으로 적용되기에 해석하기 매우 어렵다. 긍정적인 영향을 받는다면 기적에 가까운 활약으로 자신과 팀 모두를 승리로 이끌고 영예롭게 자신을 빛낼 수 있다는 것을 의미하나, 부정적인 영향을 받는다면 충동을 이기지 못해 과격한 행위(예: 벤치 클리어링)를 일삼는 등, 노력을 한순간에 물거품으로 만들 사고뭉치로 인식되고 있다는 것을 경고한다.

⑨ **7s (희망/두려움)** 질문자가 어떤 편법이나 꼼수를 써서라도 좋은 성적을 거뒀으면 하는 속내를 비치며, 반대로 이런 부정적인 방법에 휘말려 정당한 평가를 받지 못한 채 탈락할까 봐 두려워한다는 것을 의미한다. 이는 특히 경기 중의 우발적인 상황과 연계될 수 있고, 최악의 경우 승부 조작 등의 문제로 비화될 수 있다는 것을 암시한다.

⑩ **8c (결론)** 이 카드는 질문자의 활약 여부와 상관없이, 결과적으로 떠나야 할 사람은 떠나야 하며 그 과정에서 자신의 노력에 대한 증명을 각자 해나간다는 것을 의미한다. 고등학교 3학년이기에 이는 고교 야구와 이별하면서 프로 야구 진출 또는 사회인으로 복귀 등 각자의 미래로 흩어진다는 것을 의미하며, 이 과정에서 뜻한 바를 이룰 수 있도록 정진할 것을 독려하는 카드다.

해석을 마치자, 그는 웃으며 고맙다고 이야기한 뒤 자리를 파했다. 나 또한 고교 야구에는 관심이 없었기에 이 사례의 후일담을 확인하지 않은 채 서서히 잊었던 사례다. 다만 질문자가 현재까지도 프로 야구에서 활동한다는 것만 알고 있을 따름이다.

이 글을 쓰고자 옛 사례들을 복기하다가 문득 궁금해 찾아보니, 질문자는 그 대회에서 끝내 우승하지는 못했으나 타격 관련 상을 받았

가 공유되기 때문이다.

고 이듬해 곧장 프로 야구에 데뷔했다는 사실을 확인했다. 그리고 그는 다른 팀에게는 원수이나 자신의 팀에게는 든든한 선수로 자리 잡는 데 성공했다.

이 배열의 Q_c는 긍정적인 영향을 받을 경우 어떤 효과를 낳는지 보여준다. 자신이 믿고자 하는 것에 전념할 수 있게 된다면 다른 이들보다 월등히 뛰어난 모습을 보이며, 이를 모두 쉽게 알아채거나 Q_c에 해당하는 이의 감정에 공감하거나 관심을 보이기 시작하기 때문이다. 특히 같은 분야에 있거나 관심사가 같은 이들에게 더 강렬한 인상을 주며, 이윽고 열성 팬 조직이나 분야를 형성해 다른 이들의 관심과 주목을 받게 된다.

특히 이 배열은 1과 A_w의 영향 또한 강하다. 이 카드들이 해당 종목의 특성이나 질문자의 역량 수준을 가늠하는 데 도움을 주고, 그의 재량권과 능동적인 활약을 이끈 요소로 작용했다.

Q_c를 해석하면서 경쟁과 관련한 문제라면 다른 사람과 경쟁에 신경 쓰기보다 자신의 진심에 마음을 기울여 합당한 노력을 하게끔 유도했을 때 조언의 효과를 높일 수 있다. 이는 Q_c의 '내면에 몰입'한다는 의미를 생각해보면 이해하기 쉽다. 다른 사람과 불필요한 잡음을 일으키기보다, 스스로 뛰어난 역량을 갖추도록 노력하기만 해도 상대방의 음해나 경계를 무력화시키기 쉽기 때문이다.

실제 사례 (1998년 1월, 20세 여성, 안양 → 성남행 시외버스 안)

질문　이 사람이 진심일까?

사전 정보 버스 안, 목적지가 같다는 것을 알고 이런저런 이야기를 나누다가 예술고등학교 졸업 후 귀향하는데, 먼저 헤어지자고 한 남자 친구가 헤어진 지 얼마 되지 않아 재회를 요청하는 편지를 보낸 통에 마음이 심란하다며 질문한 사례다. 질문 특성상 상대방이 주인공이기에 해당 인물을 질문자로 칭하겠다.

$$5c - 10w - Qc - 3s - 6p - 9 - Pc - 4w - 10c - 5s$$

5c　(질문자 자신) 아쉽지만 각자의 길로 향할 수밖에 없다고 여긴다.

10w　(장애물) 현실적인 문제로 자주 볼 수 없고, 그 때문에 스트레스를 받고 있다.

Qc　(기저) 자신의 감정에 충실했다.

3s　(과거) 현실적으로 관계를 유지하기 힘들다는 점을 밝히고 정리했다.

6p　(현재/곧 일어날 일) 관계를 유지할 수 있다면 좋다고 생각하며, 상대방에게 이를 종용하려 할 것이다.

9　(미래) 관계 지속에 많은 어려움이 계속될 것이다.

Pc　(질문자의 내면) 자신의 충동적인 모습을 숨기지 않고 있다.

4w　(제3자가 바라보는 질문자) 남의 눈에도 둘의 관계는 이미 끝난 상태다.

10c　(희망/두려움) 과거의 감정이 되살아나길 바라지만, 그런 행복에 닿지 못하거나 이미 사라진 것이 아닐까 하며 두려워한다.

5s　(결과) 이 관계는 결국 한쪽의 일방적인 주도로 성립/이별하게 될 것이다.

실전 해석

이 배열에서 Qc는 3번 위치, '기저'에 나왔다. 관계 성립을 바라고 이 사람이 남을 어떻게 대하는지 묻는 상황이니, 질문자가 얼마나 이 관계의 복원을 원하며, 그 의도가 선의에 입각하는지 살펴야 한다.

이 질문에서 Qc에게 영향을 주는 카드는 5c, 3s, 9, 10c로 확인되는데, 이로써 부정적인 영향을 받는다는 것을 알 수 있다. 어떻게든 상호 화합이나 좋은 감정을 유지하려는 모습까지는 사실일 수 있으나 그렇게 하기에는 이미 과거에 저지른 실수들이 치명적으로 적용되며, 앞으로 둘의 현실적인 문제(예: 장거리 연애)가 커지며 행복해지기 어렵다는 점을 지적하고 있기 때문이다.

그렇기에 현실적인 문제를 도외시한 선택이 불화나 악연으로 끝나기 쉽다는 점을 자각하고, 다른 카드들의 의미 분석을 통해 질문자의 심리가 과연 관계를 유지/발전하는 데 적합한지 확인해야 한다.

---

① 5c (질문자 자신) 질문자가 모종의 이유로 상심했다는 것을 드러낸다. 긍정적인 영향을 받는다면 불필요한 감정적 요인들을 정리하고 자신이 나아가야 할 길로 향한다는 것을 의미하나, 부정적인 영향을 받는다면 감정 상실로 올바른 판단을 하지 못하거나 자신의 태도를 정당화하려 할 수 있다는 것을 경고한다.

---

② 10w (장애물) 질문자가 현실적으로 관계를 이끌어갈 역량, 기반, 여유가 부족하다는 점을 지적한다. 긍정적인 영향을 받는다면 이런 어려움 속에서도 이 관계를 이어가며 더 아름다운 인연이 될 수 있다는 의미로 해석되나, 부정적인 영향을 받을수록 현실적인 문제 및 질문자의 역량 부족이나 기반 부실로 자멸할 수 있다는 것을 경고한다.

---

③ Qc (기저) 앞서 언급했듯 부정적인 영향을 받았다. 질문자가 자신의 감정 충족을 위해 엎지른 물을 다시 담으려 하고 있다는 사실을 알 수 있으며, 나이/경험 또는 배열의 다른 카드(특히 Pc)로도 이 행

동이 자기 본위적 발상에 가깝다는 것을 간파할 수 있기 때문이다. 이 때문에 질문자가 자신의 외로움이나 스트레스를 발산하는 창구로 상대방을 이용하려 한다는 것을 확신할 수 있다(5c, 3s, 9, 10c).

④ **3s (과거)** 이 관계가 일방적이거나 피하고 싶은 현실 때문에 강제로 헤어졌다는 것을 의미한다. 긍정적인 영향을 받는다면 둘 다 현실을 인정하고 물러났다는 것을 의미하나, 부정적인 영향을 받는다면 한쪽의 일방적인 강요나 통보로 관계가 좋지 않게 끝났다는 것을 의미하며, 최악의 경우 이미 상대방을 이용했음에도 후안무치하게 이를 반복하려 한다는 것을 암시한다.

⑤ **6p (현재/곧 일어날 일)** 이 관계를 복구하려 상대방에게 접근하리라는 것을 의미한다. 긍정적인 영향을 받더라도 이는 상대방의 동정심에 관계가 재정립하는 데 그치며, 부정적인 영향을 받는다면 이 과정에서 질문자가 자존심을 버려야 하거나 최악의 경우 자신이 상대방에게 동정을 베푼다고 생각하면서 오만한 태도를 보일 수 있다는 것을 지적한다.

⑥ **9 (미래)** 부정적인 영향을 확고히 받았다. 이로써 질문자가 자신의 역량 이상을 요구하는 행위에 무모히 도전해 자신의 위신을 오히려 실추하리라는 것을 의미하며, 이 과정에서 자신이 생각한 애정이 실제로는 애정과 거리가 멀었다는 점조차 깨닫지 못할 수 있다는 것을 경고한다(5c, 10w, 3s, 6p).

⑦ **Pc (질문자의 내면)** 질문자가 감정적으로 불안정하다는 것을 암시한다. 부정적인 영향 때문에 재회 제안조차 충동적이거나 충분한 고민 없이 했다는 것을 드러낸다. 자신의 감정 손실과 가중되는 스트레스에서 벗어나려 상대방에게 미성숙한 태도를 보여준다는 것을 다른 카드들로 지적하고 있다(5c, 10w, 3s, 10c).

⑧ **4w(제3자가 바라보는 질문자)** 긍정적인 영향을 받는다면 다른 사람들이 이 관계가 이상적이며 서로 어울린다고 여긴다는 것을 의미하나, 부정적인 영향을 받는다면 둘의 관계가 이미 끝났다는 것을 모두 알고 있다는 의미로 해석된다. 이 배열에서는 전적으로 후자에 해당한다.

⑨ **10c(희망/두려움)** 다시 예전의 좋았던 때로 돌아가길 바라는 희망적인 면과 이미 지나간 것을 무의미하게 좇는 것은 아닌가 하는 의심이 두려움으로 작용한다. 이는 배열의 다른 카드들이 질문자가 원하는 '좋았던 때'가 사실 '내가 생각하기에 좋았던 때'에 지나지 않는다는 점을 강조해, 다른 카드들의 부정적인 의미를 강화한다.

⑩ **5s(결론)** 관계의 균형이 깨진 채 한쪽의 일방적인 판단이나 결정으로 끌려가는 것을 의미한다. 긍정적인 영향을 받는다면 이 와중에도 어떻게든 행복이나 감정 유지가 원활할 방법이 없진 않기에 조언으로 관계를 굳건히 해줄 수 있으나, 부정적인 영향을 받는다면 끌려가는 이를 여러 조언을 해주거나, 다양한 수단을 사용해 관계에서 이탈 또는 자립하도록 도와야 하는 상황에 마주하게 될 것을 경고하는 카드다.

나는 해석을 마치자마자 재결합 결사반대를 대놓고 천명했다. 자기가 궁하니 아쉬운 소리를 늘어놓는 것이라 말했고, 그녀도 동의하며 점이 이렇게도 나올 수 있는지 몰랐다며 신기해했다. 그 뒤 나는 연락처를 알려주며 문제가 생기면 연락하라 했으나, 치기 어린 동생의 반응이라 생각했던지 예상보다 긴 시간 동안 연락은 오지 않았다.

그해 5월쯤 연락이 닿아 그녀를 다시 볼 수 있었다. 성남 성호시장 한쪽의 분식집에서 그녀는 1월에 봤던 점을 회상하며 말하길, 다시 받아주긴 했으나 너무나 다른 현실(그녀는 재수생이었고, 질문자는 대학에 입학 후 그녀에게 현실적으로 무리한 요구를 자주 했다고 한다)에 끝내 한 달도 채 못 돼 다시 헤어졌으며, 결국 해석한 대로 흘러갔다는 말을 남겼다.

이 배열의 Q_c는 잘못된 자기 확신이 상황을 어떻게 악화시키는지 보여준다. 교류가 필요한 것과 그렇지 않은 것이 있다는 점을 무시하거나, 일을 이미 복구할 수 없을 지경으로 만들고 자신의 감성에만 의존해 아무 문제도 없었다는 듯 행동하는 경향이 Q_c에게 있다는 점을 주의해야 한다고 알려주는 사례다.

모든 Cup 수트의 감정이 무조건 순수하거나 옳을 수만은 없으며, 이는 현실적으로 매우 어려운 문제다. 괜히 '맑은 물에는 물고기가 살지 못한다'라는 말이 있을까? 각자의 의도나 감정을 어떻게 다른 사람이 받아들이는지 살피고 모두 동의할 수 있는 과정을 밟아나가거나, 스스로 행동으로 보여주면서 상대방의 마음을 얻을 수 있도록 노력해야 한다는 점을 조언하기 전에 항상 유념해야 할 것이다.

KING *of* CUPS.

냉철, 정치(가)
Cool, Political

KING 공통 의미

전문가, 경영인, 부장/상무(대기업), 사장/이사(중소기업) 등의 준 결정권자급 직원/임원, 병장, 원사, 대령, 중년 이후 성인, 핵심 장기(오장육부 등), (다른 코트 카드에게 영향을 받는 경우)우세하거나 결정권을 지니며, 남을 평가할 권한이 있는 사람/분야/상황, 반드시 전문가가 개입해야 하는 질병들, 장·차관급 인사, 자신의 분야에서 일가를 이루다, 보수주의

King of Cups의 키워드

냉철, 정치가, 인사 담당자(회사), (예술 관련)총괄 제작자, 자신의 감정을 통제할 수 있는 사람, 전권 대사(외교), 남의 감정을 체계적으로 조작하는 행위/분야, 음모가, 정략政略, 선동, 겉과 속이 다른 사람, 여론의 대변자, 자신의 예술성을 확고히 공인받은 권위 있는 예술가, 종교인, 추기경(가톨릭), 목사, 주지(불교), 이맘 등 각 종교의 지역/지부 대표, 지휘자(오케스트라), 수석 연주자, 약사(의료), 다수를 만족시키는 데 천부적인 재능과 경력을 지닌 자, 순환/혈류와 관계있는 중대한 질병, 소시오패스, 지자체장 등……

긍정/부정 확인 기준

질문자의 지지 세력은 소수/다수인가?

질문과 관련한 문제가 여론이나 감정에 크게 좌우되는가?

과거에 질문과 같은 상황을 경험했는가?

Kc에 해당하는 인물이 특정 단체나 조직을 얼마나 대표하는가?

해당 질문과 관련한 명분은 어느 쪽에 있는가?

여론을 바꿀 수단을 얼마나 갖고 있는가?

뚜렷한 결과물이나 입지를 확보한 인물/분야인가?

이는 코트 상징편에서 언급했던 '냉철, 정치'의 의미와 함께, 여기서 파생한 '자신의 기반이나 권위를 생성하는 데 성공한 사람/분야'라는 핵심 의미를 바탕으로 세울 수 있는 몇 가지 기준이다.

자신의 마음이 어디에 있는지 알고 붙들어놓을 수 있어야 남의 마음을 움직일 수 있다. 이는 모든 용인술用人術의 기본이자 선동의 기본이다.

그렇기에 Kc는 사소한 말과 행동에 의미를 부여하는 경우가 대부분이다. 굳이 말하지 않더라도 자신이 의도하거나 전달하려 한 내용들을 은연중에 다른 사람들이 눈치챌 수 있게 만드는 능력이 있으며, 이를 통해 목적을 달성함과 동시에 방해되는 존재들을 조용히 배제하는 경향이 있다.

그러나 Kc는 자신의 지지층을 통제하지 못하거나 냉철하지 못한 판단 끝에 사람들을 선동해 잘못된 방향으로 이끌어 모두를 불행하게 만들며, 이 과정에서 자신의 이익에만 집착해 대중의 요구를 외면하고 자리 보전에만 급급한 나머지 지금껏 떠받들어줬던 민심이 이윽고 거대한 해일로 변해 Kc를 덮쳐와 흔적조차 남지 않거나, 넘실거리던 넓은 바다가 언제 그랬냐는 듯이 메말라 바닥이 쩍쩍 갈라진 모습을 드러낼 수 있음을 경고한다.

긍정 Kc는 사람들의 심리 위에 군림하며, 이를 이용해 자신이 얻고자 하는 바를 취한다. 사람들이 원하는 것을 달성해준다고 하면서 접근하거나 사람들을 대변해 활동하면서 이를 행하는 경향이 있으며, 이 과정에서 많은 이들의 동의나 공감을 얼마나 얻어내느냐에 따라 긍정/부정적인 의미가 판가름된다. 우리가 알고 있는 유명한 예술가들이나 그들의 대작들은 결과적으로 새로운 관념과 방식을 도입한 사례가 아니라면* 대중의 욕구를 대신 분출한 데서 호응이 시작됐다고 볼 수 있으며, 예술뿐 아니라 정치, 사회, 종교 전반에 퍼져 세상을 발전시키는 원동력이 됐다.

이 과정에서 더 많은 이의 상호 조율을 거쳐 자연스럽게 모두의 공감 또는 인식 개선을 이루어낸다면 그것만으로도 자신의 격을 한층 높여 한 분야를 대표할 수 있다는 것을 의미하는 카드다.

부정 그러나 Kc는 보편적으로 두 가지 문제를 항상 품고 있다. 자신의 실제 능력이나 기량의 부족을 너무 잘 알고 있기에 속내를 감춰 안전을 도모하려다가 비판받는 경우와** 남을 자신의 입맛대로 조종하려다가 실패해 위신이 실추하거나 반대파의 공격에 그대로 노출되는 경우를 들 수 있다.

전자는 그나마 수습하기 쉽거나, 책임질 일을 안 하려 한다는 점에서 최악을 피할 수 있으나, 후자는 큰 문제를 일으켜 자신의 기반이

---

* 새로운 방식이나 관념을 창조해내는 역할은 Wand의 몫이다

** 여론조사가 결과를 정확히 예측하기 힘든 이유의 하나로 긴 시간 정국이 불안정하거나 독재 치하였기에 자신의 의견을 진심으로 표명하기 힘들었던 정서를 꼽을 수 있다. 이는 문민정부 때부터 서서히 사라지고 있으나 2016년에도 벌어졌고, 아직도 70~80대 이상 노년층에서 이런 정서가 유지되고 있다. 〈'봄꽃 대선'은 여론조사의 재앙 피해갈까〉, 《한겨레신문》, 2017년 3월 1일 자. 또한, 조사 기관의 의도를 억지로 적용해 자신들이 원하는 답을 얻어낸 뒤 이를 민심으로 포장하는 행위를 들 수 있다.

되는 장소/분야에서 추방당하는 상황까지 일어나곤 한다.*

이런 이유로 Kc는 자신의 지지층이 무엇을 명분 삼아 활동과 지지를 보내며, 그런 이들에게 자신을 어필하려면 어떤 행동과 말을 해야 하는지 주의 깊게 관찰할 것을 주문하는 카드다. 해석 때 조언조차도 냉철한 판단으로 감정에 휘둘리지 말고 서로 얻으려는 바가 무엇인지 간파한다면 문제가 금방 해결될 수 있다는 것을 보여주는 사례가 대부분이다.

물이 대변하는 유동적인 감정을 지배하려면 그만큼 깊은 바닥에 내재된 수많은 욕망을 직시하고 간파해야 한다. 그러면서도 자신이 발원한 순수했던 수원水原을 잊으면 안 된다. 이를 잊는다면 결국 이도 저도 아닌 무채색 인간이 되거나 대중의 꼭두각시가 되기 십상이기 때문이다.**

그렇다고 이를 폭압적으로 억제하려 한다면 사람들의 반발은 둘째 치고, 자신의 신념과 정의와 명분도 퇴색한다는 점을 주의해야 할 것이다.

그렇기에 어떤 주제/배열이든 질문자 또는 Kc에 해당하는 인물/분야/단체가 어떤 것을 의도하고 있는지 반드시 확인해야 한다. 그리고 이 요소들이 다른 사람들에게 긍정/부정적으로 어떻게 인식되는지 파악해 적절히 조언해야 한다.

Kc는 정작 자신의 물리적·현실적 기반이 다른 King 카드들보다 부족하며, 대부분 인맥/인기/공경 등의 감정적이거나 특정 발언/옹호/비판 등의 표현에 치우쳐 있다는 것을 스스로 인지하고 있기에 이 효과를 극대화할 사전 작업이 필요하다는 점을 강조한다면 해석자의 조언에 충분히 귀를 기울여줄 것이다.

* 종교계 인물의 성범죄나 상담 또는 멘토링을 빙자한 세뇌를 들 수 있으며, 미성년자를 대상으로 친밀감을 쌓고 이 친밀한 관계의 대가로 성을 착취하는 사례도 이에 속한다.

** Cup/Pentacle 수트에서는 이런 전형적인 정치적 행태로 포퓰리즘(대중주의)를 꼽을 수 있다. 반대로 Wand/Sword 수트에서는 엘리트주의가 적용된다.

이런 요소들 때문에 Kc는 질문자가 직접 연관된 이들과의 조력/합의/화해 등 외교적 역량이 필요할수록 영향력을 강하게 발산한다.

모든 King은 보수적이고 변화를 어려워하지만, 굳이 변화가 느린 순서로 열거한다면 Kp 〈 Kw 〈 Kc 〈 Ks 인데, Kc는 자신의 지지층 과반 이상(대규모)이나 문제와 관련한 이들의 만장일치(소규모)에 가까운 동의 및 추인이 이루어지면 변화를 시작한다.

Kc의 역사적인 사례들은 찾아보기 쉽다. 보통 명군이나 명재상의 성장 과정을 살피면 통치에서 King 수준의 역량을 쉽게 찾아볼 수 있다.

일례로 프랑스의 앙리 4세를 들 수 있다. 그는 프랑스의 상징 동물이 닭이 된 계기를 만든 사람으로 유명하나, 즉위 때의 이야기를 주목할 필요가 있다. 혼란스러운 프랑스 정국을 수습하려 했으나 신교 출신이었던 그가 왕위를 계승할 수 없자 가톨릭으로 개종해 왕위에 올랐으며, 이후에 낭트칙령으로 종교 갈등을 봉합하는 데 성공했다. 이 조치는 루이 13세 말기까지 이어지며, 프랑스를 강대국의 반열에 올려놓는 데 결정적인 영향을 끼쳤다.

반면 Kc의 처지에서 권모술수로 자신의 지위를 억지로 유지하려는 압제자나 음모자를 부정적인 사례로 들 수 있다. 특히 사이비 종교나 극단적인 사상을 추종하는 집단에서 자주 보이는 양태인데, 굳이 예를 든다면 인민 사원 집단 자살 사건Jonestown Massacre(1978)을 사주한 제임스 워런 존스를 들 수 있다. 체계적인 신학 교육을 받지 않고 사목 행위를 해 인민 사원 순복음 그리스도교회Peoples Temple Christian Church Full Gospel를 세운 그는 가이아나에 신앙촌을 만들어 폐쇄적인 집단을 형성했으며, 이후 신도들을 협박하는 등 문제적인 행위를 거듭하다가 당국의 조사가 시작되자 결국 십난 자살을 송용, 918명의 사상자를 냈다.*

* 유사한 사건으로 우리나라의 오대양 집단자살사건을 들 수 있다.

　자신의 신앙, 믿음, 감성 등이 변질했는데도 이를 개선하지 않고 남을 이용하려다가 파국을 맞는 사례가 많다. 이 사건 또한 초심을 지키지 않으면 격의 상승이 이루어지지 않고 오히려 자신과 관련자 모두를 파멸로 이끌 수 있다는

배열 위치별 특징 배열상 Kc가 나오면 해당 인물이 누구인지 확인해야 하며, 만약 질문자라면 확실한 보안을 약속해 본래의 목적이나 의도를 반드시 파악할 필요가 있다. 이는 Kc가 표면적으로 취하는 행동이 기본적으로 여러 포석을 염두에 두고 움직이기 때문이다(이는 모든 King에게 내재한 요소이나 Kc는 그의 진정한 능력 자체에 가깝다). 나아가 관련자의 욕망이나 목적이 어떠한지 질문자가 인지하고 있느냐에 따라 조언의 방향이 크게 갈라진다는 점에 주의해야 한다.

이 과정에서 여론을 바꿀 변수가 있는지 파악하고, 이를 이용해 긍정적인 의미를 적용할 수 있도록 조언을 진행해야 한다.

이런 문제들 때문에 Kc는 켈틱 크로스 배열 위치 중 2, 3, 4, 7번 위치에서 영향력이 커지는 경향이 있다. 이는 질문자가 이미 Kc의 영향력에 휘말렸거나 이에 따른 모종의 인과관계를 질문자가 의도하고 있다는 것을 의미하며, 또는 반대로 Kc에 해당하는 사람의 영향력에 이미 놓여 있는 상태라는 것을 객관적으로 확인할 수 있거나 이미 질문자가 인지하고 있을 확률이 높기 때문이다.

1, 8, 9번 위치에 나오면 배열 안의 영향력이 약해지거나 커지더라도 부정적인 영향을 받기 쉽다. 이는 Kc에 해당하는 역량을 실제 갖췄지만 극복하지 못하는 문제들이 결국 조언으로도 상황을 바꾸기 어려운 사정일 가능성이 크거나 질문자가 자신의 역량을 착각하는 상황이 빈번하기 때문이며, 자신의 의도가 이미 다른 사람들에게 노출돼 큰 효과를 내지 못하는 경향이 있기 때문이다.

것을 경고하는 사례의 하나다.

연애(관계가 성립한 상황) 긍정적인 영향을 받는다면 Kc는 믿음직한 배우자이자, 가족을 넘어 친족에게도 영향을 미쳐 관계를 더 끈끈하게 만들어주며 부족한 부분을 배려하고 화합하는 자상한 반려자를 뜻한다. 특정 상황이라면 Kc는 공사 구분을 통해 애정을 더 키울 수 있다는 것을 의미하며, 냉철하게 판단하도록 조언해 다른 사람이나 상대방과 오해의 소지를 줄일 것을 주문한다.

　그러나 부정적인 영향을 받는다면 위선적이거나 거짓말을 하고 있다는 것을 경고하며, 남을 이용해 자신의 입장을 강화하거나 상대방의 기를 죽이려는 인물/행위를 암시한다. 최악의 경우 두 집 살림, 불륜, 외도와도 관련되나 이런 의미를 적용하는 데는 극히 주의해야 한다.

연애(관계가 성립하지 않은 상황) 관계 성립을 기원하는 입장이라면 자신의 감정을 절제하거나 상대방에게 보이지 않는 배려로 원하는 바를 이룰 수 있고, 남을 선동·회유해 자신이 목표로 한 이성에 쉽게 접근할 수 있다는 것을 의미한다. 그러나 부정적인 영향을 받는다면 상대방 이성이 전혀 이런 시도를 알아채지 못한다는 점을 지적하며, 반대로 군중심리를 이용해 관계를 억지로 성립하려 할 수 있다는 것을 경고한다.

　관계 성립 시도조차 없는 일상적인 상황이라면 Kc는 더 철저한 매너나 자신의 본심을 다양한 방법으로 절제해 표현하는 방법으로 운의 상승을 노릴 수 있다는 것을 의미하나, 부정적인 영향을 받는다면 질문자의 표리부동한 언행이 연애를 가로막고 있으며, 이를 해소하지 않으면 연애할 수 없다는 점을 지적한다. 최악의 경우 내재한 변태적 욕망으로 인해 그 취향이 뒤틀려 있다는 의미로 해석되나, 이 또한 너무 극단적이어서 적용할 수 있는 사례가 흔치 않으니 주의해야 한다.

대인관계 Kc가 특정 인물과 관계있다면 보통 모임의 장이거나 의사 결정에 중추적인(그러나 드러나지 않는) 존재라는 것을 의미한다. 이들을 어떻게 설득/이용/합의하느냐에 따라 자신의 목적을 쉽게 이룰 수 있으나, 그에 따른 대가를 명확히 지불하지 않으면 반드시 뒤탈이 생긴다는 점을 경고한다.

질문자 자신이 Kc라면 상황을 통제하기 쉽거나 자신의 손아랫사람 또는 인맥을 활용해 문제를 쉬이 해결할 수 있다는 것을 의미하나, 부정적인 영향을 받는다면 피해를 감수하더라도 합의해야 할 상황이거나 조력을 얻어 호가호위한 대가를 크게 치러야 한다는 것을 의미하며, 최악의 경우 질문자가 토사구팽을 당할 수 있다는 것을 암시한다.

Kc가 특정 상황을 의미한다면 신사적이고 외교적인 합의 방법이 필요하다는 것을 의미하며, 목적을 위해 사적 감정을 배제해야 한다고 조언해야 하나, 이 또한 부정적인 영향을 받는다면 질문자가 맞이한 모든 상황이 사실은 누군가가 모두 의도/기획한 상황이라는 것을 암시한다. 이때는 스스로 문제가 될 여지를 어디서 만들었는지 파악하게 한 뒤 대처를 조언해 궁지에서 벗어날 수 있도록 도와야 한다.

사업의 흐름이나 전망 대중심리를 자극해 원하는 대로 이용해야 하는 상황을 의미한다. 이때 자신의 사업과 관련한 사회적 이슈나 이벤트에 호응해 홍보하는 사례를 들 수 있으며(예: 올림픽 공식 후원사), 마음이 동하지 않은 사람들에게 해당 사업의 필요성을 역설해 효용가치 이상의 이익을 얻어내는 방식에 능하다.*

이는 결국 Kc의 의미와 어떤 무형의 가치를 대중이 믿도록 선동하는 행위의 의도가 일치하기 때문이다. 그렇기에 Kc는 다른 컵 수트와 다르게 자신이 목적으로 삼거나 필요로 하는 것을 위해 본심을 숨길 수 있으며, 이를 이용해 취할 수 있는 다양한 서비스업, 예술, 정

* 마케팅으로 수익을 올리는 작업에 해당한다. 특정 프레임을 설정해 유행을 만들거나 선동을 통해 수요를 억지로 확보하는 상황도 이에 해당한다(예: 욜로, 소확행 따위의 신조어).

치, 종교 사업을 운영하도록 권할 수 있다. 긍정적인 영향을 받을수록 다수의 사람을 이용·운영해 수익을 낼 수 있고, 부정적인 영향을 받을수록 뇌물·배임·횡령 등이 빈번한 하위 분야로 격이 낮아지며, 특정 개인/단체에 종속해 하청을 반복하는 부류의 일로 격하된다.

창업의 성사 여부 Kc는 창업에 큰 제약을 받는데, 현대에 들어설수록 정치적 대표를 세우는 행위가 줄어들었거나 규모 차이가 극단적이기 때문이다. 사람들의 신망을 사는 사업을 하거나 대중의 대표로 나서야 하는 상황 정도로 갈무리되며, 이를 위한 사전 정지 작업이나 지지자 확충 작업을 통해 한 세력을 일굴 수 있도록 조언해야 한다. 나아가 사람들의 지지나 협력을 유기적으로 이용하는 데 핵심적인 묘리가 내재돼 있다는 것에 주의해 조언해야 한다.

부정적인 영향을 받을수록 자신의 지분이 줄거나 발언권을 희생해야 하며, 최악의 경우 허수아비처럼 실속이 없을 수 있다는 점을 경고한다.

진로 적성 창업, 사업과 비슷하며, 이에 더해 외교/교섭 관련 재능을 발현한다. 그러나 Nc가 개인 대 개인의 교섭에 특화되거나 자신의 매력으로 소속의 이익을 추구한다면, Kc는 단체와 단체의 전권대사를 통한 교섭에 가까우며, 그렇기에 대를 위한 소의 희생을 자연스럽게 구사한다는 차이점이 있다. 나아가 협업을 기본으로 대작을 만들어내는 대중매체 계열 및 종교 관련 분야와 인사관리, 정치가 기질이 있다. 이는 다른 카드들의 배치와 질문자의 기반, 자질을 파악해 더 구체적인 내용을 확인할 수 있다.

긍정적인 영향을 받을수록 너 쉽게 명성을 얻거나, 더 광범위하고 잘 알려진 방식에 부합하며, 부정적일수록 비교적 대중성이 떨어지는 서브컬처나 호불호를 가리는 분야에 천착한다.

시험 결과나 합격 여부 절대평가에서 Kc는 평균보다 약간 높은 성적을 거둘 수 있다는 것을 의미하며, 부정적이더라도 성적이 갑자기 떨

어지는 경향은 없다.

다만 상대평가에서는 능수능란한 심리전을 구사해 유리한 고지를 선점하거나 진영 논리 및 이분법을 구사해 자신의 손을 직접 대지 않고 좋은 결과를 얻어낼 수 있다는 것을 의미한다.

부정적인 영향을 받는다면 반대로 남의 도발에 넘어가거나 명확한 출제 의도를 모르는 채 문제가 유도하는 오답으로 쉽게 끌려갈 수 있으니 경계하도록 조언해야 한다. 최악의 경우 대면/면접 상황에서 위선/거짓이 들통나며 해당 업계의 블랙리스트로 올라가는 사례도 있으나, 이런 극단적인 상황은 흔치 않기에 적용에 주의해야 한다.

질병의 호전, 완치 의사의 처방에 따르고 있는 경증이라면 일상생활이 쉽게 가능한 상태를 의미하며, 중증이더라도 철저한 식이요법과 투약을 병행한다는 전제하에 생활할 수 있다는 것을 의미한다.

부정적인 영향을 받을수록 완치에 시간이 걸리며, 계속 병원을 오가야 하는 상황으로 변질되는데, 이는 체내 저항력 문제라기보다 잔존하는 병세가 완전히 소멸하는 데 오래 걸리는 일이 흔하기 때문이다.

그렇기에 다른 모든 것보다 심리적인 안정에 초점을 맞춰 조언하고, 병세가 심할수록 자주 확인해서 악화하지 않도록 미리 조치해야 한다.

단순한 건강 문제 일상적인 상황이라면 대부분 사람을 많이 대하기에 발생하는 질병들을 의미하며, 충분한 휴식이나 피로회복제만으로도 극복할 수 있거나 스트레스 해소 방법만 조언해도 문제를 해결할 수 있다.

발병 가능성을 점친다면 내과 질환으로 단연코 간 질환을 꼽을 수 있으며, 지방간보다 간염, 간암처럼 치명적 질환에 해당한다.

정신적인 면에서는 공황장애를 꼽을 수 있으며, 그 밖에 반사회성 인격장애Antisocial personality disorder를 적용할 수 있는데. 이는 감정(물)과 자신의 목적이나 의도(옥좌)의 구분이 심한 나머지 다른 사람의 감정이나 욕망을 아랑곳하지 않는 모습으로 이해할 수 있다.*

　　그러나 이런 내용은 반드시 전문의와 상담하도록 권해야 하며, 이 책에서도 어디까지나 하나의 예를 들었을 뿐이라는 점을 강조하고 자 한다.

---

* 직접적인 폭력보다는 기존 시스템이나 다른 사람들의 심리를 조작/선동/악 용해 암약하는 방향으로 나타난다.

켈틱 크로스 배열 위치별 긍정/부정 해석법

1 → ②③⑤⑧ 카드 확인 질문자의 기량과 당면한 문제의 격차를 확인해야 하며, 이를 다른 사람들이나 객관적인 관점에서 어떻게 평가받고 있는지 파악해 질문자가 Kc에 해당하는 기량을 갖췄는지 감정해야 한다.

긍정적인 영향을 받는다면 이 질문은 문제 해결을 요청한 것이라기보다 최소 비용으로 최대 효과를 내려는 상황이 더 많을 정도로, 해결책보다 과정의 효율성에 대해 조언을 받고자 질문한 사례가 대부분이다. 그러나 부정적인 영향을 받는다면 질문자가 여론 조작을 시도하거나 자신의 우위를 바탕으로 군중심리를 이용해 일을 원하는 대로 하려는 것을 암시하며, 최악의 경우 주제 파악조차 하지 못한 채 자신을 냉철한 사람이라 여기거나 부정적인 수단들을 어쩔 수 없다는 핑계로 자행하려는 상황이라는 것을 경고한다.

2 → ③⑤⑧⑨ 카드 확인 질문자를 가로막는 것이 질문자의 냉철하지 못한 성정인지, Kc에 해당하는 다른 사람 또는 경쟁자가 장애물인지 파악해야 한다. 보통 전자라면 조언으로 어느 정도 조율이 되는 경향이 있으나, 후자라면 Kc에 해당하는 사람과 거래, 합의가 선결돼야 한다는 것을 의미하며, 그렇지 않으면 Kc에 해당하는 사람의 취약점을 근거로 거래를 시도해 방해나 견제를 사전에 방지해야 한다는 점을 강조한다. 만약 이를 실행하지 못하면 여론의 반발이나 타협 여지를 찾지 못해 문제가 장기화할 수 있다.

3 → ②④⑦⑨ 카드 확인 질문 관련 문제에 어떤 조치나 태도를 유지해왔는지 판단해야 하며, 이 과정에서 질문자가 내심 어떤 의도로 임해왔는지 파악해야 한다. 긍정적인 영향을 받을수록 문제가 어떻게 확산되든 질문자에게 유리한 상황이기에 이로써 만족스러운 수단을 이용해 목적을 수월히 달성한다는 것을 의미한다.

부정적인 영향을 받는다면 질문자가 이미 해석자에게 거짓을 언급하고 있거나 표면적인 이유 외의 별개의 목적을 목표로 해당 질문을 건넨 것으로 이해할 수 있으며, 정보 보안을 확인시켜 해당 내용이 왜 숨겨져야 하는지 납득하는 과정이 필요하다. 경미한 수준이라면 큰 문제가 되지 않으나, 그렇지 않을 경우 대부분 질문 주제와 관련된 모든 이들에게 심대한 영향을 끼칠 수 있으므로 질문자의 의도가 선의/악의에 기반하는지 간파해 점의 해석을 속행/중지할 것인지 고민해야 할 정도로 문제가 될 수 있다는 데 주의해야 한다.

4 → ② ⑧ ⑨ 카드 확인 질문과 관련한 과거의 일이 현재의 문제와 세간의 평가에 어떻게 연결되는지 확인해야 한다. 긍정적인 영향을 받는다면 과거의 현명한 대처나 안배로 현 문제를 개선·대처할 수 있다는 것을 암시한다.

그러나 부정적인 영향을 받는다면 외부의 의도적인 개입이나 자신의 어설픈 처리 탓에 진작 벌어져야 했던 문제가 이제야 벌어진 것이라는 점을 의미하며, 이에 대한 조처나 해결이 어려울수록 질문자가 문제를 방기해왔다는 것을 드러낸다.

---

5 → ① ② ④ ⑦ 카드 확인 질문자가 Kc에 해당하는 인물인지 파악하고, 곧 벌어질/이미 벌어지고 있는 상황을 자신이 원하는 대로 통제할 수 있는지 확인해야 한다.

긍정적인 영향을 받는다면 자잘한 반항이 있을지언정 질문자가 의도하는 것이 차근차근 이뤄지거나 이에 가까운 상황을 다른 사람들이 이끌어주는 것을 의미하나, 부정적인 영향을 받는다면 자신의 목적과 상반되거나 동떨어진 일로 계획에 차질을 빚거나 지지층이 이탈할 수 있다는 것을 암시하며, 최악의 경우 공개 재판 같은 불리한 상황에 노출돼 있다는 것을 경고한다.

---

6 → ④ ⑤ ⑧ ⑨ 카드 확인 향후 일어날 정치적 움직임이나 인맥, 세력의 움직임이 질문자에게 유리하거나 자신이 안배대로 실행되는지 파악해야 한다. 긍정적인 영향을 받는다면 질문자의 (의도된/의도치 않은) 포석이 효과적으로 힘을 발휘해 상대방이나 다른 사람들에게 동의/지지받는 것을 넘어 확고한 지위에 올라설 수 있다는 것을 뜻한다.

그러나 부정적인 영향을 받는다면 Kc에 해당하는 인물의 개입으로 질문자의 (부적절한) 의도가 간파당해 효력을 잃거나 수면 위로 드러나진 않아도 질문자를 은연중 격리시키는 상황이 벌어진다는 것을 암시한다. 이를 알더라도 항변할 수 없고, 항변할수록 오히려 수렁에 빠질 수 있으니 주의하도록 조언해야 하며, 상황이 정리되기 전까지 다른 시도나 충돌을 삼가도록 조언해 배경이 되는 문제 자체에서 이탈하도록 도와야 한다

---

7 → ① ② ④ ⑨ 카드 확인 질문자의 의도를 확실히 파악하고 그 의도가 설득력 있거나 냉철한 판단으로 계산한 것인지 확인해야 한다. 긍정적인 영향을 받는다면 질문자의 의도나 포석을 다른 사람들이 전혀 인지하지 못하고 있거나, 인지하고 견제하려 해도 역량 미달로 행동에 옮기지 못한 채 질문자의 활약을 지켜봐야만 하는 상황이라는 것으로 해석된다.

그러나 부정적인 영향을 받는다면 질문자의 표리부동함을 지적하거나 자신을 지나치게 과대평가하고 있다는 점을 지적하며, 주변 지인들조차 질문자가 자기 합리화하고 있는 것을 다 아는 상황임을 지적한다. 최악의 경우 질문자의 표리부동함이 악의/범죄와 관련 있다는 것을 암시하나, 이렇게 해석하려면 근거를 철저히 마련해야 할 것이다.

8 →②④⑤⑦ 카드 확인 사람들이 질문자를 왜 Kc로 평가하게 됐는지 파악해야 한다. 일상적인 상황이라면 긍정/부정과 상관없이 질문과 관계된 이들에게 원만한 합의를 이끌어내는 협상가로 인지되고 있으며, 다른 사람들도 이런 상황을 인정하거나 배려해 질문자가 원하는 바를 얻을 수 있게 돕는 분위기가 형성돼 있다는 것을 의미한다.

어떤 문제를 해결해야 하는 상황일 때, 긍정적인 영향을 받는다면 다른 사람들이 질문자가 이 문제를 해결할 수 있을 뿐 아니라 추가 이득이나 효과를 낼 만한 능력자로 여기고 있다는 것을 의미하나, 부정적인 영향을 받는다면 거짓말쟁이나 위선자로 평가받고 있다는 것을 지적하거나, 무슨 말을 해도 반드시 다른 의도가 있으리라고 의심받는 형국이라는 것을 암시한다.

9 →②④⑦ 카드 확인 질문자가 왜 냉철함을 원하거나 다른 사람/자신의 감정 통제 여부를 원하는지 분석해야 한다. 희망적인 면을 위해 질문자의 정치력이나 감정 전달력에 어떤 문제가 발생하기 쉬운 상황인지 점검해야 하며, 특정 인물/상황을 왜 통제하거나 자신의 수중에 넣으려 하는지 파악한다면 더 구체적인 사안을 언급할 수 있다.

10 → 질문과 관련해 Kc에 준하는 역량을 지닌 이가 바라는 결말이 기다리고 있거나 새로운 Kc가 탄생하는 상황을 암시한다.

전자는 긍정적인 영향을 받을 수 있게 질문자의 역량이나 매력을 키우도록 조언해야 하며, 후자는 새로운 Kc를 보좌하거나 동맹 등의 협력 관계를 구축해 수완에 따른 수익, 이득을 공유할 수 있도록 조언해야 한다. 둘 다 부정적인 영향을 받을수록 어설픈 공치사나 억지 영입으로 자신의 기반을 소비하면서도 내실이 부족한 결말을 맞기 쉽다는 점을 지적하며, 최악의 경우 남의 덫에 걸려 꼭두각시마냥 춤추다 역량이 고갈되면 버림받을 수 있다는 것을 암시한다.

실제 사례 (2011년 5월, 서울 송파구 모처, 20대 중반 남성)

질문　　이 여자와 사귈 수 있을까?

사전 정보 연하의 여자 친구에게 이별 통보를 한 상태며, 다른 연상의
　　　　　 여성에게 고백할 것인데 어떻게 해야 원하는 관계를 맺을
　　　　　 수 있을까 문의했던 사례다.

　　　　　 Nc – 4p – 2s – 2p – 11 – Kc – Kw – 8 – 4c – 19

Nc　　(질문자 자신) 다른 이성과 관계를 성립하려는 본심을 이미 전
　　　했다.

4p　　(장애물) 관계나 이성에 대한 집착이 문제를 일으키고 있다.

2s　　(기저) 이런 상황에 대해 그리 깊은 고민 없이 상대방의 의향에
　　　맞추려 했다.

2p　　(과거) 새로운 이성과 기존 이성을 저울질 해왔다.

11　　(현재/곧 일어날 일) 자신의 기준이나 판단대로 일을 처리하려
　　　할 것이다.

Kc　　(미래) 원하는 대로 상황을 통제하거나 상황을 이미 통제하는
　　　이가 있다.

Kw　　(질문자의 내면) 자신의 판단이나 선택이 잘못됐다고 생각하지
　　　않는다.

8　　 (제3자가 바라보는 질문자) 욕망에 충실한 본심이 주변에 그대
　　　로 노출되고 있다.

4c　　(희망/두려움) 감정적인 만족을 얻고 싶어 하며, 이를 채우지 못
　　　할까 봐 걱정한다.

19　　(결과) 원하는 관계는 성립될 것이나, 그에 따른 책임도 부과될
　　　것이다.

이 배열에서 Kc는 6번 위치, '미래'에 나왔다. 관계 성립을 원하는 질문의 특성상 먼저 질문자가 Kc에 해당하는 인물이 될 수 있는지 파악해야 하며, 그에 미치지 못하면 조언을 통해 원하는 바를 이룰 수 있도록 돕거나 누가 Kc에 부합한 상황인지 알아내 질문자가 상황을 조율하기 쉽도록 조처해야 한다.

배열에서 Kc에 영향을 주고 있는 카드는 2p, 11, 8, 4c인데, 이로써 부정적인 영향을 받고 있다는 것을 알 수 있다. 질문자는 지금껏 별다른 조언 없이도 잘해왔다고 여기지만, 상대방이 질문자의 의도나 목적이 어디를 향하고 있는지 간파하고 있다는 점에 더해, 질문자가 누구를 만나더라도 감정적인 만족을 찾기 힘들어하거나 추상적인 가치를 추구하려다가 이성에게 금방 싫증을 내는 모습을 드러내고 있다는 점을 지적한다.

그렇기에 단순한 해석에 머무르지 않고 질문자가 해야 할 행동이나 태도를 조언해 근본적인 문제를 해결해야 하며, 그렇게 하지 못하면 남의 의도에 휘둘려 자신이 원하는 것을 얻지 못하거나 희망 고문*을 당할 수 있으니 주의하도록 해야 한다.

① Nc(질문자 자신) 자신의 감정 충족 때문에 남에게 피해를 끼치거나 감정을 이용하는 것을 당연하게 생각하는 탓에 부정적인 영향을 받았다. 이 때문에 질문자의 목적이 연애를 통한 감정적인 행복보다 자신이 취하려는 쾌락이나 특정 감정을 충족하려는 목적에 쏠려 있다는 것을 알 수 있으며, 그 의도 또한 건전하지 못하다는 것을 확정할 수 있다(4p, 11, Kw, 4c).

② 4p(장애물) 질문자가 현 상대방에게 집착하고 있거나, 오히려 정리했다고 여기는 전 상대방의 집착 때문에 새로운 관계를 맺기 어려

* 희망을 조금씩 보여주면서 정작 이루지 못하게 해 고통스럽게 만든다는 신조어다.

운 상황이 됐다는 것을 의미한다. 긍정적인 영향을 받더라도 새로운 상대방과 관계를 성립하려 열을 올리고 있다는 것을 의미하는 데 그치며, 부정적인 영향을 받는다면 이런 집착들로 판단력이 흐려져 있거나 현실적이지 못한 행동을 할 수 있다는 것을 경고한다.

③ **2s(기저)** 질문자가 현 상황에 대해 욕망은 클지언정 욕망 자체가 정확히 무엇인지 판단하지 않고 주어진 상황에 휩쓸려왔다는 것을 의미한다.

긍정적인 영향을 받는다면 경솔하게 움직이지 않고 상대방의 결정이나 상황의 흐름을 관찰해 행동해왔다고 평가할 수 있으나, 사전 정보를 보면 이러한 해석을 채택할 수 없으며, 부정적인 영향을 받아 중요한 순간에 결정을 미루거나 회피해 문제를 키웠거나 이미 자신이 원하는 대로 행동한 뒤 상대방에게 선택의 여지를 주지 않는 식으로 자기방어에 급급해왔다는 것을 암시한다.

④ **2p(과거)** 질문자가 이전 인연과 현재 관계를 맺으려는 이를 저울질해왔으며, 그 나름에는 더 나은 이성을 선택하려 내린 결정으로 생각하고 일을 저질렀다는 것을 의미한다. 긍정적인 영향을 받는다면 현실적으로 어쩔 수 없는 상황을 의미하며, 부정적인 영향을 받는다면 이런 저울질을 의도적/악의적으로 진행했다는 것을 암시한다.

⑤ **11(현재/곧 일어날 일)** 부정적인 의미가 확정된다. 질문자의 이기심이나 의도된 우유부단함 탓에 벌어진 행위를 정당화하고 있거나, 남들의 우려/반대 의견에도 아랑곳하지 않고 일방적으로 자기 생각을 전달/관철하고 있다는 것을 드러내기 때문이다(Nc, 2s, 2p, 4c).

⑥ **Kc(미래)** 앞서 살펴봤듯이 부정적인 의미가 발현됐다. 만약 질문자의 성향이 폭로/노출되면 최악의 상황을 일으킬 수 있으며, 또한 상대방도 어느 정도 질문자의 속내를 꿰뚫고 있기에 이에 대비했을 가능성이 높다고 해석된다.

이 경우 질문자가 부정적인 상황을 맞이하지 않게 하려면, 확실히 신변을 정리하고 연애의 목적을 좀 더 순수한 가치로 바꾸도록 조언해야 한다. 그러나 이는 질문자의 쾌락 또는 그의 비틀어진 감정에 대한 갈망 때문에 불가능에 가깝다는 점을 알 수 있다. 최악의 경우 이 관계에 직접 관련 있는 상대방 둘 또는 제3자가 개입해 질문자를 추궁할 수 있으며, 그 때문에 인망을 잃거나 선택권 또는 발언권을 박탈당할 수 있다는 것을 암시한다(2p, 11, 8, 4c).

⑦ **Kw(질문자의 내면)** 부정적인 영향을 받고 있다는 것을 알 수 있다. 질문자의 욕망이 사람들에게 이미 노출됐고, 질문자가 감정/욕망을 충족하려고 했던 판단들이 제대로 실행되지 못한 채 다른 사람들에게 전달되고 있기 때문이다. 그렇기에 질문자가 자신을 과대평가하고 있거나, 지금 하고 있는 행위들이 옳지 않다는 점을 계속 부정하고 있다는 것을 강조하는 카드다(Nc, 2s, 8, 4c).

⑧ **8(제3자가 바라보는 질문자)** 부정적인 영향을 받는다. 질문자가 욕망이나 감정 해소에 집착하면서도 과정에 철저하지 못했거나 방만한 방침으로 이를 해결하려 했다는 것을 보여주기 때문이다. 따라서 이런 질문자의 모습이나 본질을 관계자들이 이미 간파하고 있으며, 이를 이용해 각자에게 유리한 상황을 이끌어내려 할 수 있다는 것을 경고한다(4p, 2p, 11, 4c).

⑨ **4c(희망/두려움)** 질문자가 관계 성립을 통해 자신에게 결핍됐다고 생각한 감정이 채워지길 바라는 희망적인 면모와 함께 누구를 만나더라도 결국 만족하지 못하거나 상대방이 불만족할까 봐 걱정하는 두려움으로 드러났다.

이는 기본적으로 질문자가 어떤 이유로 이성 관계에서 문제를 일으키는지 파악할 수 있게 해준다. 결국 애정 결핍이나 감정적인 만족 기준이 다른 사람보다 너무 높기 때문이라는 것을 파악할 수 있다.

⑩ **19(결론)** 부정적인 영향을 받고 있다는 것을 쉽게 알 수 있다. 이로써 자신이 그동안 해왔던 잘못이나 실수 때문에 대가를 치르리라는 것을 의미한다. 다른 카드였다면 이 과정에서 더 가혹한 결과를 맞이할 수 있었으나, 19 덕분에 이 사안이 최악으로 흘러가지 않았고, 질문자가 다른 사람의 보호 또는 양육을 받아들이거나 자기 결정권을 포기해 남의 동정이나 애정을 받을 수 있다면 관계를 더 빨리 회복할 수 있다고 조언할 수 있다.

해석을 마치자 불쾌한 기색을 숨기기 어려워하며 그는 남의 연애에 이래라저래라 한다는 푸념을 늘어놓긴 했지만, 상황 자체가 자신의 잘못으로 벌어졌다는 사실을 받아들이기는 했다.

몇 달쯤 지났을까, 새로 사귄 연상의 여자 친구와 함께 방문한 그는 잔뜩 주눅 든 표정이었다. 과거의 여자 친구와 헤어졌음에도 연락을 계속 주고받던 것을 우연히 목격한 현재의 여자 친구가 그녀를 질문자에게 알리지 않고 호출해 갑작스러운 삼자대면을 만들어 이런저런 논의 끝에(그것이 질문자에게 좋은 일은 아니었으리라) 관계를 휘어잡는 데 성공했다는 것이다.

나는 질문자가 자리가 비운 틈을 타서, 한 번 한 사람이 두 번이라고 못하겠느냐는 우려를 전했는데, 그녀는 안 그래도 그래서 이 사건을 겪은 직후 양가 부모님과 각자의 친구들을 일일이 만나 그동안 있었던 일을 들었으며, 예방책/감시 체계를 만들었다며, 사람 하나 만들기 참 힘든데 그래도 좋아하니 어쩔 수 있겠냐며 너스레를 놓았던 기억이 난다.

이 배열에서 질문자는 자신의 감정이나 욕망을 통제하지 못해 Kc가 되지 못했으며, 오히려 연상의 상대방이 Kc가 돼 질문자를 종속시키는 데 성공했다. 이를 예측하기 어려울 수 있으나, 각 코트 카드에 맞는 사람/상황/분야/사건이 어떠한지 파악하는 데 주력한다면 구체적인 인물/상황이 특정된다는 것을 확인할 수 있다.

실제 사례 (2007년 1월, 서울 강남구 모처, 30대 초반 남성)

질문 BRICs* 중 어디에 투자해야 하나?

사전 정보 BRICs 중 한 곳에 투자하려는 투자자였으며, 전담 펀드 매니저는 중국 투자를 권했으나 질문자는 영 미덥지 않아 조언을 구했던 사례였다. 투자액은 2억 정도라고 언급했다.

$$14 - 2p - Kp - Nc - 6w - 4c - Kc - 18 - 15 - 7$$

14 (질문자 자신) 자신의 계획이나 성향에 맞는 투자처를 물색하고 있다.

2p (장애물) 자산 운용에서 수익을 극대화하려는 생각이 강하지 않기에 큰 수익을 바랄 수 없다.

Kp (기저) 다른 사람보다 비교적 자본을 많이 축적했고, 운영 능력이 뛰어나다.

Nc (과거) 자신의 감정이나 감각에 의존해 확실하다고 여긴 곳에만 투자해왔다.

6w (현재/곧 일어날 일) 성공 가도를 달리던 방식을 계속 유지하려 할 것이다.

4c (미래) 단기간에 큰 수익을 낼 수 없어 답답할 수 있다.

Kc (질문자의 내면) 함부로 투자해선 안 된다고 생각하며, 욕심을 부리지 않고 있다.

18 (제3자가 바라보는 질문자) 다른 사람들은 현 상황을 군중심리 때문에 투자처를 결정하기 어려운 상황이라 평가하고 있다.

15 (희망/두려움) 더 지속적이고 영속적인 기반과 수익을 원하며, 잘못 투자해 자금을 회수하지 못할까 봐 두려워한다.

7 (결과) 이 일로 더 긍정/부정적인 흐름에 속도가 붙을 것이다.

---

* BRICs는 신흥국 중 인구 규모가 큰 4개국이 부상하자 만들어진 명칭이다. 각국의 앞 글자를 따서 브라질, 러시아, 인도, 중국의 4개국이었으나 최근 남아프리카공화국을 추가해 BRICS로 부른다.

실전 해석

이 배열에서 Kc는 7번 위치, '질문자의 내면'에 나왔다. 사업의 흐름이나 투자와 관련한 점의 특성상 질문자가 원하는 바가 무엇인지 명확하지 않으면 해석이 틀릴 수 있기에 질문자가 원하는 것이 정확히 무엇인지를 묻자, 누구나 중국이 당분간 투자하기 좋은 곳이라고 잘 아는 듯 말하지만 그런 흐름에 휩쓸려봐야 단기 투자 수준일 뿐이고, 오히려 자금이 묶이거나 위탁 기간 등의 문제에 얽히기 싫어서 다음으로 이어질 좋은 투자처를 고르려는 것이라 명확히 밝혔다. 따라서 질문의 4개국 가운데 중국은 제외해야 한다는 데 주의해야 한다.

Kc는 이 배열에서 비교적 긍정적인 영향을 받는다. 이는 앞서 언급한 (투기에 가까운) 단기 투자를 피하고 싶어 하며, 견실하거나 점진적인 자산 증식을 냉철히 판단하고 있다는 점을 통해 확인할 수 있다. 나아가 이런 결정으로 고위험 고수익을 포기하더라도 자신의 투자 스타일을 더 굳건히 지키고자 한다는 점에서 그의 평정심을 높게 평가할 수 있다(14, 2p, Nc, 15).

그렇기에 질문자가 원하는 환경을 갖춘 투자처를 분석하고 이에 따른 근거와 함께 조언한다면 질문자가 내심 염두에 둔 곳과 맞아떨어져 더 구체적인 대안을 제시할 수 있으며, 이로써 더 나은 결과를 얻어낼 수 있다는 것을 알 수 있다.

① **14(질문자 자신)** 비교적 부정적인 영향을 받고 있다는 것을 알 수 있다. 기존 투자 방식이나 취향이 지금껏 잘 통했으나, 현 상황에서 적절한 투자처를 물색하기 힘들거나 제안을 받았더라도 거절했다는 것을 의미한다(2p, Nc, Kc, 18).

② **2p(장애물)** 질문자의 현상 유지 또는 과도하게 안정 지향적인 태도를 꼬집거나, 다른 사람(펀드 매니저)의 자산 운용이 평범한 수준에 그치고 있다는 점을 지적한다. 일정 이상의 수익을 보장하는 안정적인 운용이 전제됐으나 질문자의 속마음과 맞지 않아 생긴 잡음이라

이해할 수 있다.

---

③ **Kp(기저)** 비교적 긍정적인 영향을 받았다. 투자액과 기반이 부족하지 않으니 적정한 이윤만 보장되면 무방하다는 방침을 고수한 것으로 이해할 수 있기 때문이다. 그렇기에 스스로 예측한 범주 내의 변수들만 주의한다면 원하는 만큼 이익을 거둘 수 있다는 것을 드러낸다(14, 2p, Kc, 15).

---

④ **Nc(과거)** 긍정/부정적인 요소가 혼재돼 있다고 판단하기 쉬우나, 비교적 긍정적인 영향을 받았다. 질문자가 그동안 과욕을 부리지 않고 절제하며 투자해왔으나, 점차 제3자들의 여론이나 군중심리 때문에 평상시와 비슷한 수익을 유지해도 불안정한 흐름에 가세하거나 투기한 사람들보다 수익이 적어 보일 수 있으며, 그 탓에 마음이 흔들릴 수 있다는 것을 경고하는 카드이기 때문이다.

그러나 사전 정보 덕분에 자신의 신념을 지키려 한다는 점에서 이 해석은 선택할 수 없으며, 오히려 흐름에 휩쓸리는 사람들과 달리 소신껏 자신의 성향을 지켜 투자처 변경에 따른 충격이나 소요를 막아낼 수 있다는 것을 드러낸다(14, 2p, 4c, 18).

---

⑤ **6w(현재/곧 일어날 일)** 현재 일어나고 있는/곧 일어날 일들이 잠깐의 호황이고, (질문자가 아니라) 다른 사람들의 수익과 관련한 행사(이 사례에서는 베이징 올림픽)가 벌어질 예정이며, 이에 다른 투자 수익을 의미함과 동시에 질문자가 자기 뜻대로 투자를 감행하리라는 것을 부각하는 카드다.

---

⑥ **4c(미래)** 질문자가 상심하거나 부족하다고 여길 정도로 다른 사람들보다 수익이 적을 수 있다는 점을 지적하며, 자신의 욕망을 통제하지 못해 낭패를 겪는 것을 의미한다. 이에 더해 군중심리나 투기에 휘말린 사람들이 당할 실패 및 이를 감내한 강제 투자 회수를 의미하며, 곧 질문자의 예측이나 불안이 현실화된다는 것을 암시한다.

⑦ **Kc(질문자의 내면)** 앞서 언급했듯 비교적 긍정적인 영향을 받았으며, 다른 카드들의 해석을 비교해본다면 질문자의 기반이나 투자 심리에 대한 이해가 남들보다 뛰어나다는 것을 자각한다고 이해할 수 있다. 이를 기반 삼아 더 공격적인 방법을 추구하거나 남의 심리를 자극해 자신의 수익을 극대화할 수 있는 역량을 갖춘 상태거나, 이에 못 미치더라도 다른 사람들의 동요에 휩쓸리지 않고 자신의 뜻대로 냉철하게 밀고 나갈 수 있는 정신력을 지녔다고 볼 수 있다(14, 2p, Nc, 15).

⑧ **18(제3자가 바라보는 질문자)** 다른 사람들은 현 상황을 관통하는 투자 흐름이 불투명하다고 여기거나 질문자의 판단을 신뢰하지 않는다는 것을 보여준다.

긍정적인 영향을 받아 가벼운 행보를 경계하며 상황을 느긋하게 방관하는 것처럼 보이나, 실제로는 질문자가 자신의 투자 스타일을 고수하기 위해 한 조처들을 사람들이 전혀 파악하지 못하고 있다는 것을 의미하며, 그만큼 투기 열풍이 거세지리라는 상황을 드러내 질문자의 판단이 옳았다고 확신하게 만드는 카드다(14, Kp, Nc, 15).

⑨ **15(희망/두려움)** 투자와 관련된 이상, 이 카드는 수익 달성에 대한 희망과 수익 달성 실패에 대한 두려움으로 단순히 해석할 수 있으나, 구체적인 사안을 논한다면 결국 다른 사람이나 특정 이슈에 휩쓸려 자신의 스타일을 망치지 않으려는 것으로 판단할 수 있으며, 현 상황을 고수하며 평상시 수익률의 유지를 원하고 있다는 것을 드러낸다.

⑩ **7(결론)** 어떻게든 투자처를 확정할 것이고, 그 뒤부터는 상황을 통제할 수 없다는 것을 의미한다. 그렇기에 자신의 행보를 결정하면서 정세 변화를 예측하기 힘들거나 과정이 불명확한 이슈들을 피하고 확고한 전망이 제시된 방향으로 일을 결정하면 잡음 없이 원하는

바를 이루게 될 것이라고 조언할 수 있다. 그렇기에 사전 정보에서 제안된 브라질, 러시아, 인도, 중국 중에서 이런 방해 요소가 덜한 국가에 대한 투자를 권장해야 하며, 이 선택으로 오히려 의도하지 않았던 이익을 얻게 됨을 암시한다.

나는 해석을 마치자마자 브라질에 투자할 것을 권했다. 그도 어느 정도 생각했던 투자처였는지, 예상과 예언이 비슷하게 나온다며 신기해했을 뿐 그리 놀란 기색도 없었다. 그는 다른 것보다 정치적 안정에 큰 점수를 두고 있다며 속내를 밝혔지만, 나는 다른 것보다 재활용 정책 등 자원 관리 면에서 다양한 시도가 이루어져 정국이 안정세라는 점을 추가로 강조했다.

거기에 더해 무엇인지는 몰라도 해당 국가의 호황세가 가속되리라 전망했는데(이는 결론의 7로 예측한 것이었다), 이에 대해서는 나 또한 아는 바가 없던 터라 카드들이 그렇게 해석된다는 정도로 언급했으며, 질문자가 원하는 안정적인 투자처라는 점은 확실하니 너무 걱정하지 말라고 말하자, 그는 '잘되면 좋고 안 되면 마는 거죠'라는 반응을 보이고는, 좋은 이야기를 잘 들었다며 조용히 자리를 나섰다.

그 뒤 단순히 월드컵 유치 성공 때문에 호황이라 생각했던 브라질에서 원유가 발견되고 나서야 나 또한 7의 의미를 뒤늦게 확인할 수 있었다. 질문자는 그해 말 전업 투자가로 전직했다는 소식을 알리며, 왜 점을 보는지 잘 알겠다며 사례했다.

이 배열에 드러난 Kc는 자신의 냉철함을 자각한 이가 다른 사람들의 현혹 시도나 혼란한 상황을 이겨내고 어떻게 우위를 점하는지 보여준다. 다른 사람들이 이성적으로 판단하기 힘들거나 감정적으로 행동할 때 Kc는 자신의 냉철함을 토대로 기반을 얻기 쉽다. 정치, 예술, 종교뿐 아니라 실체가 없는 감정을 이용하는 상황에서 특히 효율적인 선택을 할 수 있다.

그러나 감정을 이용할 수 없는 차원의 문제라면 Kc는 사전 준비를 할 수 있을 뿐 통제할 수 있는 것이 없다. 이는 반대로 사람이 결정하는 모든 것에서 Kc의 격이 높을수록 각 결정권자들에게 직접 접촉을 시도하는 이유이며, 이런 행위 또한 '정치'라는 의미에 부합한다는 점을 생각해봐야 한다.

PAGE *of* SWORDS.

정찰, 기회주의(자)
Scout

PAGE 공통 의미

견습, 아르바이트, 인턴, 초보, (회사 일반) 평사원, 이등병, 미성년자, (초/중/고등/대)학생, 연소자, (다른 코트 카드가 나와 영향을 받을 때는 그 카드보다)수준이 떨어지다, 말초 조직, 처방전 없이 해결할 수 있는 작은 질병들, 자연스러운 인체의 회복력으로 완쾌할 수 있는 경증

Page of Swords의 키워드

정찰, 정탐, 첩보, 기회주의(자), 기회를 노리다, 강자에게 약하고 약자에게 강하다, 교활함, 편법, 선무당, 순수한 잔인성, 점원/벨 보이/웨이터, 약점을 공략하다, 언더독Underdog, 적법한 권한 없이 공권력 등을 등에 업고 특정 행위를 하려는 사람/분야/경범죄자, 소매치기, 보이스 피싱, 감시, 통관(세무 관련), 경비, 눈치를 보다, 수단에 집중해 목적을 놓치다, 관음/훔쳐보다, 모사摹寫/모작摹作 , 표절/트레이싱(그림, 설계도 따위를 원본에 대고 그대로 따라 그리는 행위), 인터넷 트롤('악플러'), 유격대Ranger, (아동의)도벽 등……

긍정/부정 확인 기준

함부로 행동하기 어려운 상황인가?

외부인의 유입이 잦은 분야/상황/업무에 임한 상태인가?

질문자가 바라는 행동을 했을 때 뒤탈이 없는가?

남에게 명백한 피해를 줄 수 있는가?

이 사람의 실제 역량보다 과한 문제를 다루는가?

다른 사람들이 이 사람을 얼마나 경계하고 있는가?

이는 코트 상징편에서 언급했던 '정찰'의 의미에 더해, 다른 사람/세력/흐름을 관찰하고 이를 이용해 모종의 목적이나 일을 꾸미려는 그림의 표현 때문에 형성되는 몇몇 조건에 해당하며, 이로써 배열에 Ps가 긍정/부정적인 영향을 미치는지 판단할 수 있다.

성인 또는 이미 어떤 분야를 숙지하고 있거나 경험한 상황에서, 초심자나 어린아이의 뻔한 거짓말이나 어른의 눈치를 보는 모습은 쉽게 간파되기 마련이다. 그럼에도 같은 실수를 반복하거나 더 편한 방식을 찾은 끝에 지름길을 알아내는 등의 활약을 Ps는 할 수 있다.

이런 식으로 위험을 먼저 감지해 함께하는 이들의 안전을 꾀하는 능력이 Ps 자신에게 있는데도, Ps는 정작 편한 길만 찾다가 대성하지 못하거나 통제가 없는 틈을 타 우위를 차지하려 꼼수를 부린다. 이에 더해 얼마 되지도 않는 무력을 행사해 주위를 피폐하게 만들거나, 애꿎은 희생양을 만들다가 적발돼 외부의 제재를 받기 쉽다는 점 또한 의미한다.

해석용법

긍정 Ps는 자신이 위험에 빠지거나 유리해질 수 있는 조건/상황/장소에 매우 예민하다. 이런 성향은 자신의 실제 역량보다 과한 것을 추구하다 보니 외부 환경 변화에 민감해진 것이기에 스스로 위험에 처했다고 인식했을 때 한계 이상의 역량을 발휘할 때가 많다. 그렇기에 더 고귀한 명분이나 의무감을 가지게 만들어준다면 모두를 위한 광산 안의 카나리아*가 되며, 규칙을 수호해 내부를 단속하는 좋은 감시자이자 수호자 노릇을 한다. 이때 Ps는 배열에 긍정적인 영향을 미치며, 사람들에게 이러한 위험/호재를 알리고 공유하는 대신 그에 따른 보상을 얻어내 상호 신뢰나 명예를 드높여 기반을 확장해간다.

부정 그러나 Ps는 제대로 훈육/교육이 이루어지지 않거나, 부조리를 용납하거나 권하는 환경에 놓였을 때 이를 당연시하며, 다른 사람들에게 강권한다. 이 과정에서 상대방의 약점을 집요하게 노리거나 비양심적인 행위를 서슴지 않으며, 승리나 우위를 차지해야 더 큰 문제를 막는다는 평계로 문제적인 행위를 강행하거나 주도해 애꿎은 사람을 희생양으로 만든다.

　이런 이유로 Ps는 부정적인 영향을 받는다면 문제를 의도적으로 만들거나 방해하는 요소/인물이 있다는 것을 경고하며, 어쭙잖은 방해나 참견하는 사람이 돼 작게는 스트레스나 위해를 가하는 경향이 있는데, 이 문제가 크게 비화되면 사회적 물의를 일으켜 논란의 주범이 될 수 있다는 점에 주의해야 한다.

　그렇기에 질문자에게 어떤 선의/악의가 있는지 분석하고, Ps에 해당하는 인물이 자행하는 문제를 어떻게 통제하거나 역이용할지 파

---

* 과거 탄광에 들어설 때는 카나리아가 들어 있는 새장을 지참했다. 카나리아는 산소포화도에 민감하기에 일산화탄소 중독을 알리는 경보와 같은 역할을 했다. 이런 방식은 1950~70년대 우리나라 군대에 페치카가 있던 시절에도 응용된 방법의 하나였다.

악해야 한다. 이로써 질문자가 현 상황을 극복할 수 있도록 조언한다면 Ps의 부정적인 영향력을 없애거나 오히려 이를 포섭함으로써 유리해질 수 있다.

Ps는 이런 특성들 때문에 능력이 모자라거나 편한 방법을 추구하려는 상황 또는 어설픈 악의를 품고 다른 사람이 접근하는 경우 자주 나타나며, 이때 문제가 단순하거나 큰 피해를 주지 않는 정도라면 살짝 이기적인 모습을 보여주는 데 그치나, 그렇지 않으면 앞서 언급한 단점들이 곧장 적용된다는 것에 주의하기만 해도 해석이 쉽다.

Page들의 연령을 굳이 구체적으로 비교한다면 Ps 〉 Pp ≧ Pw ≧ Pc 순으로 평가한다. 다른 Page들은 느낀 것을 그대로 표현하는 데 그치거나(Pc), 새로운(그러나 보통 모두 알고 있다고 여겨지는) 것을 깨닫고 알리거나(Pw), 기본적인 것을 학습하는 단계에 국한되나(Pp), Ps는 자신의 행위가 어떤 것인지 개략적으로 이해하거나, 무리해서라도(물론 그 과정에서 다른 이들에게 피해를 주지만) 한번 해보고자 하거나, 주변의 눈치를 살펴 몰래 시도하는 성향이 있기 때문이다.

그렇기에 실제 역사 속에서 Ps의 긍정적인 사안을 탐색하는 것은 매우 어렵다. 설령 있더라도 그 뒤의 행보 때문에 Ps의 모습에서 환골탈태換骨奪胎해 다른 코트 카드나 메이저 아르카나로 발전한 뒤에야 활약하기 때문이다.

굳이 예를 든다면 토머스 에디슨Thomas Alva Edison이 있다. 특히 전구를 에디슨이 최초로 발명했다고 알려져 있으나 사실과 다르다. 1860년 영국 화학자인 조지프 스완 경Sir Joseph Wilson Swan이 먼저 발명했으며, 상용화도 에디슨보다 1년 앞서 있었다. 성공을 우선시하던 에디슨은 개발되지도 않았던 전구를 개발하는 데 성공했다고 알려졌으며, 자신의 연구 방향과 달리 스완의 방식으로 시연을 진행했고, 적반하장으로 스완을 특허 도용으로 소송을 걸어 패소하기까지 해서 강제로 수익을 나눠야만 했으며, 이마저도 스완의 기술을 조금 개량한 뒤 온전한 자신의 아이디어였다고 주장해 스완의 공적을 빼앗았다. 심지어 에디슨이 이 사실을 숨기려 자신의 실험 일지를 의도적으로 찢어버렸다는 것까지 후대에 밝혀지며 그의 오점으로 남게 됐다.* 그 밖에 영화 불법 복제를 최초로 시도하는 등, 그의 업적 뒤에는 여러 편법이 있었는데, 이런 면모들을 Ps라 이해할 수 있다.

반대로 Ps의 기회주의적 면모를 적나라하게 드러낸 사건으로 제2차 세계대전 때의 진주만 공습을 들 수 있다. 선전포고 없이 급습한 것을 넘어 민간인까지 피해를 입힌 이 공격에 모든 미국인이 분노했으며, 본격적인 참전을 결심하며 추축국의 패전을 확정한 사건이었다. Ps의 수준다운 촌극은 정작 선제공격을 해놓고 그 뒤에 선전포고문을 전달하는 상식 밖의 조치와 더불어, 그 포고문에는 정작 전쟁을 직접적으로 언급하는 문구가 없어서 더 큰 보복의 명분마저 알아서 쥐어줬다는 점이다. 전략적으로 완벽히 패배를 선택한 것이나 다름없는 행위였다.

이처럼 자신의 능력을 사용할 때 Ps는 효력을 우선할 뿐 후폭풍을 생각하지 못하는 일이 많다. 때로는 '모로 가도 서울만 가면 된다'라는 발상이 옳기도 하지만, Ps는 이런 잣대를 자신의 편의를 위해서만 들이대 문제를 덮으려는 모습을 보이고, 오히려 이런 행위가 뭐가 나쁘냐는 태도를 공공연히 보여 더 큰 공분을 사기도 한다는 것을 주의해야 한다.

배열 위치별 특징 켈틱 크로스 배열에서 Ps가 나오면 앞서 언급한 역량/기반/힘의 차이를 판단해 Ps에 해당하는 인물이 우위에 있거나 Ps가 의미하는 행위들이 용납되는 상황인지 먼저 파악해야 해석하기 쉽다.

그렇기에 이런 경향을 더 빠르고 쉽게 간파할 수 있는 1, 2, 4, 8번 위치에서 영향력이 쉽게 커지며, 반대로 길문자가 자신의 태도를 숨기기 쉽거나 어떤 인물/상황이 Ps에 속한다고 특정하기 어려운 3, 5, 7번 위치에서 영향력이 약해지기 쉽다.

그러나 어느 위치에 드러나든 Ps는 쉬운 방법을 찾다가 편법을 저지르는 경향이 심하며, 그 과정에서 선을 넘는 행위를 저지르더라도

---

* 〈'사업왕' 에디슨〉, 《서울과기대신문》, 2017년 10월 15일 자.

그것이 왜 문제인지 모르거나 알더라도 애써 이를 부정하려 한다. 그렇기에 실제 긍정적인 의미가 적용되더라도 이것이 공익에 도움이 되는 경향이 거의 없으며, 남들이 보기에는 '그렇게 해서라도 이기고 싶냐?'라는 식으로 비치기 쉽다.

그럼에도 Ps는 '이렇게 해도 된다'라는 관찰이나 학습을 끝마친 상태이기에 바른 방향, 곧 정석적인 방법으로 일을 진행하도록 설득하는 것이 어려우며, 왜 Ps에 해당하는 인물이 이런 관점이나 방법을 차용/학습했는지 분석해야 세부적인 조언을 할 수 있다.

연애(관계가 성립한 상황) 긍정적인 영향을 받는다면 Ps는 상대방을 즐겁게 만들려 의도적으로 엉뚱한 시도를 다양하게 하는 것*으로 해석되며, 이런 얄궂은 일들을 서로 즐기며 더 화목한 관계를 만들거나 혹여 있을 불확실한 변수들을 점검하는 상황을 의미한다.

그러나 부정적인 영향을 받는다면 상대방의 눈치를 보거나 모종의 사안이 밝혀지는 것을 꺼리고 있다는 것을 암시하며, 최악의 경우 관계를 와해하거나 그에 가까운 타격을 입힐 행위를 상대방 몰래 진행하고 있다는 것을 경고한다.

연애(관계가 성립하지 않은 상황) 관계 성립을 바라는 상황이라면 자신이 관심 있는 이성의 취향이나 근황 등의 정보를 수집하거나 살피면서 상대방에게 접근해볼 것을 의미하나, 부정적인 영향을 받는다면 제대로 된 감정 표현 없이 특정 인물의 의향을 떠보거나 편한 방법으로 상대방의 속마음을 훔쳐보려는 심리가 있다는 것을 경고하며, 최악의 경우 스토킹 등 상대 의향을 무시하고 자신의 의도나 욕망 충족에만 충실한 나머지 물의를 일으킬 수 있다는 것을 암시한다.

관계 성립 시도조차 없는 일반적인 상황이라면 Ps는 다른 사람들의 속마음을 떠보는 것을 의미하거나 이른바 자신에게 관심을 줄/주고 있는 사람이 있는지 살피려는 상황/인물에 가깝다고 인식되며, 긍정적인 영향을 받을수록 자신의 현재 기반에서 동떨어진 곳을 살펴 연애 운을 상승시킬 수 있으나, 부정적인 영향을 받을수록 질문자의 태도나 준비 상태를 점검해 질문자의 문제점 또는 편의주의가 상황을 어떻게 악화시켜 왔는지 점검해줘야 한다.

대인관계 기본적으로 Ps는 대인관계에서 썩 좋은 평가를 받지 못한다. 자신보다 강한 무력/영향력을 갖춘 인물/단체에 기대 자신의 욕

---

* 뻔히 보이는 거짓말을 하거나 갑자기 쌀쌀맞게 굴다가 깜짝 이벤트로 감동을 주려는 식의 행위.

망이나 의도를 성취하려는 성향이 있기 때문이다.

그렇기에 Ps는 긍정적인 영향을 받는다면 다른 사람/단체와 사전 합의나 계약을 통해 질문자가 원하는 바를 얻어내기 쉬워질 수 있다는 것을 의미하며, 부정적인 영향을 받을수록 질문자의 목적이나 의도가 상대방에게 간파돼 역이용당하거나 다른 사람들이 질문자의 의도를 공개적으로 비판할 수 있다는 것을 경고한다. 최악의 경우 인간관계를 악용해 자신이 원하는 바를 달성하려다가 세간의 지탄을 받다 못해 국가 통제 대상으로 전락할 정도의 명예 실추를 암시한다.

사업의 흐름이나 전망 Ps는 Pc와 비슷하게 특정 상황이나 유행에 국한되는 사업 양태를 보인다. 그러나 Pc와 차이점은 다른 인물/분야의 곤궁함을 수익 창출 요소로 이용하거나 취약점을 공략해 울며 겨자 먹기라도 구매할 수밖에 없는 상황을 노리는 방향에 치중돼 있다는 점이다(예: 산 정상에서 시가의 3~10배의 가격으로 판매하는 생수 또는 성수기를 빙자해 폭리를 취하는 행위).

이는 자신의 작은 유리함을 상황에 따라 극대화하는 방법으로 이해할 수 있으나, 사람들의 약점을 너무 노골적으로 노리기 때문에 비판받기 쉬우며, 이를 설득하는 과정을 거치지 않고 감행하면 큰 저항에 부딪힐 수 있다는 것을 지적한다.

나아가 이런 과정에서 위험 요소가 생기면 곧바로 철수해야 하며, 장기로 지속할수록 위험이 누적된다. 또한 다른 사람/세력의 정보 탈취 시도로 해석될 수도 있으므로, 보안에 주의해야 한다.

이와 달리, 홍보 관련해서 Ps는 타사의 제품을 깎아내려 홍보하려는 행태로 묘사되거나, 공격적이고 날선 방식의 노이즈 마케팅을 활용할 것을 의미하나, 이 또한 오래 사용하기에는 매우 위험한 방식이며, 자신의 몇 안 되는 이점을 크게 부각해봐야 웃음거리가 될 공산이 다분하므로 사용에 극히 주의해야 한다.

창업의 성사 여부 Ps는 정보를 기민하게 습득해 이를 자신의 세력에 유리한 상황으로 만들도록 전달하는 사업에 두각을 드러낸다. 이 과

정에서 적대적인 상대방의 취약점을 공략해 그 정보를 원하는 이에게 판매하는 분야와 매우 밀접한 연관성을 띤다.

그렇기에 산업 스파이, 흥신소, 해결사 등의 사업이나 해킹/크래킹 등의 정보산업과 관련되며, 이 과정에서 합법과 불법의 중간 지대를 오가는 위험을 감수한다.[*] 부정적인 영향을 받을수록 불법을 자행하거나 남의 약점을 이용하다가 당국의 제재를 받을 수 있다는 것을 의미하며, 긍정적인 영향을 받을수록 특정 절차나 면허를 받아 면책하거나 업무상 과실 책임을 감면/상쇄하는 방식의 사업을 시작하는 것으로 이해할 수 있다.

진로 적성 Ps는 진로에서 생활의 편의성을 추구하거나 다른 사람의 안전/생활 보장을 우선시하는 경향이 있다. 이는 자신이 부족하거나 열세라 판단하는 것을 감추고, 남보다 우위에 서려는 Ps의 습성과 관련 있다. 물론 이를 긍정적으로 활용하면 체제 수호를 겸해 치안을 강화하거나 남의 위법 사례를 고소/고발해 정당하게 자신의 기반을 쌓는 직종과 연계된다.

그러나 부정적인 영향을 받는다면 남의 무방비/무지를 이용해 자신의 입지를 넓히려 하거나 약자를 학대/차별해 갈취하는 등 혐오를 불러일으키는 방식을 사용할 수 있기에 인성과 준법정신을 미리 함양할 수 있도록 조언하고, 자신이 알고 있는 것들을 이용해 더 많은 이를 어떻게 번영/행복하게 만들지 고민하도록 선도해야 한다.

---

[*] 국내의 예를 들자면 온라인 게임의 아이템을 현금으로 사고파는 거래소가 이에 해당한다. 게임 유저의 소유 아이템을 재산으로 인정한다면 이에 대한 세금 적용과 재산권을 게임사가 보장해야 하며, 이를 약관이나 법규로 명확히 규정해야 하나, 이를 실행하면 각종 점검이나 서버 오류 시 천문학적인 보상이나 소송에 휘말릴 위험이 있기에 법규 제정이 불가능한데, 정작 실제 아이템을 화폐로 바꾸는 행위 자체는 불법이 아니라는 대법원 판례가 있다. 시간이 지나며 점차 명확한 규정을 만들어가고 있으나, 아직 미비점이 많다. 〈일반 온라인게임 현금거래 첫 무죄 확정〉, 《연합뉴스》, 2010년 1월 10일 자. 〈사업목적 게임아이템 거래 금지〉, 《한겨레신문》, 2012년 6월 12일 자.

시험 결과나 합격 여부 Ps는 남의 장점을 훔치거나 모방하는 데 능하다. 이를 바탕으로 해석한다면 자신의 단점을 은폐하고 남의 장점을 배워 응용함으로써 유리한 고지에 설 수 있다는 것을 의미한다.

긍정적인 영향을 받을수록 본인보다 뛰어난 이나 출제자의 의도를 빠르게 간파해 그 부분을 집중적으로 예습함으로써 운의 상승을 노릴 수 있으나, 부정적인 영향을 받는다면 잘못된 방법으로 성적을 유지하려 하거나 남을 이용해 감점을 면피/전가할 수 있다는 것을 경고한다.

질병의 호전, 완치 환절기의 가벼운 호흡기 질환을 의미할 때가 대부분이며, 적절히 휴식하면 쉽게 회복하리라는 것을 의미한다. 플라시보 효과를 의미할 수도 있다.

중병이라면, 임상 시험에 지원하거나 치료법이 명확하지 않은 난치병에 해당한다. 그 밖에 보편적으로 꾀병을 뜻하는 경향이 있으며, 자신이 해야 할 일이나 책임에서 벗어나려 병을 핑계로 이용하는 경우를 들 수 있다.

단순한 건강 문제 일상적인 상태라면 찰과상, 멍과 같은 경증이나 스트레스로 쌓인 피로 또는 휴식이나 단순 처치로 해결할 수 있는 정도에 해당한다.

발병 가능성을 점친다면 정신적인 면에서 애정 결핍이나 도벽을 암시하는데, 이는 Ps가 우위에 서려는 심리에 더해 (부정적이더라도) 주목받으려는 데서 생기는 심리 문제이기 때문이며, 나아가 상하 관계의 명령이나 교육을 맹종하려는 습성이 있기 때문이다(이는 아이들의 전신앙前信仰적 잔인성*과 관계있다).

* 전신앙적 잔인성이란 신앙이나 감성 등의 의사소통이나 사회성이 형성되기 전에 보이는 아이의 잔인성을 통칭한다. 곤충의 날개나 다리를 하나둘씩 찢거나 부러뜨리는 행위에서 즐거움을 느끼는 것을 예로 들 수 있다. 이런 경향은 교육 과정에서 옳고 그름을 판단할 수 있게 되면서 점차 사라지지만, 이런 잔인성을 악용하면 살인을 쾌락으로 인식하는 악질적인 사례로 발현할 수 있다.

신체적인 질병이라면 굳이 논한다면 부주의한 관리로 발생하는 것이 대부분이며, 오남용으로 생긴 부작용에 대응한다. 최악의 경우 불법 시술로 생긴 감염증, 패혈증과 관련되나 이런 내용은 엄밀히 전문가의 견해를 먼저 들어볼 것을 당부하고자 한다.

켈틱 크로스 배열 위치별 긍정/부정 해석법

1 → ③④⑦ 카드 확인 질문자가 왜 Ps와 같은 상황에 처하게 됐는지 파악해야 한다. 긍정적인 영향을 받는다면 현 상황을 이용해 질문자가 원하는 바를 이룰 수 있다고 해석할 수 있으며, 이 과정에서 얻고자 하는 것이 그리 크지 않을수록 오히려 노력에 비해 보상이 좋다는 것을 의미한다. 최상의 경우 손 안 대고 코 푸는 격이 될 수 있다는 것을 의미한다.

부정적인 영향을 받는다면 해당 질문/상황에서 질문자가 부정한 방법을 쓰거나 약삭빠른 행위로 이익을 편취하려는 상황이라는 것을 경고하며, 최악의 경우 자신의 계산을 이미 다른 사람이 예측했다는 것도 모른 채 눈앞의 이익만 좇다가 낭패를 볼 수 있다는 것을 암시한다.

---

2 → ③④⑤⑧ 카드 확인 Ps가 질문자의 태도와 관련 있는지, 제3자나 상대방/적대 세력에 속하는지 확인해야 한다. 전자는 긍정/부정과 상관없이 질문자의 경솔함과 준비 미비 또는 기회주의적인 면모가 일의 진행을 막고 있으며, 이를 개선해 다른 사람들의 저항이나 시스템의 제약을 벗어날 것을 권하나, 후자일 때 긍정적인 영향을 받는다면 질문자의 생각보다 상대방의 역량이 뒤처지거나 단순한 훼방꾼에 지나지 않다는 것을 뜻한다.

부정적인 영향을 받는다면 내부 분열을 획책하거나 암중으로 질문자를 노리고 있는 이가 존재한다는 것을 경고한다. 최악의 경우, 악성 댓글을 다는 사람이나 암살자 따위의 예상치 못한 극단적인 위험이 도사리고 있다는 것을 암시한다.

---

3 → ①②④⑨ 카드 확인 질문과 관련된 사안에서 질문자가 왜 남의 눈치를 보거나 기회를 노리기만 해야 하는 상황에 처했는지 판단해야 한다.

긍정적인 영향을 받는다면 해당 질문 사안의 해결을 위해 신중히 접근해야 하는 상황이거나, 다른 사람들도 함부로 해결하기 어려운 문제를 질문자가 처리하려는 것을 의미하나, 부정적인 영향을 받는다면 질문자가 노리는 것이 실제 질문과 동떨어져 있거나, 거짓을 말하고 있다는 것을 암시하며, 그렇지 않다면 역량 부족에도 무리해서 이루려 한다는 것을 경고한다.

---

4 → ①⑥⑦⑧ 카드 확인 질문자가 했던 일이 어떤 효과를 불러일으켰으며, 이를 질문자 및 다른 사람들이 어떻게 평가하고 있는지 확인해야 한다.

긍정적인 영향을 받는다면 치고 빠질 때를 정확히 판단해 현재의 유리한 상황을 확보했거나 사람들의 이해를 이끌어내는 데 성공했다는 것을 의미하며, 이로써 원하는 환경이나 분위기가 조성됐다는 것을 뜻한다.

그러나 부정적인 영향을 받는다면 과거의 비겁한/파렴치한 행위 또는 이기적인 행동 때문에 제약을 받거나 다른 사람들의 견제를 받아들일 수밖에 없다는 것을 경고한다.

---

5 → ② ④ ⑥ 카드 확인 질문자에게 어떤 역량과 한계가 있는지 점검하고, 본격적으로 행동에 나서도 되는 상황인지 확인해야 한다.

긍정적인 영향을 받는다면 질문자가 전면에 나서도 될 만큼 적절한 시기가 왔다는 것을 뜻하며, 남보다 빨리 좋은 요소들을 선점해 유리한 상황이라는 것을 의미한다.

그러나 부정적인 영향을 받는다면 경거망동하면 안 되는 상황이라는 것을 지적하며, 최악의 경우 이 모든 상황이 질문자의 행동이나 실수를 유도하려는 거대한 함정이라는 것을 암시한다.

---

6 → ① ⑤ ⑧ 카드 확인 질문자가 실제 어떻게 행동할지 판단해야 하며, 이 과정에서 사람들의 반응이 호의적인지 살펴야 한다.

긍정적인 영향을 받는다면 적극적인 행보로 남보다 빨리 목적을 이루고 물러설 수 있으며, 오히려 이런 상황을 일부러 연출해 적대적인 사람들의 전력을 크게 줄일 수 있다는 것을 의미한다.

그러나 부정적인 영향을 받는다면 소강상태가 장기화되거나 서로 눈치만 봐야 하는 상황이 이어져 일의 진척이 느려질 수 있다는 것을 뜻한다. 최악의 경우 이 위치의 Ps는 내란, 분열에 가까운 소동으로 발전의 동력을 잃어버릴 수 있다는 것을 경고한다.*

---

7 → ② ③ ⑤ ⑧ 카드 확인 질문자의 내면을 살피기 전에 해당 문제와 유사한 사안에서 질문자가 어떤 태도나 경향을 보였는지 확인하고, 이로 인한 문제점과 주변의 평가를 살펴야 한다.

긍정적이라면 질문자가 원하는 것 말고는 별다른 욕심이나 악의가 없다

---

* 일본 전국시대, 통일을 앞두었던 오다 노부나가織田信長는 패권 확정을 마무리하는 단계에 이르렀으나, 신하인 아케치 미츠히데明智光秀의 배신으로 혼노지本能寺에서 분사한다. 이 사건이 혼노지의 변本能寺の変이다. 이 때문에 노부나가 가문의 천하는 끝을 맺었고, 도요토미 히데요시의 과도기를 거쳐 도쿠가와 이에야스가 에도 막부를 성립하는 과정에 개입조차 못하고 역사의 뒤편으로 사라졌다.

는 것을 의미하며, 목적 달성 후 자신이 갈 길을 갈 뿐이라는 마음이 우선한다는 것을 의미한다.

그러나 부정적이라면 기본적으로 취해야 할 일을 저버리고 요령을 피우거나 악의를 품고 남을 원망해 자신의 실력으로 얻지 못할 것을 탐하고 있다는 것을 지적한다. 최악의 경우, 질문자가 해석자의 조언을 편취해 자신이 유리한 부분만 얻고 합리화하거나 실행하려는 속내가 있다는 것을 암시하기에 해석/조언하면서 주의해야 한다.

---

8 → ① ② ④ 카드 확인 사람들이 질문자를 왜 이렇게 평가하고 있는지 파악해야 한다. 긍정적일수록 분위기 전환에 능하거나 어설프지만 다재다능한 인물로 인식되고 있다는 것을 뜻하지만, 부정적이라면 기본적으로 신뢰할 수 없는 인물로 평가받는다는 것을 의미한다.

부정적인 의미가 커질수록 내부 분위기를 해치는 적으로 평가받거나 약삭빠른 얌체, 양비론자, 첩자 등으로 평가받는 상황이라는 것을 경고하기에 의심받을 만한 행동을 하지 않거나, 자신의 태도나 입장을 명확히 밝히도록 조언해 문제에서 벗어나도록 해줘야 한다.

---

9 → ② ④ ⑦ 카드 확인 질문자가 왜 Ps와 같은 역량/상황/행동을 원하는지 파악해야 한다. 기민한 판단이나 행동력이 부족하다면 자신이 Ps와 같은 인물이 되길 원하는 것으로 해석할 수 있으며, 정보가 부족하다 보니 어떻게든 적절한 판단 시기를 확보하고 싶어 하는 열망으로 이해할 수 있다.

반대로 세간의 질타나 적절하지 못한 대처로 발이 묶이거나 어설픈 방해꾼의 등장으로 일에 차질이 생기는 상황을 기피하려는 마음을 드러낸다고 이해할 수 있다. 이는 앞서 언급한 위치의 다른 카드들로 더 구체적인 내용을 특정할 수 있다.

---

10 → 긍정/부정적인 영향을 떠나 상황을 좀 더 지켜보고, 자신의 유리한/뛰어난 능력을 활용해 이득을 취하되 발각당하지 않는 선에서 실행할 것을 주문한다. 그런 장점이나 특기가 없다면 선행자를 곧장 뒤따라 문제 요소를 회피하거나 결정적인 순간에 추월하는 방식을 권한다.

그러나 이 과정에서 불법적인 수단이나 시시비비에 휘말려 일을 그르칠 수 있기에 신중을 기할 것을 조언해 질문자가 목적을 달성할 수 있도록 도와야 한다.

실제 사례 (2007년 5월, 성남 분당구 자택, 70대 중반 여성)

질문 내 몸이 영 예전 같지 않은데, 좀 나아질까?

사전 정보 배우자와 일찍 사별해 홀로 가정을 책임져야 했던 여성이
며, 개인 병력은 백내장 수술, 가족력으로 신장 관련 질환이
있었다(어머니, 오빠, 여동생, 조부).

2s – 2p – 17 – 10w – 4s – 5p – 11 – 14 – Ps – 5c

2s   (질문자 자신) 병원에서 정밀 진단/검사를 받기 두려워한다.

2p   (장애물) 생계 유지에 영향을 줄 수 있는 문제다.

17   (기저) 집안 내력의 영향을 받고 있었다.

10w (과거) 신체적으로 무리했으며, 건강에 신경 쓰기 어려운 일상
을 보내왔다.

4s   (현재/곧 일어날 일) 이제야 휴식할 수 있으며, 건강을 회복할 기
회가 올 것이다.

5p   (미래) 생활고 또는 신체의 한계로 점차 회복하기 어려워질 것
이다.

11   (질문자의 내면) 자신의 방식대로 몸을 어떻게든 관리하면 될
것이라 생각한다.

14   (제3자가 바라보는 질문자) 투약 등 본격적인 치료를 받아야 한
다고 평가받고 있다.

Ps   (희망/두려움) 큰 문제는 없으리라는 안이함과 이러다가 더 큰
병이 오면 어쩌나 하는 걱정이 교차하고 있다.

5c   (결과) 건강에 조금씩 문제가 일어나며, 점차 악화할 것이다.

이 배열에서 Ps는 9번 위치, '희망/두려움'에 나왔다. 건강과 관련한 주제의 특성상 질문자가 허술히 관리해왔거나 생활수준/양식에 따라 발병하기 쉬운 질병을 경계해야 하며, 사전 정보에서 가족력을 확인했으니 이에 초점을 맞춰 해석을 진행해야 한다.

배열에서 Ps에 영향을 끼치는 카드는 2p, 10w, 11인데, 이로써 부정적인 영향을 받았다는 것을 확인할 수 있다. 기본적으로 자기 관리가 철저했다면(11) 이러한 몸의 변화나 건강의 악화를 미연에 방지할 수 있었겠지만 생활 문제나 가정환경 탓에 적절한 휴식이나 건강관리가 미비했다는 점(2p, 10w)을 확인할 수 있기 때문이다.

그렇기에 자신이 어떤 상태라는 것을 어느 정도 알고 있으나 여러 문제가 얽혀 있고, 집안 어른에게 문제가 생겼을 때 벌어질 상황을 질문자가 두려워해 병에 대한 즉각적인 조처를 꺼렸다는 것을 알 수 있다. 이런 상황을 참고해 해석자는 질문자의 속내에 거스르지 않고 상황을 어떻게 긍정적으로 이끌어 전문가의 의견이나 정밀 검사 및 조처를 받게 할 수 있는지 고민해야 한다.

① **2s(질문자 자신)** 질문자가 해당 문제와 관련해 선뜻 결정을 내리지 못하고 있다는 것을 드러낸다. 긍정적인 영향을 받는다면 적절한 자기관리를 꾸준히 한 결과 자연스레 찾아올 노화 말고는 문제 없으며, 질문자의 걱정이 기우에 그친다는 것을 의미하나, 부정적인 영향을 받는다면 적극적 행동이나 입장 표명이 이루어지지 않아 병을 더 키우고 있다는 것을 지적한다.

② **2p(장애물)** 긍정적인 영향을 받는다면 일상생활에서 스스로 조율할 수 있거나 간단한 도수 치료, 물리치료 등으로도 증상을 완화할 방법이 다양하다는 것을 의미한다.

그러나 부정적인 영향을 받는다면 자신의 건강관리가 서서히 이루어지지 않게 됐거나 생활에 지장이 생길 만한 경제 문제로 관리하고 싶어도 하지 못하는 상황에 놓였다는 것을 경고한다.

③ **17(기저)** 부정적인 영향을 받고 있다는 것을 쉽게 알 수 있다. 질문자가 건강을 신경 써야 했던 상황인데도 자신의 처지나 환경을 이유로 외면했으며, 이 때문에 건강 문제를 계속 겪어왔음에도 단순한 조처로 일관했다는 점을 지적한다. 나아가 질문자의 질병이 유전적 사유로 발병할 수 있는 질환이라는 것을 암시한다(10w, 4s, 5p, 11).

④ **10w(과거)** 질문자가 건강을 유지하기 어려운 생활에 방치돼왔다는 것을 의미한다. 긍정적인 영향을 받았더라도 정신적 스트레스나 자잘한 질병으로 노화가 더 진행됐다는 것을 의미하며, 부정적인 영향을 받을수록 이런 단순 노화가 일상생활에 지장을 줄 만큼 심해졌다는 것을 암시한다. 이 때문에 질문자의 전반적인 건강이 크게 상한 것을 알 수 있다.

⑤ **4s(현재/곧 일어날 일)** 질문자가 긍정/부정을 떠나 현재 또는 미래에 휴식을 취하리라는 것을 의미한다. 그러나 이는 완벽한 절대 안정이라기보다 소일거리를 놓지 못한 채 일상을 영위한다는 한계점을 지닌다. 부정적인 영향을 받을수록 이 휴식은 말뿐일 가능성이 높아지고, 소일거리 때문에 건강이 더 악화할 수 있다는 것을 경고한다.

⑥ **5p(미래)** 질문자의 건강이 악화했다는 것을 의미하며, 이 때문에 경제적 손실이 생기리라는 것을 암시한다. 긍정적인 영향을 받더라도 여유가 없어지거나 질문자의 생활에 제약이 생길 수밖에 없다는 것을 의미한다.

다만 최상의 경우 이런저런 검사 비용이 생각보다 과하게 지출돼도 병을 발견할 수 없는 건강한 상황임을 의미하나 이 배열에서는 채택하기 어려운 해석이며, 부정적인 영향을 받을수록 건강 문제에 적신호가 켜져 가족이나 주변 사람들에게 부담을 전가할 수밖에 없는 상황이 다가오리라는 것을 암시한다.

⑦ **11 (질문자의 내면)** 부정적인 영향을 받았다. 전형적인 노년층의 '갈 때 되면 가야지' 같은 말을 겉으로는 해도 몸이 이미 예전 같지 않다는 것을 알고 있다는 점에서 모순이 발생하고 있기 때문이다.

그렇기에 질문자가 병이 생겼더라도 이를 나이가 들면서 생기는 자연스러운 변화 정도로 인식할 뿐 몸의 회복에 대해 회의적으로 생각하거나 그저 '조금 쉬면 낫겠지' 같은 생각으로 일관하고 있다는 점을 드러낸다. 나아가 이런 생각의 기저에 '내가 그래도 집안 어른인데 아프면 아이들이 힘들어하겠지' 하고 생각하며 숨기다가 적절한 치료 시기를 놓칠 수 있다는 것을 경고한다(2p, 17, 4s, 14).

⑧ **14 (제3자가 바라보는 질문자)** 부정적인 영향을 받고 있다. 다른 사람들은 당장 입원하지 않더라도 최소한 치료할 정도의 문제인지 검진해야 한다고 생각한다는 것을 보여주기 때문이다. 나아가 스스로 건강을 호전시키기에는 체력이나 역량이 부족하다는 점을 다른 카드들로도 확인할 수 있기에 전문가의 자문을 받도록 강력히 권해야 한다(2p, 10w, 4s, Ps).

⑨ **Ps (희망/두려움)** 앞서 언급한 것에 더해 배열 속 다른 카드들의 의미까지 결부하면 질문자가 지금껏 해왔던 자가 조치로 어떻게든 이 상황을 타개하기를 바라면서도 질문자가 자신의 역량으로 도저히 해결하지 못하는 상황이 닥칠 것을 두려워한다는 단순한 해석 말고도, 치료 과정에서 발생할 행동의 부자유나 생활의 제약을 기피하려 한다는 것을 추론할 수 있다.

이는 곧 질문자의 질병이 단순 입원이나 수술이 아니라 장기 투약이나 처치 및 시술을 겸해야 하는 질병에 속한다는 점을 지적하며, 앞서 언급한 사전 정보를 통해 판단할 경우 신장 투석 등의 치료 시행 여부를 강하게 의심할 수 있는 단초로 작용한다(2p, 10w, 11).

⑩ **5c (결론)** 질문자가 결국 마주하기 싫었던 현실을 봐야 하는 상황

이 올 것을 의미하며, 이 과정에서 가족 구성원이나 지인들에게 큰 안타까움이나 실망을 안기리라는 것을 의미한다. 더 세부적으로 접근한다면 신체의 어떤 요소가 계속 누수 또는 누출되는 질병으로 이해할 수 있으며, 이 때문에 허혈, 빈혈, 당뇨, 심장/신장 관련 질환, 배뇨 장애등의 질병에 노출될 수 있다는 것을 암시한다.

해석을 마친 나는 동네 병원에서 어떤 이야기라도 들은 바 없는지 추궁했으나, 그녀는 대답을 회피하는 데 급급했고, 이로써 질문자가 자신의 질병을 이미 알고 있다는 것을 확신했다.

사실을 모르는 자녀들을 위해서라도 빨리 치료받도록 권했으나, 그녀는 '늙으면 죽어야지' 같은 말로 일관했으며, 내가 할 수 있는 조치가 없어 며칠 뒤 만난 자녀들에게 이 사실을 넌지시 흘리는 데 그쳤다.

몇 년 뒤 어떻게든 노력한 결과인지 자녀들과 함께 병원에 간 그녀는 이미 빈혈, 당뇨병, 신장 기능 저하가 급속히 진행돼 투석을 받아야 하는 단계였다고 한다. 소식을 들은 자녀들은 크게 상심했으며, 결국 악화하던 건강을 개선하지 못해 자녀들이 직접 신장 투석이 가능한 요양원으로 입원 수속을 밟았다는 이야기를 전해 듣고 종료한 사안이었다.

뒷날 자녀들에게 듣기로는 입원하기 얼마 전부터 '내가 몸이 이래서 너희들에게 못할 짓을 하는구나'라는 말을 입버릇처럼 했다고 하는데, 그 말을 하는 그녀나 그 말을 듣는 자녀들이나 어떤 마음이었을지는 굳이 말할 필요가 없으리라.

이 사례에 드러난 Ps는 결국 기회주의적 면모를 드러냈다고 볼 수 있다. '아직은 괜찮겠지', '이렇게 하면 어떻게든 되겠지' 하며 제대로 대처하지 않으려는 것으로 이해할 수 있기 때문이다.

Ps를 비롯한 모든 Page의 근본적인 한계는 큰일을 가볍게 대하려다가 문제를 키울 수 있다는 점에 있다. 이는 Page 중 그나마 판단력이 뛰어난 Ps도 예외 없이 적용되며, 특히 요행을 바랄 수 없는 상황에서 Page는 분수를 파악하고 상황에 맞게 행동하도록 강요당하게 된다는 것 말고는 조언할 말이 없다.

특히 강압적이거나 벗어날 수 없는 필연적 문제에 가깝다면 Ps는 결국 자신이 추구하는 것을 포기하고 강요하는 편에 서려는 경향이 있다. 이 사례도 자신의 건강보다 집안 어른으로서의 책임감에 질문 자(Ps)가 짓눌린 것이라 이해할 수 있다.

실제 사례 (2012년 10월, 서울 신촌 모처, 20대 후반 남성)

질문　이번 석사 학위 논문 통과할 수 있을까? 어떤 변수에 대비해야 할까?

사전 정보　논문의 구체적인 내용은 거의 정해졌고, 프레젠테이션을 준비하고 있다고 언급했다.

$$3p - 4p - 7s - 6w - 4 - Kc - 4w - Ps - 9 - 10p$$

3p　(질문자 자신) 더 전문적 경험을 인정받으려 심사를 신청했다.

4p　(장애물) 이 명예/경험에 집착하고 있으며, 그럴 만한 가치가 있다고 확신한다.

7s　(기저) 석사 학위 논문을 작성하면서 편법을 동원했다.

6w　(과거) 논문 작성에 유리한 고지를 선점했거나 통과 요건을 맞추는 데 성공했다.

4　(현재/곧 일어날 일) 지도 교수나 조교 등 권위나 기반이 있는 이들의 영향을 받게 될 것이다.

Kc　(미래) 정치적인 대응으로 원하는 바를 이룰 수 있을 것이다.

4w　(질문자의 내면) 통과할 수 있으리라는 확신이 있다.

Ps　(제3자가 바라보는 질문자) 심사자/다른 사람이 보기에도 통과하기 편한 방식을 따랐다고 여겨진다.

9　(희망/두려움) 더 연구를 진행하고 싶어 하며, 실수를 저지르거나 의견 표명을 잘하지 못해 문제가 생길까 봐 두려워한다.

10p　(결과) 평범하고 무난하게 통과할 것이다.

실전 해석

이 배열에서 Ps는 8번 위치, '제3자가 바라보는 질문자'에 나왔다. 진로 적성 및 시험의 합격 여부와 관련한 질문의 특성상 석사 과정이 일반적으로 어떻게 진행되는지 파악해야 하며, 질문자가 어떻게 심사 담당자의 의도를 간파했는지 알아내야 한다.

Ps에게 영향을 끼치는 카드는 3p, 4p, 6w로 확인되는데, 이로써 긍정적인 영향을 받고 있다는 것을 확인할 수 있다. 질문자가 더 전문적인 지식이나 입지를 확보하려 집착하고 있으며, 이미 어느 정도 성과를 거두었다는 것을 보여주기 때문이다.

또한 일반적으로 석사과정이 지도 교수의 의견이나 해당 분야의 대세를 따르기만 해도 수월하게 통과할 수 있다는 통념상 Ps가 긍정적으로 비치기 쉽다는 점으로 긍정적인 의미를 확정할 수 있다.

그러므로 어설프거나 부족한 자료, 노골적인 편법을 동원하지 않고 연구자로서 품격을 갖추도록 조언해야 한다는 것을 알 수 있다.

① **3p (질문자 자신)** 질문자가 자신의 역량을 증명하려 심사를 신청했거나 자격 요건을 갖추려 준비하는 상황이라는 것을 의미한다. 긍정적인 영향을 받는다면 질문자의 역량이 통과 기준에 충족한다는 것을 뜻하며, 이를 넘어 다른 사람에게 도움을 줄 수 있는 실력을 갖췄다고 해석된다.

그러나 부정적인 영향을 받는다면 역량 부족으로 남의 도움을 받거나 요청해 기준에 맞추기 급급한 상황이라는 것을 경고한다.*

---

* 대학의 석사/박사과정은 중세 길드의 심사 과정과 매우 비슷하다. 중세 길드에서는 직인Journeyman이 장인Master이 되려면 다른 장인들에게 심사를 받아야 했다. 이 심사는 보편적으로 해당 직인이 걸작Masterpiece을 제출해 자신의 수준을 증명하는 과정을 거치는 것이었다. 걸작을 논문으로 치환하면 쉽게 이해할 수 있다.
피에르 미켈 지음, 피에르 프로브스트 그림, 『중세의 도시 생활』, 동아출판사, 1987, 26-27쪽.

② **4p (장애물)** 질문자가 이 사안에 강하게 집착하고 있다는 것을 의미한다. 부정적인 영향을 받는다면 이런 집착이 오히려 질문자의 장래를 망치거나 계획을 일그러뜨릴 수 있다는 것을 경고하나, 긍정적인 영향을 받는다면 이 사안에 집착하지 않으면 다음 단계로 갈 수 없으며, 질문자의 목표를 이루려면 더 강하게 자기 분야에 집착함으로써 성장할 수 있다는 것을 시사한다.

---

③ **7s (기저)** 부정적인 영향을 받는다면 단순한 참고를 넘어 표절에 가까운 행위를 해왔던 것을 암시하나, 긍정적인 영향을 받는다면 해당 분야에 지정된 규칙을 준수해 출처를 명시하고 다른 사람의 연구를 참고했다는 사실을 밝혀 문제 요소를 없애는 데 성공했다는 것을 의미한다. 이는 곧 질문자가 심사를 통과하려 다양한 자료를 참고했다는 것을 뜻한다.

---

④ **6w (과거)** 질문자의 준비 작업이 순조로웠다는 것을 의미한다. 긍정적인 영향을 받는다면 이런 자신감을 가질 만한 결과물을 만드는 데 성공했거나, 부러움을 살 정도의 역량을 확보했다는 평가를 받아왔다고 해석할 수 있다. 그러나 부정적인 영향을 받는다면 자신의 역량을 과신해 제대로 준비하지 못했거나 자만하는 모습을 내비쳐 주위에 반감을 사고 있다는 것을 경고한다.

---

⑤ **4 (현재/곧 일어날 일)** 비교적 긍정적인 영향을 받고 있다. 심사 특성상 당연히 자신에게 지배적인 영향을 끼칠 수밖에 없는 존재(지도교수)의 개입이 이루어지기 때문이다. 나아가 질문자가 오히려 이 상황을 이상적으로 여기며 차근차근 준비하는 모습이 다른 카드들로 드러나기에 창조적 발상보다 먼저 연구해왔던 이들이나 해당 분야의 권위자 또는 지도 교수의 방법론을 따르기만 해도 무난한 결과를 얻어낼 수 있다는 것을 보여주기에 큰 문제가 없다고 해석할 수 있다 (3p, 4p, 6w, 4w, Ps).

---

⑥ **Kc(미래)** 긍정적인 영향을 받고 있다. 정치적 제스처로 우위에 서려는 상황에서 질문자의 공략 대상이 지도 교수 및 소수의 심사자에 국한되기에 프레젠테이션에서 어떤 부분을 가장 배려해야 하는지 쉽게 알 수 있기 때문이다. 질문자가 원하는 전공 분야의 권위자와 관련된 이상 이를 취하기 매우 쉬운 상황이라는 점에서 이를 간파해 낼 수 있다(6w, 4, Ps, 9).

---

⑦ **4w(질문자의 내면)** 질문자가 더 준비할 필요 없다고 여기며, 어느 정도 결과가 확정됐다는 것을 질문자도 알고 있다는 것을 암시한다. 긍정/부정적인 영향을 어떻게 받고 있느냐에 따라 질문자가 사전에 합격/불합격 여부를 이미 알고 있다고 해석할 수 있다.

---

⑧ **Ps(제3자가 바라보는 질문자)** 앞선 언급에 더해 질문자의 논문 수준이 그리 특출하지 않다는 것을 모두 알고 있으나, 잠재력이 있기에 학술적인 결과물을 기대한다는 것을 의미한다.

　부정적인 영향을 받았다면 논문 표절이나 독자 연구에 불과한 내용을 억지로 들이밀어 지도 교수의 명예까지 실추시키거나 자신의 의견을 피력하는 시간을 이용해 엉뚱한 주장을 할 것이라고 평가받고 있는 상황을 의미하나, 앞서 살펴본 질문자의 집착이나 해당 분야 권위자의 영향 아래 있는 한 이를 적용하기 매우 어렵다는 것을 알 수 있다(3p, 4p, 6w).

---

⑨ **9(희망/두려움)** 질문자의 목적은 자신이 집착하는 분야의 지식 습득 또는 해당 분야의 권위자로 발돋움하려면 반드시 필요한 연구 과정이라는 것을 의미하며, 이에 더해 이 과정에서 자신만의 연구 과제나 연구 공간을 원하고 있다는 것을 뜻한다.

　반면 이 과정에서 심사를 통과하고/떨어진 뒤 자신이 고립되거나 남에게 도움을 청하지 못하는 상황이 될까 봐 두려워하고 있으며, 나아가 자신의 연구 분야가 대중성을 확보하지 못해 지원을 받기 힘들지 않을까 하는 노파심을 역력히 드러내는 카드다(4p, 7s, 4, 4w).

⑩ **10p(결론)** 기본적으로 평이하고 일반적인 형태의 결말이 기다리고 있다는 것을 의미한다. 곧 있을 프레젠테이션에서 예상 범위 밖의 날카로운 질문이 없을 것이고, 준비 과정에 큰 부담을 느낄 필요가 없다는 점을 확정하게 한다. 오히려 일반론적인 접근으로 자신이 알고 있는 것만 차분히 설명해도 무난한 결과를 얻을 수 있다는 의미로 해석할 수 있다.

해석을 마치자마자 나는 더 준비할 것도 없으며 반론이나 논문의 취약점이 나올 경우를 대비해 지도 교수의 강의록이나 논문을 출처로 삼아 거기에도 없는 내용은 향후 연구로 보충하겠다고 대답하도록 권했다.

이는 배열의 카드들이 자신에게 영향을 끼친 권위자의 이름을 빌려 호가호위하는 것을 넘어 전적으로 의탁하고 있다는 점을 내세워 교수의 권위를 높이는 방식으로 문제를 회피하는 방책을 보여주고 있기 때문이었다(특히 4, Kc, Ps에서 이런 조언을 추출할 수 있었다).

이후 나는 이듬해 그의 석사 학위 논문 통과에 축하한다는 답을 남긴 것으로 종료한 사안이었다.

이 사례에서 Ps는 부정적이기 쉬운 Sword 수트의 결점을 어떻게 방지/보완할 수 있는지 보여준다. 기본적으로 넘지 않아야 하고 실수로라도 넘었다면 강력한 제재가 뒤따르는 분야일수록, 자신의 영역을 냉정히 파악하고 변수를 쉽게 통제할 수 있다는 데 문제의 해법이 있다.

모든 Page는 자신의 잠재력을 주체하지 못하거나 통제하기 힘들어한다는 공통점이 있다. 이를 긍정적으로 발산하려면 결국 이에 걸맞은 환경을 조성해주거나 Page들이 자신의 생각/이야기를 마음껏 내보일 수 있는 공간을 마련하고 각각의 성향에 맞는 육성이 뒤따라야 한다는 점을 명심해야 한다.

KNIGHT *of* SWORDS.

극단적, 지행합일
Radical, Avant-garde

KNIGHT 공통 의미

성인(이 갓 된 사람), 대학생(학사), 정직원/사원(중견 기업 이상), 대리/계약직/과장(중소기업), 외주자, 일병(군대 계급), (다른 코트 카드가 나와 영향을 받을 때 해당 카드보다)대등하지는 못하더라도 제 나름의 영역 확보에 성공한 사람, 초급 관리자, (소규모)팀장, 정규 병명으로 칭할 수 있는 병 가운데 투약/입원/(간단한)수술로 완치할 수 있는 경증, 젊은 꼰대, 대사ambassador

Knight of Swords의 키워드

극단적, 급진적, 지행합일, 과격분자, 극우/극좌, (어떤 지식, 시스템과 관련해)순수함을 고수하는 이들, 전위에 나서다. 남에게 자신의 옳음을 강제로 권하거나 주장하는 인물/상황, 쿨/시니컬한 사람, 공격수, 위협이 되거나 주위의 공격성을 끌어내는 사람/상황, 경찰·군인·사법연수원생 등 어떤 체계에 대한 학습/훈련을 받아 실전에 투입되는 사람, 운송/통신 관련 실무자, 전사/검투사 등 실제 무력을 행사하는 사람, 극적 배신*, 골절 등 외부 충격으로 얻은 장애, 급성질환**, 상이군인, 약탈(혼), 전쟁범죄(자), 전격적인, 전격전Blitzkrieg, 속공速攻(전술) 등······

* 고려 말 일어났던 이성계의 위화도 회군을 예로 들 수 있다.
** 단순 소화기 장애나 출혈이 아니라 실질적 감각/신체/사고의 왜곡을 급작
스럽게 일으키는 질환을 통칭한다. 일례로 척수염 증상을 들 수 있다.

긍정/부정 확인 기준

긴급히 진행해야 할 사안인가?

규칙이 비인도적이거나 현실성이 없는가?

질문과 관계된 질문자의 역량/무력/지식 수준이 뛰어난가?

Ns에 해당하는 이를 가로막는 것들의 수준은 어떠한가?

질문자가 추구하는 바가 논리적으로 정당한가?

모순되거나 후회할 여지가 전혀 없는 문제인가?

위 조건들은 코트 상징편에서 언급한 '극단적, 지행합일'의 핵심 의미를 통해 나눌 수 있는 몇몇 기준이다. 자신이 명확히 안다고 여기거나 맞는다고 생각하는 것을 과감하게 주장하려면 그만큼 자신의 지식이 얼마나 정확하고 논리적인지 스스로 살펴야 한다는 점에 주의해야 하며, 이를 주장/적용함으로써 주위 인물/세력들이 받을 피해와 반발을 어떻게 극복할 수 있는지를 그림을 통해 찾을 수 있다.

'쇠뿔도 단김에 빼라'는 말은 반대로 그렇게 하지 못할 경우 닥칠 후폭풍을 두려워하라는 의미가 숨어 있다. 기호지세騎虎之勢를 논할 때 위험과 저항을 무릅쓰고라도 이루려는 것이 있다면 과감히 싸워 이겨야 하고, 그러지 못하면 이도 저도 아닌 중간 지대에서 발을 멈춘 꼴과 다름없으며, 결국 자신을 위태롭게 한다.

또한 이런 급진적인 방법이 사람들의 마음을 떠나게 하기 좋다는 점을 자각해야 한다. 그렇지 못하면 폭력적인 수단에 쉽게 의존할 수 있다는 것을 Ns는 지적한다. 손자가 했던 '전쟁은 어설프더라도 빠르게 끝내는 것이 낫고, 완벽하더라도 길게 끌어가는 것은 이만 못하다兵聞拙速 未睹巧之久'라는 말의 의미를 깨닫지 않으면 아무리 뛰어난 능력과 추진력이 있어도 결국 자멸할 수 있으니 주의해야 한다.*

---

* 선택을 잘못해 멸망한 사례로 수나라와 고구려를 들 수 있다. 두 나라 모두 장기화된 전쟁으로 보급의 차질이 생기고 내분이 일어나 자멸했다.

해석용법

긍정 Ns의 추진력은 적체/정체 상황을 해결하는 데 가장 빠르고 효과적인 수단이다. 또한, 지식이나 체제/체계에 접근하면서 논리적인 타당성을 우선하고 이에 반하는 요소들을 과감하게 배제한다. 이 과정에서 수단/방법을 가리지 않기에 문제의 근원을 일망타진할 수 있다. 나아가 이런 방식을 이용함으로써 자신이 몸담은 지식/체계/체제/분야의 정당성을 확보하기에 단순 계산이나 지표로 대중의 판단을 끌어내야 할 때 세상의 인식이나 판단 기준을 송두리째 바꿔 변혁을 이룰 수 있다는 것을 강조한다.

부정 그러나 Ns는 이 과정에서 수단과 방법을 가리지 않고 효율성만을 추구한 나머지 많은 이의 지탄을 받거나 반대에 봉착한다. 이때 Ns가 자기 생각이나 견해, 주장이 옳다고 생각해 강행할 경우 많은 희생자를 낳을 수 있다. 과학자의 비윤리적 실험이나 자신의 욕망을 실행하려 자행한 쿠데타를 예로 들 수 있으며, 작게는 자신의 알량한 무력을 동원해 협박하여 목적을 달성하는 상황도 예로 들 수 있다.

이에 더해 그 주장이 극단적일 때의 폐해는 자신 주변을 비롯해 많은 사람을 비탄에 빠지게 만들고, 스스로 어떤 잘못을 저지르는지도 모른 채 자신이 따르는 것을 맹종하게 될 수 있다는 점을 경고한다.

이런 내용 때문에 Ns를 해석할 때는 늘 이에 따른 언행으로 없던 적도 만들 수 있는지, 만들어도 상관없는지 먼저 검토해야 한다. Ns의 성향상 모두가 설득할 만큼 뚜렷한 결과가 나올 때는 드물기 때문이다. 이런 연유로 일상적이거나 평범한 사안일수록 부정적인 의미를 발현할 때가 많다.

이런 Ns의 의미가 긍정적으로 발현한 역사적 사례로 제2차 세계대전 당시의 나치 독일군의 프랑스 침공 작전을 들 수 있다. 제1차 세계대전의 전훈으로 양면 전선을 만들거나 장기전을 극도로 회피하고 싶었던 독일군은 에리히 폰 만슈타인의 작전을 채용해 벨기에를 우회하는 방법을 실행했는데, 작전 입안 당시만 해도 말도 안 된다고 생각했던 독일 참모본부는 이 작전을 반려하려 했으나 히틀러가 강행하기로 하면서 국면이 전환됐고, 예상을 벗어난 공세에 프랑스는 순식간에 항복하며 세상을 놀라게 했다. 이는 이후 전격전이라는 명칭을 따로 붙일 정도로 현대 군사 전술에 영향을 미쳤다.[*]

이와 달리 Ns의 부정적인 사례로 들 수 있는 것이 프랑스대혁명 시기의 로베스피에르와 산악파를 들 수 있을 것이다. 급진적인 정책들을 결정하는 것까진 좋았다고 평가할 수 있겠으나, 그 과정이나 내용이 잔혹한 탓에 다른 혁명 동지들에게조차 반감을 사기에 이르렀으며, 결국 공포정치를 통해 내부 파벌까지 숙청을 벌이다 혁명 동력을 상실하고, 테르미도르 반동을 일으키게 했으며, 나폴레옹 보나파르트의 제정으로 회귀하게 됐다.

이런 극단적인 부작용은 결국 자신과 자신의 소속을 위태롭게 한다. 그렇기에 Ns에 해당하는 이들에게 피아 식별 기준이나 적을 격멸해야 하는 명분을 세워주는 것이 자신의 입지에 큰 이득을 가져다주는 상황도 있다는 점을 조언해 Ns의 역량을 더 긍정적인 방향으로 사용할 수 있도록 이끌어야 한다.

배열 위치별 특징 배열에서 Ns가 나오면 질문 주제가 급진적인 행동 또는 의사 표현이 필요하거나 전혀 필요 없을 때 Ns의 영향력이 커질 수 있다. 이때는 보통 해석하기 쉬운 편이다. 그러나 단순히 평범한 사안에는 영향력이 미미하거나 부정적인 상황을 만드는 경향이 있다.

이런 문제 때문에 Ns는 2, 3, 5, 7, 8번 위치에서 영향력이 긍정/부정을 막론하고 강해지며, 반대로 행동력을 끌어낼 수 없거나 이미 끌어낸 뒤를 의미하는 1, 4, 9번 위치에서 영향력이 약해지기 쉽다.

---

[*] 그러나 이는 여러 상황이 맞물려 생긴 현상으로 재평가됐으나, 정작 전격전 교리를 충실히 따른 이는 미국의 조지 S. 패튼 장군이었다. 그는 공적으로도 사적으로도 Ns의 화신이라 보일 만한 행적을 여럿 보였다.

연애(관계가 성립한 상황) 공동의 목적을 성사시키려 서두르는 상황을 의미한다. 이 과정에서 상대방의 동의를 얻어낸다면 특유의 추진력을 이용해 목적을 달성할 수 있다. 긍정적인 영향을 받을수록 부창부수라는 표현이 어울릴 정도로 성향이 일치한다는 점을 강조한다.

그러나 부정적인 영향을 받는다면 한쪽의 일방적인 의사소통이나 행동 때문에 다른 한쪽이 끌려다니고 있다는 것을 의미하며, 최악의 경우 어떤 목적을 달성하려 한쪽의 일방적인 희생을 강요하는 상황을 암시한다.

연애(관계가 성립하지 않은 상황) 관계 성립을 기원하는 상황일 때 긍정적인 영향을 받는다면 기회를 놓치지 않고 빨리 접근, 고백을 감행해 원하는 상황을 만들 수 있다는 것을 의미하며, 이 과정에서 방해요소를 모두 무시하도록 권하는 카드로 작용하나, 부정적인 영향을 받는다면 조급한 나머지 상대방에 대한 배려가 없거나 다른 사람의 방해에 유도/노출돼 전혀 다른 이성에게 접근할 수 있다는 것을 경고하며, 최악의 경우 강제적인 수단을 이용해 목적을 달성하려 할 수 있다는 것을 암시한다.

관계 성립 의지가 없는 일방적인 상황일 때는 대부분 현실에 쫓겨 연애 자체를 하기 어려운 상황이라는 것을 의미하며, 자신의 급한 성정 탓에 성립할 수 있는 연애 기회를 내치고 있거나, 이성을 선택하는 기준을 너무 빡빡하게 들이대다가 주변에 사람이 없어졌다는 것을 암시한다.

대인관계 충돌을 전제하면, N_ε의 긍정적인 의미는 강력한 영향력을 발휘한다. 부정적인 영향을 받더라도 대부분은 어느 정도 목적을 달성할 수 있다. 다만 부정적일수록 부작용이나 반발, 후폭풍이 거세진다는 것을 의미한다.

단, 협업을 할 경우 자신이 속한 집단에서 추진하는 것들을 본격적으로 시도하거나 먼저 달성하는 상황으로 묘사되며, 이때 내부에서 좋게 평가받는 것을 의미하나, 부정적인 영향을 받는다면 이런 논공행상에서 남을 배려하지 않아 인심을 잃거나 정치적으로 불리해질 수 있다는 것을 경고한다. 최악의 경우 도움 하나 없이 개인의 역량으로 해내야 하는 상황에 몰려 모함당하거나 토사구팽을 당하는 상황이 다가온다는 것을 암시한다.

사업의 흐름이나 전망 공격적인 마케팅으로 상황을 호전시킬 수 있다는 것을 의미한다. 그러나 선제공격에 해당한다면 부정적인 효과를 낳을 공산이 크다(이는 현대사회의 인식 문제다).* 그렇기에 다른 경쟁자가 반대 여론이 일 만큼 큰 패착을 저질렀을 때 이를 이용해 경쟁자를 비판하며 대중이 원하는 바를 대신해주는 방식을 쓰도록 권해야 한다.**

투자는 고위험 고수익에 집중돼 있으며, 남들과 다른 자신의 전문 분야에서 확실한 수익을 노리고 접근할 것을 권해야 한다. 다른 의미로는 선물/옵션거래를 의미하는 경향이 있는데, 이는 기본적으로 위험한 투자라는 점을 경고하며 해당 분야에 대한 전문 지식을 확보한 상황에만 적용할 수 있다.

부정적인 영향을 받을수록 위험을 자초하거나 예상 밖의(국가 차원의 대응이나 천재지변 등) 문제가 일어나 극단적인 손해를 보는 상황을 암시하기에 불안정한 상황일수록 투자 철회를 권해야 하며, 최악의 경우 투자/사업이 아닌 도박의 개념으로 일을 진행하려는 성향이 있다는 것을 경고한다.

---

* 과거에 출시된 특정 상품 A의 대안으로 A를 직접 언급하며 B를 홍보하다가 사람들의 반감을 사는 사례를 예로 들 수 있다. 비판도 어디까지나 소비자의 몫이라 여기는 관점이 있으니 이런 시도는 주의해서 진행해야 한다.

** 정치적/도의적 문제에 대해 문제를 일으킨 A라는 기업 대신 같은 업계의 B 기업이 A가 끼친 손해를 보상해주는 것을 미담 삼아 홍보하는 방식을 예로 들 수 있다.

창업의 성사 여부 어떤 지식/체제를 현실에 적용/수행하는 분야와 맞는다. 나아가 이를 실질적인 무력으로 진행하는 업무와 관련 있으며, 이에 더해 일의 진행 속도가 빠를수록 좋은 분야에 특화돼 있다. 이런 이유로 운송업·물류업에서 시작해 철거, 용역, 경호, 보안, 용병 등의 사업과 연관되며, 긍정적인 영향을 받을수록 기술의 정밀도나 학력을 중시할 수밖에 없는 업종의 창업을 의미한다.

또는 신기술을 도입해 상용화하는 방식도 통용되나 이를 단순히 가십이나 작은 요소로 다루는 Pw와 달리, 더 본격적이지만 자본 친화적이기 어려운 방식을 뜻한다. 이런 이유는 Ns가 주로 취하는 방식이 다른 이들의 동의를 얻는 것과는 거리가 있기 때문이다.

진로 적성 일반적으로 격투기 또는 운동 관련 특기 보유와 관련 있거나 법무, 경찰, 교도, 경호 관련 업무와 연계된다. 그 밖에 기술 관련 직무와 연계되나 현장직에 가깝다는 점을 강조한다. 이는 Ns가 문제가 생긴/있는 곳에 직접 접촉해 문제를 해결해버리는 방식을 취하는 것과 깊게 연관돼 있다.

긍정적인 영향을 받을수록 어떤 시스템/체제/분야가 형성되는 원리에 가깝거나 핵심 가치를 수호/전달하는 성향을 지니나, 부정적인 영향을 받는다면 무력을 직접 투사해도 그에 걸맞게 인정받기 힘들거나 지탄받을 수 있는 분야에 소질이 있다는 것을 의미한다.

시험 결과나 합격 여부 Ns는 아는 것을 그대로 풀어놓는 시험에 유리하며, 그중에서도 이른바 '스피드 퀴즈' 형식의 방식에 최적화돼 있다. 특화 분야만 따로 떼어 보는 시험일 때 더 유리하나, 다양한 사례나 상황을 해결하는 데는 능력이 미치지 못하거나 혼란스러워하는 경향이 있기에 상황에 따른 대안을 고려해야 한다.

면접에서는 면접관들과 충돌할 가능성이 크다는 것을 뜻하며, 그렇지 않으면 자신이 배운 바를 논리적으로 설명하고 담백하게 접근함으로써 충돌 가능성을 사전에 차단하도록 조언할 필요가 있다.

질병의 호전, 완치 일상적인 상황이라면 급속히 회복하는 것을 의미하는 상황이 대부분이나, 급성질환이나 중병이라면 역으로 병세가 쉽게 악화할 수 있다는 것을 강조한다. 다만 격한 운동이나 객기를 부려 골절상을 입거나 질병에 걸릴 수 있다는 것을 경고한다.

그 밖에 단기간의 과도한 노동이나 스트레스로 얻는 질병을 뜻하나, 이는 충분한 휴식으로 해결할 수 있다.

단순한 건강 문제 앞서 언급한 질병 호전 및 완치와 같은 의미를 담고 있으며, 발병 가능성을 점친다면 외과 질환일 때는 대부분 육안으로 식별할 수 있는 골절 등의 부상과 그 증상이 즉각적인 신경 계통 질환으로 해석되는 경향이 있다.

반대로 내과 질환일 때는 감각 계통의 오류로 생긴 통증을 들 수 있으며, 온도 차나 시차로 발생한 부작용 또는 질환을 들 수 있다.

정신적인 면에서는 보편적으로 기복이 심한 성격으로 발생하는 질환에 해당하며, 경계선 성격장애Borderline Personality Disorder를 대표 사례로 들 수 있다. 감정 기복이 심하다 못해 극단으로 치닫는 요소가 Ns의 의미와 부합하기 때문이다. 그 밖에 계급을 나눠 사람을 대하는 성향도 보이는데, 이는 Qs, Ks와 달리 추구하는 바가 같다면 차별의 정도가 덜한 편이다.

앞서 살핀 건강 관련 내용은 어디까지나 개인적인 의견에 속할 뿐, 전문가의 진료가 최우선이어야 한다는 점을 계속 당부하고자 한다.

켈틱 크로스 배열 위치별 긍정/부정 해석법

1 → ② ③ ⑦ ⑧ 카드 확인 질문자의 역량이나 각오가 어떠한지 확인하고 현 상황을 가로막는 장애물을 질문자가 극복할 수 있는지 파악해야 한다. 긍정적인 영향을 받는다면 질문자의 역량이 이미 질문 사안을 해결할 수준이거나 그리 걱정할 필요 없이 원하는 대로 활약할 수 있고, 최상의 경우 신화적인 업적을 달성할 수 있는 순간이 다가온다는 것을 의미한다.

그러나 부정적인 영향을 받는다면 닭 잡는 데 소 잡는 칼을 들고 온 것으로 해석되거나 과격한 대응으로 다른 사람들에게 피해를 입힐 수 있다는 것을 뜻하며, 질문자가 악의를 품었다면 해코지하기 직전이거나 그만큼 격분한 상태라는 점을 뜻하기에 경솔히 움직이기에 앞서 전후 사정을 냉정히 판단하도록 권해야 한다.

2 → ① ③ ④ ⑧ 카드 확인 질문자의 의도에 반하는 상황/인물이 왜 등장했는지 판단해야 한다. 긍정적인 영향을 받는다면 상대방의 실수를 유도해 원하는 바를 얻어낼 수 있거나, 비위를 맞춰 큰 노력을 들이지 않아도 문제를 해결할 수 있다는 것을 의미한다.

그러나 부정적인 영향을 받는다면 강력한/강경한 반대와 경쟁자의 등장/개입으로 문제가 격화하거나 일방적인 수세로 몰릴 수 있다는 것을 의미하며, 최악의 경우 일방적인 열세 끝에 최소한의 목적조차 달성하지 못하고 강제 퇴거나 전멸에 가까운 상황에 몰린다는 것을 암시한다.

3 → ① ⑤ ⑧ ⑨ 카드 확인 질문자가 조급하게 서두르는 이유가 무엇인지 파악해야 한다. 긍정적인 영향을 받는다면 질문자가 판단하거나 인지하는 내용을 다른 사람들도 정당하게 여긴다는 것을 의미하며 더 망설일 필요 없이 실행할 것을 주문한다.

그러나 부정적인 영향을 받는다면 질문자의 급한 성정 또는 과격한 방식을 다들 기피하고 있거나 누군가가 대신하길 바라는 눈치 싸움이 일어나고 있다는 것을 의미하며, 이에 더해 상황이 여의치 못해 당연히 해야 할 일을 하지 않고 다른 사람/경쟁자의 활약을 지켜봐야 하는 상황이라는 것을 경고한다.

4 → ② ⑥ ⑧ ⑨ 카드 확인 과거의 어떤 급진적인 행위/인물 때문에 장애물이 생겼는지 확인하고, 이를 질문자/다른 사람들이 어떻게 평가하고 있는지 파악해야 한다.

긍정적인 영향을 받는다면 약간의 조언을 받아들여 많은 것을 얻을 수 있거나 사람들의 공감 또는 동의를 얻어내며 목적을 향해 나아갈 수 있다는 것을 의미하지만, 부정적인 영향을 받는다면 과거의 생각 없는/극단적인 행동 때문에 불리한 국면에 처하거나 자신이 옳더라도 이를 주장할 수 없는 지경에 처한다는 것을 경고한다.*

---

5 → ②④⑨ 카드 확인 상황이 왜 급변하는지와 복병이 누구인지를 판별해야 한다. 긍정적인 영향을 받는다면 기세/흐름에 올라타 자신이 원하는 바를 이룰 수 있거나 의도치 않게 도움을 받고** 문제를 해결할 수 있다는 것을 의미한다.

그러나 부정적인 영향을 받는다면 적극적인 반대에 부딪히거나 예상치 못한 인물이 개입해 일이 좌초될 수 있다는 것을 의미하며, 최악의 경우 저격에 가까운 비판이나 위해를 입는 상황을 암시한다.

---

6 → ①④⑦⑨ 카드 확인 질문자가 원하는 상황이 무엇인지 가늠하고, 이를 왜 원하는지 판별해야 이 위치에 드러난 Ns를 해석하기 쉬워진다. 긍정적인 영향을 받는다면 질문자가 의도한 일이 빠르게 진행되거나 자신을 돕는 사람에게 일을 위임해 빠르게 진행할 수 있다는 것을 의미한다.

그러나 부정적인 영향을 받는다면 공권력/무력의 개입으로 일이 지체되거나 구속받을 수 있으며 강력한 추진력을 갖춘 경쟁자의 등장으로 기반을 잃을 수 있다는 것을 강조한다. 최악의 경우 불법적인 일과 관련돼 법적 처분 또는 그와 비슷한 통보를 받는 상황을 암시한다.

---

7 → ①②③⑨ 카드 확인 질문자의 성급함 또는 자신이 알고 있는 것이 진실이라 믿는 이유가 무엇인지를 탐색해야 한다. 긍정적인 영향을 받는다면 제 나름의 확신이나 후회하지 않을 각오로 문제에 임하고 있다는 것을 의미한다.

그러나 부정적인 영향을 받는다면 단순히 자신의 공격 성향을 해소하려 이런 질문을 던졌거나 제대로 준비하지 않은 채 일을 진행해 낭패를 당할 수

---

* 이런 전형적인 사례가 초한쟁패 시절 항우의 신안 대학살이다. 장안을 빨리 점령하겠다는 욕심 때문에 진나라의 포로를 대거 생매장한 이 사건으로 민심이 돌아섰고, 한고조 유방에게 패배하는 단초를 마련한 사건으로 평가된다.

** 이때 다른 사람이 질문자를 전력으로 돕는 게 아니라, 그 사람이 원하는 바를 실행하다 보니 질문자에게 도움이 되는 때에 한정된다.

있다는 점을 전혀 모른 채 그저 기분에 따라 나아가고 있다는 것을 암시한다.

---

8 → ②④⑤ 카드 확인 다른 사람들이 질문자를 Ns로 판단/오해하는 이유가 무엇인지 파악해야 한다. 긍정적인 영향을 받는다면 당당한 집행자이자 사람들을 대리해 문제 요소를 제거 또는 축출하는 이로 여겨지거나 패기 넘치는 인물로 평가받고 있다는 것을 의미한다.

그러나 부정적인 영향을 받는다면 남에게 시비를 걸거나 극단적인 주장을 일방적으로 주장하는 강경파로 평가받는다는 것을 강조하며, 이 과정에서 원칙과 여론의 합의점을 찾아내지 못하면 비판받을 수 있다는 것을 경고한다.

---

9 → ①②④⑧ 카드 확인 질문자가 왜 이런 급진/극단적인 것을 선망/두려워하는지 확인해야 한다. 긍정적으로 본다면 Ns의 추진력이 질문자에게 그만큼 부족한 상태거나 현 상황을 타개할 인물의 등장을 원하는 것으로 이해할 수 있다.

그러나 부정적으로 접근한다면 그만큼 상황에 변화가 일어나길 꺼리거나 주의를 기울여야 하는 분야의 문제일 수 있으며, 질문자가 기본 체력이나 지구력이 떨어지는 것을 스스로 의식하고 있다는 점을 드러낸다.

---

10 → 질문자의 의도 여부와 무관하게 일이 빠르게 결착을 볼 수 있다는 것을 의미하기에, 다른 카드들을 참고해 이 흐름을 질문자에게 어떻게 유리한 쪽으로 이끌 수 있는지 고려해야 한다.

부정적인 영향을 받았더라도 이 흐름을 피할 수 있는 방법을 찾아 충격을 줄여줘야 하며, 이미 대비하기 늦었다면 충격에 대비하게 만들어 더 큰 위험을 예방하거나 그 나름의 평가를 얻어내는 데(예: 졌지만 잘 싸웠다) 성공할 수 있도록 이끌어야 한다.

실제 사례 (2003년 3월 15일, 서울 이화여대 근교, 20대 초반 남성)

질문　지금 고백해도 될까요?

사전 정보 OT 후 관심을 둔 동기에게 고백하려 했다. 딱히 눈에 띄는 경쟁자는 없었으나, 그렇다 해도 비교적 빠른 시기라 친구들 사이에서는 핀잔을 들었던 듯했다.

Ns - 4c –10 – 5w – 7c – 6 – 8 – Pp – 8p - 2c

Ns　(질문자 자신) 곧 고백할 예정이며, 이를 어떻게든 성사시키려 한다.

4c　(장애물) 어떤 고백 방식으로도 상대방의 마음을 만족시키기 어려워 보인다.

10　(기저) 성년 이후 첫 연애가 될 것이며, 연애를 할 만한 시기다.

5w　(과거) 짧은 시간 동안 이런저런 궁리를 해왔다.

7c　(현재/곧 일어날 일) 구체적 계획이 부족하거나 현실성이 결여돼 있다.

6　(미래) 진심을 전한다면 상대방도 긍정적으로 답할 것이다.

8　(질문자의 내면) 관계를 맺고자 마음의 준비를 많이 해왔다.

Pp　(제3자가 바라보는 질문자) 질문자의 속내가 어떤지 관련자/상대방이 이미 알고 있다.

8p　(희망/두려움) 어설프게 시도하고 싶지 않고, 꾸준하고 견실한 관계가 될 수 있길 기원한다.

2c　(결과) 둘 사이의 연애가 시작될 것이다.

실전 해석

이 배열에서 Ns는 1번 위치, '질문자 자신'에 나왔다. 관계 성립에 관한 질문의 특성상 질문자의 평판이나 경쟁자의 유무 정도를 판단하고, 질문자의 역량 이상의 장애물이 있는지 확인할 필요가 있다.

Ns에 영향을 주는 카드는 4c, 10, 6, 8라는 것을 알 수 있는데, 이로써 긍정적인 영향을 받고 있다는 것을 알 수 있다. 학기 초라는 시기 또한 경쟁자가 나타날 새 없이 기회를 얻어낼 수 있다는 것을 강조하며, 질문자도 확고하게 결심하고 상대방에게 다가가려 한다는 것을 보여주고 있기 때문이다.

다만 질문자도 자신의 역량이 탁월하다 여기지 않음을 인지하고 있으며, 더 확실한 방법이 없을까 고민하고 있다는 점이 드러나기에 이에 대한 조언을 진행해 질문자가 원하는 상황을 만들 수 있도록 도와야 한다는 것을 알 수 있다.

---

① **Ns(질문자 자신)** 앞서 언급했듯 긍정적인 영향을 받아 질문자가 어떤 상황에 가로막히더라도 고백을 강행하리라는 것을 암시한다. 주목할 만한 점은 영향을 주는 3장의 메이저 카드(10, 6, 8)에게 영향을 끼치는 Pp다.

이로써 질문자의 연애 경험이 부족하거나 이론에만 치중한 상태라는 점을 알 수 있으며, 조언을 통해 모자란 부분을 메워줘야 한다는 것을 간파해야 한다. 이는 다른 사람들도 알고 있기에 단순한 표현보다 좀 더 Knight 수준의 역량을 보여줄 필요가 있다는 것까지 추론할 수 있다(4c, 10, 6, 8).

---

② **4c (장애물)** 질문자가 고백하려는 방식이 성에 차지 않거나 무언가 부족한 상태라 인지하고 있다는 점을 강조한다. 부정적인 영향을 받는다면 상대방이 질문자를 나쁘게 평가하고 있다는 것을 지적하나, 충분히 교류하거나 뜬소문이 생길 만큼 시간이 지나지 않았기에 이를 적용할 수 없다.

③ **10(기저)** 비교적 부정적인 영향을 받았다. 연애가 성사되기에는 서로 알아가는 시간이 부족했다는 현실이 큰 영향을 끼쳤으며, 질문자가 이런 상황에서 관계를 이어간 경험이 부족한 채 인연에 끌리고 있다는 것을 의미한다.

준비되지 않고, 준비하려 해도 그럴 만한 시간이 없었던 상황이기에 남의 경험이나 조언을 참고해서라도 상황을 호전시키거나 극복해내야 한다는 점을 조언해야 함을 알 수 있다(4c, 7c, 6, Pp).

④ **5w(과거)** 단순하게는 대학 진학을 위해 노력해왔다고 해석할 수 있으나, 이 해석은 질문과 밀접한 관련이 있다고 보기 어려우며 오히려 과거에 이성을 대하기 어려워했거나 상대방과 관계를 개선 또는 접근하려 고민을 반복했다고 이해하는 편이 더 합당하다.

긍정적인 영향을 받는다면 진지한 고민과 다른 사람들의 의견을 받아들임으로써 더 나은 방법을 모색하려 했다는 것을 뜻하나, 부정적인 영향을 받는다면 무리인 상황을 억지로 정당화한 채 망상을 품었다는 것을 경고하며, 거듭해온 번민과 상관없이 시간만 흘려보내고 있었다는 것을 암시한다.

⑤ **7c(현재/곧 일어날 일)** 질문자가 다양한 경우의 수를 노리다가 시간을 허비하기 쉽다는 점을 지적하며 이 상황과 관련된 이들이 각자 생각이 다른 상황이라는 것을 의미한다.

긍정적인 영향을 받는다면 질문자를 방해할 만한 인물이 전혀 없다는 것을 의미하며, 각자 할 일에 매진하기 바쁜 상황을 틈탈 수 있다는 것을 보여주나, 부정적인 영향을 받는다면 질문자가 착각에 빠졌거나 자신의 공상을 현실로 오인해 상대방의 일상적인 대응/태도를 자신에 대한 호감 표시로 착각하고 있다는 것을 지적한다.

⑥ **6(미래)** 질문자가 바라는 관계 형성 과정에서 지금까지 겪지 못한 상황이 일어나리라는 것을 의미한다. 여기서 6은 긍정/부정적인 의

미를 모두 취하는데, 서로 연애 경험이 없기에 생기는 일이나 질문자의 경험 부족이 만드는 사건 사고들로 관계의 지속성이 강화/약화할 수 있다는 점을 암시하기 때문이다.

질문자의 의도나 감정이 비현실적인 낭만(7c)에 가깝기에 이를 조율할 존재의 유무나 상대방의 역량에 많은 것을 맡겨야 한다는 점을 감안한다면 질문자가 원하는 관계 형성이 어떻게든 가능하다고 해석할 수 있다(4c, 10, 7c, Pp).

⑦ **8(질문자의 내면)** 긍정적인 영향을 받고 있다. 질문자가 자신의 조급한 마음이나 태도를 내색하지 않으려 했거나, 최소한 어떤 행동 때문에 서로 불편해할 만한 상황이나 사건이 있더라도 악의가 아닌 선의에 기반했다는 것을 피력하는 데 성공했거나, 자신의 본심을 상대방이나 다른 사람에게 경솔히 밝혀 호감을 잃는 악수를 두지 않으려 애썼다는 것을 보여주기 때문이다.

반대로 이렇게 응축된 질문자의 진솔한 감정이 이제 밝혀질 때만 기다리는 상황이 됐다는 것을 다른 카드들로 확인할 수 있다. 물론 연애 초보자인 이 사람을 보거나 관심을 기울여왔던 이들은 질문자의 속내를 금방 간파하고 선의에 따른 감정을 귀엽게/기분 좋게 보고 있다는 점 또한 확인할 수 있다(Ns, 10, 5w, Pp).

⑧ **Pp(제3자가 바라보는 질문자)** 긍정적인 영향을 받았다. 다른 사람/상대방에게 순진하고 성실하며 착한 아이와도 같이 여겨진다는 것을 뜻한다.

이는 다른 사람/상대방이 질문자를 호의적으로 바라보고 있다는 것을 의미하며, 적절한 상황이나 분위기만 갖춰진다면 질문자를 거절하지 않을 공산이 크다는 점을 다른 카드들로 확인할 수 있다(Ns, 10, 5w, 8p).

⑨ **8p(희망/두려움)** 질문자가 조심스레 차근차근 상대방에게 다가가고 싶어 하는 희망적 면모와 서투른 나머지 상대방이 실망 또는 거

절하지 않을까 하고 불안해하는 모습이 공존하고 있다는 것을 드러
낸다.

이로써 구체적으로 질문자의 연애 경험 부족으로 인한 문제와 관
련돼 자신의 마음이 이렇게 급격히 흔들리는 것에 대처해본 적 없었
다는 점을 추론할 수 있다.

⑩ **2c (결론)** 어떤 방식으로든 상대방과 관계가 성립한다는 것을 의
미한다. 부정적인 영향을 받더라도 이는 변치 않으며, 불편한 점이
있을 뿐 '인간적인 소통'이 오가는 데는 성공할 수 있다는 것을 의미
한다. 긍정적인 영향을 어떻게 극대화해 질문자가 원하는 관계를 성
립시킬 수 있을지 고려해야 한다는 것을 알려주는 카드다.

해석을 마치고 지금껏 용케 참았다고 말하자 한숨을 쉬던 모습이
오래 기억에 남았다. 현실적인 조언과 함께 주의점을 알려주었는데.
그중 가장 강조했던 것은 '여유로운 태도를 유지하되, 서투른 것을
숨길 필요까지는 없다'라는 말이었다. 어차피 알 사람 다 아니 편히
마음먹고 진심을 전하라는 말과 함께 해석을 종료했던 사안이었다.

그달이 채 지나기도 전에 둘이 함께 찾아와 고맙다는 말과 함께 이
런저런 뒷이야기들을 들을 기회가 있었는데, 자리를 잠시 비운 틈에
상대방에게 사실 불안하기도 했을 텐데 왜 받아주었냐고 묻자 '하는
짓이 너무 귀여워서 어쩔 수 없더라고요'라는 답을 듣고 한참 박장대
소했던 기억이 난다. 물론 돌아온 질문자는 영문 모를 표정을 지었을
뿐이었다.

이 사례처럼, Ns가 급진적이더라도 상황을 스스로 통제하거나 배
려를 잊지 않으면 큰 문제 없이 목적을 달성할 수 있다.

으레 기사도 같은 예의범절과 규약은 Ns의 무력을 올바르게 사용
하길 바라는 마음에서 비롯했다는 점을 잊으면 안 된다. 사람을 죽이
는 것이 아니라 사람을 살리는 검을 써야만 진위를 나누기 어렵고 가
치 변동이 심한 감정/인간관계에서 Ns 스스로 중심을 갖출 수 있다.

이를 잊으면 자신에게 당연한 것을 남에게 강요하고 공격성을 드러내다가 이윽고 주위에 아무도 남지 않아 자멸할 수 있다는 것을 늘 명심해야 한다.

실제 사례 (2011년 1월, 서울 관악구 모처, 20대 중반 남성)

질문   공인회계사 시험에 합격할 수 있을까?

사전 정보 2년째, 정확히는 1차 시험을 기준으로 2년 6개월 동안 준비해왔다고 했다. 현재까지 모의평가 결과는 좋은 듯하나 불안감 때문에 문의했다고 밝혔다.

$$5w - 10w - 6s - Ns - 6p - Np - Qw - 9w - 14 - 4w$$

5w   (질문자 자신) 열심히 시험 공부를 하고 있다.

10w   (장애물) 무리하게 혹사하고 있거나 컨디션 관리를 소홀히 하고 있다.

6s   (기저) 더 나은 미래를 위해 노력해왔다.

Ns   (과거) 시험 준비에 최선을 다했다.

6p   (현재/곧 일어날 일) 더 다양한 사례나 조언이 필요할 것이다.

Np   (미래) 자신의 실력을 더 안정적으로 다져갈 것이다.

Qw   (질문자의 내면) 자기 나름의 공부 방법이나 합격 후의 행보를 계획하고 있다.

9w   (제3자가 바라보는 질문자) 많이 고생했고, 그에 따른 결실을 얻을 것이라 평가하고 있다.

14   (희망/두려움) 적절한 평가를 받아 합격하길 바라며, 커트라인을 통과하지 못해 불합격할까 봐 두려워한다.

4w   (결과) 이 시험을 다시 준비할 필요가 없을 것이다.

이 배열에서 Ns는 4번 위치, '과거'에 나왔다. 시험 결과나 합격 여부와 관련한 점의 특성상 질문자의 과단성과 추진력이 과거에 어떤 효과를 발휘해 시험에 떨어졌는지 확인해야 하며, 이를 극복하려 어떤 노력을 해왔는지 파악할 필요가 있다.

Ns에게 영향을 주는 카드는 10w, Np, Qw, 9w로 확인되는데, 이로써 과거와는 달리 질문자가 긍정적인 영향을 받을 만큼 노력이나 역량을 쌓는 데 성공했다는 것을 확인할 수 있다. 무리해서라도 부족한 점을 채우고 기량을 보완하고 있으며, 시험 후의 대비나 계획을 안배하는 질문자의 속내에 더해 다른 사람들도 질문자의 노력을 인정하고 있다는 것을 보여주기 때문이다. 그렇기에 과거의 탈락 사유도 유추할 수 있는데, 당시 나는 해석을 진행하며 Ns와 14의 부정적 의미로 이를 추론할 수 있다는 말과 함께 복기 부족으로 놓친 문제들이 과락 상황을 만들어내지 않았냐며 조심스레 유추하자 질문자는 카드 점에서 그런 것까지 나올 수 있느냐고 신기해하면서 수긍했으며, 한두 문제 차이로 1차 시험에 떨어져 며칠 동안 잠도 못 이뤘다고 말했다.

이런 상황에서, Ns의 부족한 점을 메우는 효율적인 조언을 진행하고, 질문자가 불안해하는 요소들을 어떻게 없앨 수 있는지 언급해 문제를 해결할 수 있도록 도와야 한다는 것을 알 수 있다.

---

① 5w(질문자 자신) 질문자가 제 나름대로 노력해왔다는 것을 뜻한다. 긍정적인 영향을 받는다면 이런 노력 끝에 자신의 실력을 키워 원하는 바를 이룰 수 있다는 것을 의미하나, 부정적인 영향을 받는다면 무의미한 노력을 하고 있거나 시험과 관계없는 일로 스트레스를 받아 준비를 제대로 못하고 있다는 것을 경고한다.

---

② 10w(장애물) 질문자가 자신의 여가나 여유를 희생하며 노력하는 것이 더는 무리라는 것을 의미한다. 긍정적인 영향을 받는다면 좀 더

여유 있게 지금껏 노력해온 것을 자신의 실력으로 무난히 안착시키는 데 주력해야 한다는 것을 의미하나, 부정적인 영향을 받는다면 여유가 부족한 채 계속 무리하다가 기존의 역량을 떨어뜨리거나 과도한 스트레스로 학습 능률이 오르지 못하고 있다는 것을 경고한다.

③ 6s (기저) 질문자가 더 나은 미래를 위해 시험에 응시하려 한다는 것을 뜻한다. 그러나 부정적인 영향을 받는다면 이 모든 시도가 자신의 기반이나 원류에서 도피하려 시도한 것이거나 현실을 도외시하려 시험이란 방편을 택했을 뿐이라는 것을 경고하는 카드다.

④ Ns (과거) 앞서 언급했듯 긍정적인 영향을 받고 있다. 그러나 Ns의 부정적인 면을 보완해야 한다는 점이 강조된다. 이에 대한 좋은 대체재는 배열에 드러난 Np다. 새로운 지식의 확보보다 기존 지식을 확고히 점검해 자신의 기반으로 쌓아야 한다는 점을 드러내기 때문이다.

나아가 생각이 현실을 앞지르는 경향도 있어 시험에 온전히 자신의 추진력을 쓰지 못했던 것이 과거의 패인이었다는 점을 강조하는데, 이를 방지하려면 실제 사례나 기출 문제에 대한 기술적 응용을 조언해 문제를 해결할 수 있음을 Ns의 의미로 확인할 수 있다(10w, Np, Qw, 9w).

⑤ 6p (현재/곧 일어날 일) 이대로라면 질문자가 노력에 비해 좋은 성적을 얻기 힘들거나 여분의 기회(예: 패자부활전)를 받으리라는 것을 의미한다.

긍정적인 영향을 받는다면 이는 1차 시험 합격*을 의미하나, 추가

* 지금은 이 글을 쓰는 나 또한 잘 모르는 분야이기에 확신할 수 없으나, 이 시기 공인회계사 시험은 어려운 것으로 유명했다. 배점 기준의 40퍼센트를 한 과목이라도 넘지 못하면 낙제였으며, 2차 시험은 60퍼센트가 합격선이었다. 2차 시험은 부족했던 과목을 다음 해에 진행해 60퍼센트 이상의 점수를 받아야 합격할 수 있었다.

시험이 필요한 상황이 올 것을 예견하며, 부정적인 영향을 받는다면 학업을 유지하려 남의 도움을 받아야 하거나 질문자가 공부 시간을 희생해서라도 비용을 마련해야 하는 상황이 닥칠 것을 경고한다.

⑥ Np (미래) 긍정적인 영향을 받았으나 불안정한 상태라는 것을 알 수 있다. 질문자가 자신의 목표를 위해 최선을 다하거나 남의 도움을 받음으로써 시험 점수를 잘 받을 수 있다는 것을 의미하나, 자칫 잘 못하면 애써 얻은 지식이나 기반을 잃기 쉬울 정도로 시야가 좁아지 거나 조급해질 수 있다는 것을 경고하고 있기 때문이다. Ns의 속도 를 Np의 수준으로 안정화하는 방법을 찾아 긍정적인 영향으로 바꿀 수 있도록 도와야 한다는 것을 알 수 있다(6s, Ns, 6p, 14).

⑦ Qw (질문자의 내면) 부정적인 영향을 받았다면 시험보다 자신의 계획을 우선해 엉뚱하게 시간을 버리고 있다는 것을 의미하나, 이 배 열에서는 비교적 긍정적인 영향을 받고 있다. 질문자가 제 나름의 학 습 방법을 과신하지 않고 시험이 요구하는 것을 우선해 노력하고 있 다는 것을 스스로 인지하고 있기 때문이다. 또한, 이 시험이 자신의 미래 계획이나 목표와 밀접하게 관련 있다는 점을 알기에 더 능동적 으로 시험을 준비하고 있다는 것을 강조한다(5w, 6s, Ns, 9w).

⑧ 9w (제3자가 바라보는 질문자) 남들이 보기에도 질문자가 합격을 위해 많이 노력했다고 생각한다는 점을 강조하는 카드다. 긍정적일 수록 이는 고난의 끝에 축하해줄 이들이 많거나 주변 사람들이 질문 자에게 많은 기대를 걸고 있다는 것을 의미하나, 부정적인 영향을 받 는다면 헛된 노력으로 자신의 가능성을 소모하고 있다는 평가를 내 렸거나 실패를 인정하지 않으려는 태도를 고수해 남들을 불편하게 만들고 있다는 것을 경고한다.

⑨ 14 (희망/두려움) 보편적으로 합격/불합격을 원하고 두려워하는 것으로 쉽게 해석할 수 있으나, 구체적인 사안을 분석한다면 질문자

가 그동안 추구하거나 노력해왔던 것이 모두 틀렸다는 결론과 마주하기 싫다는 것이 두려움의 원인이라 판단할 수 있으며, 반대로 남들의 우려나 걱정, 만류에도 목표를 달성하려는 욕망이 충만하다는 것을 간파할 수 있다(5w, 6s, Qw, 9w).

⑩ **4w(결론)** 시험과 관련한 문제에 다시 휘말리지 않으리라는 것을 의미한다. 긍정/부정적인 의미가 극단적으로 갈라지는데, 합격한다면 시험을 다시 볼 이유가 없다는 점을 부각하며, 불합격한다면 재능이나 소질의 한계를 직접 경험해 더는 노력할 수 없다는 점을 뼈저리게 자각하는 상황이 오리라는 것을 경고한다.

이 배열에서는 비교적 긍정적으로 해석할 수 있는데, 보편적으로 이런 국가고시에 준하는 시험은 3년/3번 정도 시도해보는 것을 어느 정도 용납하는 풍토상 두 번의 실패로 이렇게 극단적인 판단을 내리기 어렵다고 생각하면서 조언을 진행했다(이는 온전히 해석자인 내 개인 견해라는 점을 밝힌다).

해석을 마치고 나는 새로운 것보다 기존에 배웠던 것들을 다양하게 응용하면서 안정적인 실력을 확보하도록 권했다. 질문자도 자신의 조급함을 인정한지라 나는 더 세부 과목에 대해 집중적으로 조언했고, '전문가도 아닌데 무슨 합격자 배출 전문 학원 선생 같다'라며 신기해했다.

그다음 달 말에 1차 시험 합격을 알린 그는 그해가 가기 전 한 과목을 제외하고 모두 합격했다고 알렸으며, 이듬해 수월하게 최종 합격했다. 총 준비 기간만 3년 넘게 투자한 노력에 따른 성과였다.

이처럼 시험 결과나 합격 여부를 묻는 상황에서 Ns의 추진력은 시험 임박 시기와 관련한 조언을 추가로 해야 할 때가 많다. 이는 추진력을 발휘해 새로운 지식 등 취해야 할 것을 빠르게 취해야 하는 시기와 속도를 늦춰 알고 있는 지식을 확고하게 자신의 것으로 만들어야 하는 시기가 다르기 때문이다.

또한 이 사례에서 N_p와 N_s의 위치가 바뀌었다면 최악의 상황으로 드러날 수도 있었다. 상황에 따른 대응을 질문자가 전혀 하지 못하거나, 재능이 부족해 다른 사람이나 출제자의 의도에 휘둘릴 수 있다는 점을 경고하게 될 공산이 컸기 때문이다. 이렇듯 해당 문제에 어떤 요소가 필요한지 미리 파악한다면 긍정/부정적인 의미의 적용이 더 정확해질 수 있다.

QUEEN *of* SWORDS.

후회
Regret

QUEEN 공통 의미

운영자, 후원자, 내조, 실무자, 과장(대기업)/부장(중소기업) 등의 중간관리직, 중년 초입, (대표자가 아닌 각 분야의)전문가, (다른 코트 카드가 등장해 영향을 받을 때)수준이 대등하거나 자신만의 영역을 확보한 경지, 장기적인 통원 치료나 꾸준히 관심을 두고 치료해야 하는 질병, 식이 조절, (내부에서 인정받은) 실력자, 매력적인 여성/남성, 석사/박사

Queen of Swords의 키워드

후회, (감정)결핍, 냉막/삭막함, 회한, 폐서인廢庶人, 축출, 귀양, 체벌, 훈련 조교, 사감(기숙사), 검사檢事, 검시관, 검역, 감사監事, 기무사, 통제(관) 등 어떤 분야나 체제를 위해 내부에서 꺼리거나 두려워하는 것을 적용/운용하는 사람/분야/단체, 감정보다 규칙을 우선하는 사람, 과부/홀아비 등 한부모 가정의 가장, 체제의 모순으로 인해 발생한 피해자, 동통疼痛, 퇴행성 질환, 치매, 향수병, 자존감 결여로 인한 질환, 전문직 여성, 기술적인 주요 산업과 부가 산업의 중간 지점에서 이를 전달/통제하는 분야 등……

긍정/부정 확인 기준

질문자가 하려는 행위가 타인/자신에게 감정적 손상을 일으키는가?

누군가는 해결/전담해야 하는 일/상황인가?

어떤 제한이나 규칙을 적용해야/받아야 하는가?

다른 사람들이 질문자의 역량/기반을 얼마나 인정하고 있는가?

피할 수 없는 상황인가?

질문자가 해당 문제와 관련한 전문 지식이나 경험을 쌓았는가?

질문자가 속한 곳이 어떤 명령/제안을 건넸는가?

이는 코트 상징편에서 언급한 '후회, 결핍'의 의미와 이를 다른 사람/자신에게 적용받는/하는 처지의 차이를 통해 제시할 수 있는 몇 가지 기준이며, 이로써 긍정/부정적인 의미를 보다 명확하게 판단할 수 있다.

무언가를 지켜내거나 원활하게 만들고자 방해 요소를 제거/방지하는 과정은 사람들과 감정 교류를 방해하거나 자신의 인간성/감정을 좀먹어간다. 그러나 이 과정은 꼭 필요한 일이며 모든 사람이 원하는 일이기도 하기에 누군가는 해야 한다.

Qs는 이 위치에서 자신의 역량을 발휘해 자신의 분야/사회/단체를 더 건전하고 올바르게 유지하는 것에 집중하며, 이 과정에서 사람들의 질시/경원을 감내하며 자신의 사명이나 옳다고 여겼던 것을 수호한다.

이 과정에서 통제나 검열로 다른 사람들의 삶에 관여하며, 해당 분야/단체/사회에서 성립된 기준을 적용해 이에 맞는 이들을 육성/양성함으로써 이에 속한 구성원들에게 가하는 억압/통제조차 정당한 이유나 근거가 있다는 점을 사람들에게 인식시킴으로써 권위를 인정받을 수 있다는 것을 뜻한다.

Qs가 자신의 본분을 다해 긍정적인 의미가 극대화하면 사람들은 Qs의 행보를 두려워하거나 Qs의 통제가 이루어지는 데 합당한 이유 또는 조항이 있다는 점을 쉽게 받아들이고, 통제에 벗어난 이들에게 주목한다.

그러나 공평하지 않은 처사나 기준 자체의 모순을 고치지 않고 무작정 통제하기만 한다면 사람들은 Qs를 힘 가진 자 또는 체제를 이끄는 자들의 사냥개일 뿐이라고 여길 것이며, 이는 자신이 소속된 곳의 모든 이들의 권위와 명예를 떨어뜨린다.

최악의 경우 Qs의 통제에 반발하는 이들이 Qs가 속해 있는 기반을 무너뜨리며, 이 과정에서 Qs 자신조차 소멸하고 새로운 질서를 정하기 위해 소모되는 과도기 동안 다른 이들 모두가 무정부 상태로 방치돼 고난을 겪을 수 있다는 것을 경고한다.

긍정 Qs는 자기 소속의 규칙을 지킬 것을 강조하고 상황을 확인/감시한다. 그렇기에 내부 규약이나 모두가 한 약속을 따르지 않으면 감정적인 손실이나 사람들의 실망과 관계없이 사실을 직시해 공표하고, 이로써 내부가 썩지 않게끔 정리한다.

차별 없이 명확한 기준에 따라 내부를 단속하기에 불만이 없어지며, 이로써 자신을 경원시하는 사람이 생기더라도 다른 모든 사람이 노고를 인정하며 권위나 기반을 안정화할 수 있다.

이런 인물/상황이 필요할 때, Qs는 주저 없이 칼을 빼 문제를 일소한다. 이 표현이 극단적으로 보일 수 있으나, Qs에게 그만한 권한과 지켜야 할 규칙이 명백히 제시돼 있으면 눈 하나 깜짝 않고 적극적인 간섭을 시작하며, 끝내 문제의 근원을 해결하는 데 성공한다.

부정 그러나 Qs는 기준을 맹신해 사람들에게 일방적으로 이를 강요하고 자유를 통제하려 한다. 적절하지 못한 상황에 이런 행위는 곧 억압으로 인식되며, 사람들에게 무슨 권리로 통제하려 하느냐는 반박/반항에 부딪힌다.

이런 상황에서 규칙만 들이밀어 모두의 공분을 사고 자신이 속한 집단에서 축출될 수 있으며, 반대로 어떤 조직/규칙/체제에 몸담았을 때 자신을 보듬어준 존재들이 사라졌는데도 이에 집착해 자신과 주변을 한숨짓게 한다.

이런 Qs의 특징은 해석에 큰 어려움을 주지 않는다. 대부분 관련 인물들이나 질문자 자신이 Qs의 존재를 어느 정도 인지하고 있을 때가 많기 때문이다. 어떤 후회나 미련을 의미하더라도 질문 내용이나 사전 정보 단계에서 언급되는 경향이 있다.

이런 Qs의 의미가 긍정적으로 발현된 역사적 인물로 구소련의 스타니슬라프 페트로프Stanislav Yevgrafovich Petrov를 들 수 있다. 냉전이 한창이고 지도부 공백을 우려하던 당시 소련 수뇌부는 미국의 기습 공격을 경계하고 있었는데, 1983년 어느 날 핵미사일 발사 경고에 맞대응해야 했던 그는 채 몇 분 되지 않은 시간동안 '진짜 핵 공격을 개시하려 했다면 고작 4~5발을 발사하진 않았을 것이다'라는 판단 하에 컴퓨터 오류라고 상부에 보고하며 대응을 취소했고, 핵전쟁을 막는 데 성공했다.

그러나 그는 내부 모순의 발생을 은폐하려는 수뇌부의 압력에 밀려 한직을 전전했으며, 냉전이 끝나고 15년 뒤에 이 사건이 공개되자 인류의 영웅으로 추앙됐다. 이 과정에서조차 그는 '당연히 내가 맡은 일을 한 것뿐이었다'라는 말을 남겼다.* 이 사례는 Q_s의 긍정적인 요소가 부정적으로 발현했던 것을 극복한 사례라 할 수 있다.

반면 Q_s의 부정적인 의미를 부각한 역사적 인물로 로마 공화정 말기를 대표하는 소小 카토Marcus Porcius Cato Uticensis를 들 수 있다. 그는 로마의 체제를 수호하려 체제에 위협이 될 만한 정적들을 다양한 방법으로 방해하거나 숙청했으며, 공화정 체제에서 발생하는 예외를 극도로 기피했다.

그는 폼페이우스나 카이사르를 공격하는 데 주저함이 없었으나, 그 완고함에도 당시 공화정 체제의 모순**을 인정하지 않으려 했고 끝내 자살로 생을 마감했다. 개인의 청렴함과 결백함은 높이 평가됐으나 시대의 흐름과 체제의 모순을 개선하지 않으려다가 자멸한 사례라 할 수 있다.

이런 사례처럼 Q_s는 합의나 이해관계로 성립한 모든 집단에 있다. 이는 곧 Q_s가 긍정적이려면 속한 분야/장소에 어떤 모순점이 있는지 파악하고 이를 감내하면서 사람들의 존중을 얻는 데 충실하거나

---

* 그는 2017년 조용히 생을 마감했고, 자신을 영웅시하지 않으려 했기에 사후 4개월 뒤에야 사망 소식이 알려졌다.

** 당시 로마 공화정은 원로원의 전횡이 극심했으며, 부의 분배를 주장했던 이들(그라쿠스 형제)이나 체제의 모순으로 발생한 문제를 언급한 이(카틸리나 사건)를 초법적인 권한을 남발해 말살했다. 또한, 공화정 체제가 계속 확장하던 시기에 로마를 운용하는 데 비효율적이라는 점을 깨닫지 못한 채 구태의연한 적폐 세력으로 민중에 각인됐다.

스스로 구태에 잠식돼 변질하지 않도록 마음을 다잡고 품격을 지켜 올곧은 모습을 유지해야 한다는 것을 강조한다.

배열 위치별 특징 배열에 Qs가 나오면 이에 해당하는 인물이 누구인지 확인하고, 인물이 아니라면 어떤 상황이나 처지 또는 집단을 위해 질문자가 감내해야 할 현실적인 피해나 감정적 충격이 Qs에 해당하는지 검토해야 한다.

이 때문에 켈틱 크로스 배열에서 Qs가 나오면 1, 3, 4, 7번 위치에서 영향력이 커지는 경향이 있다. 질문자의 상황이나 입지 또는 심리상태를 확인하고, 조언을 거쳐 Qs의 역량을 발현하며, 문제의 원인에 접근하기가 쉽기 때문이다.

그러나 5, 6, 8, 10번 위치에 나오면 영향력이 약해지는 경향이 있는데, 이는 앞서 살폈듯 어떤 체제/규칙을 Qs가 복종/우선시해 상황을 진행하기에 예외/요행을 바라기 어렵거나 조언/행동에 제한 사항이 현실적으로 많을 수밖에 없기 때문이다.

다만 이때 어떤 조치나 판단을 결정하는 상황이라면 과거의 방식이나 소속한 곳의 방침을 그대로 적용하는 것이 비교적 긍정적이거나 무난한 결과를 낳을 때가 많다.

연애(관계가 성립한 상황) 상대방에 대한 통제나 관계를 확고히 하고자 여러 제한이나 금지 사항(예: 주말부부, 혼전 순결, 통금)을 강제하는 상황을 드러낸다. 긍정적인 영향을 받는다면 각자의 환경이나 상황에 맞춰 조율해 외부의 시련이나 압박을 견뎌낼 수 있다는 것을 의미하나, 부정적인 영향을 받는다면 상호 간섭이나 통제가 격화하거나 관계에 대한 각자의 관념이 달라 잡음이 생기는 것을 의미하며, 최악의 경우 이런 상황을 받아들이지 못해 관계가 끊어질 수 있다는 것을 암시한다.

연애(관계가 성립하지 않은 상황) 관계 성립을 기원하는 상황일 때 긍정적인 영향을 받는다면 자신의 역량이나 기반 안에서 충실한 추종자나 손아랫사람의 인연을 챙기는 방법으로 연애 운이 상승하거나, 이별을 겪은 지 얼마 되지 않은 이들과 좋은 인연을 만들 수 있다는 것을 의미하나, 부정적인 영향을 받는다면 질문자의 현재 심리상태가 다른 사람과 관계를 성립/유지하기 어려울 정도로 피폐하거나 남의 생활 습관 또는 경향을 자신에게 강제로 맞추려 한다는 점을 지적한다.

관계 성립 시도조차 없는 일반적인 상황이라면 질문자의 외로움이 이런 질문을 하게끔 했다고 볼 수 있는데, 긍정적인 영향을 받는다면 더 아름다운/편한 이미지를 연출해 이성들의 관심을 유도하고, 평상시 자신의 모습을 제대로 인지하지 못한 이들에게 매력을 어필함으로써 운의 상승을 노릴 수 있다는 것을 의미한다. 그러나 부정적인 영향을 받는다면 질문자가 생활 또는 업무 등 자신의 삶에 필요한 것만 챙기려다가 사람들의 관심에서 멀어지거나, 감정적으로 공감을 얻지 못하는 (냉소적인) 언행 또는 이성으로써 매력을 사라지게 만드는 언행으로 인연을 만나지 못하고 있다는 것을 경고한다.

최악의 경우 질문자의 이미지가 이성에게 과도하게 음침하거나 감정적인 공유가 어려울 듯 보인다는 점을 암시하며, 이런 문제를 해결하지 못하면 연애할 수 없다는 것을 의미한다.

대인관계 Qs가 특정 인물을 지칭할 때 긍정적인 영향을 받는다면 이에 해당하는 인물의 방식이나 대처가 옳다는 것을 뜻하며, 최소한 문제가 생기더라도 책임 질 필요 없다는 것을 의미한다. 부정적인 영향을 받는다면 해당 인물에게 권위나 기반이 부족해 버려지기 쉬운 상황이라는 것을 경고하며, 명분을 위해 자리를 보전하는 수준으로 전락하리라는 것을 뜻한다.

Qs가 상황과 관련 있다면 해당 집단/모임에서 주목받기는 힘들더라도 꼭 필요한 직책(예: 총무*)을 맡거나 구성원들에게 이와 비슷한 위치로 인식된다는 것을 의미하며, 부정적인 영향을 받는다면 별 필요 없는 간섭이나 잔소리를 하는 사람 또는 존재감 없는 사람으로 여겨진다는 것을 의미한다. 그도 아니면 구성원 모두가 어떤 기회나 상황을 놓쳐 허탈해하는 상황을 암시한다.

사업의 흐름이나 전망 사용된 역량/기반을 평가하거나 확인할 것을 주문하며, 이 과정을 통해 의도와 상관없이 발생한 문제들을 점검 및 보완하는 방식의 사업을 의미한다. 나아가 부족한 부분을 지적하고 보수하는 과정으로 이익을 거둘 수 있다는 것을 의미한다. 긍정적인 영향을 받는다면 시스템의 유지/보수나 개선점을 꾸준히 제공해 사용자들을 종속시키는 방식**으로 꾸준한 수익을 올릴 수 있다는 것을 의미한다.

그러나 부정적인 영향을 받는다면 규모가 작거나 한 상황에 오래

---

* 일반적으로 친목계의 주된 지출 결정은 회원들의 동의나 친목계의 회장 또는 부회장이 결정하는 것과 달리, 총무는 대개 회비 입출 및 계산과 관련한 일을 도맡기에 이에 대한 불평이나 시빗거리가 잦으며, 그러다 보니 정작 모임의 목적인 친목을 제대로 하지 못하는 경향이 있다.

** 대체 불가능한 소프트웨어의 업데이트를 유료로 진행하는 대신, 소비자의 충성도를 유지할 수 있을 만큼 뛰어난 완성도로 기반을 확보하는 방식을 예로 들 수 있다.

매달려 자신의 가능성이나 확장성을 서서히 잃어버릴 수 있다는 것을 지적하며, 최악의 경우 해당 사업과 관련된 질문자의 기반이 시장에서 이미 필요하지 않은 상황*이 찾아와 반강제적으로 철수해야 할 수 있다는 것을 경고한다.

창업의 성사 여부 지속적으로 검진/검사해야 하는 분야에 편중된다. 자신의 전공 분야 지식이 규정하는 기준을 잣대로 삼기 때문에 소규모 자본으로는 창업이 어려운 경우가 많다. 군이 특정 분야를 지정한다면 개인 병원, 치과, 변리사, 법무사, 비서 등에 해당한다. 이는 어떤 요소(신체, 치아, 특허 등의 법무 대리)를 보완/감시/감사하는 방법으로 고객과 자신 모두 사회/개인적으로 건전한 상태로 유지하게 돕는다는 점에서 Qs의 의미와 닿아 있기 때문이다.

긍정적인 영향을 받을수록 절대적인 권위를 가진 지식 및 기술 분야와 가깝고, 이를 이용해 지속적으로 운영할 수 있다는 것을 의미하나, 부정적인 영향을 받을수록 위상이 떨어지고 최악의 경우 노력해서 배운 기술이 정작 사회에서 쓰이지 않거나 천대받아 제대로 사용할 일 없이 사장되거나 남의 결정에 휘둘려 전문성을 발휘하지 못한 채 표류하기 쉬운 분야와 연계된다는 것을 암시한다.

진로 적성 계속 강조하듯 감사, 고발 등 내부에서 능동적으로 조처해 사회적인 입지를 높이는 방식을 권한다. 나아가 어떤 분야와 체제에 대한 충실함을 자신을 비롯한 모두에게 강조하는 방식을 취하기에 소속 단체나 분야가 거대할 것이라 추론할 수 있으며, 보통 무기 개발(방위산업 연구), 법무, 의료, 간호 분야를 아우르는 체계적 지식에 대한 소질을 드러낸다.

긍정적인 영향을 받을수록 사회의 강력한 지원/지지를 받아 어떤 고발이나 제재를 당해도 다른 사람들이 변호하거나 두둔할 만큼 확고한 입지를 갖춘 분야와 접목되나, 부정적인 영향을 받는다면 내부

---

* 자신이 다루거나 지배적인 영향력을 행사하는 기기/지식이 완전히 새로운 것으로 대체돼 사업을 철수해야 하는 상황을 예로 들 수 있다.

견제나 의심에 휘말리기 쉬운 처지로 내몰리거나 일신을 희생해도 사람들에게 인정을 받지 못하거나 폄하돼 존재 자체를 모르는 탓에 자신의 권익을 지키지 못하는 분야의 재능에 속하는 것을 경고한다.*

시험 결과나 합격 여부 Qs는 시험이 이미 끝나거나 준비 없이 임한 탓에 후회하는 모습을 드러내는 상황이 아니라면 긍정/부정을 떠나 대부분의 절대평가 시험에 유리하다. 질문자 자신의 사고방식 자체가 시험 과목이 요구하는 변별 과정에 합치될 정도로 준비해왔다는 의미로 해석되는 경향이 있다.

그러나 과거에 출제되지 않았거나 새로운 발상을 요구하는 문제가 나오면 몹시 취약해지며, 면접이나 협상과 관련한 문제라면 원론적인 내용에 의존해 기계적인 대응을 반복하다가 손해를 보기 쉬울 수 있다는 점을 지적한다. 그렇기에 이런 상황의 대비책을 조언해 긍정적인 환경을 만들 수 있도록 대안을 마련해줘야 한다.

질병의 호전, 완치 Qs는 일반적인 상황이라면 노쇠를 암시할 때가 많고, 식생활이 불균형하거나 불규칙해서 없던 병이 생기는 상황을 경계할 것을 주문한다.

장기 투병의 경우 질문자가 회복을 단념했거나 연명 치료에 가까운 상황을 의미하며, 긍정적인 영향을 받더라도 후유증이 길게/짙게 남는 경향이 있다.

그 밖에 일상적인 상황이라면 질병에 노출되는 상황 자체를 피해 건강을 유지하는 경향이 있으며, 이 과정에서 다른 사람들과의 관계를 희생하더라도 개인의 건강을 우선시하는 것이 더 가치 있다고 여기는 편이기에 적절한 조언으로 조율해줘야 한다.

단순한 건강 문제 일상적인 상황이라면 간단한 자기 관리로 문제를

---

* 국가 보안을 이유로 개인의 인권을 기꺼이 내려놓았으나 모든 기록이 비공식이거나 기밀 사항이라는 이유로 그 내용을 열람조차 하지 못한 채 잊힌 이들을 사례로 꼽을 수 있다.

제거하는 상황이나 일시적인 기복을 뜻하기에 큰 영향을 미치지 않는다.

발병 가능성을 점친다면 정신적인 면에서 신경쇠약이나 감정 자체가 거의 없거나 공감 능력이 떨어지는 유형 또는 무감정에 가까운 상태를 의미하는 경향이 있으나, 이는 선천적으로 타고났다기보다 성장 환경 및 외부 생활 조건 등 후천적인 문제로 어쩔 수 없이 변해버린 경우만 해당한다. 이는 Qs가 자신의 상처를 인지조차 못한 채 자신을 소모한 결과라고 볼 수 있다.

신체적인 질병으로 이해한다면 신체를 지탱하나 건강할 때는 중요성을 모르는 부위의 질병으로 이해할 수 있으며, 대표적으로 허리와 간 관련 질환을 들 수 있다. 최악의 경우 연골의 마모로 생기는 만성 통증이나 신체 일부의 괴사/절단 등을 의미할 수 있으나, 이런 주제와 관련한 해석은 반드시 전문가의 진단과 적법한 조치를 거쳐야한다.

켈틱 크로스 배열 위치별 긍정/부정 해석법

1 →③⑦⑧ 카드 확인 질문자가 왜 후회하는지 또는 왜 이런 상황에 놓일 수밖에 없었는지 확인하고, 다른 사람들이 이를 어떻게 바라보는지 파악해야 한다. 긍정적인 영향을 받는다면 해야 할 일을 했을 때 큰 문제가 생길 일이 없거나 다른 사람들의 비호를 받을 수 있다는 것을 의미하나, 부정적인 영향을 받는다면 고립무원 상태가 되거나 질문자가 현재에 익숙한 나머지 기존의 발상을 벗어나지 못해 문제가 커질 수 있다는 것을 경고한다.

최악의 경우 질문자의 사고방식이 주변과 전혀 어울리지 않는데도 이를 고수하려다가 배척될 상황이라는 것을 의미하며, 이때는 조언이 무색하고 외부의 구조가 없으면 실패하리라는 것을 암시한다.

---

2 →①④⑧⑨ 카드 확인 질문자가 행정/절차적 실수를 범했거나 놓친 것이 무엇인지 확인해야 하며, 그렇지 않다면 질문과 관련한 특정 절차에서 어떤 문제/희망을 품고 있는지 파악해야 한다.

긍정적인 영향을 받는다면 이 과정을 무난히 통과할 수 있거나 질문자의 걱정에 기우에 그치며 문제를 쉽게 풀 수 있다는 것을 의미하나, 부정적인 영향을 받는다면 질문자에게 책임을 묻게 될 수 있다는 것을 경고하며, 다른 사람의 논리적인 간섭이나 참견을 받아들여야 하는 상황이 온다는 것을 의미한다. 최악의 경우 질문자의 잘잘못을 떠나 억류되거나 처벌을 받는데도 절차상 문제가 없어 호소하지도 못하는 상황에 직면했음을 암시한다.

3 →②⑤⑨ 카드 확인 질문자의 Qs와 같은 성향이 문제 해결에 어떻게 도움이 될 수 있는지 확인하고, 다가오는 상황을 이용해 질문자가 예측하는 최선/최악의 상황이 실제 구현될 수 있는지 파악해야 한다.

긍정적인 영향을 받는다면 어떤 상황이 벌어지더라도 질문자가 예상한 범주나 절차 안으로 흘러가리라는 것을 의미한다. 그러나 부정적인 영향을 받는다면 질문자의 소극적인 대응으로 문제가 악화하거나 유명무실한 규칙 또는 단체의 비호를 믿고 방심하다가 일을 그르치기 쉽다는 것을 경고한다. 최악의 경우는 질문자의 문제 해결 의지가 바닥나는 상황을 들 수 있는데, 이때는 어떤 연유로 이런 부정적 사고방식에 익숙해졌는지 파악해 조언함으로써 상황을 조금이나마 더 긍정적인 방향으로 이끌어줘야 한다.

4 →①⑦⑨ 카드 확인 질문자가 과거에 어떤 상황/행위를 해서 현 문제가 발생했는지 파악하고 과거의 행동이 선의/악의에 기반한 것인지 판단해야

한다. 긍정적인 영향을 받는다면 그 나름의 판단 기준에 따라 결정한 사안이 상황을 순조롭게 이끌어주거나 크게 기대하지 않았던 결정이 생각보다 좋은 결과를 만들어내는 것을 의미하나, 부정적인 영향을 받는다면 질문자의 잘못된 판단이나 처리 탓에 문제가 악화했거나 자신의 뒤틀린 감정*을 해소하려 남을 겁박 또는 무고해왔다는 것을 드러내며, 이런 문제들이 쌓여 질문자가 점차 고립될 수 있다는 것을 경고한다.

5 →②④⑧ 카드 확인 질문과 관계된 제한/규제/통과 기준이 발생한 원인이나 사람들이 질문자를 긍정/부정적으로 평가하는 이유를 확인해야 한다.

긍정적인 영향을 받는다면 합당한 자격을 증명하거나 문제를 해소하는 데 성공해 사람들의 부정적 반응을 호의로 바꾸는 것을 의미하나, 부정적인 영향을 받는다면 자신의 부족한 부분이 공개적으로 드러나거나 특정 기준 또는 규칙을 만족하지 못해 논외 대상으로 밀려날 수 있다는 것을 지적하며, 최악의 경우 내부에서 효율성 논쟁이나 책임 공방을 통해 질문자를 축출하는 데 합의했다는 것을 암시한다.

6 →①②④⑤ 카드 확인 질문과 관련해 곧 다가올 사안이 상실이나 평가에 따른 격의 상승/하락을 의미하는지 파악해야 한다. 긍정적인 영향을 받는다면 예정된 절차에 순조롭게 임해 원하는 바를 달성하거나 외부의 도움으로 전력을 확충해 기반을 굳건히 할 수 있다는 것을 의미한다.

그러나 부정적인 영향을 받는다면 대비가 부족해 실패하거나 격의 실추가 일어나는 등 후회할 일들이 벌어지는 것을 의미하며, 이 상황을 번복할 수 없으리라는 점을 경고함과 동시에 신중히 결정을 하도록 조언해야 한다. 최악의 경우 이런 Qs의 결정 및 판단으로 돌이킬 수 없는(있더라도 엄청난 노력이나 피해가 뒤따르는) 상황에 처할 수 있다는 것을 암시한다.**

7 →②④⑨ 카드 확인 질문자가 어떤 까닭으로 미련을 버리거나 자포자기하는지, 또는 어떤 복수/회한을 품고 있기에 이런 질문을 했는지 확인해야 한다. 긍정적인 영향을 받는다면 공적 사안을 이용/활용해 계산대로 일을

---

* 자신이 겪은 부조리를 후대에 반복하려는 행태를 예로 들 수 있다.

** Qs는 Ks보다 더 완고하다. 규칙/기술을 새로 만들거나 더 좋은 것을 빠르게 받아들여 체계화하는 Ks와 달리, 상부의 처지나 조직의 관례에 더 익숙하고 수동적인 태도를 고수하려 하기에 Qs보다 위의 총책임자 격의 인물이 압박/개입하지 않는 한 결정을 번복하지 않으려 드는 경향이 있다.

진행하려 한다고 볼 수 있으며, 이 과정에서 사심을 개입하지 않으려 한다는 것을 강조하나, 부정적인 영향을 받는다면 질문자가 상황을 이용해 자신의 분을 풀려 한다는 속내를 지적함과 동시에 소소한 부분들을 이용해 다른 사람을 압박하려는 악의가 있다는 것을 암시하며, 자신에게 명백히 좋지 않은 행위라도 상대방에게 피해를 주려고 했을 가능성이 매우 크다는 점을 경고한다.

8 → ③④⑦⑨ 카드 확인 해당 질문에 대해 어떤 관점을 취해왔는지 확인하고 이로써 무엇을 원하고 무엇을 두려워했기에 이런 평가를 받는지 파악해야 한다. 긍정적인 영향을 받는다면 최악의 상황 또는 어려운 상황을 방지/극복하려 발 벗고 나선 사람으로 인식하고 있거나 명백히 불리한 상황에도 전면에 나서 공익을 보호하려 했다고 여겨진다는 것을 의미한다.

그러나 부정적인 영향을 받는다면 별것 아닌데도 통제와 간섭을 일삼거나 사소한 것을 트집 잡고 일의 진행을 방해하려는 사람으로 인식되고 있으며, 이미 실권이 없거나 뒤로 물러나 있는 이가 푸넘한다고 여겨진다는 것을 경고한다.

---

9 → ②⑤⑧ 카드 확인 질문자가 Qs의 긍정/부정적 요소를 왜 희망/두려워하는지 파악해야 한다. 희망적인 면이라면 질문자가 해당 문제의 해결에 나서며 원칙/규칙대로 일이 진행됨으로써 변수가 나타나지 않기를 바라는 상황으로 이해할 수 있으나, 반대로 상황이 악화하는 것을 막지 못한 채 후회를 남기거나 엄정한 기준 또는 잣대 때문에 원하는 바를 달성하지 못할까 봐 두려워한다고 판단할 수 있다.

---

10 → 예외를 두지 않거나 지금까지의 과정으로 도출되는 결론이 절대로 번복될 수 없는 상황으로 끝나리라는 것을 의미한다. 20과의 차이점이라면 이를 결심하거나 단행하는 이가 개인이나 조직일 뿐이라는 점이며, 이를 어떻게 공략할지 고민해 세부 방침을 알려줘야 한다.

긍정적인 영향을 받을수록 정해진 순서에 따라 일을 진행하면 무리 없이 계획대로 완수할 수 있고 이 과정으로 자신의 기반을 확충하는 데 성공한다는 것을 의미하나, 부정적인 영향을 받는다면 역량 부족으로 기준에 미달하거나 이미 모든 사안의 처리가 끝나 되돌리기 힘든 상황을 후회하리라는 것을 암시하기에 다른 카드들과 질문자의 역량을 어떻게 강화해 재량권을 확보할 수 있는지 조언해야 한다.

실제 사례 (2004년 3월, 서울 압구정 모처)

질문 이 상황이 어떻게 진행될까?

사전 정보 '차떼기' 사건과 노무현 대통령의 탄핵 불발로 닥친 역풍 때문에 한나라당은 당사를 매각하고 '천막 당사'를 차렸다. 이 소동이 향후 정국에 어떤 변화를 일으킬지 한나라당의 관점에서 펼쳐본 배열이었다.

11 – 10w – 7p – 10s – 5c – 6p – Qc – Qs – 17 – 9c

---

11   (질문자 자신) 그들 나름의 관점과 계획을 바탕으로 일을 진행했다.

10w   (장애물) 그러나 여러 무리한 정치 행보로 지지율이 하락하고 있다.

7p   (기저) 과한 욕심을 부리는 경향이 있다.

10s   (과거) 의도가 무산됐고, 최악의 상황을 맞이했다.

5c   (현재/곧 일어날 일) 계속 지지율이 떨어질 것이다.

6p   (미래) 고정 지지층이나 유권자들에게 읍소하는 모습을 계속 보일 것이다.

Qc   (질문자의 내면) 지지층이 원하는 바에만 집중하려 한다.

Qs   (제3자가 바라보는 질문자) 시련을 이겨내거나 핍박받는 야당의 모습을 연출하려 하며, 회한만 남은 집단, 인물들의 집합소라 여겨지고 있다.

17   (희망/두려움) 기사회생을 기원하며, 이대로 소수 세력으로 전락할까 봐 두려워한다.

9c   (결과) 기대를 뛰어넘는 성과를 거두고 즐거워할 것이다.

이 배열에서 Qs는 8번 위치, '제3자가 바라보는 질문자'에 나왔다. 이미 누구나 이 세력이 열세라고 인지하는 때에, 상황의 역전을 바라는 처지에서 대중이 Qs의 모습을 어떻게 긍정적으로 인식하게 만들 수 있는지 고려해야 한다는 것을 알 수 있다.

Qs에 영향을 끼치는 카드는 7p, 10s, Qc, 17로 확인되는데, 부정적인 영향을 받고 있으나 최악의 상황을 면하는 데는 큰 무리가 없다는 것을 알 수 있다. 자신의 탐욕 때문에 상황이 엉망이라는 점을 인지하고 있으며, 이미 세력의 정체성을 쇄신하고 지지층을 규합하려 시도하는 단계다.

그렇기에 해석을 통해 이 단체가 옳으냐 그르냐를 떠나, 단체의 생명을 이어가는 방법으로 효과적인 것이 무엇인지 분석하고 해당 방식을 간파해 조언 또는 방지할 수 있어야 한다.

① **11(질문자 자신)** 부정적인 영향을 받아 자신들의 정략政略이나 당론이 틀리지 않았다고 확신한다는 것을 드러낸다. 과거의 치명적 오판으로 열세에 처했는데도 지지층이나 이익을 공유하는 핵심 세력에게 비호받고 있거나 최악의 상황이라도 일정 이상의 지지를 확보할 것이라는 확신 때문에 이런 태도를 유지한다는 사실을 알 수 있다(10w, 10s, 5c, Qs).

② **10w(장애물)** 현 상황을 극복하려면 조치해야 할 일들이 역량을 뛰어넘거나 다양한 상황을 동시에 통제해야 하는 정도라는 것을 의미한다. 긍정적인 영향을 받는다면 미봉책이더라도 이 순간만 넘어설 수 있게 조치해 원하는 바를 달성할 수 있다는 것을 의미하나, 부정적인 영향을 받는다면 연이은 무리수로 단체 자체가 와해할 수 있다는 것을 경고한다.

③ **7p(기저)** 해당 집단의 발상이나 생각이 탐욕스럽거나 노력보다

많은 것을 원하고 있다는 것을 시사한다.

긍정적인 영향을 받는다면 상대방의 약점을 이용해 침소봉대한 뒤 자신들이 원하는 여론을 조성하리라는 것을 예측할 수 있으나, 부정적인 영향을 받는다면 이런 탐욕으로 내부 책임론이나 분열이 일어나기 쉽다는 것을 의미한다.

---

④ **10s(과거)** 모든 시도가 실패했거나 원치 않은 효과를 낳은 사건이 있었으며, 이는 사전 정보로 보건대 차떼기 사건과 탄핵 불발이라는 것을 알 수 있다.

긍정적인 영향을 받는다면 화제나 논쟁 주제를 새롭게 바꾸거나 단체를 완전히 개혁해 상황을 돌파할 것이라 이해할 수 있으나, 실제 이런 조치가 있던 전례가 없기에 이런 해석을 채택할 수 없다.

---

⑤ **5c(현재/곧 일어날 일)** 혼란스러운 상황에서 서서히 골수 지지자를 제외한 사람들이 이탈하거나 소속 의원의 탈당이 이뤄지고 있다는 것을 의미한다.

긍정적인 영향을 받는다면 이런 상황을 이용해 지지층을 결집할 수 있고, 당론에 반하는 결정을 내려 이탈을 어떻게든 막을 수 있다고 해석되나, 부정적인 영향을 받는다면 이런 상황을 막지 못해 분당 사태에 휘말리거나 세력이 크게 약해질 수 있다는 것을 경고한다.

---

⑥ **6p(미래)** 긍정적인 영향을 받는다면 도움을 얻어 재기할 수 있다는 것을 의미하나, 부정적인 영향을 받는다면 이런 노력에도 세력이 유지되기 힘들 만큼 궁지에 몰린 바람에 자신들이 부정해왔던 것을 (일부라도) 인정함으로써 세력을 보존해야 한다는 것을 암시한다. 사전 정보를 통해 몸을 한껏 낮추는 제스처를 취한 이들의 선택이 옳았다는 것을 알 수 있다.

---

⑦ **Qc(질문자의 내면)** 비교적 긍정적인 영향을 받고 있다. 자신들이 틀렸다고 생각하지 않으며, 뒤따른 역풍을 이용해 내부를 결속하고

복수 등의 명분을 이용해 조직을 유지하기 쉽다는 것을 스스로 인지하고 있기 때문이다. 나아가 궁극적인 목적의 달성을 내세워 내부 분열을 잠재우는 데 이미 성공했다는 것을 드러낸다(11, 10w, 10s, Qs).

⑧ **Qs(제3자가 바라보는 질문자)** 앞선 언급대로 부정적인 영향을 받고 있으나, 이를 극복하고자 Qs의 부정적인 면모를 더 발산해서라도 빠르게 소모하려 하고 있으며, 이를 위해 배수진을 치는 것을 감내하고 있다는 것을 알 수 있다. 이는 두 가지 방법으로 진행될 수 있는데, 정부와 여당의 모든 정책에 끊임없이 반발함으로써 여론 환기의 기회를 만들고, 새로운 지도부나 인물을 내세워 다른 이들의 향수나 금기를 자극해 '여기서 더 물러나면 파멸'이라는 인식을 지지자들에게 확실히 호소하는 방법으로 재기할 수 있다는 것을 암시한다(7p, 10s, Qc, 17).

⑨ **17(희망/두려움)** 회생 가능성의 유무와 실현/실패로 이해할 수 있다. 구체적으로 해석한다면 자신들의 기득권을 수호하고자 모든 수단을 동원하는 것과 밀접히 관련 있으며, 당사 매각을 통해 이슈를 만들어 지지층에게 위기감을 심어줌과 동시에 난국을 돌파하려는 계산이 있다는 것을 확정 짓는다. 나아가 내부에서 갈라져 있던 계파들이 오월동주를 시도하는 데 성공한 것을 암시한다(11, 10w, 10s, Qc).*

⑩ **9c(결론)** 결론의 9c는 부정적인 결말에 이르더라도 소기의 목적을 달성한다는 것을 암시한다. 적절한 조언과 대처를 겸해 전세를 완벽히 역전하고, 원하는 바를 달성해 정권 교체를 이루는 것을 의미한

---

* 실제 당사 매각은 박근혜 당시 한나라당 대표가 아닌 한나라당 내부의 소장파들이 주도했으며, 당시 한나라당 사무총장이었던 친이계 수장 이상득이 받아들여 이루어진 것이었다. 이 사실은 이후 5년 뒤에야 알려졌다. 〈한나라 천막 당사 5주년 … 천막 뒤에 숨은 막전막후〉, 《중앙일보》, 2009년 3월 24일 자.

다. 나아가 이후 Q_s, Q_c에서 두드러진 요소들이 실체를 갖춰 서서히 진행될 것이며, 이 난국을 만든 원흉이라 여겨졌던 이들의 보복이 고진감래의 쾌감과 함께 진행되리라는 것을 암시한다.

사실 해석 당시에는 믿기 힘든 내용이었다. 여론은 당시 한나라당에 조롱에 가까운 시선을 보냈으며, 역풍으로 의석 수가 더 줄어들 것이라는 전망이 팽배했기 때문이었다.

그러나 부동산, 해외 파병, FTA, 사학법 등 기득권과 관련한 문제들을 놓고 언론을 통해 정부와 여당을 계속 공격하면서 박근혜 대표를 내세워 표심 결집에 성공하고 상대방의 결정적인 실책을* 이용해 과반에는 못 미치나 세력은 유지하는 데 성공해 정권 재창출의 발판을 만들었다.

또한 Q_s가 본격적으로 급부상했는데. 이 Q_s의 아이콘이 당시 박근혜 전 대표로, 연승을 거두며 '선거의 여왕'이라 불리고 그 뒤에 대통령 후보로 나와 당선할 만큼 영향력 있는 정치인으로 발돋움했다.

이처럼 Q_s는 어떤 국면에서 대중의 연민을 얻을 수 있다. 과부, 고아, 홀아비 같은 의미 또한 이를 방증하며, 셋 모두 '최소한의 집단/체제'(가정)을 상실한 존재를 표현하는 단어이기 때문이다.

그러나 단순한 상실/결핍보다 잃었던 것을 다시 찾으려는 과정에서 Q_s에 해당하는 인물/집단이 방해 요소로 인식한다면 이에 대해 반드시 보복/복수하려 한다는 점에 주의해야 한다.

모든 Queen 중에서도 Q_s는 이런 회한을 깊이 간직한다. 나아가 원한을 배로 돌려주려는 경향이 있기에 다른 Queen에 비해 인간미보다 비장미를 짙게 보이며, 이 과정에서 자칫 자멸할 수 있기에 조언에 주의를 기울여야 한다.

* 당시 열린우리당 의장의 "(이번 총선에) 60대 이상 70대는 투표하지 않아도 된다. 그분들은 집에서 쉬셔도 된다"라는 발언은 노년층의 표심 이탈 및 상대방 진영의 지지층 결집을 가속화했다.
〈정동영 말실수 파문〉, 《경향일보》, 2004년 4월 1일 자.

실제 사례 (2001년 5월, 서울 구로구 모처, 30대 후반 여성)

질문 이혼을 막을 수 있을까?

사전 정보 갑작스레 분노한 상태로 들이닥쳐 외도를 주장하며 이혼을 요구한 남편을 어떻게 진정시킬지 문의한 사례였으며, 자신은 결백하고 억울하다는 말을 되뇌며 어처구니없어했다.

$$5 - 3c - 7c - Ps - 15 - 4w - 7p - 16 - Qs - 20$$

---

5 (질문자 자신) 도덕적/상식적으로 판단하려 한다.

3c (장애물) 방만하게 여유를 부리거나 즐겨왔다.

7c (기저) 이런 상황에 전혀 대비돼 있지 않거나, 다른 생각만 하고 있다.

Ps (과거) 기회를 노려왔거나 남(들)의 눈치를 살펴야 하는 일을 저질렀다.

15 (현재/곧 일어날 일) 자신의 잘못을 합리화하게 될 것이다.

4w (미래) 관계가 영원히 복구되지 못할 상황에 몰릴 것이다.

7p (질문자의 내면) 자신의 의도나 기대대로 일이 흘러갈 것이라 여기고 있다.

16 (제3자가 바라보는 질문자) 생각하지 못한 상황이 전파되며 주변의 평가가 급변하고 있다.

Qs (희망/두려움) 상황을 바꿀 변수가 없길 바라며, 사회적으로 버림받을까 봐 두려워한다.

20 (결과) 공적인 심판이 기다리며, 이 관계는 이 판결로 영원히 고정될 것이다.

이 배열에서 Qs는 9번 위치, '희망/두려움'에 나왔다. 이미 관계가 성립한 상황과 관련한 주제이지만, 질문의 요체가 부정적인 상황을 어떻게 극복할 수 있냐는 목적과 관계있기에 더 무거운 내용을 다룰 수밖에 없으며, 왜 질문자가 돌발 변수에 대한 두려움을 품고 있는지 확인해야 한다.

Qs에 영향을 주고 있는 카드는 3c, 15, 16으로 드러나는데, 이로써 부정적인 영향을 매우 강하게 받고 있다는 것을 알 수 있다. 이는 질문자가 두려워하는 상황이 상당 부분 치정 문제와 밀접(3c, 15)하다는 것을 의미하며, 이런 정황이 대번에 발각 또는 폭로(16)되는 것과 관련 있다는 것을 시사한다.

또한, 이 두려움이 실제 벌어진 것일 확률이 매우 높다. Ps, 7c, 7p로 질문자가 어떤 상황에서도 상대방을 기만했거나 감정적으로 충실하지 않았다는 점을 은연중에 비치고 있기에 질문자의 도덕적 해이를 강력히 의심할 수밖에 없는 상황이라는 점을 해석자가 명심해야 하며, 이에 따른 대비나 용서받기 위한 세부 행동들에 대해 조언해야 한다는 것을 알 수 있다.

---

① 5(질문자 자신) 부정적인 영향을 받았다. 이 관계에서 자신에게 유리한 부분만 편취해왔거나 근본적으로 질문자의 모순된 행동/생각 때문에 올바른 상황/가치 판단을 할 수 없는 상태라는 점을 지적하며, 다른 카드들의 영향을 받아 질문 자체가 위선적인 관점이나 거짓을 논하고 있다는 것을 강하게 의심하도록 작용한다(3c, Ps, 7p, Qs).

---

② 3c (장애물) 긍정적인 영향을 받는다면 상대방과 즐겁게 환담하거나 주변 사람들과 회합해 문제를 극복할 수 있다는 것을 의미하나, 부정적인 영향을 받는다면 방탕을 일삼거나 자신의 감정에만 집중해 상황이 얼마나 나쁜지 인지하지 못한다는 것을 의미하며, 최악의 경우 이 와중에도 음행淫行을 계속하고 있다는 것을 암시한다.

310

③ **7c(기저)** 질문자가 이러한 상황을 상정해보지 못했거나 현실성 없다고 여겼다는 것을 의미한다. 긍정적인 영향을 받는다면 이 모든 상황이 질문자의 망상 또는 상대방의 장난일 뿐이라고 해석되나, 부정적인 영향을 받는다면 전혀 준비되지 않았거나 엉뚱한 상상 끝에 자신이 유리하다고 여긴다는 것을 지적한다.

④ **Ps(과거)** 부정적인 영향을 받고 있다. 질문자가 과거에 해당 관계와 관련해 이기적으로 행동했거나, 이목을 가리고 자신이 원하는 바에만 집착했다는 것을 의미한다. 숨기려던 사안이 밝혀지면 파장이 크다는 점에서 외도나 자산을 유용해 탕진한 일과 같은 사건이 과거부터 계속됐다는 것을 암시한다(5, 4w, 7p, 16).

⑤ **15(현재/곧 일어날 일)** 외도의 가능성을 확정한다고 볼 수 있을 만큼 부정적인 영향을 받고 있다. 특히 3c, 7c, 7p가 감정적 쾌락과 탐욕에 치중한다는 것을 강조하고 있기 때문이다. 나아가 이 모든 사안이 은폐되길 기대하고 있다는 점에서 사건의 경위가 모두 폭로되기 직전이라는 것을 여실히 드러낸다(3c, 7c, 7p, Qs).

⑥ **4w(미래)** 긍정적인 영향을 받는다면 질문자가 의도한 대로 일이 종료 또는 무마된다는 것을 의미하나, 부정적인 영향을 받는다면 이후 이러한 고민을 할 수 없을 정도로 궁지에 몰리거나 자신의 행복이라 생각했던 것들이 모두 사라질 수 있다는 것을 경고한다.

⑦ **7p(질문자의 내면)** 긍정적인 영향을 받는다면 상대방의 실수를 기다려 유리한 상황을 만들고자 한다는 것을 의미하나, 부정적인 영향을 받는다면 이 상황에도 다른 사람이나 상대방의 잘못을 캐내려 하거나 자신의 욕망을 숨기지 않은 채 탐욕을 부리려는 상태라는 것을 의미한다.

⑧ **16(제3자가 바라보는 질문자)** 가히 최악이라고 볼 수 있다. 5의 긍정적인 의미가 전혀 적용되지 못하며 상대방이 어떤 확증을 잡아냈기에 이렇듯 과한 행동을 했는지조차 의심하지 못하고 있다는 점에서 더욱 부정적으로 해석된다. 제3자의 관점에서 충격적인 사안이 서서히 공개되거나 외부 충격이 도사리고 있다는 의미를 쉽게 간파할 수 있다(5, 7c, 15, 7p).

⑨ **Qs(희망/두려움)** 더 세부적인 희망과 두려움을 추론해본다면, 자신의 즐거움이나 향락을 위해 이 상황이 유지되길 기원하며, 이를 위해 겉으로라도 체제의 절차에 따라 보호받음으로써 원하는 바를 달성할 수 있기를 기대함과 동시에 다른 이들에게 자신이 피해자라 여겨지길 바라고 있음을 드러낸다. 이와 반대로, 자신의 방탕하거나 음란한 모습들이 폭로돼 사회적으로 구제받지 못하거나 사회에서 비판받고 버림받는 것을 두려워한다는 것을 알 수 있다(3c, 15, 16).

⑩ **20(결론)** 관계의 복구가 영원히 불가능한 수준으로 끝나고, 재결합이나 명예의 복권이 불가능하다는 것을 암시한다. 긍정적인 영향을 줄 조언을 하더라도 질문자가 전혀 받아들일 준비가 돼 있지 않기에 더욱 절망적으로 해석할 수밖에 없다.

이로써 가족의 해체와 더불어 최악의 경우 형사 처벌 또는 양육권, 친권, 위자료 등의 이권까지 포기해야 할 수 있다는 것을 암시한다.

지인의 소개로 찾아와 문의했던 사안이었기에 나는 배열에 펼쳐진 카드들을 대체 어떻게 좋게 돌려 말해야 할지 한참 고민해야 했다. 계속 말하기 힘들어하는 내 모습을 보며 그녀는 '다른 점집에서는 별일 없을 거라 그러던데 제대로 점을 보지 못하겠으면 그냥 못하겠다고 말을 하지 뭘 이런 사람을 소개시켜줘서……' 같은 말을 늘어놓고 있었다.

결국, 나는 아무 말도 하지 않고 실력 부족을 인정하고는 못 본 척, 못 들은 척하며 자리를 파했고, 그날 저녁 이 사람을 소개해준 지인에게 사건의 진상을 털어놓을 수밖에 없었다. 그녀는 '아무리 그래도 그렇지 그 정도인가?' 하는 반응을 보였지만, 두 달 정도 지난 뒤 먼저 내게 연락해 놀라움을 감추지 못하며 경과를 말해줬던 사례였다.

결론만 언급하자면, 이 질문자는 양육권을 포기하고 위자료도 없이 쫓겨나듯 이혼당했다고 한다. 재판에 앞서 변호사가 증거를 제출해 여론이 뒤집혔고, 누구도 그녀를 변호하지 못할 정도였다고만 밝혀둔다.

이 배열에서 Qs의 역할은 크지 않으나, 궁극적으로 질문자가 할 수 있는 것이 몇 없는 상황에서 기원할 수 있는 최선의 요소로 체제/규칙의 안전 보장이나 절차를 처리하는 데 필요한 유예기간 제도 등의 요소를 부각하고 있다.

Qs는 근본적으로 일정 선을 넘지 않을 것을 권하고, 원한다. 그러나 선을 넘었다면 강력히 통제하거나 돌아보지 않고 손을 놓아버린다. 그렇기에 질문 시기를 놓치거나 과거의 일을 되짚는(예: 과거의 연인이 나를 어떻게 생각하나?) 부류의 질문에서 Qs는 어느 카드보다 냉엄하고 자비 없는 표현을 하게 만들거나, 누가 보더라도 악역/가해자/피해자가 뚜렷하다는 것을 드러낸다. 돌이킬 수 없이 선을 넘어버린 이가 있다는 것을 암시하며, 후회한들 다 부질없다는 점을 강조한다.

KING of SWORDS.

냉정, 전문가
Composed, Specialist

KING 공통 의미

전문가, 경영인, 부장/상무(대기업), 사장/이사(중소기업) 등의 준 결정권자급 직원/임원, 병장, 원사, 대령, 중년 이후 성인, 핵심 장기(오장육부 등), (다른 코트 카드에게 영향을 받는 경우)우세하거나 결정권을 지니며, 남을 평가할 권한이 있는 사람/분야/상황, 반드시 전문가가 개입해야 하는 질병들, 장·차관급 인사, 자신의 분야에서 일가를 이루다, 보수주의

King of Swords의 키워드

냉정, 전문가, 신상필벌, 양형률께, 테크노크라트, 기술적인 권위자, 대중에게 권위를 확보한 지식, 판사, 냉혈한, 심판, 과학자, 의사 등 어디에서도 자신의 분야와 관련한 기반이나 역량을 공적으로 증명할 수 있는 능력을 지닌 사람, 일정 규모 이상의 군대/검찰/경찰 지휘관, 응용과학, 전략무기, 수술이 필요한 내/외과 질환, 불변하는 수치, 용병대장 등……

긍정/부정 확인 기준

질문자가 쌓거나 몸담은 분야의 기술, 지식에 사회적 권위가 있는가?

질문과 관련한 문제의 해결에 지성/이성적인 면이 필요한가?

오랫동안 자신의 기술을 갈고닦았는가?

질문자의 기술 수준이 탁월하며, 이로써 기반/이익을 얻는가?

질문과 관련해 냉정하고 객관적인 판단은 무엇이며, 이를 질문자가 따르는가?

자신의 기술, 지식을 증명해낸 사람/분야인가?

이는 코트 상징편에서 언급했던 '냉정, 전문가'의 의미에 더해, 명확한 수치를 계량해야 하는 분야나 철저하게 객관적이어야 하는 사람/분야라는 파생 의미로 세울 수 있는 몇 가지 기준이다.

냉정한 시선으로 피아/선악을 구별하고 정확성을 추구해 반발이나 이론異論의 여지를 없애는 이가 자신의 곁에 있다거나 그 보호 아래 있다면 안전하겠지만, 적으로 만나면 그의 역량을 두려워할 수밖에 없다.

그렇기에 이들의 견해는 늘 정확하고 객관적이며 신뢰할 만하다. 이 명확한 판단을 인정하지 않고서는 문제를 해결하기 어려우리라는 점을, 굳이 말하지 않더라도 자신들의 기량과 역량을 통해 이룬 업적들로 보증하기 때문이다.

그러나 Ks의 의견이나 견해보다도 탁월한 방안이 있거나 숫자에 의존해 인간성을 저버릴 수 있는 결정까지도 강행을 종용한다면 사람들은 불복하거나 새로운 방식을 채택할 것이고, 서서히 Ks의 권위를 부정하며 그 기반이 되는 체제나 기술들을 해제하게 될 것이다.

긍정 Ks는 절대적인 권위를 갖춘 공식들을 섭렵함으로써 이를 모르는 사람들 위에 군림하며 자신의 기반과 수준을 키워간다. 수많은 분야에서 최고의 위치를 차지한 권위자나 지식적인 위업을 달성한 이들이기에, Ks의 예측/판단은 날카롭고 정확해서 계획 수립에 필수 자료로 쓰인다.*

이 과정에서 Ks는 효율적이고 논리적인 방향으로 일을 완수하려 하고, 다른 카드들의 모순이나 비효율적인 면을 없애 긍정적인 효과를 발생할 수 있도록 통제한다. 나아가 내부 모순이나 문제를 발견했을 때 곧바로 개선하려 하며, 새로운 기준/표준을 정해 그 분야를 안정화한다.

부정 Ks는 효율이나 논리 구조를 기술적으로 맹신하다가 인간미를 저버릴 수도 있는 일을 쉽게 생각하고 결정하는 경향이 문제가 될 수 있다.

이때 확실한 기술을 맹신하고 밀어붙이다가 대안을 살필 수 있는 상황에서도 기존의 확실했던(자신이 배우고 사용해 효과를 봤던) 방식을 고집해 강행하려는 오판을 내리곤 한다.**

이런 이유로 Ks는 자신의 수준과 기량을 계속 키우거나 최소한 유지할 수 있어야 하며, 이 과정에서 사견이나 감정을 배제하고 다른 사람들에게 기준으로 내세웠던 효율성과 논리를 똑같이 자신에게도 적용할 수 있어야 한다는 점을 지적한다. 이 때문에 조언조차도 새로운 기술이나 다른 대안이 과연 없는지 살피도록 권하는 방향으로 진행되는 경향이 있다.

* 이런 사례로 진시황의 도량형 통일이나 미터법 제정을 들 수 있다.

** 일례로 제1차 세계대전 당시 프랑스의 군사 지휘관들은 나폴레옹 전쟁 시대의 전열 보병 교리를 고수했고, 이 때문에 전쟁 개시 5개월 만에 60만 명의 청년이 참호에서 희생됐다.

어떤 의지나 철학을 응용해 많은 이에게 배포/적용하면서도 변질하지 않도록 중심을 잡아야 하기에, 꾸준히 앞서나가려 자신을 갈고 닦아 자신뿐 아니라 자신이 속한 분야를 건전하게 만들어야 한다.

그렇기에 실제 해석할 때 질문자 또는 Ks에 해당하는 인물/분야/단체의 판단 근거가 무엇이고 객관적인 기준이 있는지 확인해야 한다는 것을 재차 강조한다.

Ks는 감정적인 접근보다 지표, 자료, 근거에 기반한 평가와 판단을 우선시하기에 어찌 보면 옳음의 가치를 내세우는 Kw보다 완고해 보일 수 있으나, 앞서 언급했듯 충실한 증거 자료를 제시한다면 언제 그랬냐는 듯 완고함을 누르고 더 정확한 방법을 주저 없이 받아들인다. 이 과정에서 자신의 지지 세력이나 관념은 판단의 정확성이나 기술적인 결함 여부보다 비중이 작기에 그만큼 정밀성, 정확성, 논리성에 좌우되곤 한다.

이런 Ks의 의미를 비교적 긍정적으로 보여주는 역사적인 인물로 코트 상징편에서도 언급했던 상앙商鞅을 들 수 있다. 유세 끝에 진효공秦孝公에게 등용된 그는 변방인 진秦나라의 부국강병을 이루고자 법을 개정하고 신분 고하와 상관없이 적용해 뒷날 진시황이 천하통일을 실현할 기반을 닦는 데 성공했으나, 그 과정에서 수많은 정적을 만들어 탄핵당했고 끝내 도주하다가 자신이 개정한 법에 따라 체포돼 처형당했다. 이는 Ks의 긍정/부정적인 면모를 모두 보여주는 사례라 할 수 있다.

다른 예로 맥심 기관총이나 다이너마이트를 비롯한 무기 개발자들이 강한 살상력을 지닌 무기로 전쟁을 억제할 수 있으리라 여겼던 판단을 들 수 있다. 신무기는 오히려 전쟁의 피해를 키웠고, 이들의 판단은 100여 년이 지난 뒤 상호확증파괴MAD, Matually Assured Destruction로 구현됐으나 전 인류의 파멸을 담보로 실현한 평화일 뿐이었다. Ks의 판단이 옳기는 했으나, Ks의 통제 영역을 뛰어넘은 괴물이 태어난 것이다.

이처럼 Ks는 기준을 어떻게 적용하고 어떤 문제들을 통제해야 하는지 판단하는 일이 쉽지 않으며, 대표 격의 권위자가 어떻게 다른 사람들을 복종시키고 설득할 수 있는지 고려하지 않으면 부정적인 영향을 모두에게 끼칠 수 있다는 점을 경고하나, 엄정한 규칙으로 혼란을 잠재우고 질서를 회복해 체제의 수호자가 될 수 있다는 점도 알려준다.

배열 위치별 특징 배열에 Ks가 나오면 이렇듯 냉정한 판단이 필요한 인물/상황이 무엇인지 확인해야 하며, 만약 이것이 질문자라면 판단 근거에 오류나 모순이 없는지 객관적으로 확인해야 한다. 또한, 이 과정에서 더 정확히 판단/예측할 방법이 있다면 주저 없이 조언해 긍정적인 영향을 끌어올려야 한다.

그렇기에 Ks는 켈틱 크로스 배열 중 2, 4, 5, 8, 9번 위치에서 영향력이 커지기 쉽다. Ks의 외부 개입이나 객관적 평가가 이루어지기 쉬운 위치이기에 카드의 의미를 무리 없이 적용할 수 있기 때문이다.

이와 달리 1, 3, 7번 위치에서는 영향력이 약화/악화하기 쉽다. Ks의 판단력과 지식이 있다면 대부분은 해당 질문 자체가 발생할 이유가 없거나 Sword 수트의 영향력이 개입하기 힘든/불필요하기에, 역량을 갖췄는지와 상관없이 긍정적인 영향을 끼치기 힘들거나 큰 노력/조언이 더해져야 하는 경향이 있다.

연애(관계가 성립한 상황) 긍정적인 영향을 받는다면 공적인 관계로 성립되거나 역할 분담이 확고해 외부 간섭/방해에 영향받지 않는다는 것을 의미하며, 이 관계를 해체하려는 시도에 쌍방 모두 굳건히 대비하고 있다는 것을 의미한다.

그러나 부정적인 영향을 받는다면 어느 한쪽의 잘못으로 다른 사람이나 공적인 심판이 개입하기 쉽다는 것을 의미하거나 상식적·논리적인 판단으로 화합보다 결별이 서로에게 확실한 도움이 되리라는 것을 의미하며, 최악의 경우 강제적인 수단이나 체제/집단의 압박으로 원치 않는 선택을 강요당하는 상황을 암시한다.

연애(관계가 성립하지 않은 상황) 관계 성립을 원한다면 개인적인 접근보다 공식적인 만남으로 운을 상승시켜야 한다는 것을 의미한다. 긍정적인 영향을 받는다면 이런 공식적인 자리(선/결혼 알선회사/직장/업무 처리 등)에서 인연을 만나 감정적인 발전을 이루는 상황이 다가온다는 것을 의미하고, 때로는 손아랫사람과 소통이 원활해져 인연으로 이어지는 상황을 의미하기도 하니 Ks에 합당한 인물이 될 수 있는지 확인한 뒤 세부 조언을 진행해야 한다.

그러나 부정적인 영향을 받는다면 자신의 권한을 남용해 강제로 관계를 성립하려 하거나 일반적인 대응을 확정적인 호감으로 착각하는 등 판단력에 문제가 있다는 것을 경고하며, 자신의 수준 평가에 따라 만남을 계획하는 성향이 연애에 큰 장애물로 작용하고 있다는 것을 지적한다.

관계 성립 시도조차 없는 상황에서는 질문자 자신을 비롯한 사람들이 모두 질문자에 대해 연애할 만한 상황/수준이 아니라는 것을 인지하고 있다는 의미로 해석되는 경향이 있으며, 긍정적인 영향을 받을수록 연애를 의도적으로 회피해 무언가를 얻거나 지키고자 하

* 주제를 막론하고 Ks는 공사 구분이 모호하면 반드시 부정적인 효과를 낳는다는 점에 유의해야 한다.

려는 상황을 의미하나, 반대로 다른 사람/이성의 기준에 미달해 연애하고 싶어도 못하는 상황이라는 점을 지적하며, 계획을 다시 세워 좋은 인연을 만들 수 있도록 고민할 것을 조언해야 한다.

대인관계 Ks가 특정 인물을 의미한다면 어떤 분야의 전문가이거나 해당 집단의 결정권자일 때가 많고, 긍정적인 영향을 받는다면 이 인물의 판단/명령에 근거가 있다는 점을 신뢰하고 따른다면 보상/답례가 따르리라는 것을 의미한다. 그러나 부정적인 영향을 받는다면 자신이나 해당 집단에 손해를 끼칠 판단이나 조치를 하려 한다는 점을 경고한다.

　Ks가 특정 상황을 의미할 때, 긍정적인 영향을 받는다면 상황에 따른 올바른 대처로 문제를 예방/해결할 수 있으며, 이로써 해당 집단의 건전성이나 안전/안정을 확보할 수 있다는 것을 의미하나, 부정적인 영향을 받는다면 변수를 충분히 고려하지 않고 상황을 쉬이 단정짓거나 이를 토대로 불안정하게 계획을 세워 문제가 생길 수 있다는 것을 경고하며, 대비책이 없으면 역량을 허비할 수 있다는 것을 암시한다.

사업의 흐름이나 전망 객관적인 판단이 필요한 상황이거나 소송 등의 방법으로 권리를 적극 수호해야 한다는 것을 의미한다. 사업 전망을 예측해보자면 법적 권리를 보장해주거나 다른 사업장에 필수 기술을 제공하는 계열의 사업을 의미한다. 긍정적인 영향을 받을수록 합법적인 과정을 거치고 더 첨단 기술이 적용되거나 특정 직업군이 독점하는 지식과 관계된 안정적인 고수익 사업과 연결된다. 환경에 따라 사업 방향을 빠르게 적용해야 한다.

　그러나 부정적인 영향을 받는다면 사업의 기반이 되는 기술 자체가 비교적 낙후되거나 진입 장벽이 낮아 경쟁자가 많을 수 있다는 점을 지적하며, 특정 기준을 만족하면 표절 같은 문제가 생겨도 법적으로 보호받기 어려운 상황에 처할 수 있다는 것을 암시한다. 최악의 경우 범법 행위가 적발돼 행정 처리(예: 시정명령 또는 영업 정지)를 받을 수 있다는 것을 경고한다.

창업의 성사 여부 전관예우급 변호사 개업이거나 대학 병원 전임교수의 개인 병원 개원 같은 수준이 아닌 한 개인의 창업과 Ks는 거리가 멀다. 오히려 작은 분야의 기술을 이용해 사람들과 직접적인 접촉으로 문제를 해소해주는 업무에 국한하며, 개업하더라도 물질적인 기반이 취약해 흡수/합병당하기 쉽다.

이런 점을 역이용해 자신의 기술적인 역량을 발휘해 특정 프로젝트를 완수한 뒤 완성물을 매각해 기반을 확보하는 방법도 있으나, 지속적인 사업으로 보기에는 어려움이 있다.

부정적인 영향을 받을수록 해당 지식이나 기술의 유효기간이 짧거나 정밀성을 보장하지 못해 창업하기 부적합한 점이 있고, 관련 법령이 미비해 보호받기 어려울 수 있다는 것을 암시한다.

진로 적성 절대적인 체계를 자랑하며 그에 따른 응용/처리 능력이 필요한 분야에 재능을 보인다. 법학, 공학, 화학 분야 등 예외의 가능성이 거의 없는 분야들을 예로 들 수 있다.

이 과정에서 리더Leader보다 우두머리Boss 개념을 주로 택하며, 자신의 통솔 또는 편성/배치를 토대로 사안을 원하는 방향으로 이끌거나 궁극적인 승리/성공을 추구하는 경향이 있다. 작은 희생을 감수하는 대신 큰 효과를 창출하는 데 익숙하기에 전략/전술에 대한 이해도가 높다.

긍정적인 영향을 받을수록 더 복잡하거나 먼 미래의 수까지 예측하는 역량을 보이거나 관련 분야를 선점하고 계획적으로 접근하는 것을 의미하나, 부정적인 영향이 강해질수록 부족한 역량을 다른 사람의 희생으로 메우거나 자신의 능력/기반을 보완해주는 이들을 차별/폄하/착취하기 쉬우며, 최악의 경우 인지부조화를 일으켜 기반을 떠받치는 이들에게 가혹한/배은망덕한 처사로 일관하다가 해당 분야에서 축출당할 수 있다는 것을 경고한다.

시험 결과나 합격 여부 Ks는 시험뿐 아니라 대부분의 결정적인 순간에 '질 이유를 모두 없애' 이기는 방법을 선호하며, 이 기준을 스스로 만족할 만큼 채우면 수월하게 합격하는 경향이 있다.

반대로 Ks가 시험 수준이나 통과 기준 자체를 의미할 때는 조건에 조금이라도 못 미치면 가차 없이 탈락하는 것을 의미하기에 만반의 준비를 하도록 조언해야 한다.

긍정적인 영향을 받을수록 더 쉽거나 익숙한 환경에서 목표를 달성할 수 있다는 것을 의미하나, 부정적인 영향을 받는다면 융통성 없는 시험(감독)관 때문에 탈락하거나 정당한 평가를 받지 못하는 상황 *을 경고한다.

질병의 호전, 완치 Ks는 보통 철저히 자기관리를 하거나 전문가에게 의뢰/의탁해 건강을 유지하는 방식을 의미하며, 여러 문제가 닥쳐 몸을 축내는 상황이 아니라면 법적으로 인정받는 의료인에게 모든 판단을 위임해야 한다.

긍정적인 영향을 받는다면 뛰어난 전문가의 진단과 치료로 쾌차할 수 있다는 것을 의미하며 처방을 신뢰하고 전적으로 따르도록 조언해야 하나, 부정적인 영향을 받는다면 명확한 공인을 받지 않았거나 주 전공이 아닌 사람의 진단 때문에 치료에 혼선을 빚거나 치유를 위해 이식/절단 등의 대수술을 요할 수 있다는 것을 경고한다.

단순한 건강 문제 일상적인 상황이라면 Ks는 좋은 몸 상태를 유지하고 있거나 이미 진료/치료받아 정양, 요양하고 있는 상황을 의미하

---

* 조선 시대, 성웅이 되기 전의 이순신에게 이일이 자행한 부조리를 예로 들수 있다. 당시 녹둔도 둔전관으로 종사하던 이순신은 니탕개의 약탈을 효과적으로 방어하고 있었는데, 함경도 북병사였던 이일은 이순신의 증원 요청을 거절했고 약탈 피해를 이순신의 탓으로 돌리는 장계를 올려 궁지에 몰릴 뻔했으나, 정갈한 반론을 펼친 이순신이 조정의 인정을 받아 참형을 면하고 백의종군하게 됐다.
『선조실록』 선조 20년 10월 10일 자 을축 2번째 기사, 선조 20년 10월 16일 자 신미 1번째 기사.

기에 큰 영향을 미치지 않는다. 그러나 중병이라면 최소 수술에서부터 의료진이 24시간 대기해야 하는 중환자실 등의 조치가 필요한 질병을 암시한다.

발병 가능성을 점친다면 정신적인 면에서 강박증, 그중에서도 결벽증과 밀접하게 관계있고, 무감정한 심리 상태가 계속돼 소통에 장애가 있는 상황을 들 수 있는데, 이는 Ks의 계산적인 면과 스트레스 해소가 맞물려 징크스처럼 되거나 계산/수치/숫자에 경도된 나머지 다른 사람들과 자신의 심리를 인식하지 못하거나 공감대가 아예 형성되지 않는 것으로 이해할 수 있다.*

신체적인 질병으로 이해한다면 내과 질환으로는 단순한 편두통이나 심각하게는 자가면역질환으로 볼 수 있으며, 보편적으로는 신경성 염증 등에 해당하는데, 이는 앞서 언급한 Ks의 부정적 성향을 통해 추론할 수 있다.

외과 질환으로는 특정한 질병보다 전반적으로 수술이 필요한 사안과 관계있으며, 별도 삽입이 아닌 내부 문제를 절제/강제 교정해 건강을 되찾는 목적에만 의미가 부합된다. 특히 기계 부품을 활용한 신체 대체는 보편적으로 Ks에 속하나, 그 밖의 미용 목적의 수술과는 관계가 없다는 점에 주의해야 하며, 이러한 해석들은 어디까지나 참고용일 뿐 해석과 조언에 앞서 반드시 전문가의 진단과 처방이 우선해야 한다는 점을 숙지해야 한다.

* 무성애자Asexuality 또한 Ks의 이런 성격과 매우 비슷하다. 어떤 성별에도 성적 끌림을 느끼지 않고 성행위에 관한 관심도 적거나 없는데, 성적 욕망 자체가 없는 것은 아니고 그저 남들과 성적 지향이 다를 뿐 질병으로 분류할 수 없다. 이들은 이성애자에게 '네가 성적 매력이 없는 게 아니고, 그저 내가 관심이 없는 거야'라고 자신들의 성향을 비유한다.

〈무성애자, 성욕의 신화와 싸우는 소수자들〉, 《한겨레21》, 2014년 2월 25일 자.

켈틱 크로스 배열 위치별 긍정/부정 해석법

1 → ③ ④ ⑦ ⑨ 카드 확인 질문자의 실제 역량이 Ks에 합당한지 살핌으로써 긍정/부정을 유추할 수 있으나, 가장 중요한 것은 단순 기술적인 역량이나 정밀한 계산보다 이를 이용해 무엇을 지향하는지 명확히 인지하느냐에 따라 긍정/부정적인 의미가 확정된다는 것이다.

긍정적인 영향을 받는다면 질문자가 사실상 점을 볼 의미가 없는 상황인 경우가 대부분이며, 사소한 문제들을 신경 쓰지 말고 나아가도록 조언하면 될 정도로 역량이 충만하거나 만반의 준비를 마쳤다는 것을 의미한다.

그러나 부정적인 영향을 받는다면 아래와 같은 상황으로 분류할 수 있다.

1. 역량이 부족한데도 준비를 마쳤다고 착각하는 경우
2. 남을 겁박/압박해 현 상황을 유지하는 경우
3. 잘못된 예측을 맹신하는 경우
4. 문제와 관련한 결말을 예상치 못하고 진행하는 경우

1, 3은 질문자의 착각이나 계산 오류를 점검하도록 조언하거나 해당 질문과 전혀 관련 없는 제3자의 평가/점검을 거쳐 문제를 바로잡도록 이끌어야 한다.

2는 상황이 쉽게 악화할 수 있거나 질문자가 누리고 있는 환경이 다른 사람의 희생을 기반으로 이루어지고 있다는 점을 지적해야 하며, 최악의 경우 이를 더 악용해 문제를 키울 수 있다는 점을 주의할 것을 조언해야 한다.

4는 '아무리 나쁜 결과로 끝난 일이라도 그 일을 시작한 동기는 선의였다'라는 율리우스 카이사르의 말이 적용되는 경향이 있다. 이를 언급해 생각을 환기하도록 조언하고, 행동에 따른 결실을 명확히 재단해 일정 선을 넘지 않도록 경고해야 한다.

2 → ③ ⑤ ⑥ 카드 확인 어떤 기술, 규칙이나 제한 또는 이를 행사하는 인물이 방해되는지 파악해야 하며, 이에 따른 질문자의 기량이나 의지를 평가해야 한다. 긍정적인 영향을 받는다면 수준 높은 역량을 보여주거나 남의 기준에 맞아 문제가 쉬이 해결될 수 있다는 것을 의미하나, 부정적인 영향을 받는다면 현재 역량으로는 채우기 힘든 기준이 제시되거나 도움을 얻기 힘들고 불리한 상황을 맞으리라는 것을 경고한다.

3 → ① ② ④ ⑦ 카드 확인 질문자의 기량이 실제 Ks의 능력에 닿았다면 해당 질문이 제기되지 않았을 것이다. 그렇기에 질문자에게 취약점이 있는지 확인하고, 없다면 문제의 핵심 요소 중 무엇을 질문자가 강제로 분리/합치하려는지 파악해야 한다.

긍정적인 영향을 받는다면 계획에 큰 무리는 없더라도 몇몇 조치를 추가해 혹시 모를 잡음을 발생하지 않게 만들고 자신이 가진 충분한 역량을 그대로 발산해 문제를 쉽게 해결할 수 있음을 의미하나, 부정적인 영향을 받는다면 질문자의 확신에 찬 오판이나 예측하지 못한 변수로 상황이 복잡해질 수 있고 이 흐름에 질문자조차 내몰릴 수 있다는 것을 경고한다.

4 → ① ⑤ ⑥ ⑧ 카드 확인 질문자의 결정/판단이 어떤 후폭풍을 몰고 왔으며, 이에 따른 질문자의 상황/상태 변화를 관찰해야 한다. 긍정적인 영향을 받는다면 명쾌하고 확실한 판단/행동으로 문제를 비교적 쉽게 풀 수 있다는 것을 의미하고 최상의 경우 생각지 못한 행운을 거머쥐는 것을 드러낸다.

그러나 부정적인 영향을 받는다면 현 상황을 악화시킨 주범이 질문자이며, 이에 따른 책임을 지지 않으면 최악의 상황을 맞이하리라는 것을 암시한다. 이 최악의 상황은 신체/행동의 구속을 포함한다.

5 → ① ② ⑨ 카드 확인 질문자와 어떤 관련이 있는 Ks인지 확인해야 한다.

1. 질문자 자신일 경우
2. 어떤 기준/시험/규칙일 경우

1은 긍정적인 영향을 받는다면 질문자의 활약이 필요한 상황이 다가오고 있으며, 해야 할 일을 처리함으로써 앞으로 도움이 될 만한 것을 얻을 수 있다는 의미로 해석되나, 부정적인 영향을 받는다면 질문자의 역량이 도마 위에 올라 혹평을 받거나 의도와 다른 부분들의 취약점을 추궁당하리라는 것을 경고한다.

2는 긍정/부정을 떠나 편법을 쓸 수 없는 상태여야 하며, 편법을 사용하더라도 이에 따른 반발을 무마할 수 있는 압도적인 역량이 필요하기에 이에 항거하지 않을 것을 권하거나, 혹여 이 수단이 폭로되지 않도록 최대한 주의를 기울여 실수하지 않게 조언해줘야 한다.

6 → ① ⑤ ⑧ ⑨ 카드 확인 질문자가 어떤 과정을 거쳐 Ks와 마주하거나 Ks

에 상응하는 위치로 올라서는지 확인해야 한다. 긍정적인 영향을 받는다면 질문자가 고대했던 상황이 이루어지거나 결정적 난관을 돌파해 인정받는 것을 의미하지만, 부정적인 영향을 받는다면 명령/통제에 따르거나 자유가 제한되는 환경에 놓이는 것을 뜻한다.

이를 극복하지 못하면 해당 문제를 영원히 해결하지 못하거나 전혀 다른 방법/분야로 나아가야 할 수밖에 없다는 것을 암시한다. 최악의 경우 이를 무시하고 강행하다가 넘을 수 없는 벽에 막히거나 원래의 목적과 동떨어진 결말을 받아들여야 하는 상황을 경고한다.

7 → ②④⑤ 카드 확인 질문자가 Ks에 해당하는 역량을 확보했는지 확인 해야 한다. 긍정적인 영향을 받는다면 질문자의 확신은 '정답'이며, 예측대로 일이 흘러간다는 것을 암시하나, 부정적인 영향을 받는다면 질문자의 가혹한 기준이 일을 망치고 있거나 판단 자체가 잘못됐다는 것을 시사하고 예상 밖의 변수에 대해 대응책을 서둘러 마련할 것을 조언해 피해를 줄여줘야 한다.

8 → ①④⑤⑨ 카드 확인 다른 사람들이 왜 질문자를 Ks로 평가하는지 확인해야 한다. 이는 질문자의 능력이 외부로 어떻게 드러났으며, 행동에 따른 계획이나 복안이 성과를 거뒀기에 이뤄진 평가이기 때문이다.

긍정적인 영향을 받는다면 해당 질문과 관련한 문제에서 신뢰받을 만한 역량을 지녔다고 평가받으며, 외부의 압박을 견뎌내면서 규칙과 질서를 신봉/수호하는 사람이라 여겨진다는 것을 의미하나, 부정적인 영향을 받는다면 자료나 지표에 의지해 변수를 생각지 않는 벽창호거나 기계적인 사람으로 인식되고 있다는 것을 경고하며, 최악의 경우 자신의 직책이나 역량으로 사람들을 탄압하는 폭군처럼 여겨지고 있다는 것을 암시한다.

9 → ②③⑧ 카드 확인 질문자가 Ks와 같은 역량이나 성격/인물을 원하는/두려워하는 이유가 무엇인지 파악함으로써 취약점을 더 구체적으로 찾아낼 수 있다.

희망적인 면이라면 Ks는 문제에 대한 전문가가 되거나 도움을 바라는 모습으로 이해할 수 있으며, 작게는 단순히 자신의 판단이 맞길 바라는 모습으로 해석된다. 반면 전문가의 냉혹한 평가나 개입 또는 가혹한 현실과 마주하는 상황이 올까 봐 두려워하고 있다는 것을 암시한다.

10 → 이 문제가 절대적인 기준에 합치되거나 기술/지식적으로 압도적인

인물/분야의 판단하에 사안이 해결되리라는 것을 의미하며, 이 과정에서 강제 집행이 뒤따르리라는 것을 암시한다. 그렇기에 질문자가 해당 기준이나 이를 평가하는 인물/분야가 원하는 수준에 닿을 수 있도록 조언해야 하며, 행적이나 근거 자료를 명확하게 확인할 방법들을 제시해 긍정적인 영향력을 받을 수 있도록 독려해야 한다.

실제 사례 (2009년 2월, 서울 서초구 모처, 50대 초반 남성)

질문 위 절제 수술을 했는데, 이제 완치될 수 있을까?

사전 정보 질문자는 20대 초반 여성이었으며, 입원 치료 중인 아버지에 대한 점을 봐달라고 했다. 수술 후 회복세에 들어섰으나, 완치를 기원하는 마음으로 문의한 사례였다.

$$14 - 2p - Ks - 6s - 5c - 7s - Pp - Qs - 13 - 6$$

14 (질문자 자신) 수술을 마치고 회복 중이다.

2p (장애물) 유동식 등의 식이 조절로 큰 무리는 없는 상태다.

Ks (기저) 전문가의 판단을 신뢰하고 있다.

6s (과거) 치료에 박차를 가하고자 수술을 감행했다.

5c (현재/곧 일어날 일) 당분간 적응하는 데 어려움이 있을 것이다.

7s (미래) 치료를 위해 할 수 있는 방법/편법/지름길을 동원/이용할 것이다.

Pp (질문자의 내면) 전문가의 권위나 지식에 수긍하며 이에 따르려 한다.

Qs (제3자가 바라보는 질문자) 수술 후 예전의 모습을 되찾기 힘들 것이라 여겨지고 있다.

13 (희망/두려움) 회복하기를 바라며, 최악의 상황이 오지 않기를 바란다.

6 (결과) 다양한 도움과 소통으로 더 나은 결과를 얻을 것이다.

실전 해석

이 배열에서 Ks는 3번 위치, '기저'에 나왔다. 질병 호전 및 완치와 관련한 질문의 특성상 질문자가 어떻게 조치했고 전문적인 수준의 처치를 스스로 해냈거나 그에 준하는 전문가의 방침을 잘 따라왔는지 확인해야 한다.

Ks에 영향을 끼치는 카드는 <u>14, 2p, 6s, Pp</u>로 확인되는데, 이로써 긍정적인 영향을 받는 것을 확인할 수 있다. 이미 수술 및 입원 등 질문자가 치료 준비를 마쳤으며, 자신의 부족함이나 무지를 겸허히 인정해 전문가의 조치를 따르려 마음먹었다는 것이 드러나고 있기 때문이다.

그렇기에 해석자는 별다른 조언보다 현재의 마음가짐을 어떻게 지속할 수 있는지 고민해야 하며, 질문자의 상태가 어떻게 변화할 것인지 예측해 혹여 발생할 수 있는 변수에 대비할 수 있도록 도와야 한다.

---

① **14(질문자 자신)** 이미 수술을 마쳤고 회복 중이라는 것을 의미한다. 긍정적인 영향을 받은 것을 쉽게 확인할 수 있는데, 이는 기술적인 조치를 실행했다는 점에 더해 현상 유지할 정도의 상황에 돌입했으며 문제가 될 만한 요소를 무리해서라도 없앤 것으로 확인할 수 있다(2p, 6s, Pp, Qs).

---

② **2p(장애물)** 질문자가 현상 유지에 집중해야 한다는 것을 의미한다. 긍정적인 영향을 받는다면 건강 상태를 회복할 수 있도록 안정을 취하거나 전문가의 조율을 거쳐 상황을 극복해낼 수 있다는 것을 의미하나, 부정적인 영향을 받는다면 일상생활이 불가능해지거나 정상 상태로 복귀하려는 의지/노력이 시간의 흐르면서 꺾일 수 있다는 것을 경고한다.*

    * 더 정확하게는 질문자의 노력이나 의지가 갑작스레 꺾이거나 수포로 돌아갔다는 표현이 맞다.

③ **Ks(기저)** 앞서 언급한 내용에 더해 이미 질문자가 전문가의 의견을 받아들이고 그에 따른 조치를 이행했으며 질문자 나름의 계획이 따로 있을 가능성을 암시한다.

기본적으로 질문자의 역량을 전문가가 대체한 상태이므로 Ks의 역량은 일정 이상 보완됐고, 이에 따른 회복 계획이나 퇴원 후의 행보를 질문자가 안배했다는 것을 보여준다. 나아가 이 계획이 인생의 새로운 시도나 체험에 치중돼 있다는 것을 다른 카드들로 읽어낼 수 있다(14, 2p, 6s, Pp).

④ **6s(과거)** 질문자가 발전/도피를 위한 선택을 단행했다는 것을 의미한다. 긍정적인 영향을 받는다면 장애 요소에 능동적으로 대응해 발전적인 변화를 끌어내려 했다는 것을 의미하나, 부정적인 영향을 받는다면 현실을 직시하지 못하거나 겁먹고 상황을 모면하려 치료를 피하거나 질병을 숨기는 등 현실을 부정하려 들었다는 것을 암시한다.

⑤ **5c(현재/곧 일어날 일)** 긍정적인 영향을 받는다면 필요 없는 요소들의 배출이 이루어지고 자가 회복력을 이용해 점차 예전 같지는 않더라도 일상생활에 큰 불편이 없는 수준으로 회복할 수 있다는 것을 의미하나, 부정적인 영향을 받는다면 이 과정에서 건강이 크게 상해 예전의 체력으로 돌아올 수 없거나 업무에 큰 차질을 빚는 등 주변 사람들을 상심하게 만들 수 있다는 것을 경고한다.

⑥ **7s(미래)** 지름길 같은 대안을 채택하는 것을 의미한다. 긍정적인 영향을 받는다면 치료를 위해 자신이 해왔던 일들을 포기하거나 다른 사람에게 위임 또는 떠넘겨 여유를 얻고 더 효율적으로 건강을 관리하고자 다양한 시도를 하리라는 것을 의미한다.

그러나 부정적인 영향을 받는다면 완치를 위해 엉뚱한 방법을 동원하거나 병을 숨기고 본업으로 돌아가 몸을 혹사할 수 있다는 것을 의미하며, 이 과정에서 치유에 좋지 않은 습관(음주, 흡연, 불규칙한 생활 등)을 계속해 상태가 악화할 수 있다는 것을 경고한다.

⑦ **Pp(질문자의 내면)** 비교적 부정적인 영향을 받았다. 취약하거나 질병 환부에 대한 절제 또는 포기에 가까운 방식을 사용해야 하는 상황을 스스로 인지하고 있기 때문이다. 다만 전문가의 처방과 조치(Qs)를 받아 본격적으로 치료하고 있으며 전문가의 지시에 충실히 따르려는 마음을 보여주고 있기에 부정적인 의미를 빠르게 배제할 수 있음을 알 수 있다(14, 6s, Qs).

⑧ **Qs(제3자가 바라보는 질문자)** 긍정적인 영향을 받고 있으나 후유증이 남을 수밖에 없는 수술을 진행했기에 이를 극복할 조치를 본격적으로 해야 한다는 정도로 의미가 국한된다. 다행히 질문자가 왜 이런 제한에 따라야 하는지 이해하고 있으며, 쾌유하려는 의지가 뚜렷하기에 이에 해당하는 조치나 처분에 쉽게 응하리라고 유추할 수 있다(Ks, 6s, Pp, 13).

⑨ **13(희망/두려움)** 쾌유와 악화를 기원/두려워하는 것임을 쉽게 알 수 있으나, 더 구체적인 내용을 확인한다면 질문자가 과거의 일상으로 돌아갈 수 있을지 많이 고민하고 있었거나, 수술하고 회복한 뒤 어떻게 생활할 것이며, 이에 따른 변화에 적응할 수 있을지 걱정하거나 그 나름대로 기대하고 있음을 알 수 있다(14, 2p, Ks, Pp).

⑩ **6(결론)** 회복 과정에서 사람들과 교류를 유지하며 소통을 강화해 과거와 다른 방식의 건강한 삶을 살게 될 것이라는 의미로 해석된다. 이는 특히 배열의 모든 메이저 아르카나와 코트 카드가 영향을 강하게 미쳤는데, 이를 통해 과거의 생활 방식을 포기하기 어렵더라도 질병을 완벽히 치유하는 데 성공하고 주변 사람들과 소통을 계속하게 될 것을 뜻한다.

해석을 마치고 어느 정도 연배 있는 분들의 고집을 조율하기 힘들었을 텐데, 이런 용단을 빨리 내린 것이 천만다행이라 말하며, 완쾌되기는 하겠지만 기존에 하던 일들은 아무래도 바꿔야 하지 않겠냐고 넌지시 언급했다. 이에 그녀는 안 그래도 며칠 동안 어머니, 언니와 함께 계속 이야기를 나누며 그동안 하지 못했던 말을 서로 할 수 있어 더 끈끈한 유대감을 쌓아가고 있다고 화답했다. 가족의 화합을 은연중에 계속 확인할 수 있었던 나는 앞으로 좋은 변화가 올 것이라 장담하며, 더 행복한 나날이 계속되길 기원하고 해석을 종료했다.

얼마 안 돼 질문자 가족의 소식을 전해 들을 수 있었다. 기존에 하던 일을 모두 정리하고 회복에만 몰두하기로 하면서 질문자를 제외한 모든 가족이 역할을 분담하고 가장이었기에 짊어져야 했던 짐을 나눠 생활하고 있다는 이야기를 듣고 나는 모든 일이 완벽히 풀릴 것이라 확신했고, 몇 달 안 돼 수술 후유증을 털어내고 강도가 덜한 일을 맡아 일상에 복귀한 상황까지 확인한 뒤 사안을 종결시켰다.

이 사례에서 Ks는 냉정한 판단과 현명하고 기민한 움직임이 어떻게 긍정적으로 발현할 수 있는지 보여준다. 자신이 잘할 수 있는 것과 그렇지 않은 것을 냉정히 구분하고 적재적소에 사람을 쓰고 믿는 행동이 사안을 어떻게 상황을 긍정적으로 변화시키는지 드러낸 사례라 할 수 있다. 모든 코트 카드 중 Ks의 판단력은 가장 정확하며, 실행 전에 온갖 증빙 자료를 만들어 반박의 여지를 없앤다. 이렇게 쌓인 수많은 '사실'들로 기반을 쌓는 Ks는 앞서 언급했듯 아군일 때는 믿어 의심치 않을 철저한 리더이자 우두머리로 여겨지나, 적군일 때는 사신보다도 더한 두려움의 대상이다.

그러나 세상 만물에는 말로 표현할 수 없는 것이 존재하며, 수치로 잴 수 없는 것이 엄연히 있지만, Ks는 이를 망각하곤 한다. 그럴 때는 아무리 사실을 토대로 정론을 주장해도 사람들에게 외면받거나 격한 반발에 부딪힌다. 이를 조율해 자기 분야의 문외한인 이들에게조차 영향력을 미칠 수 있다면 각 분야와 사회, 나아가 세상을 대표하는 위대한 인물로 성장할 수 있다는 것을 Ks는 보여준다.

실제 사례 (2011년 8월, 경기도 성남 판교 모처, 20대 후반 남성)

질문 이 사람과 관계를 계속 이어가야 할까?

사전 정보 사귄 지 6개월 차, 자신과 달리 너무 화려한 상대방의 외모, 성격, 생활 때문에 관계가 깊어질수록 잘 어울릴 수 있을까 하는 의구심이 커진 질문자는 이를 해결해보려 해도 상대방이 떠나갈까 봐 두려워 어떤 제안조차 하기 힘들다면서 고민을 털어놓았다.

10w – 7w – Ps – 4c – Ks – 6p – Pc – 12 – 9s – 10c

10w (질문자 자신) 많은 스트레스를 짊어지며 관계를 유지하고 있다.

7w (장애물) 적절히 대처하지 못하면 관계가 끝날 수 있다.

Ps (기저) 상대방의 비위를 거스르지 않으려 해왔다.

4c (과거) 자신의 감정을 충족하지 못했던 상황이 많았다고 여긴다.

Ks (현재/곧 일어날 일) 철저한 조건이나 사실을 기반으로 상대방과 조율해야 한다.

6p (미래) 상대방의 양보를 얻어내려 부탁하게 될 것이다.

Pc (질문자의 내면) 질문자 자신의 감정 표현이 서툴고, 사안을 편협한 시각으로 바라보고 있다.

12 (제3자가 바라보는 질문자) 상대방에게 주도권을 빼앗겼다고 여겨지거나, 중요한 순간이라고 평가받고 있다.

9s (희망/두려움) 이런 시도를 해도 이별할까 봐 두려워하며, 자신의 부정적인 상상들이 기우이기를 바란다.

10c (결과) 서로 만족스러운 합의가 이루어질 것이다.

이 배열에서 Ks는 5번 위치, '현재/곧 일어날 일'에 나왔다. 이미 성립된 관계의 발전과 관련한 질문의 특성상 이 관계의 문제점이나 한계를 객관적으로 어떻게 해결할 수 있는지 확인하고, 더 나은 미래를 위해 어떤 현실적인 조치를 제안해야 하는지 고민해야 한다.

Ks에게 영향을 주는 카드는 10w, 7w, 9s로 확인되는데, 이로써 부정적인 영향을 받고 있다는 것을 확인할 수 있다. 이는 스스로 감당하기 힘들어하면서도 만남을 유지해왔다는 점에서 관계의 주도권을 쥐고 있다고 보기 어려우며, 상대방의 판단과 결정에 따라 좌우되기 쉬운 상황이라는 것을 여실히 드러내고 있기 때문이다. 이 때문에 질문자 또한 이 상황이 앞으로도 계속되거나, 상대방의 변심/이탈을 두려워한다고 이해할 수 있다.

그렇기에 해석하면서 Ks에 준하는 상황 연출을 통해 상대방의 동의나 다른 사람들의 지지를 얻어내는 방법이 무엇이며, 도움을 구할 인물을 물색하는 데 도움이 되는 기준을 알려줘야 한다. 그도 불가능하다면, 상대방의 판단을 신뢰할 수밖에 없다고 설득해야 한다.

---

① 10w(질문자 자신) 상황이 녹록지 않다는 것을 드러낸다. 긍정적인 영향을 받는다면 이런 압박감이나 고행에 가까운 스트레스를 견디거나 극복할 만한 가치가 있는 관계라 여기고 있으며, 이를 달성하려 어떤 어려움이라도 감내하려는 모습이 드러남을 뜻하나, 부정적인 영향을 받는다면 자신의 수준이나 배포에 맞지 않는 사람과 인연을 이어가려 무리하다가 자신에게 심대한 제약을 걸었고, 이 때문에 다른 좋은 인연들마저 놓치거나 시간을 허비하는 중임을 지적한다.

---

② 7w(장애물) 질문자가 적절히 (근본적인 해결책은 아니더라도) 대처해야 한다는 것을 드러낸다. 긍정적인 영향을 받는다면 유효한 대처로 불리한 상황을 뒤집거나 상대방의 양보를 얻어내 여유를 찾을 수 있다는 것을 의미하나, 부정적인 영향을 받는다면 장고 끝에 악수 두

듯 연이은 실책으로 상대방을 실망하게 만들거나 자신의 능력 부족을 절감하리라는 것을 암시한다.

③ **Ps(기저)** 부정적인 영향을 받았다. 이 때문에 굳이 고민할 필요 없는 문제들을 예민하게 받아들인 나머지 우위를 점하려 무리수를 두다 상대방에게 간파당했거나, 질문자가 준비하는 시도들이 무색하게 상대방의 안배에 따라 움직일 수밖에 없다는 것을 드러낸다. 결국, 기존의 관계를 역전하는 것은 불가능하다는 것을 확정한다(10w, 4c, Pc).

④ **4c(과거)** 질문자가 이 관계로 (만족할 만한 감정이 오갔음에도) 감정적으로 불만족했거나 불만을 가질 만한 일들이 있었다는 것을 드러낸다. 긍정적인 영향을 받는다면 질문자가 어떻게 할 수 없는 문제이자 현실적인 제약(예: 직장 때문에 생기는 일정 문제) 때문에 발생한 이슈로 해석되며, 그에 따른 상대방의 조치나 배려가 상대적으로 부족했다는 것을 드러내나, 부정적인 영향을 받는다면 충분히 좋은 관계를 유지하고 있었음에도 질문자가 쓸데없는 불만을 품고 잡음을 일으켜왔다는 것을 지적하며, 최악의 경우 상대방에게 일방적으로 애정을 갈구하려 했다는 것을 경고한다.

⑤ **Ks(현재/곧 일어날 일)** 앞서 언급한 대로 부정적인 영향을 받았다. 이 때문에 제3자나 상대방의 개입으로 서로의 간극 또는 갈등 요소를 강제적으로 잠재우리라는 것을 의미하며, 그렇지 않으면 상대방이 질문자의 제안에 흥미 없어 하거나 끝내 관계 자체를 냉정히 다시 생각할 수 있다는 것을 깨닫게 해야 한다. 이를 방지하는 데 가장 효과적인 대안은 질문자가 생각하는 최악을 원천적으로 봉쇄할 제도나 규칙 또는 이를 강제할 수 있는 인물의 개입이기에 질문자가 이를 실행하거나 해당 인물에게 조력을 얻을 수 있도록 해줘야 한다(10w, 7w, 9s).

⑥ **6p (미래)** 질문자가 상대방의 양해를 얻거나 모종의 조건을 용납하리라는 것을 의미한다.

긍정적인 영향을 받는다면 월등한 자신의 역량을 나눠줌으로써 스스로 원하는 바를 상대방에게서 얻어내거나 굴복/굴종시킬 수 있다는 것을 의미하나, 부정적인 영향을 받는다면 질문자가 원하는 바를 상대방에게 부탁/애원하거나 자신이 부족한 부분을 밝히고 도움을 얻고자 당부해야 할 상황이 다가오리라는 것을 암시한다. 최악의 경우 자신의 무리한 요구 탓에 상대방이 관계를 끝내려 하고, 이를 애써 붙들어야 하는 상황이 올 수 있다는 것을 경고한다.

---

⑦ **Pc (질문자의 내면)** 이 배열에서는 부정적인 영향을 받는데, 이 때문에 상대방과 관계를 버겁게 지속하며 인내력이 바닥났다는 것을 보여주기 때문이다. 이는 감정 충족 방식이나 공감 요소가 크게 달라벌어진 일로 추론할 수 있으며, 겪어보지 못한 이성을 상대로 어쩔 줄 몰라 하며 자신의 방식이나 관점을 강제로 따라오게 만들려는 속마음을 드러내고 있다(10w, 7w, 4c, Ps).

---

⑧ **12 (제3자가 바라보는 질문자)** 부정적인 영향을 받았다. 제3자들이 보기에 이 관계에서 질문자가 상대방에게 지배당하는 수준으로 관계의 주도권이 한쪽에 쏠려 있다는 것을 드러내며, 이는 그만큼 상대방이 매력적인 사람이고 질문자가 스스로 소화하기 힘들다고 여길 만큼 격차가 벌어져 있다는 것을 지적한다.

그렇기에 현 상황에서 질문자가 더 욕심을 드러내면 안 되고, 합리적인 제안을 통해 제3자가 보더라도 상대방이 너무 했다고 여길 만한 것들을 제시함으로써 관계를 개선하려는 순수한 의도를 밝히고 관계의 발전을 함께 도모할 수 있게 조언해야 한다(10w, Ps, Ks, 6p).

---

⑨ **9s (희망/두려움)** 질문자가 상상하기도 싫어하는 상황이 실제로 벌어질까 봐 두려워하는 모습과 함께, 이 불길한 상상이 기우에 그치길 바라고 있다는 것을 의미한다. 다른 카드들을 통해 더 구체적으로

해석한다면, 이 상상하기 싫은 상황이 여유 없는 질문자의 상황과 맞물려 상대방이 지치거나 외도에 가까운 유흥에 빠져 관계를 유지하기 힘들 만한 사건 사고가 발생하는 것으로 이해할 수 있으며, 이런 상상 끝에 쉬이 조급해지거나 상황이 악화되기만 할 것이라는 자조에 빠져 이런 질문을 한 것으로 볼 수 있다.

---

⑩ **10c(결론)** 이 관계에서 합의점을 찾아 각자의 감정에 충실하리라는 것을 의미한다. 관계의 균형추가 심히 기울어졌기에 아예 지배 구도를 명확하게 하거나 반대로 각자의 역할 분담에 따른 관계의 균형을 맞춰 조화를 이루도록 도와야 한다.

부정적인 영향을 받게 내버려 두면 각자의 행복과 감정 충족을 위해 헤어지는 것을 의미하기에, 질문자가 원하는 조화나 화합이 무엇인지 파악해 조율함으로써 건설적인 방향으로 관계를 개선할 수 있도록 도와야 한다.

해석을 마치고, 얼마나 부담이 되기에 이런 식으로 위축된 것인지 묻자 그는 한참을 우물쭈물하고 있었다. 내 나름의 보안을 몇 번 강조하고서야 그는 핸드폰으로 상대방의 사진을 보여주었는데, 위축이 안 될 수 없을 만큼 미인이었으며, 활동 영역도 질문자와 매우 멀다고 느낄 정도로 이성과 접촉이 많은 영역에 종사하고 있었다. 또한, 질문자의 업무 특성상 야근이 잦아 제대로 만나기도 어려웠으나, 상대방도 귀가가 늦거나 외박이 잦아 다툼이나 신경전을 이어왔고, 이에 지친 나머지 관계를 포기하려 했다고 고백했다.

나는 잠깐 고민하다가, 이 문제를 뒤집어 생각하도록 조언하며 몇 가지 이야기를 했는데, 그 골자는 아래와 같았다.

1. 상대방의 처지에서 본인을 포기하면 선택의 폭이 더 넓어질 텐데, 왜 안 했을까?
2. 본인은 상대방의 스타일에 어울릴 생각/행동을 해본 적 있는가?
3. 일상에서 본인과 함께 있을 때 상대방의 생각/행동은 어땠는가?

이 정도를 언급하자, 질문자는 모두 뚜렷이 항변하지 못했다. 이에 나는 한번 상대방을 끝까지 믿고, 큰 기대를 버리도록 권했다. 어차 피 질문자의 노파심이 실현되면 예상하던 일이 벌어진 것일 뿐이고, 그게 아니라도 손해 볼 것이 없다는 식으로 말하자, 그는 힘겹게 고 개를 끄덕이고는 발걸음을 옮겼다.

두세 달쯤 지났을 때, 나는 완전히 바뀐 질문자의 스타일에 놀랄 수밖에 없었다. 선남선녀가 따로 없는 그들은 점을 본 뒤 얼마 안 돼 둘만의 시간을 가진 끝에 합의했으며, 질문자는 그녀와 더 많은 시간 을 보내려 이직을 강행하고, 상대방은 자신의 역량을 발휘해 서로 협 업하는 구조를 만들었다고 이야기했다. 이러면 사실상 질문자를 노 리고 온 것 아니냐는 내 푸념에 상대방은 즐겁게 웃으며 '당사자가 좋다는데 뭐 어때요'라는 답을 주었고, 셋 모두 실컷 환담하다가 헤 어졌던 기억이 난다.

이 배열에서 Ks를 Ps와 연결해보면 질문자(Ps)가 감당할 수 없는 상대방(Ks)에게 그냥 따를 것을 유도한 상황이라 이해할 수 있다. 그 러나 Ks에 해당할 만한 개입자가 있었다면 도움을 요청하거나 둘 사 이의 관계를 체제/제도로 공인받는 방식(예: 결혼, 혼인신고)을 이용 한 조언도 할 수 있었으나, 그러기에는 연애 기간이 너무 짧았기에 적절하지 않은 상황이었다.

다른 모든 카드도 각자의 의미가 있겠지만, 연애와 관련해서 Ks는 칼로 벨 수 없는 감정을 억지로 베려 하기보다 서로 이성적인 판단을 거쳐 각자의 감정이 자연스레 섞일 수밖에 없도록 구조 자체를 재편 하는 편이 더 효율적이라는 것을 강조한다. 물론 모든 부담을 떠안을 역량이 된다면 상대방의 의사와 무관하게 정확한 방식을 제시해 따 라오게 만들 수 있으나, 그 반대의 사례가 더 흔하다는 점에 주의하 면서 더 넓고 장기적인 관점으로 서로 원하는 방향을 합의할 것을 강 조하는 카드다. 소를 강제로 끌고 물을 먹이려 강에 가는 것과 소가 언제 목이 마를지 계산하고 자연스레 강가로 이끄는 것 중 어떤 일이 더 쉬울지 생각해보면 쉽게 이해할 수 있으리라.

PAGE *of* PENTACLES.

학습
Learning

PAGE 공통 의미

견습, 아르바이트, 인턴, 초보, (회사 일반) 평사원, 이등병, 미성년자, (초/중/고등/대)학생, 연소자, (다른 코트 카드가 나와 영향을 받을 때는 그 카드보다)수준이 떨어지다, 말초 조직, 처방전 없이 해결할 수 있는 작은 질병들, 자연스러운 인체의 회복력으로 완쾌할 수 있는 경증

Page of Pentacles의 키워드

학습, (자신이 모르거나 새롭게 접했다고 여기는 미지의 것에 대한)관찰, (상상이 가미된)탐구, 채집, 소규모 (미성년자의)학습/스터디, (대기만성 유형의)둔재, 연습, (발전과 상관없이)열심히 하는 초심자/사람, (이성)소꿉친구, 정신적으로 미숙하거나 어느 정도 나이 차이가 있는 연하의 이성, 순진무구, 둔감, 체질 개선 시도로도 호전될 수 있는 질병, 체질/시기상 먹으면 안 되는 것을 먹어 발생한 병, 기초교육과정 중인 아동, 심마니, 땅꾼 등……

긍정/부정 확인 기준

질문자가 자신의 처지나 상황에 과도하게 몰입했는가?

책임져야 하는 위치에 있는가?

무언가 학습하는 과정인가?

질문 사안에 대한 경험이 있는가?

주위에 악의를 품은 이들이 있는가?

자신의 기반/역량을 어느 수준으로 유용하고 있는가?

이는 코트 상징편에서 언급했던 '학습'의 의미에 더해 아이의 순진함을 결합해 유추할 수 있는 몇 가지 기준들이며, 이로써 Pp가 배열에서 긍정/부정적인 의미로 해석되는지 파악할 수 있다.

Pp는 기본적으로 순진하기에 주어진 모든 것이나 주변을 이루는 것이 어떻게 형성됐는지 간접 체험과 학습을 통해 자신이 딛고 선 기반을 이해하는 과정을 밟으며, 모든 것에 열린 마음으로 대하려는 선한 아이의 모습을 보여준다.

그러나 책 속에 있는 것이 현실에 그대로 반영되지는 않듯, 위험 요소를 인지하지 못한 채 실전에서 직접 체험하면 그 속의 부조리와 모순에 떠밀려 튕겨 나가거나, 자신의 능력/기반/지식보다 과도한 책임을 지고 무너진 뒤 순진한 모습을 보이며 멋쩍게 웃으며 용서를 빌더라도 책임은 피할 수 없다. 사회는 이를 용납하지 않기 때문이다. 그렇기에 단순한 호인으로 폄하되거나 무능력자로 낙인찍힐 수 있다는 것을 경고한다.

해석용법

긍정 Pp는 기본적으로 세상 만물을 존중하거나 우상으로 여기며, 이 것들이 어떻게 이루어져 있는지 탐구하려 한다. 환경이 현실적으로 뒷받침되는 만큼 잠재력을 발현해 성장할 수 있으며, 이를 주변 사람들이 어떻게 보살피고 훈육하느냐에 따라 다재다능한 인재가 될 수 있다. 나아가 이렇게 성장한 인재/분야는 상위 집단/분야를 지탱하는 성장 원동력으로 자리 잡으며, 긍정적인 가능성을 점차 높여 세상을 서서히 바꿈으로써 영향력을 점진적으로 강화하기 시작한다.

부정 그러나 현실은 Pp의 순진무구함을 대개 '무능'하다고 여기며, 자신의 능력을 자각하지 못한 채 큰 실수를 일으키기 쉽다. 이 때문에 자신을 비롯한 사람들을 곤경에 빠트릴 수 있으며, 최악의 경우 기반을 통째로 사라지게 만든다.

이 과정에서 단순한 실수 또는 역량 부족을 인정하더라도 면책되지 않으며, 오히려 자신의 무능을 절감하고 남아 있는 잠재력과 가능성을 스스로 포기하거나 내던지게 된다. 그렇기에 질문과 관련해 숙달된 경험이나 뛰어난 역량이 필요할수록 부정적인 영향을 받기 쉽다는 점을 인지하고, 성장을 촉진해 문제를 완화/해결할 수 있는 역량을 갖추도록 도와야 한다.

특히 Pp는 앞서 언급한 요소 때문에 무언가를 새롭게 접하거나 새로운 위치/분야에 임할 때 특유의 성실성을 바탕으로 긍정적인 평가를 얻기 쉽고, 이를 토대로 자신에게 부족한 것을 습득할 수 있다. 이때 단순한 것에서 시작해 넓고 깊은 수준에 닿을 수 있는 분야일수록 흡수가 빠르다는 특징이 있다.

이런 Pp의 긍정적인 인물로 신화 속의 염제炎帝 신농神農씨를 들수 있다. 삼황오제의 한 명인 그는 모든 독초와 약초를 구분하려 직접 섭취했고, 식물의 생태를 관찰하며 사람들에게 전수해 농경을 전파했다고 여겨지는 신화적 인물이다. 그의 위업은 3의 의미와 맞아

떨어지나, 그가 업적을 이루고자 썼던 방법은 Pp의 의미로 이해할 수 있다.

Pp의 부정적인 영향을 적나라하게 보여주는 인물로는 명나라의 만력제를 들 수 있다. 48년 동안의 치세 중 초기에는 스승이자 재상이었던 장거정과 환관 풍보를 신임해 영민하게 국정을 운영했는데, 이 시기 제정된 일조편법은 교과서에서도 소개될 정도의 개혁이었으나 장거정 사후 그의 부도덕한 면을 보고 충격을 받은 뒤,* 황제의 태업이라는 초유의 사태를 30여 년 동안 지속했고, 끝내 국운을 쇠퇴일로로 빠지게 했다.**

이 경우 그의 지위는 4였으나, 통치자가 Pp였기에 문제점이 더 치명적으로 적용됐다고 할 수 있다.

아이를 양육하거나 사람이 성장하는 과정에서 무언가를 체험하고 자신의 경험으로 녹여내는 것은 매우 중요한 순간이라 할 수 있다. 이론이 실체를 갖추려면 이는 필수 요소이며, 이를 끝내 받아들이지 못하거나 인지부조화 또는 부조리에 빠져 포기할 때가 많다는 점***을 상기한다면, Pp의 가능성/잠재력이 그만큼 소중하며, 이를 싹틔우려면 필요한 것이 많다.

배열 위치별 특징 배열에 Pp가 나오면 먼저 질문 주제의 내용을 명확히 파악해야 한다. 입문 수준의 단계거나 어떤 과정의 초기 단계에

* 장거정과 풍보는 만력제의 사생활까지 엄격하게 간섭하고 통제하며 공부하도록 압박했고, 황태후는 작은 실수만 저질러도 다른 황자가 즉위했어야 했다며 종묘에 석고대죄를 시키는 등 가혹하게 교육했다.

** 이 초유의 실정 중 하나로 임진왜란을 꼽는데, 국고와 사비까지 쓰면서 조선을 지원하면서 재정이 바닥나며 국가가 황폐해졌다. 내부 민란까지 빈번히 일어나고 국가 예산의 60퍼센트 넘게 국방비로 지출해야 했으며, 그럼에도 외적의 발호를 막지 못해 여진족의 침략을 맞이한다.

*** 지금도 의사나 교사 지망자 중 정신적/육체적으로 한계에 부딪혀 자신의 꿈이었던 직업을 포기하는 사례가 많다는 점을 참고해야 한다. 개선해야 하는 씁쓸한 현실이지만, 우리가 배워왔던 노동의 숭고함이 현실에서 그렇게 정당한 평가를 받는가?

해당하는 질문일수록 단순하고 일반론적인 조언으로 상황을 개선하기 쉬우며, 이에 따라 해석도 매우 쉬워진다.

그렇기에 이런 경향을 빠르게 간파할 수 있는 1, 3, 4, 7, 8번 위치에서 영향력이 쉽게 강화되며, 반대로 Pp가 특정 인물/상황인지 특정하기 어려운 2, 6번 위치에 나오면 연계 해석상의 비중이 작거나 배열에서 영향력이 약해지기 쉽다.

또한, 9번 위치에 나오면 해석이 미묘해진다. 이는 기본적으로 문제가 단순한 것이기를 바라거나, 이에 준하는 초보자의 등장이 가져올 운Beginner's Luck으로 인해 복합적인 상황 변수가 생겨나는 것을 기원/두려워하는 것을 뜻하는 경향이 있기에 해석에 혼란을 불러일으킨다.

하지만 대부분 Pp는 순진하거나 초보자가 일으킬 수 있는 현실적이고 소소한 감동이나 포복절도할 만한 해프닝을 다루므로 질문 사안이 심각한 것이 아닌 한 일상적인 요소나 주변 인물들로 쉽게 투영된다. 그렇기에 조언을 해주는 데 필요 이상의 계산이나 대비를 주문하는 경우가 드물다는 점에 근거해 오류를 줄이도록 노력해야 할 것이다.

연애(관계가 성립한 상황) 성실한 추종자이자 관계를 위해 부족한 역량이나마 최선을 다하는 사람이거나, 서로 경험하지 못한 것을 함께하는 상황, 또는 관계가 성립한 지 얼마 안 돼 서로 서먹한 상황이라는 의미로 해석된다. 이를 더 발전하려면 더 진솔한 대응과 서로 마음을 확인할 수 있는 체험을 시도함으로써 관계를 더 돈독하게 만들수 있다는 것을 시사하나, 부정적인 영향을 받는다면 어느 한쪽의 경험이나 역량 부족으로 불평등한 관계가 이어진다는 것을 경고하며, 최악의 경우 이런 편애나 돌봄에 가까운 관계에 익숙해져 상대에게 권태감을 주게 되거나, 관계 유지에 부담이 커진 나머지 방치당할 수있다는 것을 지적한다.

연애(관계가 성립하지 않은 상황) 관계 성립을 염원하는 상황이라면 더 정석적이고 현실적이되 상대방에게 폐가 되지 않게 다가갈 것을 주문하며, 이로써 질문자의 배려나 호의를 보여줄 수 있다는 것을 의미하나, 부정적인 영향을 받는다면 상대방보다 열악한 기반이나 수준 때문에 접근 자체가 허용되지 못할 정도로 격차가 있다는 것을 지적하며, 질문자의 서투른 방식으로 상대방의 호감을 얻어내기 어렵다는 것을 의미한다. 최악의 경우, 이런 시도들이 비웃음만을 사기 십상이라는 것을 암시한다.

관계 성립 시도 자체가 없는 일상적인 상황이라면 현실/물질적인 기반을 더 확보하려는 행위로 운을 상승시키거나 연하의 이성에게 호감을 느끼는 상황을 의미하는 경향이 있다. 그러나 이는 어디까지나 인간적인 호감에 그칠 뿐 이성으로서의 접근까지는 포함되지 않기에 조언을 통해 어떤 방식으로 다양한 기회를 만들어야 하는지 질문자의 역량이나 경험, 활동 무대를 살펴 구체적으로 조언해야 한다.

반대로 부정적인 영향을 받는다면 공상에 가까운 이성을 바라거나 연애를 할 최소한의 여유나 기반이 턱없이 부족하다는 것을 암시하며, 최악의 경우 터무니없이 어린 이성에 대한 탐욕을 지적한다.

대인관계 Pp는 기본적으로 인간관계에서 불리한 위치에 있거나 어떤 관계를 성립하려 모임에 갓 가입한 신입을 의미하는 경향이 있으며, 다른 Page보다 이를 사람들이 알아보기 쉽기에 무리 속에 녹아들고자 성실한 모습을 보여 긍정적인 의미를 발현하도록 주문한다.

긍정적인 영향을 받는다면 후원 또는 보살핌을 받아 쉽게 안착할 수 있다는 것을 의미하나, 부정적인 영향을 받는다면 자신에게 어울리지 않는 감투를 쓰거나, 남에게 이용당하기 좋은 어리숙한 인물로 보이기 쉬운 상황이라는 것을 경고한다.

특정 상황을 의미한다면 Pp는 작은 규모의 행사(바자, 야유회, 벼룩시장)로 내부 결속을 다지거나 서로 원하는 것을 교환 또는 추진하는 것을 의미하며, 긍정/부정적인 의미에 따라 이 과정을 통해 해당 관계에 속한 모든 이의 발전/현상 유지/퇴보를 뜻한다.

사업의 흐름이나 전망 Pp는 소소한 분야의 작은 사업과 관련 있으며, 직접 현물을 거래하거나 현금에 의존하는 사업 방식을 채용할 것을 암시한다. 또한, 소자본 및 1인 또는 적은 인력으로도 할 수 있는 사업*이되, 간이 과세자 수준의 영세한** 분야와 관계있다. 나아가 사업을 키우는 데 필요한 것도 사은품***처럼 누구나 의도를 알 수 있으나 크게 불편해하지 않는 방식으로 접근할 것을 주문한다.

긍정적인 영향을 받을수록 주변 상권에 끼치는 영향이 미미하거나 다른 업체와 접점이 없어 수월하게 사업을 유지할 수 있는 등 약자이기에 유리한 부분을 사뭇 활용할 수 있거나 마스코트가 되는 것을 의미하나, 부정적인 영향을 받을수록 누구나 쉽게 접근할 수 있기

---

* 작은 공간을 이용한 1인 포장판매 매장이나 야외에서 간단히 맥주를 마실 수 있게 등짐을 진 형태로 제공/판매하는 사업 등 개인의 인력만 있으면 할 수 있는 일.

** 2019년 기준 연 소득 4800만 원 이하의 사업체를 지칭한다.

*** 구매자에게 증정하는 간단한 기념품(휴지/책받침/클리어 파일/책갈피)에 상호를 새기는 방식이 이에 해당한다.

에 규모 싸움에 밀려나거나 확고한 입지를 쌓지 못한 채 업종 변환이 잦아질 수 있다는 것을 경고한다.

창업의 성사 여부 보편적으로 소자본일 수밖에 없는 창업이라면 Pp는 각종 비용을 다른 방식(예: 지분 분배 및 성과급 확정)으로 대체하는 방법을 이용해 성사시키려는 경향이 있으며, 분야 또한 일상적인 요소를 다루거나 대중성에 크게 의존해 수익을 올리려는 방법을 구사하기에 이미 시장 개척이 끝난 분야일수록 그 전망이 밝지 않다. 오히려 이런 운용 경험이나 실패를 겪으며 다음 단계로 나아갈 것을 암시한다.

경험이 부족하거나 남의 성공 사례를 답습하려다가 역량이나 기반이 미비해 열화된 수준으로 뛰어들면서 실패 가능성이 크다는 것을 해석할 때 늘 주의해야 한다.

긍정적인 영향을 받을수록 다른 사람들의 지도나 후원을 받아 원하는 바를 달성할 수 있다는 것을 의미하나, 그렇더라도 지속적인 기반을 형성하기 어렵다는 점을 알려줘야 하며, 부정적일수록 터무니없는 수익 구조를 구상하거나 사업 계획에 현실성이 부족한 탓에 좋지 못한 결실을 보리라는 것을 암시한다.

진로 적성 학습/체험을 보조/보완하며 이를 기록으로 남기는 분야의 업무에 재능이 있다. 이 과정으로 자신의 기반을 유지하나, 해당 분야 전체가 흔들리거나 소멸하면 치명적인 타격을 입는다.

서기(해당 관청/집단), 공무원(국가) 등이 연계될 수 있는 직종의 사례 중 일부이며, 겉으로는 낮아 보일 수 있는 분야이나 비교적 실속 있고 책임이 가벼운 직책에 어울리는 재능을 보인다.

긍정적인 영향을 받을수록 다른 요소나 인물들로 대체되기 힘든 분야와 연관되며, 이로써 안정적인 삶을 영위할 수 있게 되나, 부정적인 영향을 받을수록 허술한 기반에 임하거나 해당 분야의 업종 수명이 짧거나 계약/비정규직에 오래 머물러 경력 관리가 되지 않는 문제에 휘말릴 수 있다는 것을 경고한다. 이를 방지하려면 더 먼 미래를 예측하고 설계하도록 도와야 하며, 작은 것이라도 꾸준히 쌓아 성장하도록 조언해야 한다.

시험 결과나 합격 여부 중간 평가 과정이라면 성장세의 지속을 의미하며, 합격 여부를 가릴 때는 경쟁률이 심할수록 전망이 부정적인 것이 대부분이다. 이는 다른 사람들보다 Pp가 기본에만 충실할 뿐 충격적인 모습을 보이기 힘들며, 이 때문에 두각을 보일 수 없기 때문이다. 긍정적인 영향을 받을수록 시험을 거듭하며 평가가 올라가고 있다는 의미로 해석할 수 있으나, 부정적인 영향을 받는다면 역량 부족이나 수준 미달로 탈락하는 상황을 암시한다.

질병의 호전, 완치 성장통이나 피부와 관련한 가벼운 질환 정도에 국한하며, 이는 장기 투약이나 식이요법으로 개선할 수 있다. 중병이라면 특이체질로 생긴 선천성 질환에 속하며, 질문자에게 별도의 식이요법*을 반복해야 하는 문제가 생길 수 있다.

보편적으로 또래 아이들처럼 건강한 상태를 의미하는 경향이 있기에, 편식이나 발육 부진을 제외한다면 특이점이 없다.

단순한 건강 문제 일상적인 상태라면 편식, 식중독처럼 즉시 투약으로 개선할 수 있는 질환을 의미하며, 발병 가능성을 점친다면 정신적인 면에서 심리적 이유로 생긴 특정 음식에 대한 섭식/행동 장애**를 암시하거나 난독증/난산難算증과 관계있다. 이는 Pp가 부정적인 영향을 받아 본래 지닌 관찰/연산 능력이 유명무실해지거나 어떠한 경험/기억/기록 때문에 혼란스러워하는 것과 연관되기 때문이다.

신체적인 질병이라면 소아마비, 뇌성마비, 발육 부진 등의 사안과

---

* 선천성 대사 이상 환아들에게 필요한 특수 유아식/분유를 예로 들 수 있다.

** 특정 음식을 먹고 탈이 난 뒤 다시 해당 음식을 먹지 않으려는 상황, 어릴 적 트림하다가 구토한 경험 때문에 무의식적으로 트림을 하지 못한다고 여기는 상황, 구토에 대해 좋지 않은 기억 때문에 토사물을 뱉지 못하고 삼켜 몸에 무리를 주는 상황을 예로 들 수 있다.

관계있으나 쉽게 적용하기 어려우며, 내과 질환으로는 충치, 시력 저하처럼 경증에 속하는 질환과 관계있다. 외과 질환은 거의 해당하지 않고, 대부분은 가벼운 동상이나 연조직염 또는 내성 발톱 등을 의미하는 데 그친다. 이는 Pp 스스로 신체를 관조하고 다른 사람들이나 기록과 비교하는 성향이 있기에 비교적 조기 발견할 수 있는 병에 국한되기 때문이다.

그러나 건강과 관련해서는 전문가의 판단이 최우선이라는 점을 명심해야 하며, 이 해석은 의학적으로 전문성이 없는 일개인의 견해에 지나지 않는다는 점을 언급하고자 한다.

켈틱 크로스 배열 위치별 긍정/부정 해석법

1 → ② ④ ⑦ ⑧ 카드 확인 질문자의 역량이 문제를 왜 힘겹게 받아들였는지 평가하고, 자신의 능력을 과소평가하고 있지는 않은지 점검해야 한다.

긍정적인 영향을 받는다면 자신의 우려에 비해 별문제 없거나 조력을 받아 문제를 쉽게 해결할 수 있다는 것을 의미하나, 부정적인 영향을 받는다면 부족한 역량과 경험으로 해결하기 힘들다는 사실을 스스로 알고 있는 만큼 곤경에 빠지거나 외부의 도움을 얻고자 해도 그만한 매력이나 조건 제시가 어려워 고립무원 상황에 빠지는 것을 경고한다. 최악의 경우 도움을 얻으려다가 잠식/점령당해 스스로 하고자 했던 바를 이루지 못하고 꼭두각시로 전락할 수 있다는 것을 암시한다.

---

2 → ③ ⑦ ⑧ 카드 확인 방해 요소가 별 볼 일 없거나 성실하지 않으면 놓치기 쉬운 요소에 속하므로 질문자가 이런 문제들에 얼마나 신경 쓰는지 확인해야 하며, 외부 시선으로 문제에 대처하는 능력이 어떻게 평가받는지 파악해야 한다.

긍정적인 영향을 받는다면 큰 문제 없이 확인 작업만 잘하면 충분히 목적을 달성하거나 새로운 경쟁자의 미숙함을 이용해 자신의 장점을 극대화할 수 있다는 것을 의미하나, 부정적인 영향을 받는다면 사소하거나 초보적인 실수로 평판이나 위신을 크게 실추당하리라는 것을 경고한다.

---

3 → ④ ⑧ ⑨ 카드 확인 과거 질문자의 성취나 주변 평가를 확인해 질문자가 자신이 원하는 바를 향해 나아가고 있는지 파악해야 한다.

긍정적인 영향을 받는다면 어려운 문제라도 한 걸음씩 다가가 끝내 해결하거나 끈기에 따른 성과/보상을 얻으리라는 것을 의미하나, 부정적인 영향을 받는다면 현실적인 대안 없이 질문했거나 해결할 역량이 없거나 부족해 도전조차 못하고 속수무책으로 문제를 방치해야 하는 상황이라는 것을 지적하며, 경쟁에서 일방적으로 밀리기만 한다는 것을 경고한다. 최악의 경우, 해결 의지나 대안조차 없이 하루 벌어 하루를 살아가는 식의 대처로 일관해 왔다는 것을 암시한다.

---

4 → ① ⑤ ⑦ ⑧ 카드 확인 과거와 비교해 질문자가 현재 어떤 국면을 맞았고, 주변에서 어떤 평가를 받는지 확인해야 한다. 긍정적인 영향을 받는다면 질문자가 견실하고 정해진 습관이나 지침을 따라왔고, 변칙적인 문제에 정석적으로 접근해 점차 기초 실력을 다지며 성장해왔다는 것을 의미하나, 부

정적인 영향을 받는다면 상황 파악이 덜 됐거나 더 확실한 대안을 꺼내지 못할 경우 점차 사안이 예상 밖으로 악화하리라는 것을 경고한다.

5 →②⑥⑧⑨ 카드 확인 질문자가 어떤 난관에 부딪혔고, 이를 다른 사람들이 모두 인지하는 상황인지 파악하면서, 이 상황/인물로 얻을/잃을 수 있는 기대치가 얼마나 되는지 가늠해야 한다.

긍정적인 영향을 받는다면 편한 상황/인물을 맞이해 해야 할 일만 해도 예상 밖의 성과를 얻거나 순탄하게 일이 진행되리라는 것을 의미하나, 부정적인 영향을 받는다면 남의 실수에 연대 책임을 지거나 좋은 기회를 놓칠 수 있으며 최악의 경우 Pp에 해당하는 인물의 업무 방기/배임 행위에 맞물려 큰 피해를 볼 수 있다는 것을 경고한다.

---

6 →②③⑤⑦ 카드 확인 질문자의 역량으로 장애물을 넘어설 수 있는지 확인하고 문제를 해결하려는 각오가 어떤지 관찰해야 한다. 긍정적인 영향을 받는다면 문제 해결 과정에서 소소한 수익이나 실질적인 명예를 얻고, 이를 이용해 본격적인 성장/확장을 시작할 수 있다는 것을 의미하나, 부정적인 영향을 받는다면 문제 해결에 실패하거나 낭패를 겪은 나머지 Pp의 수준으로 격하될 수 있다는 것을 경고하며, 노력/수고에 비해 결과물이 영 신통치 않은 상황을 의미한다.

---

7 →①④⑧ 카드 확인 해당 문제가 질문자의 본래 기반이나 특기와 무관한지 살펴야 하며, 주위의 평가가 과하거나 질문자의 성과보다 초과하는 수준을 요구하는 상황인지 점검해야 한다.

긍정적인 영향을 받는다면 질문자가 조심스럽게 접근할 만한 이유나 가치가 있다고 확신할 수 있으며, 구체적인 방책을 조언해 원하는 바를 달성할 수 있도록 조치해줄 수 있으나, 부정적인 영향을 받는다면 질문자가 문제의 심각성을 인지하지 못하거나 가벼이 여기고 있다는 것을 경고하며, 현실이 어떤지 설명해 인지하도록 돕거나 구체적인 대비책을 마련하도록 조언해야 한다.

---

8 →①③④⑨ 카드 확인 사람들이 왜 질문자를 Pp처럼 여기는지 파악하려면 질문자의 현재 입지, 역량, 실적 등을 확인하고 무엇을 추구/두려워하는지 확인해야 한다.

긍정적인 영향을 받는다면 사람들에게 겸손하고 성실한 인물로 평가받고 있으며, 이런 신뢰를 바탕으로 더 견실한 목표를 향해 나아갈 수 있도록 도움을 청하기 쉬운 상황이라는 것을 의미하나, 부정적인 영향을 받는다면 얕보이고 있거나 능력이 부족해 어떤 문제의 해결을 맡기기엔 못 미더워하는 상황이라는 것을 암시하며, 최악의 경우 겉핥기 수준의 이론/경험을 토대로 현실을 해결하려는 얼치기로 비칠 수 있다는 것을 경고한다.[*]

9 → ①④⑦ 카드 확인 질문자가 놓인 현실/정신적인 한계를 살펴 Pp가 의미하는 희망과 두려움의 구체적인 내용을 확인할 수 있다.

희망을 말하자면 어떤 사안에 소소하게 지지자들이 있길 바라거나 질문과 관련한 일이 수순에 맞게 평범히 처리할 수 있는 것이길 바라는 상황에 가까우나, 반대로 질문자가 자신의 실패로 격하되거나 남들과 나란히 설 수 없을까 봐 겁내고 있는 상황을 의미하며, 현실적인 문제를 고려하지 못하는 철부지들의 개입으로 일에 차질을 빚을까 봐 두려워하고 있다는 것을 의미한다.

10 → 질문과 관련된 사안이 최소한의 조건만을 만족하거나 용두사미로 끝날 수 있다는 것을 의미한다. 긍정적인 영향을 받을수록 새로운 입지/환경에 무사히 적응하거나 자신의 현실적인 기반을 닦을 발판을 마련한다고 해석할 수 있으며, 이는 유/무형적인 가치를 지니거나 소규모 집단에서 통용 또는 인정받는 것으로도 대체할 수 있을 만큼 다양한 내용을 다루기에 질문 주제 및 다른 카드들의 의미를 종합해 더 구체적인 조언을 진행해야 한다.

그러나 부정적인 영향을 받는다면 지위/기반의 격하가 일어나거나 지리 멸렬해지는 것을 경고하며 이 때문에 다른 경쟁자/동료보다 공을 인정받지 못하거나 폄하될 수 있는 상황을 의미하기에, 대안을 마련해 질문자가 챙길 수 있는 실속들을 점검하고 이를 무사히 확보할 수 있도록 구체적인 조언을 진행해야 한다.

---

[*] 이런 전형적인 인물로 중국 전국시대의 조괄趙括을 들 수 있다. 명장인 아버지 조사趙奢나 명재상 인상여藺相如조차 그의 능력을 인정하지 않았으며 실전 경험 없는 애송이라 평했으나, 당시 군주인 조효성왕은 그를 신임했으며 결국 모친조차 실패 시 가족들에게 연좌제를 적용하지 말 것을 확약하고 나서 출전을 강행했고, 진나라의 명장 백기白起에게 장평에서 최악의 승부수를 던진 끝에 국력을 모두 소진한다. 이 전투가 장평대전이고, 이 때문에 조나라의 국력은 곤두박질해 다시는 부흥하지 못했다.

실제 사례 (2001년 9월, 서울 이화여대 근교, 20세 여성)

질문　이 사람과 계속 만나면 어떻게 될까?

사전 정보　질문과 관계된 둘 다 연애 경험은 없는 상태. 동갑내기인 상대방은 질문자에게 고백을 두어 차례 했고 질문자는 이를 정중히 거절했으나 상대방은 계속 호감을 감추지 않고 있었다. 이 관계가 향후 어떻게 정리될지 문의한 사안이었다.

10p – Pp – 4w – 5c – Nc – 7w – 3s – 4s – 10w – 12

10p　(질문자 자신) 다른 사람들처럼 평범하게 대하고 있다.

Pp　(장애물) 상대방의 순수한 호의를 마냥 거부하기 어렵다.

4w　(기저) 자신의 태도를 유지할 것이며, 그것이 옳다고 여겨왔다.

5c　(과거) 어렵게 이성들의 접근을 거절해왔고, 이 과정에서 많은 실망을 주고받았다.

Nc　(현재/곧 일어날 일) 자신의 감정을 다시 전달해 현 상태를 유지하려 하거나 상대방의 고백이 다시 이어질 것이다.

7w　(미래) 관계는 계속 답보 상태일 것이다.

3s　(질문자의 내면) 자신의 현실적인 문제 때문에 연애할 수 없다고 생각한다.

4s　(제3자가 바라보는 질문자) 다른 사람들은 질문자가 잠시 쉬려하거나 여유를 되찾으려는 중이라고 여긴다.

10w　(희망/두려움) 잡음을 각오하고라도 관계를 정리하거나 자신이 원하는 바를 모두 이루고 싶어 하나, 이 모든 시도가 실패하거나 압박이 계속되는 것을 두려워하고 있다.

12　(결과) 이 관계는 어떤 모습이 되더라도 한쪽/쌍방의 희생이 전제되며, 그렇지 않을 때는 질문자가 원하는 대로 현 상황이 유지될 것이다.

이 배열에서 Pp는 2번 위치, '장애물'에 나왔다. 관계 성립 및 대인 관계와 관련한 질문의 특성상 질문자가 원하는 상황을 유지하는 데 Pp와 같은 태도/인물/상황이 왜 문제를 일으키거나 장애물로 인식 돼야 하는지 파악해야 하며, 이를 차단하거나 통제해 질문자의 생각 이나 계획을 계속 추진할 수 있도록 도와야 한다.

Pp에게 영향을 주는 카드는 4w, 3s, 4s인데, 이로써 부정적인 영 향을 받고 있다는 것을 확인할 수 있다. 질문자가 원하는 이상적인 요소를 채우지 못하는 이와 힘겨운 인연을 맺는 것을 꺼리는 심리에 더해, 학업이나 가족 관계 등 주변 환경이 연애하기에 너무 많은 제 한이 있다는 것을 암시하기 때문이다.

그렇기에 질문자의 상황을 개선하려면 자신의 상황이나 속내를 어떻게 상대방에게 명확히 밝혀 일상을 방해받지 않게 만들 수 있는 지 조언해야 한다.

① **10p(질문자 자신)** 평범한 일상을 영위하고 있으며, 긍정/부정적 의미와 무관하게 질문자가 연애에 관심 없다는 것을 강조한다. 긍정 적인 영향을 받는다면 이 일상을 유지함으로써 자신의 성장이나 학 업 등 현실적인 계획을 문제없이 수행하고 있다는 것을 의미하나, 부 정적인 영향을 받는다면 평범한 일상을 보내며 자신의 잠재력과 가 능성을 서서히 소모하고 있다는 것을 경고한다.

② **Pp(장애물)** 앞서 언급했듯 부정적인 영향을 받고 있으며, 다음 두 가지 관점을 모두 적용할 수 있다.

  1. 연애 관련된 문제에서 쌍방의 미숙한 기량
  2. 상대방의 성격이나 접근법의 문제

  1의 관점으로 이해한다면 질문자와 상대방의 연애 경험이나 인간

관계의 접근법이 서툴거나 경험이 부족한 탓에 질문자가 연애 관계를 성립시키는 것 자체를 기피하거나, 성장 환경의 문제로 인해 이런 시도를 할 엄두조차 내지 못하고 있는 것이라 추론할 수 있으며, 상대방의 경우 자신의 고백 방식이나 애정 표현이 서투른 나머지 질문자의 감정에 닿지 못하고 있는 상황을 드러낸다고 해석되는데, 이는 서로 연애 경험이 없다 보니 일어날 수 있는 촌극이라 볼 수 있다.

2의 관점으로 해석한다면 상대방이 질문자가 제시한 여러 문제를 무시하거나 자신의 부족한 기반을 메우지 않고 선의에 기반한 호감을 드러내고 있는 것이라 이해할 수 있으며, 이것이 악의가 아니기에 질문자가 현실적인 문제들을 직설적으로 표현하기 어려워하고 이러지도 저러지도 못하는 상황이라는 것을 암시한다. 질문자도 상대방의 호감 표현을 기분 나쁘지 않게 받아들인다는 것을 보면, 문제는 상호 관계에 있다기보다 질문자의 현실적 한계나 행동 제한에 있다고 볼 수 있다.

이로써 상대방보다 질문자의 현실/환경적 문제가 무엇이냐는 것에 초점을 맞춰야 하며, 이는 다른 카드들을 통해 어길 수 없는 규칙이나 가풍, 성장 배경 등과 밀접하게 관련 있다는 점을 추측할 수 있다(4w, 3s, 4s).

---

③ **4w(기저)** 질문자가 그 나름대로 정해둔 결론이나 목표가 있다는 의미로 해석되거나, 뚜렷한 이성관이 있고 그에 합당한 사람들과만 관계를 맺으려 해왔다는 것을 암시한다.

긍정적인 영향을 받는다면 현 상황을 어떻게든 자신이 원하는 대로 끌어갈 수 있다고 생각하며 노력하리라는 것을 의미하나, 부정적인 영향을 받는다면 이 사안이 결과적으로 좋지 않게 흘러가 지탄받거나 자신의 태도를 억지로 관철하려 한다는 것을 암시한다. 최악의 경우, 연애를 시도해도 안팎의 개입자들 탓에 좋지 않은 결말로 이어질 것이 예상돼 좌절하고 있으며, 독립하거나 현 상황을 완벽하게 타개해줄 구원자가 등장하지 않는 한 아무런 의미가 없다고 여기는 수준으로 몰려 있다는 것을 경고한다.*

④ **5c(과거)** 질문자가 그동안 감정적 손실을 겪었거나 사람에게 실망해왔다는 것을 의미한다. 긍정적인 영향을 받는다면 다른 사람의 민폐로 상심하거나 자신의 사정으로 좋은 인연을 떠나보내야 했다는 것을 의미하나, 부정적인 영향을 받는다면 자신의 사정이나 상황을 이해해주지 않는 이들에게 상심했거나 자신의 역량 부족에 절망해 새로운 시도를 할 엄두조차 내지 못한 채 실의에 빠졌다는 것을 암시한다.

⑤ **Nc(현재/곧 일어날 일)** 비교적 긍정적인 영향을 받으나, 질문자가 연애에 관심이 없다고 했으니 거꾸로 적용된다. 이는 곧 상대방 또는 다른 이성의 고백이나 제안이 이어지며, 이 때문에 심력을 낭비, 소모하리라는 것을 의미한다.

다른 카드들을 통해 이 질문의 주인공이 다시 한번 자신의 솔직한 감정 표현을 하는 것이라 이해할 수 있다. 이런 일이 벌어지는 이유는 질문자가 명확한 거절 표명이 없는 채 다른 사람과 자유로이 교류하는 모습이 상대방의 감정을 자극하거나 조급하게 만들고 있기 때문이라는 것을 알 수 있다(10p, Pp, 4w, 4s).

⑥ **7w(미래)** 질문자가 이런 흐름 속에서 임기응변을 취하리라는 것을 의미한다. 긍정적인 영향을 받는다면 적절한 대처로 자신이 원하는 상황을 유지하리라는 것을 의미하나, 부정적인 영향을 받는다면 상황에 떠밀려 제한된 선택지 중에 고르다가 남의 의도에 끌려가거나 최악만 면하는 선택에 만족할 수밖에 없으리라는 것을 암시한다.

⑦ **3s(질문자의 내면)** 질문자가 현실적인 문제로 다른 충돌이나 잡음이 생긴 상황을 슬퍼하고 있으며, 자신이 어떤 결정을 내려도 부정적

---

* 정략결혼 등 부모가 자녀의 행동을 강하게 제약하거나 현실적인 문제(가난 등)로 연애관이나 이성관이 본인의 실제 이상과 괴리되는 사례를 들 수 있다.

인 결말이 기다리고 있으리라 생각한다는 것을 의미한다.

긍정적인 영향을 받는다면 질문자의 이런 갈등이 가혹한 통제나 부조리한 현실 때문에 벌어지고 있으며, 이를 개선하기 위해 적극적인 항거나 투쟁을 일으킬 마음이 자라나고 있다는 것을 뜻하나, 부정적인 영향을 받는다면 겉으로 표현하지 못할 뿐 상대방에 대한 혐오나 질시가 팽배해 정상적으로 판단하지 못하거나 상대방의 상황을 미처 헤아리지 못한 채 자신의 감정에만 빠져 있는 상황이라는 것을 시사한다.

---

⑧ **4s(제3자가 바라보는 질문자)** 다른 사람이 보기에는 질문자가 휴식을 취하고 있다는 것을 의미한다. 4w와 다른 점은 이것이 어디까지나 다음 연애 또는 자신의 발전을 위해 쉬는 모습으로 비치고 있기에 질문자의 곁을 지키려 하거나 함께 있고 싶어 하는 이들이 관계 성립 제안/고백을 해오는 것으로 이해할 수 있다.

긍정적인 영향을 받는다면 이런 인식을 이용해 자신에게 부족했던 요소들을 채울 수 있거나 휴식을 취해 다가올 일들을 더 쉽게 진행할 수 있다는 것을 의미하나, 부정적인 영향을 받는다면 휴식을 명분 삼아 새로운 관계를 형성해줄 것을 종용당하거나 과중한 업무를 떠맡아 쉬지 못하게 될 수 있다는 것을 암시한다.

---

⑨ **10w(희망/두려움)** 질문자가 힘든 상황을 이겨내고 자신의 의지대로 삶을 살아가길 바라는 희망적인 모습과 함께, 가까스로 유지하고 있는 현 생활의 균형이 무너지게 되거나 계속 압박에 시달릴까 봐 걱정하는/두려워하는 모습으로 이해할 수 있다.

이는 연애와 관련한 문제에서 간섭이나 지배에 계속 억눌려왔다는 점을 시사하며, 질문자가 원하는 삶/연애의 방식 또는 꿈이 가족 구성원의 생각과 매우 다르다는 점을 의심하게 만드는 카드다.

---

⑩ **12(결론)** 결과적으로 질문자가 현재의 태도를 고수한다면 상황 변화가 없으리라는 것을 의미한다. 질문자가 원하는 바를 구현하기

전에 과연 어떤 것을 원하며, 이를 어떻게 해소해 더 큰 행동의 자유를 얻어낼 수 있는지 조언해야 하나, 이조차 불가능하다면 최소한의 목표를 설정해 힘든 여정을 버텨낼 수 있도록 희망을 심어줘야 한다.

부정적인 흐름을 방치한다면 연애와 관련한 사고방식이나 관점이 현 상태로 굳어져 인생의 몇몇 요소를 영영 잃어버리거나 남을 위해 (그것이 가족이더라도) 희생하게 될 뿐이라는 것을 강하게 경고한다.

해석을 마치고, 나는 도대체 어떤 문제로 연애할 수 없다고 말해왔는지 알려 달라고 부탁하며, "아무리 그래도 사람 만나는 것조차 어려울 정도로 제한이 있는 게 말이 되냐"라며 기겁했다. 그녀는 슬픈 얼굴로 말하길 집과 학교를 제외한 일정을 짤 수 없는 수준의 통금이 있고, 이를 벗어나려 하면 따라오는 질책 때문에 누군가를 만나는 것도 주말 오후에만 되는데 어떻게 연애할 수 있겠느냐며, 초등학교 시절부터 등하교 모두 부모님이 직접 자가용으로 통학을 담당한 터라 친구들조차 그리 많지 않다며 속내를 털어놓았다. 이런 자신 때문에 다른 사람들의 시간을 낭비하는 것도 못할 짓이라 여겨 거절해왔는데, 이번 상대방은 다른 이성과 달리 철없다고 보일 만큼 순수하게 애정을 꾸준히 보여줘 감동과 갑갑함을 함께 느끼고 있다며 더 구체적인 상황을 이야기했다.

이런 훈육 방식을 성토하고자 할 의도는 없으나, 새장 속의 새로 살아가는 그녀에게 무슨 위로가 필요했을까? 다만 상대방이 쉽게 단념하진 않을 것이니 차라리 현실적인 절충안을 만들어보는 게 나을 것이라며 이런저런 조언을 했다.

결국, 두 사람은 점을 본 시점에서 1년이 좀 넘게 지난 뒤에야 연인으로 발전할 수 있었으나, 두 달을 못 채우고 다시 헤어져야 했다고 한다. 그 과정에서 상대방이 현실적 문제를 실제로 체감했고, 질문자도 자신의 상황을 개선하지 못한 채(아르바이트나 과외 같은 외부 활동도 할 수 없었다) 이별했던 것으로 기억한다. 둘 다 기반과 경험이 부족했기에 벌어진 슬픈 사례였다.

이 배열에서 Pp는 사회 초년생 수준의 경험이나 기반으로 해결할 수 있는 것이 없다는 사실을 적나라하게 드러낸다. 비록 의도가 순수하더라도 물리력이나 현실적인 기반 없이는 할 수 있는 것이 적고 연애에 큰 걸림돌이 될 수 있다는 것을 보여준 사례다.

그러나 Pp는 서로 아끼고 배려하며 자신이 챙겨줄 수 있는 것들을 소박하게 챙겨가며 애정을 싹틔우기도 한다. 서로 사랑한다면 공원에서 할 일 없이 같이 있기만 해도 설레고 즐거울 수 있기 때문이다.

모든 Page가 풋풋한 사랑을 의미하지만, 특히 Pp는 더욱 그 행보를 뒤에 생각할수록 아련해지게 만드는 매력*이 있다는 점을 해석할 때 고려해야 한다.

* 이 사례에서 훗날 상대방은 좋지 못한 몸을 이끌고 그녀의 집 근처 놀이터나 공터에서 몰래 만나 서로 이야기를 주고받곤 했으며, 집으로 가는 길을 멀리서나마 바래다주는 것만으로도 행복해했다. 어찌 보면 바보 같아 보이지만 그만큼 절실하다면 평범한 일상조차 큰 기쁨이었을 것이다.

실제 사례 (2010년 12월, 서울 송파구 모처, 20대 후반 여성)

질문　차세대 대체에너지 관련 주식에 투자하려는데 향후 전망이 어떨까?

사전 정보　몇 년 동안 모아온 자금(3000만 원가량)을 전부 투자하고자 문의한 사례였다. 한곳에 전 재산을 투자하는 건 만용이라 극구 만류했으나 그 정도 위험은 감수할 생각이며 어떤 실패를 겪어도 자신은 젊으니 괜찮고, 후회할 것이라면 이런 질문도 하지 않았을 것이라며 해석을 재촉했다.

5s – 7p – Nw – 8w – 19 – 8 – 1 – 7w – 17 – Pp

5s　(질문자 자신) 더 유용한 방식으로 성공을 얻고자 한다.

7p　(장애물) 자산이 충분하지 않으며, 기회를 노릴 필요가 있다.

Nw　(기저) 새로운 시도를 먼저 접하거나 받아들여 왔다.

8w　(과거) 이 사안을 서둘러 결정하거나, 새로운 정보를 접수했다.

19　(현재/곧 일어날 일) 명확한 투자처를 통해 수익을 올릴 것이다.

8　(미래) 유혹에 굴하지 않고 목적을 달성한 뒤 다음 단계로 나아갈 것이다.

1　(질문자의 내면) 자신의 판단이 명확하며, 이 호재를 이용할 수 있는 능력이 있다고 여긴다.

7w　(제3자가 바라보는 질문자) 평범한 일상을 보내거나 별다른 변화가 없다고 여긴다.

17　(희망/두려움) 남들은 잘 모르는 정보를 이용해 성공하길 바라며, 이 사안의 파장이 찻잔 속 태풍에 그칠까 봐 걱정한다.

Pp　(결과) 기반을 남기게 될 것이며, 이로써 새로운 일을 다시 시작해야 할 것이다.

실전 해석

이 배열에서 Pp는 10번 위치, '결론'에 나왔다. 사업 흐름이나 성공적인 투자 여부에 관한 질문의 특성상 결론의 Pp가 해당 기업이나 분야의 침체를 뜻하거나 질문자가 알고 있는 사안에 따라 상승/하락한 주가가 과열/저평가된 것이 아닌지 의심해야 하며, 새로운 사업 모델이 현실화하고 마침내 안착해 건전한 사업 구조를 형성하는 것인지를 자세히 파악해야 한다. 또한, 질문자의 이런 도박 수*가 과연 선견지명이나 본능, 우연에 기반한 절호의 기회인지를 살펴 해당 투자의 성공 여부를 가늠해야 한다.

다행히 질문자가 투자금에 대해 큰 미련을 두지 않고 있다는 사실을 거듭 확인했으며, 대출금으로 벌이는 투기가 아니라는 점도 확인했다. 최악의 상황이 오더라도 결과를 감내할 수 있는 선에 그치기에 해당 기업체의 성장 여부와 함께 질문자의 심리**가 어떻게 동요할 수 있는지 간파해 최적화된 조언을 해야 하는 상황이다.

① **5s(질문자 자신)** 질문자가 선점한 지식이나 편법을 이용해 이득을 취하려 하고 있다는 것을 의미한다. 긍정적인 영향을 받는다면 남들이 모르는 내부 정보나 자신만의 기술로 유리한 고지를 점하려는 것으로 이해할 수 있으나, 부정적인 영향을 받는다면 자신의 유리함을 이용해 다른 사람들의 손해를 유도하고 이를 자신의 이익으로 삼으려 하거나 불법(예: 유착)을 저질러 일을 강행하려 한다는 것을 지적한다.

---

* 한 종목에 모든 자산을 투자하는 것은 그 어떤 투자가라도 만류하는 방법이다. "계란은 한 바구니에 담지 말라"라는 금언이 있을 정도다.

** 주가 변화를 지켜보다가 조급해지거나 자만한 나머지 매수/매도 시점을 놓치는 사례가 많기에 이에 따른 질문자의 정신력이 얼마나 투철한지를 파악해야 한다. 일례로 어떤 투자가는 주가 구매 후 비밀번호를 다른 사람이 설정한 금고에 넣어두고 관련 정보를 알더라도 특정 시점이 되기 전까지 매각하지 못하게 만드는 방법을 동원하는 사례도 있다.

② **7p(장애물)** 질문자의 욕망이나 목표가 과하거나 다른 사람의 변화 또는 시세에 휘둘리기 쉬운 상황이라는 것을 암시한다. 긍정적인 영향을 받는다면 외부 동향에 민감하게 반응해 투자 시기를 정확히 포착하고 이것이 자신의 단순한 상상, 예측에 머물지 않고 구현해서 기회를 움켜쥔다는 것을 의미하나, 부정적인 영향을 받는다면 그림의 떡을 먹으려다가 굶어 죽거나 유혹에 휘말려 기반을 탕진하는 상황이라는 것을 경고한다.

③ **Nw(기저)** 비교적 긍정적인 영향을 받고 있다. 질문자가 어떤 정보를 받아들이기 전에 직접 정보의 사실 여부나 전망을 조사해왔거나 관련 자료를 탐색해봤다는 의미로 해석되며, 이를 이용해 명확한 목표치를 설정하는 등 겪어보지 않은 새로운 분야와 관련한 내용을 소화하면서 자신의 역량을 넘어설 정도의 구상을 세웠다는 점을 드러내기 때문이다. 또한, 이를 바깥에 쉬이 드러내지 않았다는 점에서 정보 선점으로 유리한 위치에 설 자격을 스스로 만들었다는 것을 확인할 수 있다(5s, 7p, 8w, 1, 7w).

④ **8w(과거)** 질문자에게 모종의 정보가 전달됐다는 것을 의미한다. 긍정적인 영향을 받는다면 지나치기 쉬운 가십에 가까운 이야기들을 정보로 가공해 이용했다는 것을 암시하며, 부정적인 영향을 받는다면 질문자가 어떤 호재를 전달받고 성급히 판단/행동했다는 것을 지적한다.

⑤ **19(현재/곧 일어날 일)** 비교적 부정적인 영향을 받고 있다. 질문자가 실제로 자신의 완성을 통해 성공하는 것이 질문의 요체가 아니며, 해당 업체의 신기술이나 호재가 있더라도 질문자가 이를 직접 응용해 큰 수익을 벌어들일 역량은 아니기 때문이다.

그러나 이런 사안은 질문자가 먼저 입수하고(5s, 8w) 보안을 강화한 채 기회를 엿보는 중이므로(7p, Nw, 7w) 해당 업체와 관련한 호재가 진실일 공산이 매우 크며, 이를 이용해 간접적으로나마 혜택을 받기 쉬운 상황임을 알 수 있다(5s, 7p, Nw, 8w, 7w).

⑥ **8(미래)** 긍정적인 영향을 받았다. 자신의 역량을 총동원해 기회를 놓치지 않으리라는 것을 의미하며, 그럴 만한 의지, 동기, 역량이 모두 갖춰진 상태를 보여주기 때문이다. 이로써 자신은 파악해냈으나 남들은 놓치기 쉬운 가치를 움켜쥐고 원하는 바를 얻을 수 있는 상황이 반드시 온다는 것을 암시한다(5s, 8w, 19, 1).

⑦ **1(질문자의 내면)** 긍정적인 영향을 받았다. 질문자가 해당 분야를 빠르게 파악했거나 향후 어떤 움직임이 일어날지 예측하는 데 성공할 만한 요소들이 많다는 것을 의미하며, 이를 남과 공유하지 않음으로써 자신의 유리함을 확고히 했다는 것을 보여주기 때문이다.

　과욕을 부리지 않는 선에서 질문자의 계획은 정확할 것이며, 자신의 마음을 통제하지 못할 수준의 이익을 탐하지 않도록 자중함으로써 1의 긍정적인 의미를 극대화할 수 있는데, 이는 질문자가 일반인보다 조금 빠를 뿐, 해당 분야나 투자에 대한 전문 지식을 지닌 사람은 아니기에 명확한 고점을 파악하지 못하리라는 점을 통해 알 수 있다(5s, 7p, 8w, 7w).

⑧ **7w(제3자가 바라보는 질문자)** 다른 사람들이 질문자의 행동이나 태도에 별 변화가 없다고 여긴다는 것을 의미한다. 긍정적인 영향을 받는다면 질문자의 의도를 누구도 간파하지 못할 정도로 처세를 잘하고 있다는 것을 의미하나, 부정적인 영향을 받는다면 해당 투자가 소규모이거나 단발성에 그칠 뿐이라고 여긴다는 것을 의미한다.

⑨ **17(희망/두려움)** 이 사안을 남들이 알지 못하길 바라며 그로 인한 혜택을 받고 싶어 하는 희망적인 면과 함께, 거꾸로 너무 알려지지 않아 찻잔 속 태풍처럼 변변찮은 사안으로 인식된 채 주가에 반영이 되지 않는 상황을 두려워하고 있다는 것을 드러낸다.

이는 더 구체적으로 자신이 입수한 정보의 중요성을 이미 확인 후 객관적인 사실로 파악해냈다는 점에서 정보의 정확성보다 파급력에 의구심이나 막연한 불안을 느낀다는 점으로 해석을 확정할 수 있다 (5s, 7p, 8w, 1).

⑩ **Pp(결론)** 앞서 언급한 내용을 토대로 판단한다면 긍정적인 영향을 받는다는 것을 알 수 있다. 다만 기업 투자는 규모가 중요하기에 질문자 한 명의 수준으로 획기적인 성공을 해도 한계가 있다는 점을 인지하고, 과욕을 부리지 않도록 다양한 조치나 제한을 통해 강제/교화/교정해야 한다는 것을 알 수 있다.

해당 투자 경험이 오히려 현실 감각을 무너뜨리지 않도록, 요행이었다는 점을 강조함으로써 미련 없이 투자했던 만큼 회수할 때도 여운을 남기지 않도록 해줘 움켜쥔 기회를 잘 살리고 현실적인 기반을 형성해낼 수 있는 수준의 긍정적인 결과로 나타나리라는 점을 드러낸다.

해석을 마치자마자 그 정보가 중요하다는 것을 간파한 나는 기업 이름조차 언급하지 말라고 부탁하면서, 수많은 조건을 제시해 투자금 회수에 대한 제한을 설정해줬다.

그녀는 장기 투자를 염두에 둔 듯했으나, 투기 과열이 반드시 생길 수밖에 없다는 내 말을 받아들였고, 세부적인 조율 끝에 3월 중순~4월 초순 중 하루를 택해 반드시 매각하기로 약속하고, 그전까지 어떤 정보도 확인하지 않기로 했다.

이후 해당 업체의 주가를 마지막으로 확인할 때만 해도 약간의 상승세에 지나지 않았던 상황이, 그녀가 얻은 정보에서 지정한 시기가 다가오자 무섭게 폭등하기 시작했고, 이때 손을 떼기 너무 아쉬웠으나 원금과 비교하면 말도 안 되는 이익을 단기간에 거둔 것이라 자평하고 물러났다고 말했다. "혼수 장만할 돈 넉넉히 다 만들었고, 심장이 떨려서 다신 이런 시도 안 하고 싶다"라는 말과 함께 사안을 종료했다.

이 사례에서의 Pp는 실체 유무가 모호하거나 갓 사회에 나선 얼치기의 모습보다, 자신이 배우고 겪었던 바를 통해 어엿하게 기반을 형성하는 데 성공한 모습을 보여준다. Page가 아닌 다른 코트 카드였다면 이를 기반으로 더 확고한 수익 구조나 계획을 입안해 본격적인 자립에 착수할 정도로 성공할 수 있었을 것이나, Pp였기에 우연에 불과한 행운을 일회성으로 거머쥔 격이 됐다는 점이 아쉽다. 이런 미숙함은 아쉬울 수 있으나, 오히려 순수한 마음으로 자신의 역량을 증명하거나 확인하는 과정에 집중하기 쉬웠다는 점이 거꾸로 장점이 돼 투자 회수 시기를 놓치거나 투기가 되지 않도록 작용했다는 점에서는 긍정적이라고 할 수 있다.

배운 것과 현실은 다르며, 이 과정에서 많은 실망과 상실을 겪겠지만, 그마저도 경험이라 여기고 실수를 반복하지 않고 최악을 방비하는 자세를 유지해 일가를 이룰 수 있다는 것을 Pentacle의 모든 코트 카드가 공유한다는 점을 유의해야 한다.

이 중 Pp의 최고 장점인 성실함은 아이러니하게도 호기심이나 영감으로 자극받거나 전념하는 것이 아니다. 오로지 자신이 배운 것이 현실에 어떻게 구현되는지 체득하거나, 주변에서 옳고 당연하다고 여기는 것들을 착실히 하다 보면 그에 따른 성장이 어디까지 보장될지 경험하려는 현실적 욕구에 가깝다. 이로써 성실은 안정을 낳고, Page는 점차 물질적인 기반과 경험을 쌓아 더 높은 격으로 나아갈 수 있다.

KNIGHT of PENTACLES.

현상 유지, 견실함
Diligent, Reliable, Trustworthy

KNIGHT 공통 의미

성인(이 갓 된 사람), 대학생(학사), 정직원/사원(중견 기업 이상), 대리/계약직/
과장(중소기업), 외주자, 일병(군대 계급), (다른 코트 카드가 나와 영향을 받을 때
해당 카드보다)대등하지는 못하더라도 제 나름의 영역 확보에 성공한 사람,
초급 관리자, (소규모)팀장, 정규 병명으로 칭할 수 있는 병 가운데 투약/입
원/(간단한)수술로 완치할 수 있는 경증, 젊은 꼰대, 대사ambassador

Knight of Pentacles의 키워드

현상 유지, 견실함, 안전제일주의, 보신주의, 지공遲攻, 견벽거수見壁拒守, 자
신의 현실적인 기반(공간/수입 등)을 만들어주거나 이에 천착하려는 사람/분
야, 자신이 가진 것에 관해 확인을 마친 사람/분야/상황, (영세지만 수익을
확보하는 데 성공한)자영농, 중산층, 소시민, 중도우파, (공사장 등의)현장 감독
관, 마름, 징세관*(세리稅吏), (가스/전기 등의)검침원, (중세의)징집병, 향토예
비군, 민방위, 호위/경호원, (제조업)숙련공, 건물주는 아니나 부동산 임대업
을 통해 수익을 창출한 자, 실무 경험을 본격적으로 쌓기 시작한 인재, (모기
업에서 분할 후 임명한)자회사의 사장, 담석/결석 등 인체에서 비정상적으로
흐름을 막는 요소로 인해 생긴 질병 등……

* 중세 유럽의 기사 계급은 본래 세금을 걷기 위해 지역을 순회하는 관리에서
태동했으며, 이 과정에서 치안 악화로 인한 습격을 막으려 장비를 강화하다
전투 조직으로 대두되기 시작했다.

긍정/부정 확인 기준

느리더라도 확실히 진행해야 하는 사안인가?

질문자가 현 상태를 유지할 역량이 있고, 외부에 이를 방해할 요소가 있는가?

질문자가 추구하는 실리가 (자신과 관련 없는) 사람들의 손해를 요구하는가?

질문자가 속한 분야나 조직 또는 관념이 흔들리는 상황인가?

질문자의 실제 역량과 공적 위치가 그에 합당한 평가를 받고 있나?

질문과 관련한 현실/물질적인 요소들의 흐름을 질문자가 간과하고 있는가?

이는 코트 상징편에서 언급한 '현상 유지, 견실함'의 핵심 의미와 함께, 자신의 역량으로 일궈낸 현실적 기반을 갖춘 인물/분야/상황의 의미가 결합해 도출되는 몇 가지 기준이다.

자신의 노력으로 얻어낸 기반을 유지하고 일궈내며 이를 위협하는 외부 요소를 경계하는 것은 비록 극적 효과나 수익으로 연결되지 않으나, 견실한 운영으로 사소한 틈을 막으며 자신의 기반을 단단하게 다질 수 있다. 나아가 이런 방식으로 Np들이 점차 늘어난다면, 그가 속한 집단의 건전성이 서서히 개선돼 더 평화롭고 침탈할 엄두를 내지 못할 수준으로 굳건해지며, 이로써 세상에 평온을 불러오며 사회를 바꾼다.*

그러나 세상이 혼란스럽고 한두 명의 역량으로 혼란을 막기 힘든 상황에도 자신의 기반이 안전하기만 바라면서 변화하기를 거부하거나**, 가진 것을 소모하다가 모든 역량을 탕진하게 될 수 있다는 것

---

* 시대를 막론하고 모든 국가가 시민, 그중에서도 중산층의 확대에 사활을 걸었던 것이 바로 이런 이유다. 건전한 재정과 기반을 갖춘 납세자들은 곧 국력이자 국방력의 원천이기 때문이다. 각국은 시민권/영주권으로 이를 집계/육성하려 했으며, 무력/국력을 확충하고 체제를 유지하려 했다.

** 일본 전국시대의 다이묘 대부분과 후삼국 시대의 호족들도 이에 속한다. 이

*을 경고하기에 자신이 가진 것을 어떻게 더 유용하게 사용/분배할 수 있는지 계속 고민해야 한다는 것을 강조하는 카드다.

들은 자신의 영역을 확보하고 그에 따른 권리를 보장받길 원했으며, 현상 유지에 기반해 해당 지역의 기득권을 인정해주는 세력에 합세했다. 이를 강제로 통합하려 한 오다 노부나가와 기득권을 인정하고 통합을 유도한 고려 태조 왕건은 각각 Np들을 어떤 방식으로 내치거나 전력으로 영입할 수 있는지를 잘 보여준다.

* 가장 쉽게 찾아볼 수 있는 사례로 재취업이 되지 못한 채 저축을 모두 소모해 경력이나 역량에 맞지 않은 일을 울며 겨자 먹기로 나서야 하는 상황을 들 수 있다.

해석용법

긍정 Np는 자신의 기반을 우선하고 이를 증명할 수 있는 것들을 마련함으로써 인정받고 싶어 하거나 무시당하기 싫어하는 이로 묘사된다. 이런 심리에 기원한 열등감은 자신의 실수나 결함을 없애고 기반에서 쓸데없이 누출되는 전력을 최소화하려는 모습으로 강화된다. 그렇기에 이런 태도가 요구될수록 배열에서 Np의 영향력은 강해지며, 더 구체적인 사안과 대책을 마련하면서 자신의 영역을 점진적으로 확장할 수 있음을 보장해 배열의 다른 카드까지도 긍정적인 영향을 미친다.

부정 그러나 Np는 자신의 기반에 힘쓰려는 나머지 대국적인 변화의 흐름을 쉽게 놓치거나, 흐름을 따라잡으려 해도 자신의 기반에 발이 묶여 뒤처지기에 십상이다.* 최악의 경우 자신의 좁은 식견이나 경험을 과신해 잠재된 문제점이나 상대방을 과소평가하며 스스로 가치 있다고 여기는 것에만 전념하려 하거나 교체기/과도기가 다가왔는데도 익숙한 선택만 반복해 안전을 추구하려다가 자신의 기반과 생명을 송두리째 상실하며 격을 실추하게 된다.

그렇기에 질문 주제와 관련된 현실적 기반 문제를 질문자가 얼마나 감내할 수 있는지 확인해야 하며, 사안이 엉뚱하게 흘러가면서 전력이나 역량을 유지하려다가 오히려 악화할 여지가 있는지 가늠해야 한다.

이런 Np의 특성들은 질문자가 자신의 기반을 일부 희생한다면 해묵은 문제들을 해결하는 데 유리하게 적용되며, 나아가 해석이 매우 쉬워질 정도로 긍정적인 영향을 주는 경향이 있으나, 빨리 결정해야 할 사안이거나 한 번의 선택이 장기적인 전략에 치명적인 영향을 끼치는 주제일수록 소극적으로 변하거나 부정적인 태도로 일관하게

---

* 직장을 다니며 자기계발을 하는 것과 홀로 온전히 자기계발에 몰두할 수 있는 사람의 발전 속도 차이는 뚜렷할 수밖에 없다.

만든다.

Np의 의미가 긍정적으로 발현한 역사적 사례로 서양의 장원 제도나 고대 중국의 정전법井田法을 들 수 있다. 장원은 Np의 배경으로 등장할 만큼 중세의 빈약한 행정 체제를 보완했던 대안이자, 주 전력이었던 기사의 전력 양성을 꾀할 수 있었던 수단이었다. 또한, 주나라 시절 운영됐다고 전하는 정전법*도 호구에 따른 분배를 목적으로 삼았으나 이 과정에서 마을을 구성하고 국가 수입의 증대를 꾀하게 됐다. 이런 제도들은 시대를 막론하고 각국이 Np의 의미를 어떻게 구현하려 했는지 드러낸다.

반대로 Np의 부정적인 사례로 화폐의 평가절하를 들 수 있을 것이다. 그중에서도 고대 로마 황제 안토니누스 피우스 치세 때 일어난 화폐 평가절하 사건이 유명하다. 은화의 절대량이 부족해지자 은화의 비율과 함량을 낮췄고, 이 조치가 화폐의 신뢰성을 떨어뜨려 경제를 망가뜨렸다. 이로써 Np가 자신의 기반을 억지로 유지하려다가 좋지 않은 결과로 치닫는 과정을 확인할 수 있다.**

뭔가를 지켜내고 유지하려면 구성원들의 희생이 뒤따를 수밖에 없다. 이를 얼마나 합리적으로 운영하면서 이끌어야 하는지 자각해야 한다. 동물도 포식자가 들이닥칠 때 취약한 요소/구성원을 희생해 결정적인 위기를 넘기고 다른 모두의 안정을 구하는 지혜가 있듯, 현실적인 문제에 대해 탐하는 것과 양보할 수 없는 것을 나누고 보존하려 최선을 다해야 한다는 것을 Np는 역설한다.

배열 위치별 특징 배열에서 Np가 나오면 현상 유지의 의미에 얼마

---

* 정전법은 9묘畝를 8호戶(가구)에 분배하고, 남은 한 곳을 국가에 바치게 하는 제도였다. 이로써 마을의 최소단위(행정), 동원 가능한 병력(국방), 국가의 재정(경제)을 확립하려 했다.

** 안토니누스 피우스는 데나리우스 은화의 은 함량을 89퍼센트에서 83.5퍼센트로 낮췄으며, 이후 정세가 혼란을 거듭하자 카라칼라 등의 후대 황제들이 이를 악용했다. 결과적으로 훗날 로마제국의 은화는 함량 5퍼센트의 은도금 동화가 될 정도로 악화한다. 이는 수백 년이 지난 뒤 금본위제가 정착될 때까지 경제의 혼란을 불러왔다.

나 충실한지 분석해야 하며, 객관적으로 판별하기 쉬운 위치에 드러날 때 영향력이 쉽게 강해지는 경향이 있다. 그렇지 않더라도 스스로 보여주거나 증명할 수 있는 실적을 공개할 수 있다는 전제가 있다면 Np는 강화된다.

반대로 과거의 태도나 희망 사항으로써의 Np는 그만큼 질문자가 기반/역량이 부족하다는 점을 부각하기에 영향력이 쉽게 약해지거나 부정적인 영향을 받기 쉽다. 그렇기에 해석하기 전에 질문자의 현실적인 기반이나 실력을 평가해야 한다.

이런 이유로 Np는 켈틱 크로스 배열의 3, 4, 6, 8번 위치에서 영향력이 더 쉽게 강화되며, 평균 이상의 수준을 증명할 수 있는 상태라면 1, 7번 위치에서도 영향력을 확보하기 쉽다. 물론 그렇지 않다면 자신의 수준에 비해 과한 것을 탐하거나 현실을 겪지 못해 생긴 괴리차를 받아들이지 못하는 상황이라고 이해해야 한다.

그러나 9번 위치에서 Np는 대개 부정적인 현실을 지적하거나 1인분이나마 해내려는 발악으로 해석되기 쉬우며, 배열의 다른 카드들까지 그 의미나 적용 규모를 약화/축소하는 경향*이 있기에 해석에 주의해야 한다.

* 학업 관련 점을 보는데 교내 등수보다 반 등수를 먼저 따져야 하는 식으로 축소된다.

연애(관계가 성립한 상황) 관계를 유지하려 현실적인 노력을 아끼지 않는 상황/인물로 해석되나, 부정적인 영향을 받는다면 관계를 더 확고하게 만들고자 서로의 기반을 착취*하려 하거나 의무를 저버리고 물질적인 것에 경도돼 행동한다는 것을 의미한다.**

연애(관계가 성립하지 않은 상황) 관계 성립을 기원할 때 Np는 긍정적인 영향을 받는다면 자신의 견실한 면모로써 겉으로 보이는 물질적 수준/기반을 드러내거나, 듬직한 모습을 보여 상대방의 호감을 얻을 수 있다는 것을 의미한다. 그러나 부정적인 영향을 받는다면 소극적인 접근이나 현실적인 부분에만 집착하다가 상대방의 호감을 잃어버릴 수 있다는 것을 지적하며, 상대방이 예민한 부분을 부주의하게 건드려 멀어질 수 있다는 것을 경고한다.

관계 성립 시도조차 없는 일반적인 상황이라면 일상을 영위하고자 업무에 집중하거나 축재蓄財에 신경 쓰다가 이성을 만날 기회가 없었다는 것을 지적하며, 운을 상승시키려면 자신과 비슷한 기반/수준을 갖춘 이들과 거래를 시도하거나 재테크를 공유하는 방법으로 만날 기회를 늘리도록 해야 한다. 부정적인 영향을 받는다면 현재 자신의 기반을 만들어내기 위해 쌓인 부채 때문에 이성을 만날 겨를이 없다는 것을 지적한다.

대인관계 일상적인 상황에서 자신과 비슷한 기반을 지닌 이들과 어울리고, 이로써 안정을 얻을 수 있다는 것을 의미한다.***

긍정적일수록 이 만남이나 집단 내부의 사람들과 도움을 주고받

---

* 각자의 명의인 재산을 억지로 하나로 합치려는 시도를 예로 들 수 있다.

** 가족을 부양하려 해외 단신 부임을 승낙하는 사례를 들 수 있다.

*** 근대 영국의 클럽 문화와 유사하다고 이해해야 하며, 국내의 사례를 꼽자면 특정 지역의 향우회 또는 아파트 단지 안의 인원만 들어올 수 있는 폐쇄적인 커뮤니티를 들 수 있다.

을 수 있으며, 이런 행위들로 모임 전체가 각각의 수익성을 향상하는 효과를 낳을 수 있다는 것을 의미한다. 그러나 부정적인 영향을 받는다면 각각의 기반이나 분야가 이질적이라 모임의 의미가 극히 제한되거나 서서히 모임 안에서 고립될 수 있다는 것을 암시한다.

사업의 흐름이나 전망 자신이 지닌 것들을 유출하지 않고 임대하거나 활용할 권리를 빌려줌으로써 이익을 얻는 방식을 쓰도록 조언해야 한다. 이를 실행할 기반이 없다면 소유자의 동의나 계약을 통해 간접적으로나마 이익을 얻는 방법으로 연계할 수 있다.

투자의 경우 실물로 접촉할 수 있거나 이에 준하는 보장을 받는 것에 치중되기에 Np의 역량으로 부동산을 소화하기는 어렵다. 보편적으로 예금, 증서, 지수연동형 펀드가 있고, 낮은 위험으로 낮은 이익을 얻으나 그만큼 가변성이 적어 확실한 예산이나 계획을 편성하기 쉬운 방법을 고수하도록 권하는 카드다.

긍정적인 영향을 받을수록 적은 기반이라도 활용해 이익을 얻고 점차 이를 확정하는 수순으로 향하나, 부정적인 영향을 받는다면 확장이 어렵고 있는 걸 지키기도 힘들 수 있다는 것을 암시한다. 기본적으로 외부 경기의 영향을 덜 받는 것을 선호하기에 이익/손해의 폭도 좁다는 점에 의의를 두어야 한다.

창업의 성사 여부 확실한 기반이나 상속이 보장되지 않는 한 Np는 소소한 자영업자 수준을 넘지 못하며, 일반적·보편적 생필품에 해당하는 것을 유통하는 데 그친다. 이는 Knight의 한계도 있으나, 그보다는 현시대가 만든 환경상 창업에 필요한 기반의 조건이 상당히 높아져 있기 때문이다. 이런 제한이 없다면 소규모 집단 또는 도시 안의 유통을 맡거나, 필수품을 다뤄 이익을 얻는 것을 의미한다.

긍정적인 영향을 받을수록 작은 영역의 독점으로 확고한 이익을 거두는 방법을 취하거나 지역 유지에 준하는 수준의 영향력을 가진 아이템들을 다루기 쉽다는 것을 의미하나, 부정적인 영향을 받는다면 저수익성 사업의 현실을 절감하고 빠른 정리를 시도하거나 남의 영향력에 업혀 조금이나마 수익을 보장받는 방식을 취할 수밖에 없다는 것을 암시한다.*

진로 적성 자신의 기반을 지키려는 Np의 성향상 일반적인 조직원이나 내부 관리에 해당하는 업무에 특화되며, 남의 위험을 물질적 가치로 계산해 보장/보상하거나 영업 활동 및 출장에서 (재화에 기반한) 무력/실질적 영향력을 토대 삼아 수익 사업화할 수 있는 것들을 보존/보호해주는 분야와 밀접하게 관련 있다.

이는 곧 보험 설계/평가, 부동산 등의 전문관리사, 용병, 경호, 물류업 중 대형 창고를 임대하는 방식 등 물질적/현실적 기반에 의지해 해당 요소의 가치가 떨어지는 것을 막아주는 분야로 드러나며, 승계할 수 있는 부동산이 있거나 이를 위임해주는 사람이 있다면 본격적으로 관리/운영하며 수익을 분배하는 직업군과도 연관된다. 동식물 종자의 보존 관리 및 멸종 방지도 해당할 수 있다.

시험 결과나 합격 여부 Np는 행운/불운의 의미를 띠지 않는다. 굳이 언급한다면 평소 실력을 어떻게 꾸준히 쌓아왔느냐에 따라 긍정/부정이 결정되기에 해석하기 쉽다.

면접에서는 견실한 대응이 중요하다는 것을 암시하며, 위조된 사안이나 호언장담으로 자신을 부각하려다가 거짓된 속내를 발각당할 수 있다는 점을 경고하므로, 차라리 조직 문화에 적응할 수 있다고 담담하게 밝히거나 담백한 대응으로 신뢰를 얻도록 해야 한다. 그러나 이 또한 질문자가 지난 세월 동안 이뤄놓은 역량에 기반하므로 수준에 맞는 곳에 임하도록 조언해야 한다.

질병의 호전, 완치 건강한 생활 습관을 정착시키거나 규칙적인 일상을 살아가면서 건강을 회복할 수 있다는 것을 의미한다. 경증일수록 큰 문제가 없으며 건강을 유지하는 데 지장이 없고 있더라도 일시적

인 근육통 정도인 경향이 있다.

특히 식습관 개선으로 지친 몸을 회복해야 할 필요성을 지적하며, 주변 또는 자신의 기반이 되는 영역에서 구하기 쉬운 방법/재료를 취할 것을 의미하는 카드다. 부정적인 영향을 받을수록 같은 질병이 반복하는 상황을 암시하기에 올바른 건강 관리를 정착하도록 조언해야 하나, 그렇더라도 강제 투약까지는 필요치 않은 수준에 머무르는 경향이 있다.

단순한 건강 문제 일상적인 상황이라면 건강한 상태를 나타내며, 간혹 특정 자세를 강제로 오래/갑자기 취해야 하는 업무로 발병하는 증상(예: 터널 손목 증후군)에 국한되고, 이는 꾸준한 교정이나 바른 자세를 취함으로써 해결할 수 있다.

발병 가능성을 점친다면 정신적인 면에서 분리불안장애Separation anxiety disorder를 꼽을 수 있는데, 이는 Np가 천착하려는 요소와 격리되기를 피하려는 모습이 부정적으로 강화된 것이라 볼 수 있다.

신체적인 면으로는 결석, 담석 및 골다공증, 풍치 등 외형은 그대로이거나 별 변화가 보이지 않으나 안으로 피폐해지는 질병에 해당하며, 이는 일정 요소의 비정상적인 누적으로 발생하거나 육안으로 보기에 문제가 없어 방치하다가 발병하는 질병과 매우 밀접한 관련이 있다.

그 밖에 질문자가 속한 지역의 특수성으로 발병하는 풍토병을 꼽을 수 있으나 공중 보건이 확대된 현시점에서는 이를 적용하기 어렵고, 건강에 관해서는 어디까지나 전문 의료인의 진단과 치료를 우선해야 한다는 점을 강조하고자 한다.

켈틱 크로스 배열 위치별 긍정/부정 해석법

1 → ②④⑧⑨ 카드 확인 질문자가 무엇을 위해 Np와 같이 역량을 끌어모았거나 유지했는지 확인하고, 방해 요소나 세간의 평가를 통해 실제 Np의 수준에 합당한 전력을 보유하고 있는지 확인해야 한다.

긍정적인 영향을 받는다면 견실하게 운영해온 만큼 크게 무리하지 않고 문제를 해결할 수 있거나 감내할 만하고, 최상의 경우 질문자의 수준이나 공적을 인정받아야 한다고 여기는 사람들에게 지지/도움을 받아 격이 상승하는 상황을 의미하나, 부정적인 영향을 받는다면 갑작스러운 문제로 감당하기 힘들어하게 되거나 자신의 기반을 축소해야만 하는 사안에 봉착했다는 것을 암시한다.

---

2 → ③⑦⑧ 카드 확인 질문자가 수준 미달의 역량을 지녔는지 또는 Np에 해당하는 인물보다 무엇이 부족한지 확인해야 하며, 사람들의 평가를 통해 질문자의 역량이 과대/과소평가된 것인지 파악해야 한다.

긍정적인 영향을 받는다면 기민한 행동이나 빠른 적응력을 동원해 재력이나 기반에 근거한 문제를 대체하거나 굳건한 경쟁자/장애물/한계를 뛰어넘을 수 있으나, 부정적인 영향을 받는다면 어쭙잖은 잔꾀나 잔기술로 섣불리 문제를 해결하려다가 거꾸로 종속당할 수 있다는 것을 경고한다.

---

3 → ①④⑨ 카드 확인 질문자가 무엇을 위해 끈기 있게 현 상태를 유지해 왔는지 파악해야 한다. 긍정적인 영향을 받는다면 평상시와 같이 견실한 행동과 조치로 난국을 돌파하거나 다른 사람의 유혹에 저항할 수 있고 끝내 목적을 달성할 수 있다는 것을 의미하나, 부정적인 영향을 받는다면 느린 판단과 행동 때문에 손해 보거나 오히려 자신에게 어떤 해가 올지 몰라 선택을 주저하는 바람에 유리한 상황을 놓칠 수 있다는 것을 지적한다.*

---

* 이런 패착을 가장 많이 저지른 이가 삼국지의 원소袁紹다. 명망, 기반, 능력 모두 뛰어났으나 Np의 전형적인 패착을 모두 저질렀다. 첫째로 헌제의 정통성을 문제 삼아 유우를 옹립하려 했으나 실패했으며, 헌제의 도피 소식을 접하고도 구원하지 않아 협천자할 기회를 조조에게 넘겼다. 둘째로 유비를 공격하려다가 후방이 불안해진 틈에 조조를 공격할 수 있었던 기회가 왔을 때 막내의 병환을 핑계로 실행하지 않았고, 셋째로 후계자를 확실히 결정하지 않아 내부 분열을 일으켜놓고 이를 자신의 권위 유지를 위해 이용하려다가 결정적인 패배(관도 대전)로 세력 전체가 몰락했다.

4 →①②⑤⑦ 카드 확인 질문자가 과거에 어떤 기반을 통해 현 상황을 끌어냈고, 이 과정을 통해 형성된 속내와 외형 변화 양상을 관찰해야 한다.

긍정적인 영향을 받았다면 성채와 같은 기반을 형성/수호하는 데 성공해 확장을 이루거나 충실히 내실을 다져왔다는 것을 드러내나, 부정적인 영향을 받는다면 자신의 기반에만 전념한 나머지 배타적인 조처를 하거나 멸시하는 행동을 취해 인망을 잃어왔다는 것을 의미하며, 이에 더해 자신이 중요하게 여긴 기반이 객관적으로 봤을 때 현실적인 대안으로 삼기 힘든 수준에 머물러왔다는 것을 지적한다.

---

5 →④⑥⑧ 카드 확인 질문자가 곧 일어날 평가/상황에 어떻게 대비했는지 확인해야 하며, Np에 해당하는 인물이 누구인지 확정하려면 질문자의 변화가 외부에서 어떻게 인식되는지 파악해야 한다.

긍정적인 영향을 받는다면 질문자의 보호자 또는 질문자 자신이 문제에 올바르게 대응하거나 일반론적인 관점으로 일관해 다른 사람들의 동의를 쉽게 얻어내거나 기반을 확보하고 자신의 수준이나 역량을 공인받게 될 것을 의미한다.

그러나 부정적인 영향을 받는다면 질문자보다 견실한 실적/역량을 지닌 사람이 주목받거나 그 휘하로 배속/복속돼 보호받아야 할 처지가 된다는 것을 지적하며, 이 과정에서 먼저 자신이 가진 것 일부를 제출/의탁할 수밖에 없다는 것을 경고한다.

---

6 →③④⑤⑨ 카드 확인 질문자가 어떤 목적과 태도로 문제에 전념했는지 파악해야 한다. 긍정적인 영향을 받는다면 상황이 안착돼 여유를 되찾을 수 있다는 것을 의미하나, 부정적인 영향을 받는다면 자신의 부족한 실력을 인정해야 하는 위급/위험 상황이 벌어지며, 이에 대응하지 못하고 방어에 급급해질 수밖에 없다는 것을 지적한다. 나아가 최악의 경우, 이런 상황을 도와줄 수 있는 이가 하나도 없다는 것을 암시한다.

---

7 →①③④⑨ 카드 확인 질문자가 자신을 Np로 여기거나 상황이 변함없이 안정적일 것이라 여기는 이유를 확인하고, 무엇을 경계하고자 노력했는지 파악해야 한다.

긍정적인 영향을 받는다면 문제와 관련해 질문자가 스스로 할 수 있는 준비를 마쳤거나 현실적인 계획을 수립했으며, 이로써 기대한 수익/결과를 거두거나 최악을 면하려던 의도가 성공하리라는 것을 의미한다.

그러나 부정적인 영향을 받는다면 충분히 악화한 상황을 방관하고 있거나 자신과 상관없다고 여기는 등 폐쇄적인 태도를 보인다는 점을 지적하며, 이를 조기에 예방하지 않으면 더 큰 피해로 다가오리라고 경고함으로써 상황을 호전시켜야 한다는 것을 강조한다.[*]

---

8 → ③④⑦ 카드 확인 다른 사람들이 평가한 역량이 과소평가에 가까울수록 유리해진다. 긍정적인 영향을 받는다면 최소한 1인분은 해낼 믿을 만한 사람이라 평가받고 있으며 그 나름의 전문 분야나 기반을 마련한 사람이라 인정받고 있다는 것을 의미하나, 부정적인 영향을 받는다면 전형적인 무관계자로 여겨지거나 상황 해결과 관련해 회색지대/분자로 여겨지는 등 적극성이 없다고 평가받는다는 것을 암시한다.

어떤 경우라도 실제 보이는 것보다 질문자의 역량이 평균 이상이거나 문제를 해결하기 위해 만반의 준비를 갖추는 데 성공했다면 반전을 거듭해 원하는 바를 확보하며, 이 과정을 본 사람들이 경악할 만한 수준의 일을 달성할 수 있음을 강조하는 카드다.[**]

---

9 → ①②④⑦ 카드 확인 질문자의 상태가 얼마나 열악했는지 판단해야 한다. 꾸준히 노력하기만 하면 누구나 Np의 수준/역량에 이를 수 있기 때문이다(이는 특히 현대에 더 두드러진다. 안정된 환경을 제공하는 사회인 이상 이런 관점이 일반적으로 적용된다).

그렇기에 질문자가 원하는 안정적인 기반/상황이 무엇인지 추론해 더 구체적인 희망 사항을 탐색할 수 있으며, 이를 끝내 이루지 못하거나 상황이 이대로 불리하게 굳어져 손쓸 수 없는 상황이 무엇인지 다른 카드들을 통해 분석할 수 있다.

---

10 → 질문자의 역량에 걸맞은 수확이나 결실을 보는 것을 의미하며, 그렇

---

[*] 제2차 세계대전 직전 히틀러의 무리한 요구들은 결국 뮌헨회담을 전면으로 위배하는 행위로 이어졌고, 폴란드 침공으로 전쟁이 시작됐다. 이에 영국과 프랑스는 선전포고를 하나, 제대로 공세를 취하지 않아 가짜 전쟁Phoney war이라 불렸으며, 무엇을 지켜야 하는지 가닥조차 잡지 못한 채 이미 허울뿐인 평화를 쥐려 했던 이들은 전쟁에 무방비하게 노출돼 대전 초기 극단적인 열세에 처했다.

[**] 평소 운동하는 사실이 전혀 알려지지 않고 평범히 지내다가, 이를 얕본 얼치기들을 단번에 제압해 분위기를 바꿔버리는 것을 예로 들 수 있다.

기에 해당 역량을 견제받지 않거나 보존할 수 있게끔 조언해야 한다. 그렇지 못하면 일정 선을 넘지 못하고 충분히 얻을 수 있는 자신의 몫을 과거 수준 정도로 얻을 수밖에 없거나 그렇지 않더라도 다른 사람/상부 조직의 일방적인 분배에 기대야 하는 상황으로 고착될 수 있다.*

이를 보완할 방책을 마련해줘야 하며, 자신의 기반이나 이익 수단을 잃어버리지 않을 수 있도록 최후의 보험을 만들게끔 조언해 더 긍정적인 결과를 얻을 수 있도록 도와야 한다.

---

* 연봉 협상에서 공이 있는데도 작년보다 저평가되거나 비슷한 수준의 인상안을 받아들여야 하는 상황을 예로 들 수 있다.

실제 사례 (2001년 2월, 경기 성남시 모처, 20대 초반 남성 외 3인)

질문 밀린 임금을 받아낼 수 있을까?

사전 정보 다들 3~6개월가량 임금이 밀린 상태였고, 이직을 이유로 밀린 월급을 받으려 했으나 재정난을 핑계로 원금의 반도 안 되는 수준을 보전해준다는 식의 대응을 반복하는 사업자에 분개하고, 단체로 노무사에게 의뢰해볼까 하며 질문한 사례였다.

$$6p - 5c - 8p - 7s - 5p - Ps - 10w - Np - 9 - 7$$

6p (질문자 자신) 월급을 받고자 간청하고 있다.

5c (장애물) 봉합하기 어려울 만큼 서로 감정이 상했다.

8p (기저) 꾸준히, 열심히 일해왔다.

7s (과거) 제대로 대우받지 않아 업무 능률도 크게 떨어져 있었다.

5p (현재/곧 일어날 일) 누적되는 체불 때문에 견디기 힘든 상황에 몰렸다.

Ps (미래) 생존하고자 여러 수단을 찾아 시도하게 될 것이다.

10w (질문자의 내면) 더는 버티기 힘들다고 생각한다.

Np (제3자가 바라보는 질문자) 상대방은 일정 이상의 조건이면 만족하리라고 여기거나, 별다른 움직임이 없다고 판단하고 있다.

9 (희망/두려움) 이대로 고난을 견디는 일상이 반복되지 않길 바라며, 조용히 이 사안을 처리하고 싶어 한다.

7 (결과) 절차를 밟으면 빠르게 결정될 것이다.

이 배열에서 Np는 8번 위치, '제3자가 바라보는 질문자'에 나왔다. 어떤 분쟁/대결 구도와 관련한 점의 특성과 함께, 앞서 언급한 8번 위치의 내용을 참고해 얼마나 다양한 준비를 마쳤는지 확인할 필요가 있다.

Np에게 영향을 주는 카드는 8p, 7s, 10w로 확인되는데, 이로써 비교적 긍정적인 영향을 받고 있다는 것을 알 수 있다. 이들이 아직 해당 기반(회사)에서 벗어나지 않았고, 과거부터 뭔가 자신들에게 유리하다고 여기는 (비록 실제 효과가 있는지는 모르나) 수단을 동원했으며, 무리하면서도 버텼기 때문이다.

그렇기에 이들이 어떻게 대비해왔고, 어떻게 상대방의 방심을 유도했으며, 얼마나 단결이 잘 이루어졌는지 확인하면서, 전문가를 찾기 전에 준비할 것이 무엇인지 조언해야 하는 상황이라는 것을 알 수 있다.

---

① **6p(질문자 자신)** 질문자들이 도움을 원하거나 자신의 노동에 대한 대가를 갈구하고 있다는 사실을 드러낸다. 긍정적인 영향을 받는다면 상대방이나 다른 사람의 온정에 기대어 원하는 바에는 미치지는 못하더라도 급하게 목을 축일 수 있는 상황이라는 것을 의미하나, 부정적인 영향을 받는다면 상황을 더 버티기 힘든 수준에 다다라 권리 주장이 아닌 통사정을 해야 하는 상황에 몰렸다는 것을 암시한다.

---

② **5c(장애물)** 협상이 결렬돼 갈등이 깊어졌으며, 긍정적인 영향을 받더라도 이미 일이 벌어졌으니 각자 챙길 것을 깔끔히 정리하는 것으로 의미가 국한된다. 부정적인 영향을 받는다면 모든 일이 끝나도 감정의 앙금이 남아 서로 방해하려 하게 될 것을 경고한다.

---

③ **8p(기저)** 질문자들이 이런 상황에 몰리면서도 꾸준히 일해왔거나 미약하게나마 체불 임금을 지급해달라고 요청해왔다는 것을 의

미한다. 긍정적인 영향을 받는다면 이런 노력이 문제를 해결하는 밑거름으로 작용했다는 것을 의미하나, 부정적인 영향을 받는다면 어설프고 초보적인 방법을 사용한 탓에 효과를 제대로 보지 못했거나 공식적인 결과물로써 기록/증거로 남길 만한 것을 얻어내지 못한 점을 지적한다.

---

④ **7s(과거)** 과거에 질문자들이 묘수나 비기라 여기는 요소들을 모아왔다는 것을 의미한다. 긍정적인 영향을 받는다면 상대방의 논리를 무효화할 결정적 증거들을 모아뒀고 향후 있을 공방에서 유리하게 작용하리라는 것을 의미하나, 부정적인 영향을 받는다면 단순한 원한이나 서운한 감정을 삭이려 태업을 일삼았거나 확실한 증거가 되지 못하는 것을 수집하는 데 그쳤다는 것을 지적한다. 최악의 경우 질문자들과 동조하는 사람 중 내통자가 있다는 것을 경고하며, 질문자들의 행동이 모두 상대방에게 노출되고 있다는 것을 암시한다.

---

⑤ **5p(현재/곧 일어날 일)** 상황이 현실적으로 해결되지 못하며, 양쪽 모두 악화한 상황을 개선하려면 외부의 도움을 받거나 힘을 모아야 한다는 점을 강조한다.

긍정적인 영향을 받는다면 법적 자문을 받아 구제받거나 어려운 상황을 호소해 도움을 얻을 수 있다는 것을 의미하나, 부정적인 영향을 받는다면 도움을 요청할 수 있는데도 이를 인지하지 못해 적절히 대응하지 못하거나 사업장의 재정 악화로 보상금이 모두 사라질 수 있다는 것을 경고한다.

---

⑥ **Ps(미래)** 부정적인 영향을 받고 있다. 이로써 상대방이 본래 받아야 할 금액에는 못 미치더라도 당장 (퇴직하는 조건으로) 줄 수 있는 보상을 제시하는 것에 현혹당하기 쉽거나, 다른 직원들로 '너희만 어렵냐?', '분위기 해치지 말고 곱게 나가라'라는 식의 여론을 조성해 압박하거나, 억지로 업무에 대한 트집을 잡으며 방해해 제풀에 지쳐 나갈 수밖에 없도록 상황을 조장하리라는 것을 지적한다. 최악의 경

우 내통자가 여론을 분열시켜 일을 망치려 획책하리라는 것을 암시한다(6p, 5p, Np).

⑦ **10w(질문자의 내면)** 질문자들이 현 상황을 견뎌내기 힘들어하고 있다는 것을 드러낸다. 긍정적인 영향을 받는다면 최선을 다해 준비를 마쳐 자신들의 권익을 확보할 의지를 추스리며 나아가고 있다는 것을 의미하나, 부정적인 영향을 받는다면 각자의 현실적 사정으로 이탈자가 생기거나 사전에 협의를 마치고 나가버리는 등 조직력에 누수가 생길 가능성이 크다는 점을 모두 알고 있다는 것을 암시한다.

⑧ **Np(제3자가 바라보는 질문자)** 앞서 언급한 내용에 덧붙이자면 사업주의 시각에서 이들을 결국 '돈만 주면 되는' 사람들로 폄하기 쉬운 상황이며, 그렇기에 이들에게 임금을 준다는 확언을 계속 둘러댐으로써 상황을 모면하기 쉽거나 질문자들이 소극적으로 나올 것이라 여기고 있다는 것을 드러낸다. 이는 암중으로 모아둔 여러 정보나 증거를 이들이 얼마나 확보했는지 모르거나, 짐작하더라도 큰 타격이 되지 않으리라 여기는 것으로 이해할 수 있다.

그렇기에 더 다양한 방법을 모색하고 계속 보안을 유지해낸다면 반드시 상황을 반전할 수 있다고 조언해야 한다(8p, 7s, 10w).

⑨ **9(희망/두려움)** 부정적인 영향을 받았다. 이로써 자신들의 움직임이 외부로 드러나지 않길 바라며, 자신들의 행동이나 주장이 다른 사람들에게 공감을 얻지 못하는 상황을 두려워하고 있다는 것을 의미한다.

더 구체적으로 분석하자면, 질문자들이 해결할 수 없는 것이 많고, 상대방의 일방적인 조치를 견디기 어려운 현실이 이들의 전의를 떨어뜨리고 있으며, 서로 고립돼 안 하느니만 못한 행동이 되는 것은 아닌가 하는 불안감이 상당한 압박으로 작용하고 있다는 추론을 할 수 있다(5c, 8p, 5p, 10w).

⑩ **7(결론)** 항거하기로 했고 되돌리기에는 이미 늦었다는 것을 적시하며, 중도 포기하면 이전의 제안보다 턱없이 낮은 대우를 받거나 아예 해고 같은 극단적 상황에 부닥칠 수 있다는 것을 경고한다. 그렇기에 전문가를 초빙하거나 개입을 유도해 조금이라도 유리하게 상황을 이끌도록 조언해야 하며, 이를 통해 승리한다면 자신들이 원하는 바를 모두 성취할 수 있다는 것을 강조한다.

나는 해석을 마치자마자 간단히 다음 세 가지를 조언했으며, 그 뒤이들은 고맙게도 이 조언을 모두 그대로 따랐다. 그 내용은 아래와 같았다.

1. 최소한의 믿을 만한 인원만으로 실행하되, 서로 전혀 관계없는 것처럼 행동할 것
2. 출결 기록, 식대 제공 등의 전표 확보 및 고용주의 지출과 관련된 이슈 탐색
3. 노동부, 노무사 등 직접 도와줄 수 있는 이들에게 도움을 요청할 것

얼마 되지 않아 노무사와 노동부의 개입이 시작되자 격한 반응을 보이며 발을 빼려 했던 사장은 출결 기록으로는 태업을 주장할 수 없었으며, 나아가 최저임금을 회피하려는 꼼수까지 적발되자 그제야 합의에 나서려 했다. 분위기가 기울자 다른 직원들도 비난을 멈추고 자신들도 참여하면 안 되냐고 물었으나, 전에 조언했듯 처음 의기투합한 이들을 완벽히 청산한다는 조건으로 합의를 끌어냈다. 모두 원하는 바를 비교적 적은 비용으로 해결하게 됐다며 고맙다는 말을 전하면서, 1년 남짓한 기간의 회포나 풀자며 억지로 모임에 끌려가 술을 마셨던 기억이 난다.

이 사례에서 Np는 겉으로 보이는 움직임이 없거나 소극적으로 보이는 게 익숙해진 탓에 질문자들을 과소평가하고 있다는 것을 지적하며, 그만큼 해당 문제가 사회에 만연해 있었다는 것을 시사한다.

자신의 생활을 영위하게 해주는 터전을 위협받을 때, Np는 그 어떤 코트 카드보다 역량을 극한으로 끌어낸다. 이는 자신이 자신일 수 있는 현실적인 정체성을 부여하고 삶을 이어갈 수 있게 해준 것을 소중히 여기는 자세를 유지하려 애쓰기 때문이다. 거꾸로 Np가 그러하기 때문에 자잘한 불편이나 손해를 감수하면서도 현실에 자신을 맞추려 하는 것이다.

으레 쥐도 궁지에 몰리면 고양이를 문다거나 지렁이도 밟으면 꿈틀한다는 말은 단순히 약자의 발악으로만 볼 수 없다. 전쟁에서 선제타격의 이점이 있다면, 반대로 방어자에게는 침략당했다는 명분을 내세워 가용 자원을 총동원할 수 있다는 이점이 있다. 그렇기에 남들의 시각과 상관없이 자신에게 처절한 방식을 사용하더라도 기반을 수호해내려는 행위/태도 자체가 큰 원동력이 될 수 있다는 점을 해석 및 조언할 때 주의해야 한다.

실제 사례 (2005년 1월, 경기도 광주 모처, 40대 중반 여성)

질문   아이가 대입 준비를 잘하려면 무엇을 더 대비해야 할까?

사전 정보 고등학교 내신 1~3등급을 유지하고 있었으나 추가로 뭔가를 준비해 목표를 이룰 수 있는지 문의한 사안이었으며, 이제 고등학교 3학년이 되는 자녀는 서울 내 대학보다 수도권 내의 대학으로 입학하길 원하고 있었다.

$$6s - 4p - 5w - 7 - 8c - 6w - Np - 4w - 1 - 10c$$

6s   (질문자 자신) 조금씩 더 나아지고자 노력하고 있다.

4p   (장애물) 자신의 목표를 제한한 것이 오히려 독이 되고 있다.

5w   (기저) 계속 더 나아가려 여러모로 애쓰며 경쟁하고 있다.

7   (과거) 지금까지 순조롭게 진행해왔다.

8c   (현재/곧 일어날 일) 점차 윤곽이 드러나고 있으며, 여유가 사라질 수밖에 없다는 것을 알고 있다.

6w   (미래) 그 나름의 성과를 거두며 목표를 달성할 것이다.

Np   (질문자의 내면) 목표 이상의 수준을 원하지 않으며, 스스로 만족하고 있다.

4w   (제3자가 바라보는 질문자) 다른 사람들도 별다른 걱정을 하지 않는다.

1   (희망/두려움) 자신의 능력을 제대로 평가받길 원하며, 자신의 계획이 어그러질까 봐 걱정한다.

10c   (결과) 마음의 평온을 얻을 것이다.

이 배열에서 Np는 7번 위치, '질문자의 내면'에 나왔다. 학업이나 합격과 관련한 질문의 특성상 질문자의 기존 실력이 얼마나 굳건하며, 변수를 허용하지 않는 수준에 도달했는지 파악해야 한다는 것을 알 수 있다.

Np에게 영향을 주는 카드들은 6s, 5w, 7, 1로 확인되는데, 이로써 긍정적인 영향을 받고 있다는 것을 알 수 있다. 질문자가 자신의 수준을 명확히 가늠하거나 한계를 인지하고 있기에 무리하지 않으려는 마음을 그대로 보여주기 때문이다.

그러나 일개인의 판단이나 조율로 모든 상황을 가늠할 수 있는 문제가 아니기에 통제 불가능한 영역의 변수를 확인하거나 놓치기 쉬운 부분들을 보완/확인함으로써 질문자의 판단을 확신으로 바꿔야 하며, 목적/목표를 왜 더 상향 조정하지 않는지 파악해 더 발전할 수 있도록 도와야 한다.

---

① **6s(질문자 자신)** 질문자가 목표를 위해 나아가고 있다는 것을 의미한다. 긍정적인 영향을 받는다면 더 명확하고 현실적인 대안을 탐색하고 있다는 것을 의미하나, 부정적인 영향을 받는다면 현실에서 도피하려 최선을 다하지 않거나 흐름에 휩쓸려 어쭙잖은 선택을 하려는 것을 지적한다.

---

② **4p(장애물)** 질문자의 고집이 더 개선될 수 있는 상황을 막고 있다는 것을 암시한다. 긍정적인 영향을 받는다면 자신이 확보한 역량을 보존해 쉽게 문제를 해결할 수 있다는 것을 의미하나, 부정적인 영향을 받는다면 자신의 현 실력에만 집착한 나머지 발전 동력을 잃거나 오히려 기량이 쇠퇴할 수 있다는 것을 지적한다.

---

③ **5w(기저)** 질문자가 계속 노력하려 한다는 것을 드러낸다. 긍정적인 영향을 받는다면 질문자가 여러모로 자신의 목표나 수준에 대한

고민을 거듭하고 있으며, 목표를 달성하고자 노력을 멈추지 않는 성향을 가지고 있다는 것을 의미하나, 부정적인 영향을 받는다면 목표를 세우는 과정에서 스트레스를 심하게 받았거나 자신의 판단이 옳다고 여겨 주변의 조언을 들으려 하지 않는 성정을 가지고 있다는 것을 암시한다.

④ **7(과거)** 비교적 긍정적인 영향을 받았다. 자신이 정한 영역에서 마음껏 달릴 수 있다고 주변에서 평가하는 것으로도 쉽게 드러난다. 그러나 자신의 역량을 최대한 발휘하려 하지 않는다는 점을 꼬집으며, 질문자가 비록 순조롭게 진행해왔으나, 이는 어디까지나 쉬운 길을 고집했기에 가능한 일이었다는 것을 지적한다(4p, Np, 4w).

⑤ **8c(현재/곧 일어날 일)** 질문자를 둘러싼 모든 사람이 서서히 자신의 마음이나 목표를 결정하고 노력하리라는 것을 의미한다. 긍정적인 영향을 받는다면 과거의 여유를 버리고 미래를 대비하려 각오를 다진다는 것을 의미하나, 부정적인 영향을 받는다면 더 편한 방식을 찾다가 방황하거나 성적이 떨어질 수 있다는 것을 경고한다.

⑥ **6w(미래)** 원하는 성공을 거둘 흐름이 다가오고 있다는 것을 의미한다. 긍정적인 영향을 받는다면 조기에 목표를 달성하고 더 편한 입지나 환경을 원했던 만큼 안락한 상태를 맞이하리라는 것을 의미하나, 부정적인 영향을 받는다면 작은 승리에 도취해 더 얻을 수 있는 성취를 포기하거나 다른 사람의 더 큰 승리를 보고 부러워하거나 이를 막고 싶어도 막을 수 없게 될 수 있다는 것을 경고한다.

⑦ **Np(질문자의 내면)** 앞서 언급한 대로 긍정적인 영향을 받고 있다. 이로써 자신의 역량을 명확히 가늠하고 있으며, 목표 또한 자신의 역량을 최대화한 목표를 잡는 것이 아니라 두세 번째 순위를 지망해 최대한 안정적인 진학을 도모하는 전략을 염두에 두고 있다고 추론할 수 있다.

이를 바탕으로 질문자가 자신이 원하는 것을 대학에서 얻기 어렵다고 여기거나 충분한 여유를 얻고자 목표를 낮춘 것임을 간과할 수 있다(6s, 5w, 7, 1).

⑧ 4w(제3자가 바라보는 질문자) 대부분의 사람이 질문자의 목표가 달성하기 쉽다고 인식한다는 것을 의미하며, 부정적인 영향을 받더라도 '꼭 그런 선택을 해야 하나?'라는 우려에 그치리라는 것을 보여준다. 그러나 최악의 경우 주변에서 질문자의 역량을 더 강화할 수 없다고 판단한다는 것을 경고한다.

⑨ 1(희망/두려움) 충분한 실력으로 자신의 의지/욕망을 현실에 구현하길 원하며, 이런 노력에도 차선책을 대비하지 못한 채 발생한 변수들 때문에 실패할까 봐 두려워하고 있다는 것을 드러낸다.

더 구체적인 사안을 확인한다면, 아무리 주도면밀하게 계획했더라도 어디까지나 과거의 경향과 현재의 흐름을 수집한 것일 뿐이고, 계획을 결행할 시기에 입시 현황이 어떻게 바뀔지 예측할 수 없다는 점을 변수라 여기면서, 그 밖의 문제는 다른 사람들이나 전문가들에게까지 검토를 마쳤다고 여긴다는 점을 알 수 있다(4p, 5w, Np, 4w).

⑩ 10c(결론) 어떤 결말이든 질문자가 만족하리라는 것을 의미한다. 그러나 이 카드만으로 질문자의 목적이 완벽히 성사되는 것은 아니기에 현 계획을 현실로 굳힐 수 있도록 보완책을 조언해야 하며, 이 과정에서 '대학이야 어딜 가도 되는 거니까'라는 마음을 없앨 만한 조건을 제시해 질문자가 더 노력할 수 있도록 도와야 한다.

긍정/부정적인 의미를 떠나 그 나름의 만족과 조화를 찾는다는 의미이기에 질문자가 향후 반수/재수 같은 도전을 하지 않을 것이라는 점을 확언하며, 다만 이 결정으로 후회하지 않을 자신이 있는지 되물어 계획이나 전망을 살필 수 있도록 환기해줄 필요가 있다.

해석을 마치며, 준비는 잘 돼 있어 걱정은 없으나, 향후 학업 의지가 꺼지기 매우 쉽지 않을까 하는 우려를 할 수밖에 없었다. 질문자도 아이가 호언장담이 심해 걱정이 태산이지만 대학만 간다면 다른 건 굳이 스트레스를 주고 싶지 않다며 해석 내용에 크게 안도하고 간다는 말을 남기고 돌아갔다.

결말도 평범했다. 조언한 대로 잘 따른지라 너무 하향지원하는 것 아니냐는 주변의 걱정이 있었지만, 이미 고등학교 입학 때부터 했던 다짐을 실현한 것에 만족하고 있다며, 고마움을 전한 질문자의 전화를 받고 난 뒤 사안을 종료했다.

이 배열에서 Np는 스스로 견실함을 유지하려다가 거꾸로 많은 기회를 희생해야 했다는 것을 드러낸다. 다행히 이를 감수할 작정으로 질문한 사안이었기에 크게 무리할 필요가 없었다는 점에 안도해야 했던 사례였다.

10, 20대의 젊은 나이에 뭔가를 확립하고 자신의 기반을 세운다는 것은 대견해 보일 수 있으나, 반대로 선택할 수 있는 다른 기회나 방법들을 기반을 세우기 위해 어쩔 수 없이 포기해야 하기 때문이다.

흔히 초년고생은 사서라도 한다는 말이 비록 지금은 퇴색해가고 있지만, 본래는 이런 수많은 시도와 기회를 살려내고자 투쟁하거나 역경을 이겨냄으로써 더 큰 가치를 손에 쥘 수 있다고 격려하려는 말이기도 하다. 그러나 안정을 찾는 것도 Np 나름의 투쟁이라 할 수 있다. 사회는 나이와 무관하게 역량을 냉정하게 평가하며, 이 과정에서 살아남은 것만으로도 일가를 이룰 가능성을 보존하는 것이니까.*

Np의 긍정/부정적인 의미들은 결국 자신의 처지가 이 중 어디에 속하는지 현실적으로 가늠하고, 상황을 호전하려 얼마나 각오를 다지고 역량을 축적했는지를 증명하는 데 달렸다.

* 삼국지에서 사마의는 공손연의 반란을 진압하며 사신을 보내 시간을 끌려는 그에게 이런 말을 남겼다. '무릇 군사를 다루며 중요한 것이 다섯 가지가 있다. 싸울 수 있으면 싸우고, 싸울 수 없다면 지키고, 지킬 수 없다면 물러나고, 물러날 수 없으면 항복하고, 항복조차 못한다면 죽음을 각오할 수밖에 없다.'

QUEEN *of* PENTACLES

(자산/기반의)운용
Exploit

QUEEN 공통 의미

운영자, 후원자, 내조, 실무자, 과장(대기업)/부장(중소기업) 등의 중간관리직, 중년 초입, (대표자가 아닌 각 분야의)전문가, (다른 코트 카드가 등장해 영향을 받을 때)수준이 대등하거나 자신만의 영역을 확보한 경지, 장기적인 통원 치료나 꾸준히 관심을 두고 치료해야 하는 질병, 식이 조절, (내부에서 인정받은) 실력자, 매력적인 여성/남성, 석사/박사

Queen of Pentacles의 키워드

(자산/기반의) 운용, 실속 중시, 회계/경리 등 내부의 기반/재화를 운용해 기반을 다지거나 가치를 창출하는 분야/사람/상황, (기계 관련)정비/보수, (금융)이윤/금리/이자, 내조에 능한 배우자, 구설수, 님비/핌피 등 집단 이기주의, (명의는 다른 사람이나)실세/실소유자, 복부인, 비밀/은닉 재산(자녀), 내부 사조직Inner Circle, (숨겨둔)첩/후궁/정부/자식, 서자/사생아 등 부모의 인정을 획득하지 못한 자, 이중장부/회계, 예산 분배/집행(자), 검약, 절제, 체외로 배출이 원활하지 않아 생기는 질병 등······

긍정/부정 확인 기준

질문자가 명예나 권위보다 실속에 집중하고 있는가?

일정 이상의 자산을 다룰 권한이 있는가?

적재적소에 물질적인 가치/비용을 운용/지급하는 문제인가?

다른 사람/구성원들의 동의/지지를 얼마나 받고 있는가?

질문 주제와 관련한 내용이 공개돼도 무방한 문제인가?

질문자의 실제 운용 역량을 초월하는 문제인가?

이는 코트 상징편에서 강조했던 '(자산/기반의)운용'의 의미와 함께, 일정 이상 위임/허가받고 기반 내부의 역량을 활용할 수 있는 수준에 도달한 Queen의 입장을 함께 고려해 도출할 수 있는 몇 가지 기준이다.

어떤 것들을 운용하고 분배해 더 높은 효율을 끌어내려는 자로서 Qp는 그에 합당한 활용 능력을 증명하거나 문제를 일으키더라도 내부 발전이나 확장을 위한 것이라는 미명하에 긍정/부정적으로 이를 은폐하려 들며, 이 정보를 같이 공유하는 이들과 더 깊게 유착해 더 빠르고 유용한 방식을 사용하곤 한다.

이로써 적재적소에 유용한 투자/후원을 시도하고 함께 성장하면 유/무형적인 수익을 올릴 수 있으며, 이를 다른 곳에 반복해 투자함으로써 원금을 늘려 모든 구성원에게 풍요를 안겨주고, 자신도 번영을 누린다.

그러나 자신이 책임져야 하거나 돌봐야 하는 구성원마저 남이라 여겨 자신이 모든 것을 독식하려 하거나, 공동의 자산/기반을 몰래 사용해 자신의 영화만을 추구하다 내부 모순을 발생시킨다. 이런 모순이 쌓여 큰 문제로 비화하거나 폭로가 이어지면서 외부의 개입을 초래하며 내부에서 권위를 잃기 시작했음에도 자신을 정당화하며 강행해 자신의 몫을 챙기려다 격이 크게 실추하거나 끝내 축출될 수 있다는 것을 경고한다.

긍정 Q_p는 자신이 가진 것들을 셈하고 내부 발전을 위해 적절히 배분 및 투자한다. 이 과정에서 부족한 점을 보충하고 유리한 점을 적극적으로 내세워 내실을 더 다지려 하며, 낭비를 줄여 건전성을 확보해 목적을 달성한다. 이때 발생하는 불평과 불만을 적은 비용으로 해소하고, 전력을 저장해 큰일을 도모함으로써 집단 전체를 성장하게 하며 권위를 인정받는다.[*]

　그렇기에 Q_p는 어려운 상황을 견디며 특유의 현숙賢淑함으로 내부의 동의를 얻거나 현실과 역량의 괴리를 설명해 합의를 끌어내기도 하며, 스스로 쥐어짤 수 있는 것을 짜내 집단과 구성원을 삶과 빈곤에 허덕이지 않게끔 힘쓴다.

부정 그러나 자신이 속한 집단에만 관심을 두는 Q_p의 성정은 집단 바깥의 사람들에게 몰상식하고 배려 없는 태도를 보이며, 집단 안에서조차 편을 갈라 자신을 추종하거나 의지하려는 사람들을 모아 세력화한다. 이는 결국 내부 분열과 모순의 원인이 되며, 더 나아가 구성원과 자신을 격리해 차별 대우하는 상황에 이른다. 최악의 경우 이렇게 모순과 낭비가 발생해도 Q_p는 이를 구성원들을 위해 한 것이라 항변하며, 자신의 세력을 동원해 집단의 역량을 파탄 내거나 자멸하는 말로를 걷곤 한다.

　이처럼 Q_p의 해석은 Q_p가 속한 집단의 내부자거나 내부 사정을 꿰고 있어야 하는 질문일 때 해석하기 어려워지나, 어디서든 볼 수 있을 평범한 집단이라면 비슷한 상황을 연상함으로써 원활하게 해석할 수 있다.

　Q_p의 긍정적인 의미를 현실에 보여준 인물로 잉글랜드의 엘리자

[*] 일제강점기와 육이오전쟁 이후 어머니와 딸 대부분이 강제로 Q_p와 같은 면모를 갖추도록 자라야 했으며, IMF 사태 이후 해체 직전의 가정을 유지하고자 전업주부 대부분이 일을 시작하면서 이 경향은 더 고착됐다.

베스 1세Elizabeth I를 들 수 있다. 그녀는 종교·정치 문제로 고립 직전이던 왕국을 이끌며 스페인의 무적함대를 격파해 외침을 막아내고, 사략선을 본격적으로 운영해 재정을 확충했다. 또 빈민 구제 사업을 시작하고, 검약을 실천해 지출을 줄이는 등 살리카법으로 권위가 부족할 수밖에 없었던 여왕이면서도 국정을 안정화했고, 백성의 사랑을 받았다. 그러나 그 이면에는 지출에 대비한 예산을 확보하는 새로운 세제 도입에 소극적이어서 측근의 반란이 빈번했고, 후대의 왕들이 재정적으로 곤경에 처하게 됐다는 문제를 불러왔으나, 불안했던 국정을 수습하고 왕권 확립에 성공한 현왕賢王으로 널리 인식되고 있다. 이는 Qp의 운용력으로 자신이 속한 기반을 지키는 데 성공한 사례라 할 수 있으며, 더 나아가 자신의 영역 전체의 번영을 불러일으킨 인물이라 할 수 있다.

반대로 부정적인 의미가 드러난 대표적인 인물로 중국 청 말기의 서태후와 구한말의 명성황후를 들 수 있다. 서태후는 후궁에서 태후가 된 것까지는 좋았으나 정세를 안정화하고 권력을 독점하려는 욕망이 강한 나머지 외세와 반란 세력까지 이용하려 했으며 방탕한 사치*로 그 노력이 유명무실했고, 얼마 안 돼 나라가 망하고 그녀의 묘는 도굴당하는 수치스러운 결말을 맞았다. 명성황후 또한 조선의 마지막 개화/개혁 시도를 모두 꺾었고, 외척을 끌어들여 자신의 친위 세력으로 삼은 것도 모자라 그들의 부정부패를 눈감는 바람에 임오군란의 원인을 제공해 외세의 개입을 초래했으며, 국가의 자원이나 부설권을 멋대로 팔아치우는 전횡을 일삼다가 자신이 끌어온 외세였던 일본 세력에 살해돼 생을 마감했다.

이 두 명의 사례는 Qp가 자제력 또는 자신의 이익을 먼저 내세우다가 모든 기반을 잃거나 멸망할 수 있다는 점을 적나라하게 드러냈다고 할 수 있다.

* 단순한 정원에 불과한 이화원을 꾸미는 데 청나라 1년 예산의 30퍼센트에 달하는 은 3000만 냥을 사용하느라 국방에 투자할 돈이 없었으며, 한 끼에 농민 천여 명을 먹여 살릴 수 있는 정도의 음식을 먹었다. 이 시기는 아편전쟁 패전과 의화단 운동으로 청나라의 국력이 약해질 대로 약해진 시기였다.

모든 Queen은 판단 기준이 편향되기 쉽거나 자신의 품에 들어와 있는 사람들을 챙기려다가 더 큰 환란을 불러일으킬 수 있다는 점을 항상 주의해야 한다. King과 다른 점은 최소한 King은 대표자이기에 공정성이나 명분을 갖추고 다른 문제나 변수에 대비하며 움직이지만, Queen은 내부 결정과 관련 있기에 자세한 사안이나 목적을 내부자에게도 숨기기 쉬우며, 밖으로 드러내지 않으려 한다.

배열 위치별 특징 Qp는 앞서 언급한 성향 때문에 질문자의 기반이 얼마나 여유가 있고 이를 운용하면서 간섭받지 않거나 쉽게 간파하기 힘든 위치에 나왔을 때 영향력이 쉽게 강화되는 것을 확인할 수 있다. 반대로 사람들이 질문자나 문제의 수준을 금방 파악할 수 있는 위치에서 카드의 의미가 지니는 무게가 가벼워지기 쉽다.

이런 이유로 켈틱 크로스 배열에 Qp가 나왔을 때는 3, 7, 9번 위치에서 영향력이 쉽게 강화되는 경향이 있으며, 질문자의 역량이 실무자 수준이라는 전제에서 1, 4번 위치에서도 영향이 강화된다. 그러나 5, 6, 8번 위치에서는 영향력이 줄어들거나, 보존되더라도 연계되는 내용이 단순하게 적용되는 경향이 있다.

2번 위치에서는 Qp가 가장 악영향을 받는데, 현실적인 예산이나 기반의 한계 또는 이를 배정하고 분배하는 담당자의 결재나 승인을 받지 못하는 상황으로 해석되기에 주의를 기울여야 한다.

연애(관계가 성립한 상황) 실리적인 소비 또는 분배로 알뜰하지만 서로 욕구나 원하는 바를 충족시킬 수 있는 인물/상황을 의미하며, 가용한 예산 내에서 현명한 소비를 함으로써 둘 사이의 관계가 더욱 돈독하게 나아가게 됨을 의미한다. 또한 임신과 관련해 그 나름의 가족계획을 수립해둔 상태라면 이에 부응해 새 생명을 잉태하게 됨을 의미하나, 부정적인 영향을 받는다면 어느 한쪽의 배임에 가까운 행위가 이루어지거나 상호간의 공유를 하지 못하는 현실적인 사정들로 인해 오해가 생기거나 이를 부추기는 사람이 주변에 도사리고 있음을 경고한다.

연애(관계가 성립하지 않은 상황) 관계 성립을 원하는 상황이라면 자신보다 연하거나 기반/세력이 취약한 상황에 도와줌으로써 마음의 빚을 지우고 이를 빌미로 서서히 인연을 쌓아나가는 방법을 쓰도록 조언할 수 있으며, 반대의 상황이라면 더 종속된 듯한 태도를 유지해 연애의 가능성을 높일 수 있다고 조언할 수 있다. 부정적인 영향을 받는다면 관계를 성사하는 데 지나친 지출을 요구하거나 연애와 상관없는 목적 때문에 만나고 있다는 점을 경고하며, 최악의 경우 상대방/질문자의 큰 착각 때문에 법적 문제로 비화할 수 있다는 것을 암시한다.

관계 성립 시도조차 없는 일반적인 상황이라면 자신보다 기반/세력이 취약한 이성에게 물질/현실적인 호의를 베풀거나 배려함으로써 호감을 얻을 수 있다는 것을 암시하며,* 부정적인 영향을 받는다면 일회성 인연이나 잘못된 결과로 치닫거나 반강제적인 비밀 연애를 제안받는 등 남에게 떳떳하게 공개하지 못하는 현실적인 이유로 연애 자체가 어려운 상황이거나 세간의 악평 또는 구설에 휘말려 인연을 만들 수 없거나 강제로 헤어져야 할 수 있다는 것을 경고한다.

* 군이 거창할 필요 없이, 단순히 밥이나 술을 사는 정도도 포함한다.

대인관계 구설에 매우 취약하며, 특히 이권 분쟁 요소나 내부 알력이 있다면(예: 사내 정치) 좋든 싫든 이에 휘말릴 수밖에 없다는 것을 암시한다.

긍정적인 영향을 받는다면 자신이 원하는 명분/실리를 주관하는 사람/세력에게 소속되거나 스스로 이를 대변해 원하는 바를 얻어낼 수 있다는 것을 의미하나, 부정적인 영향을 받는다면 이런 흐름 속에서 내부 역량을 소모하거나 자신의 능력을 엉뚱하게 낭비해 집단 전체의 추진력을 떨어뜨릴 수 있으며, 좋지 않은 선례를 남겨 두고두고 문제가 되리라는 점을 경고한다. 최악의 경우 내부 갈등이 내전에 가까운 상태로 번져 외부 세력을 끌어오거나 내부 기반을 탕진하는 결정을 내림으로써 공멸할 수 있다는 것을 암시한다.

사업의 흐름이나 전망 절감과 절약으로 건전성을 회복하고* 직원 복지**를 확충하는 등 물자의 내부 순환을 도모해 조직의 건전성을 확보할 것을 조언한다.

긍정적인 영향을 받는다면 순환 출자 방식을 응용해 비용을 절감하며 확장을 도모하거나 재고를 내부 직원에게 저렴하게 제공해 유대감을 끌어올리는 방법을 사용할 수 있으나, 부정적인 영향을 받는다면 저질의 악성 재고를 강제로 떠넘기거나 어려움을 겪는답시고 정당한 권리나 수익을 침해할 수 있다는 것을 경고하며, 내부 파벌을 형성해 반목하거나 최악의 경우 통정매매***와 같은 편법/불법을 저질러 행동의 제약이 생길 수 있다는 것을 암시한다.

창업의 성사 여부 남들이 하기 어려워하는 업무를 대리하거나 대신 운용하는 사업에 매우 알맞다. 긍정적인 영향을 받을수록 규모가 크

---

* 절감과 절약은 구조 조정보다 낭비되는 자원들의 절감에 더 가깝다.

** 단순한 연봉 인상보다 근무 환경의 개선에 더 가깝다.

*** 두 사람 이상이 미리 주식의 가격과 물량을 짜고 매매해서 가격을 올리는 행위를 의미한다. 주가 조작이 가능하기에 법으로 금지하고 있다.

거나 전문성을 갖춰야 하며, 이로써 의뢰자의 비용을 절감하거나 더 유용하게 사용할 수 있도록 내부 정리를 도와주는 분야와 밀접하게 연계된다. 회계/세무 관련 사업이나 은행의 자금 융통 관리, 학교/가정 등의 소규모 재정 관리나 운영 대행을 예로 들 수 있다.

부정적인 영향을 받을수록 수익을 높이려 조직 내부를 가혹하게 관리하는 분야를 의미하거나 외적 규모를 강제로 늘려 매각하는 분야와 연관되며, 이 과정에서 질시를 받는 업종과 관련돼 있다.

Qs는 내부 모순이 있다는 것을 알면서도 자신이 해야 할 업무이기에 비난을 감수하는 필요악적 요소가 강하게 개입해서 자신에게도 거침없이 기준을 들이대는 것과 달리, Qp는 자신의 수익을 높이려 조금이라도 접점이 없거나 이익 관계가 아닌 요소/인물을 쥐어짜 가치를 창출하거나 수익을 내려는 경향이 강조된다는 점에서 차이가 있다.

진로 적성 Qp는 다른 사람의 건전성을 확충하고 평균에 수렴할 수 있도록 노력하게 돕거나 보완하는 분야와 밀접한 관련이 있다. 그렇기에 초·중등 교사 및 사회복지사, 공무원(4~7급) 등 실무, 행정, 세무, 교육, 복지 분야에 진출하는 것이 유리하는 것을 보여준다.

긍정적인 영향을 받을수록 효율적으로 분배해 제한된 자원으로 최대한의 효과를 발휘하거나 지지를 얻어 더욱 존귀해질 수 있다는 것을 의미하나, 부정적인 영향을 받는다면 가용 자원이 거의 없는 상황에 놓여 사비를 내서라도 현상을 유지해야 하거나 해당 부서/분야가 통폐합되면서 제대로 평가받기 어려울 수 있다는 것을 경고하며, 최악의 경우 핵심 기술 및 지식 축적에 실패해 연공서열에만 기대는 상황이 금방 닥칠 수 있는 분야에 종사하는 것을 암시한다.

시험 결과나 합격 여부 경험을 쌓고 이를 구술/설명하는 분야의 시험이거나 상대평가라면 유리해진다. 경쟁자들에게 긍정/부정적인 영향을 미쳐 자신의 순위를 끌어올리는 방법을 쓰기 매우 좋은 환경이기 때문이다.

그러나 자신의 주관을 명확히 밝혀야 하거나 어떤 사안에 대한 독창적 발상이 필요한 시험일수록 불리하다는 한계가 있다.

면접 또한 내부 상황의 세부 흐름을 익숙하게 꿰고 있지 않은 한 곧바로 대응하기 어렵기에 신입 채용보다 경력 채용에서 더 긍정적인 의미를 띤다. 최악의 경우 음서제와 같이 혈연, 지연, 학연을 빌미로 합격을 노리려는 모습을 보일 수 있는데, 이때 자신의 능력과 발상이 아무리 비범하더라도 표출하지 않도록 조언해야 하며, 이런 배경이 알려지면 내부 분란을 불러오거나 물의를 빚는 통에 기껏 얻어낸 좋은 결과가 취소당할 수 있다는 것을 암시한다.*

질병의 호전, 완치 Qp는 보통 긍정/부정적인 영향을 얼마나 받았느냐에 따라 조기 해결/장기화하는 것으로 적용하면 해석이 어렵지 않다. 투병 기간이 길면 대부분 중병에 해당하거나 검사를 받아볼 것을 권하는데, 이는 몸의 내부에서 각 요소의 충돌이 생겨 신체 기반 자체가 이미 악화했다고 이해할 수 있기 때문이다.

이와 달리 일시적인 건강 악화는 가벼운 휴식이나 처치가 가능한 수준에 국한되며, 사전에 건강을 잘 유지해 병에 걸리지 않게 막고 있는 상황으로 해석된다.

단순한 건강 문제 일상적인 상황이라면 건강에 문제가 없거나 약간의 발육 부진** 또는 소화불량에 해당하는 경향이 있다. 이는 절약이나 분배를 강조한 나머지 빠르게 성장해야 할 때조차 한정된 자원을 나눈다는 착각 때문에 벌어진 문제로 이해할 수 있다.

발병 가능성을 점친다면 정신적인 면으로 망상장애delusional disorder 중 의처증/의부증으로 대표되는 부정망상과 관련된다. 이는 자신 내부의 어떤 판단, 관념, 의심이 반드시 현실일 거라 확신한 채 관

---

* 조선 초 권신이었던 한명회가 이에 속한다. 그는 마흔이 될 때까지 과거에 도전했으나 계속 낙방했으며, 결국 음서 제도로 경덕궁의 말단 관리직을 맡으면서 다른 양반들에게 무시당했다.

** 가슴이 작거나, 어깨가 좁거나, 키만 크거나, 너무 마른 체질 등에 해당한다.

계/조직 내부를 붕괴시키는 것이 Qp의 부정적 의미에 다분히 맞아 떨어지기 때문이다.

　신체적인 질병으로 이해한다면 소화기관의 잦은 문제로 생긴 질병 또는 영양 불균형으로 생긴 질환이나 신체 변형에 해당하는 경향이 있는데, 이 또한 가진 것들을 이용하려 하는 Qp의 성향으로 벌어지는 현상이라 이해할 수 있다. 그러나 이런 해석보다 전문 의료인의 진단과 치료를 우선시해야 한다는 점을 늘 주의해야 한다.

켈틱 크로스 배열 위치별 긍정/부정 해석법

1 → ③④⑦ 카드 확인 질문자의 기반/역량 수준이 Qp에 합당한지 파악하거나, 어떤 의도로 질문했는지 파악해야 한다. 긍정적인 영향을 받는다면 질문자가 내부 조율이나 안정을 도모하려 준비했거나 행동에 옮기는 성향이라는 것을 의미하며, 부정적인 영향을 받는다면 질문자가 자신의 이익을 위해 모종의 일을 꾸미고 있거나 다른 이에게 악의를 품고 있다는 것을 암시하기 때문이다. 나아가 최악의 경우 이 행위가 적발돼 비난/처벌받을 수 있다는 것을 경고한다.

2 → ①④⑦ 카드 확인 질문자를 가로막는 현실적 문제를 해결하거나 관리자의 동의를 얻어내려 무엇을 어떻게 준비해왔는지 확인해야 한다. 긍정적인 영향을 받는다면 문제를 해결해 쉬이 목적을 달성하거나 해당 관리인의 습성/취향에 따른 대우를 해줌으로써 장애 요소를 없앨 수 있다는 것을 의미하나, 부정적인 영향을 받는다면 기본적인 조건을 충족하지 못해 상황이 악화하거나 자신의 부족한 수준이 공개돼 기반과 명예를 잃을 수 있다는 것을 지적한다.

3 → ①⑤⑧⑨ 카드 확인 질문과 관련해 기존에 이어졌던 질문자의 노력이 어떻게 구현되는지 판단함과 동시에 이에 대한 사람들의 평가를 확인해야 한다.

긍정적인 영향을 받는다면 질문자의 목표 의식이 뚜렷해 점진적으로 달성하려는 것을 이룰 수 있고 이 과정에서 후원/지지받는 것을 의미하나, 부정적인 영향을 받는다면 과도하게 이해타산적인 행보로 새로운 시도가 어려워지거나 질시받는 상황을 초래하고 있다는 것을 지적하며, 자신의 비밀스러운 행위들이 옳지 않다는 것을 이미 인지하고 있기에 문제 해결에 소극적일 수밖에 없다는 것을 암시한다.

4 → ①②⑧⑨ 카드 확인 질문자의 현 상태를 확인하고 이에 대한 사람들의 평가를 점검한 뒤 왜 이런 행위를 하게 됐으며 무엇을 막으려 Qp와 같은 행동/태도를 취했는지 파악해야 한다.

긍정적인 영향을 받는다면 쌓아놓은 기반을 이용해 유리한 상황을 만들었다는 것을 의미하나, 부정적인 영향을 받는다면 과거의 행동이 반대 세력을 뭉치게 만들었거나 질문자를 난처하게 만든 원인이 됐다는 것을 지적하며, 이 때문에 기반을 소모하도록 강요받는다는 것을 경고한다.

5 → ① ③ ⑦ ⑨ 카드 확인 질문자의 역량이 실제 Qp와 맞아떨어지지 않을 때 부정적인 의미가 무조건 확정되며, 다른 사람으로 적용되더라도 냉소적이거나 적대적인 관리자를 암시한다.

긍정적인 영향을 받는다면 질문자의 의도를 구현하고자 자신의 기반/재화를 공유 및 분배해 세력화하는 것을 의미하나, 부정적인 영향을 받는다면 남에게 의탁하거나 만족스럽지 않은 보상이라도 별수 없이 받아들여야 하는 상황이라는 것을 의미하며, 최악의 경우 이런 상황에도 고집을 꺾지 않아 질문자의 기반/역량의 가치가 크게 떨어질 수 있다는 것을 암시한다.*

---

6 → ① ② ⑤ ⑧ 카드 확인 질문자가 Qp의 수준에 닿을 수 있는지 현재의 전력과 객관적인 평가로 확인해야 한다. 보편적으로 장애물을 극복할 수 있느냐에 따라 긍정/부정적인 의미가 극명하게 갈라진다.

긍정적인 영향을 받는다면 사안의 해결과 함께 보상을 얻어내며 입지가 상승하거나 지지/도움을 받거나 세력을 구성할 수 있다는 것을 의미하나, 부정적인 영향을 받는다면 잘못된 일 처리 또는 조치로 문책당하거나 다른 사람 또는 손윗사람의 악의 섞인 책임 전가가 일어날 수 있다는 것을 지적하며, 과거의 업적보다 더 많은/높은 것을 요구하는 이들 때문에 기반/역량에 압박이 가해질 수 있다는 것을 의미한다.

---

7 → ① ⑤ ⑥ ⑨ 카드 확인 질문과 관련한 사안이 전력을 비축해야 하거나 어떤 순간을 기다려야 하는 상황인지 확인하고, 무엇을 염원하기에 이처럼 여력을 보존/저장하려 하는지 파악해야 한다.

긍정적인 영향을 받는다면 질문자의 계산이 옳거나 적절한 시기가 다가오고 있으며 이로써 원하는 바를 성취할 수 있다는 것을 의미하나, 부정적인 영향을 받는다면 기다린 보람도 없이 자신의 전력 보존에만 치중해 내실을 소모하거나 대세에 영합하지 못하게 되는 것을 경고한다.

8 → ① ④ ⑤ ⑥ 카드 확인 다른 사람들의 시선에 왜 질문자가 Qp로 보이며, 질문자가 외부에 어떻게 비칠 수밖에 없는지 흐름을 파악해야 한다.

긍정적인 영향을 받는다면 Qp에 맞는 직책이나 기반을 실제로 행사하

---

* 1985년 진행된 플라자 합의에서 일본의 입장이 이와 매우 비슷한 상황이라 할 수 있다. 자신의 경제적 우위에 대한 집착을 강제로 걷어낼 것을 요구한 이 합의로 인해 거품 경제의 부작용을 맞이해야 했으며, 이를 올바로 바로잡지 않은 끝에 '잃어버린 10년'이라 부르는 장기 불황을 겪었다.

는 직위에 있다는 것을 드러냄과 동시에 남들이 이런 이권을 공유/분배받고자 다가온다는 것을 의미하나, 부정적인 영향을 받는다면 실권이나 집행 권한 없이 상부의 명령에 기계적으로 따르는 사람이라 여겨 큰 비중을 두지 않거나 번거롭고 할 필요 없는 일을 억지로 벌여 자신의 입지를 무리해서 유지하려는 사람으로 인식하고 있다는 것을 경고한다. 최악의 경우, 약탈/강탈의 표적으로 삼아 강제로 이를 침탈할 수 있을 것이라 여기고 있다는 것을 암시한다.

9 → ① ③ ④ ⑧ 카드 확인 질문자의 성향/상황/기반이 어떻게 사람들에게 인식되는지 확인해 질문자가 왜 Qp에 준하는 기반/입지/후원자를 원하고 있으며, 분배에서 제외되거나 고립되는 것을 두려워하는지 파악해야 한다.

이는 질문자가 어떤 현실적인 부족/궁핍함을 겪거나 실무 경험이 부족한지 확인하거나 집단 안에서 고립되는 등 세력이 약해 당할 수 있는 차별이나 따돌림에 어떤 대안을 가졌는지 분석함으로써 더 구체적인 사안을 파악할 수 있다.

10 → 예산, 현실적 한계 또는 예측을 넘지는 않으나 만족할 만한 수준의 수혜를 입거나 꾸준히 모아둔 여력이 열매를 맺어 크게 돌아오리라는 것을 뜻한다. 반대로 부정적인 영향을 받는다면 업적에 비해 대우받지 못하거나 내부의 중상모략으로 응당 받아야 할 평가를 받지 못하는 상황 또는 억지로 소시민적 삶에 매여야 하는 결과로 치닫는 것을 의미한다.

그렇기에 내부 문제를 다양한 조건으로 사전에 불식하거나 일을 완수했을 때의 보상에 대한 협상을 미리 끝내는 등 섬세하게 일을 처리해 아쉬움 없이 실리를 얻을 수 있도록 조언함으로써 긍정적인 방향으로 나아갈 수 있도록 도와야 한다.

실제 사례 (2015년 2월, 경기도 성남 자택, 60대 후반 여성)

질문   일을 계속해 살림을 잘 꾸릴 수 있을까?

사전 정보 자녀 한 명(당시 무직)과 같이 살고 있었으며, 미화 쪽 일을 하고 있었으나 뾰족한 수가 보이지 않아 걱정이 많다며 문의한 사례였다.

$$8p - 3s - 2c - 4w - Pp - 10w - 7s - Qs - Qp - 16$$

8p   (질문자 자신) 일하면서 어떻게든 생활을 유지하고 있다.

3s   (장애물) 더는 일할 수 없는 상황이라는 것을 알고 있다.

2c   (기저) 계속 일하고자 여러 제안을 해봤다.

4w   (과거) 일할 수 있는 나이를 넘어섰다.

Pp   (현재/곧 일어날 일) 수입이 변변찮으며, 충분하지 못한 예산을 운용해야 한다.

10w   (미래) 앞으로 더 힘겨운 날이 계속될 것이다.

7s   (질문자의 내면) 어떻게든 일자리를 유지하려 마음먹고 있다.

Qs   (제3자가 바라보는 질문자) 은퇴를 고려하거나 무리하게 일을 하다가 문제가 생길 것이라 보고 있다.

Qp   (희망/두려움) 먹고살 수 있었으면 좋겠다고 생각하며, 이제 여력이 없어 기반을 소진해야만 하는 상황이 오는 것을 두려워하고 있다.

16   (결과) 영원히 일할 수 없게 되며, 다른 수입원을 찾지 않는 한 문제를 해결할 수 없다.

실전 해석

이 배열에서 Qp는 9번 위치, '희망/두려움'에 나왔다. 현상 유지나 상황의 개선을 노리는 질문의 특성상 자신의 기량/기반이 어느 정도 이며, 목표치가 비현실적이지 않은지 확인하고, 상황을 타개할 대안이 있는지 파악해야 한다.

Qp의 세부 내용을 관찰하는 데 도움을 주는 카드로는 8p, 2c, 4w, Qs를 들 수 있으며, 이에 더해 현 상태를 조망하는 Pp 또한 가세해 부정적인 영향을 주고 있다는 것을 알 수 있다. 이는 질문자가 노년에 소화하기는 무리가 있거나 힘겨운 업무에 종사한다는 점과 함께, 일을 계속해야만 생계가 유지되는 상황을 통해 쉽게 가늠할 수 있다.

그렇기에 질문자가 바라는 수준을 고려해 자원이 한정된 상황에서 어떤 대안을 세울 수 있을지 고민해야 하며, 이마저도 유지하지 못하는 상황을 어떻게 방지/지연할 수 있는지 살펴 긍정적인 결과로 나아갈 수 있도록 도와야 했던 사례였다.

---

① 8p (질문자 자신) 질문자의 기량/기반이 전문적이지 못하며, 다른 사람/세력에 종속적인 구조로 형성돼 있다는 것을 보여준다. 긍정적인 영향을 받는다면 질문자가 자립하지 못하더라도 소속된 곳에서 안정적으로 기반을 형성한 축에 든다는 것을 의미하나, 부정적인 영향을 받는다면 저조한 수입 때문에 기반을 유지하기 힘들거나 한 달벌어 한 달 살아가는 식으로 생활하고 있다는 것을 암시한다.

---

② 3s (장애물) 현실적 문제 때문에 비관적인 미래만이 남았다는 것을 암시한다. 긍정적인 영향을 받는다면 질문자의 기량/역량이 충분함에도 제도/체제의 문제로 인해 용퇴해야 하는 상황이 왔으며, 그렇기에 자신을 필두로 새로운 기반을 만들어 일을 계속할 수 있다는 것을 의미하나,* 부정적인 영향을 받는다면 자신의 역량으로는 해결

* 어떤 기술을 습득한 전문가가 은퇴 후 창업해 해당 기술로 수입을 창출하는 방식을 들 수 있다.

할 수 없는 문제에 부딪혀 많은 것을 (강제로) 내려놓을 수밖에 없는 상황이라는 것을 암시한다.

---

③ **2c(기저)** 질문자가 어떤 관계/계약을 맺으려 애썼다는 것을 의미한다. 긍정적인 영향을 받는다면 질문자가 새로운 직장이나 이직 제안을 받고 수락했다는 것을 의미하거나 이런 위기가 오기 전에 이미 다른 대안들을 준비해왔다는 것을 암시하나, 부정적인 영향을 받는다면 이런 사안에 필사적이어야만 할 정도로 상황이 좋지 않거나 질문자를 원하는 외부 인물/세력이 전혀 없다는 것을 지적하며, 그만한 매력이 질문자에게 없다는 것을 경고한다.

---

④ **4w(과거)** 질문자가 이미 끝을 예감했다는 것을 암시한다. 긍정적인 영향을 받았다면 만족할 만한 결과를 이루고 만년을 준비하고 있었다는 것을 의미하나, 부정적인 영향을 받는다면 질문자가 이미 지금과 같은 일을 할 수 없는 지경에 이르렀으며, 이후 과거의 수준으로 돌아올 수 없으리라는 것을 암시한다.

---

⑤ **Pp(현재/곧 일어날 일)** 부정적인 영향을 받았다. 이는 질문자의 나이에 비해 한없이 부족한 기반이라는 부분에 더해, 내부의 도움도 전혀 없다는 점(무직 상태의 자녀)을 넘어 불화가 계속되고 있다는 것을 드러내기 때문이다. 이는 특히 외부의 시선에서 이 질문자가 홀로 가정을 부양하고 있다는 평가가 나온 시점에서 배열의 다른 카드들에 더욱 부정적인 의미를 끼치고 있다(3s, 10w, Qs, Qp).

---

⑥ **10w(미래)** 질문자가 현 상황의 악화를 막으려 계속 무리하리라는 것을 암시한다. 긍정적인 영향을 받는다면 초인적인 의지/체력으로 일과 가정사를 모두 해결해 상황을 반전할 수 있다는 것을 의미하나, 부정적인 영향을 받는다면 무리가 겹쳐 더 큰 문제를 불러오거나 당면한 문제에 매달리다가 다른 문제들에 전혀 손을 못 대 안 하느니만 못한 상황으로 치달을 수 있다는 것을 경고한다.

⑦ **7s(질문자의 내면)** 질문자가 일을 계속하려 속임수에 가까운 방법까지 쓰려 한다는 것을 의미한다. 긍정적인 영향을 받는다면 이런 시도가 통해 좀 더 일하게 되거나 다른 방편으로라도 수입을 얻어낼 수 있다는 것을 의미하나, 부정적인 영향을 받는다면 질문자의 이런 행위가 적발돼 오히려 뾰족한 수 없이 일하지 못하게 될 수 있다는 것을 경고한다.

⑧ **Qs(제3자가 바라보는 질문자)** 부정적인 영향을 받는다. 남들이 보기에도 질문자가 이미 많은 것을 상실했거나 복구하려 해도 그럴 만한 전력이 없다는 것을 모두 인지하고 있기 때문이다.

그렇기에 능동적으로 상황을 이끌어갈 수 없으며, 혹여 가능하더라도 그 주장은 어디까지나 이상적이거나 현실적이지 못한 수준에 국한될 것이라 여겨지고 있다는 점을 지적한다. 질문자도 이를 잘 알고 있기에 제도나 체제의 맹점을 찾거나 이를 속이는 한이 있더라도 상황을 개선하려 했던 것이라 해석할 수 있다(2c, 4w, 7s, Qp).

⑨ **Qp(희망/두려움)** 질문자가 지금보다 나은 노후 생활을 원하며, 이에 실패할까 봐 두려워하는 모습으로 간단히 해석할 수 있으나, 앞서 언급한 내용을 통해 더 세세히 살펴본다면 질문자가 바라는 노후 생활의 수준이 그리 높지 않고, 일반 서민 수준 또는 부모로서 부양받고 싶어 하는 정도에 그친다는 점을 확인할 수 있으며, 이조차 이루지 못해 사람들의 연민을 받을 정도의 상황이라는 것을 짐작할 수 있다(8p, 2c, 4w, Qs).

⑩ **16(결론)** 부정적일 수밖에 없다. 해석하기는 쉬우나, 차마 말하기 어려울 정도로 질문자의 기반이 빠르게 궤멸하거나 현 직장에서도 해고 또는 계약 만료가 이루어진다는 것을 암시하며, 이에 대비하고 새로운 일감을 물색하도록 종용해야 한다는 것을 전면에 드러내는 카드다.

해석을 마치고 나자, 그녀는 5월까지만 버티면 그래도 퇴직금은 받을 수 있을 텐데 무슨 일이 있을까 궁금해하면서도, 이제는 새로운 일을 찾으려 해봐야 나이 때문에* 방법이 없을 것 같다고 푸념했다. 나로서도 뾰족한 조언을 찾을 수 없던지라, 텃밭을 가꾸거나 다른 이들을 도와주는 형태로나마 약간의 수입은 생기지 않을까 하는 애매한 전망만 했고, 자녀에 대해서는 남의 집안일에 너무 관여하는 듯해 말을 삼갈 수밖에 없었다.

그해 5월이 되자, 그녀는 질문자가 속한 용역 업체가 다른 업체로 변경되며 나이 제한으로 인해 고용 승계가 불가능해졌다는 통보를 받고 퇴직하게 됐다. 아무리 일하고 싶어도 일자리를 얻지 못했으며, 그나마 몇 달 동안 공공근로사업에 종사하던 것도 잠시뿐, 수입을 완전히 잃고 생활고에 시달리게 됐다. 이후 여러 사건이 있었고, 나 또한 어떻게든 돕고자 했으나 정든 고향을 떠나야 했던 터라 연락이 끊어지고 말았다. 4년이 지난 뒤, 다른 사람을 통해 그녀가 이미 세상을 떠났다는 소식을 듣고 이 사안에 대한 해석을 마무리했다.

이 사례에서 Qp는 질문자가 소소한 행복과 가정으로의 귀환을 염원하는 모습이었으며, 이마저 달성하기 힘들어했던 질문자의 기반 (Pp)이 적나라하게 드러났다. 그러나 그녀의 소망이 큰 욕심이 아니었다는 점은 쉽게 이해할 수 있으리라.**

Qp의 모든 후덕함과 장점은 그가 지녔거나 관리하는 기반에서 나온다. 춘추전국시대의 명재상인 관중管仲은 '곳간에서 인심, 명예, 예

---

* 이마저도 그녀의 실제 나이와 호적상의 나이에 차이가 있어서 조금이나마 더 일할 수 있었던 상황이었다.

** IMF 대란, 신용카드 대란, 서브프라임 모기지 사태를 겪으며 국내 복지 체계는 점차 정비됐으나, 실제로 복지가 필요한 이들에게 혜택이 돌아가는 것은 아직도 요원하거나, 부족한 상황이다. 일례로 몇십 년 동안 얼굴을 보지 못한 가족이 등재돼 있다는 것만으로 부양의무자가 있기에 기초수급생활자로 지정되지 못하는 사례가 비일비재하다.

절이 나온다倉廩實, 則知禮節, 衣食足, 則知榮辱'*라고 했는데, 이는 Qp의 핵심을 꿰뚫는 말이라 할 수 있다. 그렇기에 기반이 부족하고 곳간이 비어 있는 Qp들은 격이 추락한다. 흔히 볼썽사나운 추태**를 부리는 이들도 Qp의 안타까운 민낯이라 생각할 수 있을 것이다.

모든 코트 카드의 긍정/부정 기준 판단을 내릴 때 현재의 기반/역량을 가늠해야 하는 까닭은, 우리 모두 집단 속에서 의무와 책임을 질 수 있는지 늘 평가받고 충실하지 않은/못한 이들은 지위를 박탈당할 수 있기 때문이리라.

---

* 김필수·고대혁·장승구·신창호 공역, 『관자』, 소나무, 2006, 24쪽.

** 지하철에 앉으려 좌석에 가방을 던지는 상황, 균등하게 분배해야 하는 상황에서 하나라도 더 가지려고 억지를 부리는 상황을 예로 들 수 있다.

질문 몸매 관리와 체력을 다 챙기고 싶은데, 계획대로 될까?

사전 정보 몸이 자주 붓는 체질이라 운동과 식이요법을 병행해왔으나, 최근 들어 자취 및 직장 생활로 관리가 소홀해진 듯해 개선책을 문의한 사례였다. 질문 당시 상태는 171센티미터, 65킬로그램으로 겉보기에 살짝 붓기가 있는 정도의 체구였다.

10 – 10p – 4s – 6w – 4p – Qp – Ps – 8c – 9p – Np

---

10 (질문자 자신) 몸 상태가 좋지 않았으나, 회복하기 좋은 시기가 다가왔다.

10p (장애물) 일상생활 패턴이 질문자의 건강 개선 의지를 막는 현실적 장애물이다.

4s (기저) 자신의 역량을 키우고 정비하는 습관을 들여왔다.

6w (과거) 자신의 건강 상태가 좋았거나 미적으로도 균형 잡혀 있었다.

4p (현재/곧 일어날 일) 과거의 모습으로 돌아가려 노력할 것이다.

Qp (미래) 이를 위해 자신의 기반/역량을 활용하려 할 것이다.

Ps (질문자의 내면) 여유가 나는 대로 노력하거나 눈치껏 관리할 마음을 먹고 있다.

8c (제3자가 바라보는 질문자) 질문자의 매력이 퇴색했다고 여기고 있다.

9p (희망/두려움) 목표를 달성하더라도 이를 공유할 사람이 없거나, 자신이 판단하기에 최상의 상태를 만들고자 한다.

Np (결과) 자신이 바라는 모습을 유지할 수 있게 될 것이다.

이 배열에서 Q_p는 6번 위치, '미래'에 나왔다. 건강 관리와 관련 있으나, 이에 더해 아름다움의 유지라는 향상성과 관련한 질문의 특성상 질문자가 목표를 달성하고자 어느 수준의 부담까지 질 수 있으며, 이를 계속 유지할 수 있는 의지가 충만한지 살펴야 한다.

Q_p에 영향을 미치는 카드들은 10, 10p, 4p, 8c로 확인되는데, 이로써 긍정적인 영향을 받고 있다는 것을 알 수 있다. 이는 질문자가 자신을 더 좋은 상태로 바꾸고자 노력하고 있으며, 과거에 집착하고 있기 때문이다. 비록 사람들은 질문자의 매력이 떨어졌다고 여기지만, 이를 개선하려 하는 한 해석에 큰 영향을 끼칠 수 없다는 점을 통해 긍정적인 의미가 확정된다.

그렇기에 질문자가 사용할 방법에 대해 조언하고 의지를 불어넣으려면 어떤 방침을 세워줘야 하는지 고민해야 하며, 단순한 감량을 넘어 어떻게 실질적인 이득으로 연결할 수 있는지도 같이 고민해야 한다.

① **10(질문자 자신)** 긍정적인 영향을 받았다. 일상에서 벗어나 자신의 역량을 일깨우려는 움직임에 맞물려 상황이 개선되고 있거나 그렇지 않더라도 기회를 모색해 변수를 만들려 하고 있다는 것을 다른 카드들로도 확인할 수 있기 때문이다. 그렇기에 더 확실한 목표를 설정해 계획을 추진할 것을 조언하도록 작용한다(10p, 6w, Ps, 9p).

② **10p(장애물)** 질문자를 막는 것이 현재의 일상생활이라는 것을 의미한다. 긍정적인 영향을 받는다면 이런 일상 속에서 벗어날 정도의 노력이나 변화를 줌으로써 새로운 시도나 기반을 형성할 수 있다는 것을 의미하나, 부정적인 영향을 받는다면 일상의 무게에 짓눌렸거나 순응한 나머지 다른/새로운 시도를 할 여유를 내지 못하게 될 수 있다는 것을 경고한다.

③ **4s(기저)** 질문자에게 여유가 있는 한 자신을 갈고닦고자 노력해 왔다는 것을 의미한다. 긍정적인 영향을 받는다면 질문자가 아무리 바쁘더라도 여유를 만들어 노력해왔거나 자기 관리에 충실했다는 것을 뜻한다. 반대로 부정적인 영향을 받는다면 단순한 휴식을 반복 해 자신의 잠재력을 소모하거나 이미 소진된 체력을 회복하기 어려 운 상황에 놓였다는 것을 지적한다.

④ **6w(과거)** 질문자의 수준이 과거에는 다른 사람들보다 뛰어났다 는 것을 의미한다. 긍정적인 영향을 받았다면 과거에는 다른 사람들 의 미적 관념에 충분히 들어맞을 정도이며, 자신도 이를 기분 좋게 받아들였음을 보여주나, 부정적인 영향을 받는다면 자신의 아름다 움을 과신해 자랑했거나 경박하게 굴다가 현재에는 그 아름다움을 잃어버렸다는 사실을 뒤늦게 자각한 것이라 해석된다.

⑤ **4p(현재/곧 일어날 일)** 질문자가 자신이 가치 있다고 생각한 것에 집착하고 있다는 의미로 해석된다. 긍정적인 영향을 받는다면 자신 의 몸에 대한 자부심이 동기 부여가 돼 관리에 박차를 가할 정도의 영향을 주는 것을 의미하나, 부정적인 영향을 받는다면 물질적 기반 문제로 행동이 제한될 수 있다는 것을 경고한다.

⑥ **Qp(미래)** 앞서 언급한 대로 긍정적인 영향을 받는다. 질문자 자신 도 관리할 시기가 왔다는 점을 인지하고 있다는 것에 더해, 더는 관 리를 미룰 수 없다고 생각할 정도의 동기가 외부에서 주어졌다는 것 을 의미하기 때문이다. 이에 더해 질문자의 현 상태가 적절한 수준이 라기보다는 약간 잉여분이 남아 있는 신체 상태라고 볼 수 있어 이를 질문자가 원하는 수준(6w 또는 4p)에 도달하게끔 만들려면 전문가 의 도움이 필요하고, 나아가 식습관까지 조절해야 한다는 것을 암시 한다(10, 10p, 4p, 8c).

⑦ **Ps(질문자의 내면)** 비교적 긍정적인 영향을 받고 있다. 질문자가 큰 일탈을 저지르려는 것이 아니며, 다른 사람들도 관리의 필요성을 인지하고 있기 때문이다. 또한, 목표에 대한 집착이 전제되기에 강행에 동원하는 수단도 약간의 꼼수를 곁들이는 수준에 머무르기 때문이다. 긍정적인 영향을 더 받으려면 더 효율적이고 전문적인 수단을 채택함으로써 목적을 빨리 이룰 수 있다고 조언해야 한다(10p, 4s, 4p, 8c).

---

⑧ **8c(제3자가 바라보는 질문자)** 사람들이 질문자의 매력이 떨어져 주목하지 않게 됐거나, 질문자가 모종의 목적을 결심하고 시도한다고 여긴다는 점을 드러낸다.

긍정적인 영향을 받는다면 질문자의 결심을 사람들이 이미 인식하고 있거나 이에 도움이 될 만한 조언/격려를 하고 있다는 것을 의미하나, 부정적인 영향을 받는다면 질문자의 주변 사람들이나 질문자에게 이성적으로 흥미를 느낄 만했던 이들의 관심이 점차 떠날 만큼 상태가 점차 악화하고 있다는 것을 경고한다.

---

⑨ **9p(희망/두려움)** 질문자가 자신의 목표를 달성하길 바라면서, 이런 성공을 함께 나눌 사람이 없거나 남들이 알아주지 않는 상황을 두려워하고 있다는 의미로 해석된다. 과거 그녀의 자신감의 원천이 잘 관리된 외모에 기반했다는 점을 시사하며, 자존감을 채우려 이런 목표를 설정했다는 점을 추론할 수 있게 한다.

---

⑩ **Np(결론)** 질문자가 과거 (자신이 생각하는) 전성기에 못 미치거나 완벽히 돌아갈 수는 없더라도 그 나름의 성과를 보이거나 현재 자신에게 알맞은 체형으로 돌아가리라는 것을 의미한다.

이는 Qp가 지닌 '자신이 이미 소유한 기반(신체)'의 의미를 Np의 '자신이 쥐고자 하는 기반'으로 변형 및 축소하는 데 성공하는 것을 의미하기에, 이 상태에 도달하는 순간 추가 계획이나 개선 상태를 유지하는 데 도움이 될 대안들을 마련해줄 것인지 고민해 추가로 조언해야 하는 상황이 다가오리라는 것을 알 수 있다.

___

해석을 마치며 나는 그녀에게 지금과 같은 일상을 유지하며 목표 달성을 향해 간다는 것은 조금 시간이 걸릴 것이며, 차라리 비용이 상승하더라도 더 짧은 시간에 효과를 볼 방법을 쓰거나, 여유 시간 자체를 대폭 확보할 수 있는 결단이 필요하다고 조언했다. 그러자 그녀는 안 그래도 연봉 협상이 마음에 들지 않으면 한 석 달 정도 쉬면서 몸 관리나 할 계획이었다고 밝혔다.

어떻게 되든 나는 그녀의 목표에 대해 과거보다는 조금 덜한 수준을 권했고, 그녀도 과거의 모습을 기준으로 삼는 것은 현실적으로 어렵다는 점에 동의했기에 절대 10킬로그램 이상의 감량에는 도전하지 않을 것을 확답받으며 해석을 종료했다.

이 해가 지나기 전 내게 연락한 그녀는 감량 전후를 비교한 사진을 보여주며 기쁜 내색을 감추지 않았다. 몰라보게 달라진 모습에 나 또한 감탄했고, 모델 제안이 들어왔다는 등 기분 좋은 소식을 들려주고는 향후 계획을 다시 문의했었던 사례로 기억한다.

이 사례에서 Qp는 중의적 의미를 띤다. 하나는 자신의 기반을 이용해 목적에 빠르게 다가가 더 큰 수확을 얻는 것을 의미하며, 다른 하나는 Qp를 질문자의 기반이 아니라 신체에 누적된 체중 수준으로 판단할 수 있다. 이는 Qp의 의미 중 '가진 기반/역량을 쓰는, 쓸 수 있는 분야/상황/사람'의 의미를 필요 없는 체중으로 연계해 이해한 것이다. 이는 결론의 Np와 맞물려 사용해야 하는 것/필요 없는 것을 배제하는 데 성공하는 의미로 연결해주는 역할을 해냈다.

이처럼 각 코트 카드의 위계에 따른 변화도 해석에 영향을 미친다는 것을 다른 사례들로도 쉽게 유추할 수 있다. 다만 이 확대/축소, 성장/쇠퇴의 역할이 무조건 긍정/부정적인 의미를 확정하지는 않는다. 사안마다 그 나름의 기준이 있으니 해석하면서 주의해야 하며, 질문자를 둘러싼 상황과 원하는 목적이 어떻게 부합되는지 분석한다면 더 구체적이고 명확한 해석을 얻을 수 있다.

주제를 막론하고 현상 유지나 건전성을 회복하는 문제와 관련한 질문에서 Q_p는 각자 자신의 기반을 얼마나 소모해 목표를 이룰 수 있으며, 이 소모를 감당할 수 있는 기반이 있는지를 질문자에게 추궁하는 카드다. 감당할 수 있다면, Q_p는 대부분의 사안을 긍정적인 방향으로 이끌어준다.

KING *of* PENTACLES.

물질주의(자), 보수주의(자), 상속인
Materialist, Conservative, Heir

KING 공통 의미

전문가, 경영인, 부장/상무(대기업), 사장/이사(중소기업) 등의 준 결정권자급
직원/임원, 병장, 원사, 대령, 중년 이후 성인, 핵심 장기(오장육부 등), (다른
코트 카드에게 영향을 받는 경우)우세하거나 결정권을 지니며, 남을 평가할 권
한이 있는 사람/분야/상황, 반드시 전문가가 개입해야 하는 질병들, 장·차관
급 인사, 자신의 분야에서 일가를 이루다, 보수주의

King of Pentacles의 키워드

물질주의(자), 보수주의(자), 상속인, 건물주 등 물질적인 가치를 인정받은
적법한 동산/부동산의 소유자, 나태, 게으름뱅이, 가치를 인정받은 경험을
쌓는 데 성공한 자, 대상인/지주/은행(장)/보석상 등의 부르주아/자본가, 풍
요/번영을 누리다, 최고재무관리자(CFO, 기업), 한의학, 양식/사육(하다/당
하다), 배금주의, 결과론(자), 채권자, 고지혈증/지방간 등 움직여야 하는 것
이 움직이지 않아 생기는 중대한 질병 등……

긍정/부정 확인 기준

질문자가 질문과 관계있는 물질적 가치를 얼마나 지녔는가?

문제를 해결하기에 충분한 재력이 있는가?

사람들이 원하는/선망하는 경험을 많이 쌓았는가?

유산을 상속받거나 남에게 증여받을 사안이 있는가?

질문과 관련해 가장 현실적인 해결책은 무엇이며, 이를 질문자가 부담할 수 있는가?

자신의 집단/재화가 경쟁자보다 우월한가?

이는 코트 상징편에서 언급했던 '물질주의, 보수주의, 상속인'의 의미에 더해 다른 사람들이 곧바로 확인할 수 있는 물질/현실적 기반을 지닌 사람/분야라는 파생 의미를 통해 세울 수 있는 몇 가지 기준이다.

현실에서 자신의 수많은 재화로 창출한 부를 이용해 더 넓은 영역으로 영향력을 확장하는 Kp는 선망받는 존재이자, 기반에 속한 이들의 현실적 생활을 직간접적으로 지배하는 분야/인물로 묘사된다.

이런 불변의 가치 창출 구조를 통해 확장하는 데 성공한다면 Kp가 원하거나 승인한 재화/부산물이 모두에게 가치 있다고 여겨지기 시작하며, 사용자들에게 자연스레 권위를 인정받는다. 나아가 이를 거부하는 이들에 대해 직접적인 압박을 가해 자신의 기반 밑으로 편입한다.*

그러나 물질적인 것으로 구할 수 없는 것들을 경시하거나, 강제로 이를 구하려다가 천박함을 드러내 사람들의 불신을 불러일으킨다면 이에 반발한 움직임이 시작될 것이며 이윽고 모든 것을 잃게 돼 자신만의 볼품없는 기반마저 줄어드는 것을 지켜봐야 하는 좌절을 겪거나, 그마저도 천천히 탕진하기에 이른다.**

* 좁게는 매매혼부터 넓게는 은/금본위제, 경제 제재, 특정 화폐 블록 경제를 참고하면 더 쉽게 이해할 수 있다.

** 좁게는 애정이나 관심을 억지로 붙들려 재화를 탕진하는 것에서 시작해 넓

긍정 Kp는 막대한 부에서 창출한 권위를 통해 생성된 현실적 요소들로 사람들 위에 군림하며, 자신의 영향력을 강화함으로써 다른 모든 이보다 폭넓은 관계를 형성해 좋든 싫든 함께해야 하는 운명 공동체를 만든다.

특히 이런 유화/협박을 실생활과 밀접한 재화들로 시도하기에 이런 제안을 Kp에게 받았다는 사실만으로도 기뻐하거나 영예라 여기는 이들이 많으며, 이런 이들과 이해타산을 공유하기에 원하는 것을 더 쉽게 수급할 수 있다. Kp는 이 과정에서 비용이 들더라도 감당할 수 있고, 지불한 만큼의 대가 또는 부의 집중이 이루어져 더 존귀해진다.

부정 그러나 Kp는 모든 문제를 자신의 압도적인 부와 재화로 해결할 수 있다고 생각해 남이 소중히 여기는 것을 무가치하다고 평가하거나 무시해 분쟁의 씨앗을 심는다.

나아가 원치 않는 이들에게 적절한 보상이나 대가를 일방적으로 제시/지급해서라도 자신이 얻어내려는 바를 강제로 취하려 하거나, 반대로 자신의 나태함을 재화로 대신하려 청부/대행해 비효율을 양산하는 행태로 인해 자신의 세력/조직을 비대하게 만들어 새로운 변수들에 무방비한 모습을 드러낸다.

이런 이유로 Kp는 자신이 가치 있다고 여기는 것들만을 살피거나 안락한 상황에 익숙해진 나머지 나태해지면 안 된다는 점을 자각해야 하며, 안정된 기반을 유지해 자신 아래의 모든 기반을 수호해야 권위와 명예가 따라올 것이라는 점을 주지하도록 해 부정적인 의미가 발현되지 않게끔 잡아나갈 것을 강조한다.

Kp는 유/무형적인 것의 가치가 (얼마나) 되는지 자신과 다른 사람

게는 다른 나라의 자유/신앙을 억지로 통제/변화하려다 국격이 실추되는 상황을 들 수 있다.

들에게 가늠해낼 것을 반강요하며, 해석에서도 문제를 해결할 수 있는 물질적 가치/경험 여부가 곧 긍정/부정적인 의미를 확정한다. 이조건들은 다른 카드들의 의미까지 제약을 주는 사례가 많으므로, 사전 정보를 활용한다면 해석이 크게 쉬워진다.

Kp가 긍정적으로 발현된 역사적인 사례로 제2차 세계대전 당시의 미국이 제정한 무기대여법Land-Lease을 들 수 있다. 이 법으로 전쟁 초기 열세였던 연합군은 큰 지원을 받았으며, 가공할 생산량을 전쟁 내내 발휘한 미국의 패권을 전 세계가 인정할 수밖에 없게 한 결정적 조치였다.* 그 뒤 마셜 플랜과 브레튼 우즈 체제로 미국 달러는 전 세계 어디서나 사용할 수 있는 기축통화의 위치를 유지하고 있다. 이는 Kp 자신이 사람들에게 재화를 나눔으로써 권위를 확보한 역사적 사례라 할 수 있다.

부정적인 역사적 사례로는 중국 북송 시대의 외교·국방 정책을 들수 있다. 5호 10국 시기의 혼란으로 지방군을 줄이고 중앙군을 늘려 반란을 막았지만, 정작 이민족의 침략에 적절히 대응하기 힘들었고 전쟁을 두려워한 나머지 자신들의 역량이 우월함에도 이민족(요)에게 조공을 바치는 굴욕적 협정을 하거나(전연의 맹), 약속을 지키지 않아 국토를 침략당해 화북 전역을 상실(정강의 변)하고, 남송 왕조를 여는 지경에 이르렀다. 국방이라는 중요한 요소를 재화로 대신하거나 태만하게 대해 국난을 자초한 사례라 할 수 있으며, Kp가 스스로 가진 것을 낭비하거나 방만하게 사용해 위신이 추락한 대표적 사례라 할 수 있다.

이처럼 Kp는 자신의 것을 어떻게 사용해야 하며, 사용한 만큼의 확실한 대가나 효과를 보장받고자 현실적으로 어떤 안전망들을 만들어야 하는지 고려하지 않으면 자신이 지닌 것이 의도한 바와 다르

---

* 이 법으로 지원된 군수물자는 500억 달러에 달했다. 지금 가치로는 최소 6590억 달러다. 해당 지원의 20퍼센트를 약간 넘는 수준의 지원을 받은 소련의 지원 목록은 다음과 같다.
https://www.whatreallyhappened.com/WRHARTICLES/pearl/www.geocities.com/Pentagon/6315/lend.html

게 유출되거나 뺏길 수 있다는 점을 경고하기에 자신이 지닌 것들의 생리를 알고 어떤 방식을 통해 쌍방 모두 이익을 보며 그 과정에서 공통분모로 삼을 수 있는 가치 기준을 찾아 자연스럽게 하나로 통합해야 한다는 점을 강조한다.

배열 위치별 특징 배열에 Kp가 나오면 기반이 소모되거나 필요한 상황이 있는지 확인해야 하며, 이를 소화할 인물이 특정되는지 살펴야 한다. 그렇지 않으면 대부분 의지박약이나 게으름의 의미가 적용되는 경향이 크다.

이런 문제로 Kp는 켈틱 크로스 배열에서 2, 5, 6, 8, 9번 위치에 나왔을 때 영향력이 강해지기 쉽다. 이는 그만큼 요구 사항이나 기준이 높거나 자신의 가치가 뛰어나다는 것을 직접 증명할 필요가 있는 위치이기 때문이며, 이 기준을 만족시키지 못한 만큼 극적으로 악화하기 쉽기 때문이다.

이와 달리 1, 3, 4, 7번 위치처럼 주관적 평가가 쉽게 이루어지는 상황에서는 영향력이 쉽게 약해진다. 자신의 판단과 다른 객관적 평가가 있을 때 질문자의 기량/역량이 쉽게 폄하될 수 있거나, 만용에 가까운 여유를 부리며 시간을 낭비하고 있다는 것을 지적하기에 긍정적인 영향을 받기 어려우며, 받더라도 이런 사실을 숨기거나 내세우지 않음으로써 (불필요한) 안정을 유지하려는 경향이 있다.

연애(관계가 성립한 상황) 개입자가 아니라는 전제하에 부유·풍족한 기반을 지닌 상황/인물을 의미하고, 이로써 안정적 환경에서 둘만의 사랑을 꽃피울 수 있다는 것을 의미한다. 그러나 부정적인 영향을 받는다면 관계 유지와 발전을 위해 노력하지 않고 나태해져 서로 식상해한다는 점을 지적한다. 최악의 경우, 외부 개입자로 Kp가 나오면 더 수준 높은 기반을 지닌 이가 뿌리치기 힘든 제안을 함으로써 관계가 해체 위기에 처할 수 있다는 것을 암시한다.

연애(관계가 성립하지 않은 상황) 관계 성립을 원하는 상황이라면 질문자의 기반을 상대방에게 과시/공유함으로써 빠르게 접근할 수 있으리라는 것을 의미하나, 그만한 역량이 없다면 자신의 태만한 대처로 경쟁자가 나타나거나 상대방이 관심조차 보이지 않는 상황이라는 것을 지적한다.

관계 성립 시도조차 없는 상황에도 자신의 경험/기반을 공유하는 방식으로 접근할 것을 권하나, 기본적으로 연애에 대한 인식 자체가 회의적일 때가 대부분이며, 호감을 살 만한 외모가 아니라는 것을 지적하는 카드이기에 자신의 매력을 어떻게 보여줄 수 있는지 고민하며 개선하지 않는 한 연애할 수 없거나, 하더라도 상대방이 감정적인 이유가 아니라 질문자가 가진 것을 이용/유용하려 접근하는 것을 암시한다. 최악의 경우, 진실함 여부를 떠나 물질적인 것으로 애정을 구매하려는 욕구로 드러나게 된다.

대인관계 후원자를 자처하는 대신 집단의 모두가 동의하는 명예를 얻는 상황 또는 이미 이런 입지를 확보한 인물을 뜻한다. 긍정적인 영향을 받는다면 Kp의 재력/기반을 통해 소속된 모두의 여론과 행동을 제약/구속해 원하는 대로 부릴 수 있게 되고, 이로써 더 큰 보상을 제시/확보해 권위를 확고하게 만들 수 있다는 것을 의미하나, 부정적인 영향을 받는다면 다른 사람들에게 살아 있는 무한한 지갑 정도로 인식되거나 적반하장으로 가진 것을 해당 조직/구성원에게 강제로 회사/기부할 것을 종용당하기 쉬운 상황이라는 것을 지적하기에 자신의 친위 세력/기반에 대한 보장을 확실히 받아두도록 조언해야 한다.

사업의 흐름이나 전망 거대 자본과 협약 또는 이를 이용해 폭넓은 분야로 진출하는 방식을 조언한다. 남들이 보기 싫더라도 예외 없이 자신의 사업을 통한 결과물을 접하지 않고는 못 배기게 만들거나* 자본 잠식을 이용해 서서히 소유주를 바꾸는 식의 운영력을 갖출 필요를 강조한다.

그러나 부정적인 영향을 받는다면 기껏 인수했는데 전문성이 부족해서 통제하지 못하거나 확장에 전념하다가 부채를 이겨내지 못하고 파산할 수 있는 등 억지로 사업을 밀어붙이려다가 자본 부족 또는 외부 압박, 충격으로 기반이 송두리째 사라질 수 있다는 것을 의미하며, 다른 의미로 경영주의 태만으로 처리해야 할 일들이 지연돼 되돌릴 수 없는 손해를 볼 수 있다는 것을 경고한다.

창업의 성사 여부 사업성이 명확히 증명된 분야로 나설 것을 권하나, 대부분 기득권자가 자리 잡은 레드 오션이자 대규모 자본이 필요한 분야로 통칭되며, 그렇기에 창업에는 적합하지 않거나 특정 기업에 지배당하는 수준으로 의존해야 하는 사업이 되기에 십상이다.

그렇지 않다면 관점을 전환해 악어와 악어새의 관계처럼 되는 상황이 대부분인데, 이때 아웃소싱이나 인수 합병에 극도로 취약해질 수 있기에 주의해야 한다. 긍정적인 영향을 받을수록 믿을 만한 후원자나 집안의 지지를 바탕으로 규모 있는 사업을 시작할 수 있다는 것을 의미하나, 부정적인 영향을 받을수록 사업 계획만 창대할 뿐 실현할 수 없는 것에 집착하거나 몹시 제한된 반경에서 우물 안 개구리처럼 굴 수밖에 없다는 점을 지적하며, 자신의 유리한 위치를 내려놓더

---

* TV 광고의 효과에 회의적인 관점이 등장하자 어떤 유명 브랜드는 같은 시간대 모든 방송 채널에 똑같은 광고를 동시 송출하는 방법을 동원하기도 했다.

라도 업계의 규모 자체를 늘릴 것을 주문한다. 최악의 경우, 사업 수익을 개인적으로 탕진하는 등의 행위로 위신이 추락할 수 있다는 것을 암시한다.

진로 적성 군건하고 불멸에 가까운 가치를 점유하거나 이를 기반으로 수익을 낼 수 있는 분야에 매우 유리한 재능을 보인다. 고미술, 유물, 보물 유통이나 보석 세공/감정, 경매인, 대지주, 건축 및 분양 사업, 투자 대행, 인수 합병 등과 관련한 직종을 꼽을 수 있으며, 이 과정에서 자신이 다루는 것에 대한 가치 평가 능력이 발현해 거래에 유리해질 수 있다.

나아가 모두가 원하는 것을 어떻게 내놓아 최대 수익을 구현하느냐의 문제이기에 긍정적인 영향을 받을수록 인정받을 만큼 정확한 가치를 매기거나 오히려 품귀 현상을 빚어 고객과 상인의 입장이 뒤바뀔 수준으로 높이 평가받는 것을 의미하나, 부정적인 영향을 받을수록 게으르거나 기존의 인식에 갇혀 새로운 발전 기회를 놓치는 것을 지적하며, 최악의 경우 독점에 의존해 수익 보전에 급급하거나 그저 상속받은 부를 다음 세대로 내려주는 것조차 힘겨워하는 수준의 둔재라는 것을 지적한다.

시험 결과나 합격 여부 Kp는 자신이 직접 나서기보다 대리인을 내세울 수 있는 시험에 유리하며, 그렇지 않으면 경험에 의존해 문제를 풀려는 경향이 있으므로 제한 시간이 짧은 시험일수록 크게 불리해진다. 그렇기에 기출 문제를 최대한 많이 풀어 시험 경향을 익히게 하는 수단이 추천되거나 고액을 투자해 강제로라도 효율을 높일 수밖에 없다는 것을 지적한다.

긍정적인 영향을 받을수록 이런 시험 외적인 부분의 개입이 용이하며 더 수월한 방법으로 시험을 통과/합격할 수 있다는 것을 의미하나, 부정적인 영향을 받을수록 제도나 감시를 피해 유리한 고지를 점하려다 명예에 손상을 입을 수 있으며, 외부의 도움을 믿고 노력하지 않다가 낭패를 당할 수 있다는 것을 경고한다.

질병의 호전, 완치 Kp는 보통 운동 부족으로 인한 체질 약화를 경고하며, 혼자만의 시간이 길어질수록 생활 습관이 망가지기 쉬운 편이기에 최소한의 소일거리가 필요하다.

긍정적인 영향을 받을수록 타고난 체질을 보존하기만 해도 큰 문제가 없다는 것을 뜻하나, 부정적인 영향을 받는다면 게으른 생활 습관이나 과한 음식 섭취의 부작용이 만성적으로 몸을 해칠 수 있다는 것을 지적하며, 이미 진행됐다면 질병의 완치가 불가능하다는 것을 암시한다. 이런 의미 때문에 경증이라면 습관 교정과 꾸준한 운동으로 문제를 극복하거나 질병의 악화 속도를 늦출 수 있으나, 중증이라면 수술로 해결되지 않는 한 보존/연명 치료에 의존할 수밖에 없다는 것을 경고한다.

단순한 건강 문제 일상적인 상황이라면 존귀한 Kp가 병에 걸릴 일 자체가 없다. 좋은 것을 먹고 쓰기에 문명의 이기가 주는 것에 중독되지만 않는다면 건강에 이상이 생길 수 없기 때문이다.

발병 가능성을 점친다면 정신적인 면에서 무기력증Lethargy, 번아웃 증후군Burnout Syndrome 등을 통해 심해진 우울증을 꼽을 수 있다. 이는 자신의 기반을 축적하고 풍요를 일구는 데 성공한 뒤 찾아오는 공황 또는 무기력 탓에 나태해지는 것이라 이해할 수 있다.

신체적인 질병을 논한다면 운동 부족으로 생기는 비만과 간경화 등 서서히 신체 내외부가 굳어지는 병으로 이해할 수 있는데, 이는 Kp가 자신의 기반을 굳건히 하는 과정에서 제대로 조율하지 못해 벌어지는 현상이기 때문이다. 그러나 이처럼 건강과 관련한 주제의 해석은 반드시 전문가의 치료와 처방이 우선한다는 점을 주의해야 한다.

켈틱 크로스 배열 위치별 긍정/부정 해석법

1 → ③④⑧ 카드 확인 질문자에게 우세/확고한 기반이 없으면 부정적인 영향을 받는다. 긍정적인 영향을 받는다면 문제 해결보다는 깔끔한 뒤처리를 위해 질문한 경우가 많을 정도로 질문이 질문자에게 큰 영향을 주지 못하거나 수월하게 해결할 수 있다는 것을 의미한다. 그러나 부정적인 영향을 받는다면 문제를 방기/방치해 이 사달을 만들었거나 해결 의지가 전혀 없다는 것을 드러내며, 조언을 듣더라도 실행하기 힘들다고 여기리라는 것을 암시한다.

2 → ①③④⑦ 카드 확인 질문자의 재정 문제가 무엇인지 확인하고, 나태해진 상황인지 판별해야 한다. 긍정적인 영향을 받는다면 Kp에 준하는 수준의 후원자가 생기거나 부족한 재원을 마련하는 데 성공해 문제를 해결할 수 있다는 것을 의미하나, 부정적인 영향을 받는다면 자본 부족으로 일이 진행되지 못하거나 비대해진 조직/신체가 의사 결정을 더디게 만드는 문제가 발생한다는 것을 경고하며, 최악의 경우 이미 거대 자본 또는 Kp에 상응하는 경험/자산을 지닌 이가 질문자의 의도를 가로막고 있다는 것을 암시한다.

3 → ①②⑦⑨ 카드 확인 Kp의 게으름, 풍요로운 기반 중 어떤 의미를 적용해야 하는지 확인하고, 무엇을 원하기에 이런 기조를 유지해왔는지 파악해야 한다.

긍정적인 영향을 받는다면 여유로운 태도를 유지해 느리더라도 문제를 차근차근 해결하려 하거나 자신의 기반을 이용해 쉽게 해결해온 문제와 같다고 여긴다는 것을 의미하나, 부정적인 영향을 받는다면 문제 해결을 위해 어떤 노력도 하지 않았다는 것을 지적하며, 질문자가 자신이 유리한 점에 안주해 상황을 악화시켜왔다는 것을 경고한다.

4 → ①②⑤⑧ 카드 확인 질문자가 어떤 나태함 또는 유리한 입지를 가져왔는지 확인해야 한다. 긍정적인 영향을 받는다면 과거에 내보였던 여유로움 때문에 사람들이 의존해왔으며, 이런 사람들을 부양/후원함으로써 자신의 영향력을 강화할 수 있다는 것을 의미하나, 부정적인 영향을 받는다면 질문자의 게으름 또는 분별없는 행동 탓에 사람들의 반감을 사거나 무방비한 모습을 노출해 위험을 초래했다는 것을 경고한다.

5 → ①④⑧ 카드 확인 질문자의 과거 행적과 현재 태도가 다른 사람들에

게 어떻게 비치는지 파악해야 한다. Kp가 의미하는 상황, 인물의 의미가 해석에 영향을 크게 미치기에 다음과 같은 내용을 점검할 필요가 있다.

1. 질문자의 기반이 풍족하거나 우위를 점한 경우
2. 질문자가 상황 해결을 위해 직접 행동하지 않은 경우
3. 질문과 관련해 Kp 수준의 인물/세력이 존재/등장할 경우

1은 자신이 가진 것을 베풀거나 쓰기만 해도 문제가 쉽게 해결된다는 것을 의미하나, 부정적인 영향을 받는다면 상황에 떠밀리거나 강제로 자신의 역량이나 기반을 소모할 수밖에 없다는 점을 경고한다.

2는 '급한 놈이 우물 판다'는 기조 아래 행동하지 않는 것을 의미하기에 긍정/부정적인 영향의 향방을 살펴 조언해야 한다. 긍정적이라면 가만히 있어도 알아서 상황이 해결될 것이나, 그렇지 않다면 번거롭더라도 직접 움직여 사안을 해결해야 한다는 것을 드러낸다.

3은 질문자 자신이 Kp라면 강제적인 조치를 해서라도 문제를 달성할 수 있다는 것을 의미하나 그렇지 않다면 막강한 세력/인물의 개입을 의미하기에 이에 순종하길 권하거나 해당 문제에서 손을 뗄 것을 권해야 한다.

6 → ①③⑦⑧ 카드 확인 질문자가 Kp로 성장할 수 있는 잠재력이 있는지 확인하고, 이를 사람들이 어떻게 평가하는지 파악해야 한다.

긍정적인 영향을 받는다면 사람들이 질문자의 가치를 인정하거나 확고한 기반을 얻는 데 성공한 것을 의미하며, 이에 미치지 못하더라도 Kp에 준하는 존재들에게 비호받는 것을 뜻하나, 부정적인 영향을 받는다면 작은 성공에 만족해 향상심을 잃어버리거나 나태해지는 것을 경고하며, 자신이 거둔 작은 성과를 일방적으로 빼앗기거나 자신의 개성이 사라질 위기가 올 수 있다는 것을 경고한다.

7 → ②③④ 카드 확인 질문자가 왜 여유 넘치는 태도를 유지할 수 있는지 확인해야 한다. 긍정적인 영향을 받는다면 상황이 아무리 바뀌더라도 자신의 입지/기반에 문제가 생기지 않고 오히려 사람들의 불안을 이용해 목적을 쉽게 달성할 수 있다고 판단한다는 것을 의미하나, 부정적인 영향을 받는다면 행동력이 전혀 없는 나머지 조언해도 이를 실행할 의지가 없거나 방만해진 탓에 무엇이 문제의 근본 원인인지조차 파악하지 못하고 당면한 상황을 그저 즐길 뿐이라는 점을 지적한다.

8 → ①②④⑤ 카드 확인 질문자가 사람들에게 Kp로 보이는 이유가 있는 지 파악해야 하며, 과거의 태도를 충분히 유지했는지 확인해야 한다.

긍정적인 영향을 받는다면 주변을 굳건히 떠받치는 든든한 후원자나 지지자로 인식되고 있으며, 중차대한 일들의 자문을 구할 만한 사람이라 여겨지고 있다는 것을 의미하나, 부정적인 영향을 받는다면 아무런 반응이 없는 사람이거나 자신에게 실질적 이해득실이 없는 한 무관심으로 일관하는 사람으로 평가받고 있다는 것을 뜻한다.

9 → ①②⑤⑦ 카드 확인 질문자가 이런 여유를 갈구할 만큼 상황이 악화했는지 확인하고, 일을 지체시킬 변수가 있는지 살펴 더 구체적인 희망/두려움을 가늠할 수 있다.

원하는 바가 상당히 물질적이거나 누구나 쉽게 얻기 힘든 여유이기에 일확천금을 노리는 무모함을 의미하는 때가 많으며, 그렇지 않더라도 안빈낙도에 준하는 편안함을 기원하는 경향이 있으므로, 현실에서 그에 반할 수준의 격무나 책임을 지지 않는 한 다른 모든 카드에게 부정적인 영향을 쉬이 미친다.

10 → 모든 사안이 해결될 때 큰 이익을 거두거나 풍요를 약속하는 카드로 해석되나, 왕관을 쓰기 위해 그만한 무게를 버틸 수 있는 자격과 능력이 되는지는 별개의 문제이므로 다른 카드들의 해석을 충분히 참고해야만 할 것이다.

부정적인 영향을 받는다면 영속적인 종속/무기력을 동반한 게으름에 빠지는 것을 의미하기에 어떤 연유로 질문자의 문제 해결 의지가 꺾일 수 있는지 확인하거나 뿌리 깊이 박힌 경쟁자/권위자의 조치 때문에 해결 시도조차 불가능할 수 있는지 살펴야 하며, 이 상황을 극복할 수단들을 알려줘야 한다. 이때 보통 Kp를 압도하는 신속성과 유연성을 활용하도록 조언하거나 Kp에게 없는 재화를 제시하거나 Kp보다 더 대규모의 재화(남의 도움을 얼마든지 얻어 형성할 수 있다)를 동원하도록 이끌어야 할 때가 많다.

실제 사례 (2016년 10월, 모 인터넷 커뮤니티)

질문　개헌이 실제로 이루어질까?

사전 정보　지지율 추락을 의식하는 여론을 덮으려 헌법 개정을 언급한 행정부와 여당의 제안이 실제로 구현될지 궁금해 펼쳐본 질문이었다.

$$10s - 10w - 7 - 2 - Kp - 5 - 9w - Pc - 9s - 11$$

10s　(질문자 자신) 마지막 수단이라 여기나, 가망 없다는 것을 알고 있다.

10w　(장애물) 이를 추진할 의지나 여력도 없다.

7　(기저) 계속 무리수를 둬왔다.

2　(과거) 모두 이 제안이 가지는 본의를 알고 있거나 이런 일을 기획한 암중의 인물이 있다.

Kp　(현재/곧 일어날 일) 논의가 지지부진하게 이루어질 것이다.

5　(미래) 전통적인 방식이 고수된다.

9w　(질문자의 내면) 자신의 권력/권한에 대한 의지를 포기할 생각이 전혀 없다.

Pc　(제3자가 바라보는 질문자) 다른 세력은 이 제안을 그저 아이가 떼쓰는 수준이라 여기고 있다.

9s　(희망/두려움) 더는 방법이 없다고 여기거나, 최악의 상황이 오지 않기를 바란다.

11　(결과) 일은 반드시 소속된 구성원들이 옳다고 여기는 방향으로 진행될 것이다.

이 배열에서 Kp는 5번 위치, '현재/곧 일어날 일'에 나왔다. 어떤 일의 추진 여부 및 여론의 향방을 살피는 질문의 특성도 중요하나, 이를 직접적으로 논의해 표결을 제안해야 하는 절차가 남아 있으니 넓은 의미의 대인 관계 질문으로 이해할 수 있으며, 우세한 수준의 지지를 얻어내거나 여론을 주도하려 질문자가 어떤 실적과 기량을 갖췄는지와 그 기반 및 지지층이 굳건한지 확인해야 한다는 것을 알 수 있다.

Kp에게 영향을 미치는 카드는 10s, 2, Pc로 확인되는데, 이로써 거의 최악의 상황이 적용된다는 것을 알 수 있다. 질문자가 여론을 환기할 수단이 얼마 남지 않아 이런 선택을 했으며, 음모에 가까운/숨겨진 의도를 계속 진행하려 하지만 정작 이 제안을 받은 이들은 중요하게 받아들이지 않는다는 것을 확인할 수 있기 때문이다.

그렇기에 실제 개헌이 당시 정권에게 현실적 의의가 없다는 점을 자각하고, 더 중요한 사안으로 내세워 모두를 설득하거나 그에 따른 현실적 문제의 대안을 제시해 반대파의 공감을 끌어낼 수 있도록 현실적인 조언을 해야 할 사례라 할 수 있다.

① 10s(질문자 자신) 질문자(박근혜 정권)에게 남은 수단이 몇 없기에 내민 카드라고 이해할 수 있다. 긍정적인 영향을 받는다면 구태의연한 과거와 이별하며 이 과정에서 벌어질 갈등이나 피해를 감내한 끝에 목적을 달성할 수 있다는 것을 뜻하나, 부정적인 영향을 받는다면 더는 파국을 피할 방법이 없다는 것을 인지했으며, 남은 기반이나 지지층마저 사라지게 할 행위를 한다는 것을 지적한다.

② 10w(장애물) 질문자가 감당하기 힘든 수준의 일을 추진하고 있다는 것을 암시한다. 긍정적인 영향을 받는다면 질문자가 이 고비를 넘김으로써 원하는 바를 성취하고 상황이 호전될 수 있다는 것을 의미하나, 부정적인 영향을 받는다면 무리한 악수惡手가 이어져 얼마

남지 않은 전력마저 무너질 수 있다는 것을 경고한다.

---

③ **7(기저)** 부정적인 영향을 받았다. 자신의 의지를 억지로 구현하려 하지만 현실적이지 않은 수단을 쓴다는 점에 더해, 권력 유지에 대한 고집을 꺾지 않는 것으로 이를 확인할 수 있고, 자신의 실수를 인정하지 않으려는 태도를 유지한 채 사태가 어떻게 흘러가고 있는지 살피지 못하고 있기 때문이다. 그렇기에 이번 개헌 논의가 설득력 없다는 의미를 확정한다(10s, Kp, 9w, Pc, 9s).

---

④ **2(과거)** 부정적인 영향을 받았다. 모종의 비밀 관계나 음모를 획책해 국정을 이끌었기에 지금 같은 사태가 벌어진 것으로 이해할 수 있으며, 권력에 대한 집착이나 자신이 옳다고 관철하는 것이 틀렸다는 사실을 인정하지 않으려는 태도를 계속 비쳐 암중에서 계속 반감을 쌓아나갔다는 것을 암시한다(10s, 7, 9w, 9s).

---

⑤ **Kp(현재/곧 일어날 일)** 앞서 언급한 대로 부정적인 영향을 받았다. 이 때문에 Kp는 실제 개헌을 제안해도 입법 과정조차 밟지 못하거나 가십에 가까운 논의만 진행되리라는 것을 의미한다. 오히려 이 제안 때문에 반대파에게 의도를 의심받고 여당에 제시할 추가 이권을 주지 못하거나, 적반하장으로 고압적인 태도를 보여 내분을 일으킬 수 있다는 것을 지적한다(10s, 2, Pc).

---

⑥ **5(미래)** 부정적인 영향을 받았다. 이 때문에 개헌 논의는 낮은 지지율에서 주변의 시선을 돌리려고 쓴 눈가림일 뿐이라는 것을 의미한다. 나아가 갈라진 파벌이 뭉치지 못하고 흩어지리라는 것을 의미하며, 시민 대부분이 개헌에 회의적이거나 기존 방식에 문제를 못 느끼거나 정권 교체 후 원점으로 돌아갈 논의라 판단하고 있다는 것을 암시한다.*

> *실제 정권 교체 후 입법부는 중임제 개헌안에 대해 박근혜 탄핵 전까지 비교적 호의적이었으나, 대선 후 정권이 교체되자 곧바로 반대하거나 의원 내각제

⑦ **9w(질문자의 내면)** 질문자가 해당 문제 또는 자신의 의지를 관철하려 하고 있다는 것을 드러낸다. 긍정적인 영향을 받는다면 개헌 의지를 실현하려 애쓰고 있으며, 그 나름의 명분과 논리를 설파하려 한다는 것을 의미하나, 부정적인 영향을 받는다면 자신이 확보한 기반이나 고집을 놓지 못한 채 틀리지 않았다고 여긴다는 것을 드러내며, 질문자(박근혜 정권)가 인지부조화에 빠졌다는 것을 암시한다.

⑧ **Pc(제3자가 바라보는 질문자)** 부정적인 영향을 받았다. 이 제안이 전혀 진정성 있게 받아들여지고 있지 않으며, 오히려 이런 제안을 할 정도로 자신이 몰린 상황임을 모두 인지했다는 것을 암시한다. 앞으로 분쟁이 격해짐과 동시에 모든 일의 원인이 집권자의 능력 부족 때문이라는 점을 강조한다(10w, 7, 2, 9s).

⑨ **9s(희망/두려움)** 질문자가 자신에게 최악의 상황이 닥치는 것을 두려워하며, 이 모든 압박이 사실 아무것도 아니기를 기원하고 있다는 것을 보여준다.

이를 더 구체적으로 논한다면 질문자의 통치력이나 국정 장악력이 부족해 정보가 차단되거나 올바른 판단을 할 수 없게 되면서 내부 갈등이 격화된 것이며, 이에 더해 질문자의 인지부조화나 잘못된 생각을 주변 측근들이 부채질하면서 생긴 상황임을 알 수 있다. 나아가 질문자가 자행한 일들의 결과가 어떤 파국으로 돌아올지 어느 정도 짐작하고 있다는 것을 유추할 수 있다.

⑩ **11(결론)** 질문자의 제안이 한때의 가십으로 전락하거나 여론을 호도하는 효과를 불러오리라는 것을 암시한다. 이는 개헌 시도를 본격적으로 준비하지도 못할 만큼 동의하는 사람이 없다는 것을 암시하며, 이 국면을 타개하려는 의도만 부각해 질문자에게 반감을 품은

를 제안하는 이중성을 보였다.

사람들이 서서히 응집하리라는 것을 시사한다.

또한, 조언하더라도 자신의 주장이나 판단을 양보하지 않는 성향을 띤 카드이기에 이 제안이 반드시 좌초하리라는 것을 확정한다.

공개 게시판이었기에 정치적인 이야기를 꺼내기 어려웠으나, 이미 총선 대패 시점에서 이런 현상이 벌어지리라 예측했기에 개인적으로 올 게 왔다는 것을 직감한 사례였다.

실제 개헌 논의는 의원들의 의향을 떠보는 정도의 영향밖에 발휘하지 못했고, 실정을 거듭하다가 비선 실세 및 과거 행적들이 탄로가 나며 지지율조차 한 자릿수를 넘어서지 못하게 되자, 새누리당은 분열했다. 그 뒤 이어진 탄핵 집회로 민의가 드러나기 시작했고, 끝내 탄핵이 이뤄졌다는 것을 우리 모두 지켜봤다.

이 사례에서 Kp는 부정적인 의미들을 다양하게 드러낸다. 나아가 Cup이나 Sword 수트의 영역(정치, 입법, 사법)을 Kp가 심혈을 기울여 접근해도 모자랄 상황에 오히려 방만한 판단과 그릇된 예상을 바탕으로 접근한 탓에 목표를 달성할 수 없게 된 것이라 이해할 수 있다. 차라리 Kp의 의미를 살려 자신의 재화를 대량으로 살포하거나 기존의 알짜배기 이권을 핵심 중진에게 제공하는 등, 자신의 권력 보존이 아닌 더 작은 조건을 제안하는 방식으로 뿌리치기 어려운 제안을 성사해 공범을 늘렸다면 상황은 많이 바뀌었을 것이다.

Kp의 게으름은 사실 다른 King에게도 모두 적용된다. 각 분야에서 최고의 위치에 올라선 뒤에 추진력이나 향상성이 변질하기 쉽기 때문이다. 그러나 다른 King들은 각자의 목적이 뚜렷하거나 주의를 늦추는 순간 어떤 일이 벌어지는지 즉각적인 변화를 인지하기 수월하기에 대비책을 갖추고 있으나, Kp는 자신의 기반에 문제가 없고, 충격적인 외부 변화가 없으면 둔감한 편이며, 일정 이상의 점유에 성공하면 안주하려는 성향이라는 점을 해석할 때 유의해야 한다.

실제 사례 (2000년 6월, 서울 혜화 마로니에 공원. 20대 남성)

질문   이 공연이 얼마나 흥행할까?

사전 정보 당시 활동하던 친목 동호회 모임에 나가 공원에 모여 앉아 심심풀이 삼아 점을 봐주다가 공연 팸플릿을 나눠주던 사람이 질문한 것이었다. 근처 소극단의 단원인 듯했으며, 새 시나리오를 공연한다고 언급했을 뿐 별다른 정보를 주지 않았다.

Pc – Kp – 2p – 3w – 5c – 6c – 4w – Ns – 9p – 10p

Pc   (질문자 자신) 아마추어 수준이거나 소규모 공연 또는 즉흥적 요소가 강하다.

Kp   (장애물) 자금난으로 장기 공연이 불가능하거나 극단 유지가 어려운 상황이다.

2p   (기저) 지금까지 어떻게든 운영해오고 있었다.

3w   (과거) 흥행에 대한 관객의 반응을 확인했다.

5c   (현재/곧 일어날 일) 점차 규모가 축소되거나 관객 유치가 어려워질 것이다.

6c   (미래) 과거에 했던 방식을 쓰거나 더 저연령층에 다가갈 것이다.

4w   (질문자의 내면) 원하는 호응이 있기를 바라며, 끝을 각오하고 있다.

Ns   (제3자가 바라보는 질문자) 공연 일정이 너무 짧다고 여겨지거나 연극 내용에 대한 호불호가 심하게 갈린다.

9p   (희망/두려움) 확실한 결실을 보길 원하며 더 많은 관객을 동원하지 못할까 봐 걱정하고 있다.

10p   (결과) 더 작은 규모로 축소되거나 극단의 정체성을 잃게 될 것이다.

이 배열에서 Kp는 2번 위치, '장애물'에 나왔다. 사업의 흐름이나 전망과 관련한 질문의 특성상 작은 극단이 자금이나 기반을 확보하기 어렵고, 이 때문에 부정적인 영향을 받기 쉬운 상황이라는 것을 인지할 수 있다.

Kp에 영향을 주고 있는 카드는 Pc, 2p, 3w, 4w로 확인되는데, 정도는 덜하더라도 결국 부정적인 영향을 받고 있다는 것을 알 수 있다. 소규모라는 것도 문제지만 이 규모조차 유지하기 버거워한다는 점과 함께, 긍정적인 반응이 있었더라면 애초에 이런 상황까지 몰릴 이유가 없기에 과거의 흥행 성적 또한 좋지 않았을 것이라 유추할 수 있으며, 이대로라면 정해진 끝(극단 해체 및 축소)을 각오해야 할 상황일 만큼 재정난에 허덕이고 있다는 점을 보여주고 있기 때문이다.

그렇기에 관객을 동원하거나 극단을 유지할 방법이 무엇이며, 이런 불리한 요소를 최소화하려면 어떤 수단을 써야 하는지 고민해야 한다는 것을 알 수 있다. 그러나 당시 환경상 그 어떤 조언을 해도 투자 유치가 어려운 상황*이었기에 공연에 대한 공정한 평가나마 받을 수 있도록 도와야 한다는 것을 알 수 있다.

① Pc(질문자 자신) 비교적 부정적인 영향을 받고 있다. 질문자가 속한 단체가 영세한 규모라는 점에 더해 다른 사람들에게는 급진적이거나 소수(근처 대학생)에게만 어필할 수밖에 없는 내용을 다룬다고 평가받기 때문이며, 확장하더라도 현실을 극복하기 어렵다는 것을 이미 자각하고 있기 때문이다. 조력이나 후원을 요청해도 응하는 이가 없는 상황에 처해 있다는 것을 의미한다(2p, 6c, 4w, Ns).

---

* 이 당시 난타NANTA(1997)의 활약으로 조금씩 시장이 커지고 있었으나, 소규모 극단의 재정 상태는 말로 할 수 없을 정도로 운영이 어려웠다. 최저시급 개념이 아예 없거나, 무임금 또는 열정 노동을 강요하지 않으면 공연 자체가 불가능한 상황이었다.

② **Kp(장애물)** 앞서 언급한 대로 부정적인 영향을 받을 수밖에 없으며, 자력으로는 극복하기 어려운 상황이라는 것을 드러낸다. 나아가 본격적인 자금 압박을 받은 지 오래됐고, 어떤 방식으로도 외부 원조 없이는 끝을 볼 수밖에 없는 상황이라는 것을 의미한다.

이는 Pc의 수준으로 Kp의 벽을 넘지 못한다고 이해할 수 있으며, 최악의 경우 극단 자체의 파산이나 과중한 부채로 모임 용도가 바뀌는 등 과거로 복귀하는 것이 불가능에 가깝다는 점을 암시하는 의미를 파생한다(Pc, 2p, 3w, 4w).

---

③ **2p(기저)** 기존까지 흑자를 기원하기보다 비용을 건사하는 수준의 운영에 그쳤다는 것을 의미한다. 긍정적인 영향을 받는다면 효율적인 운영으로 비용을 최소화해 현 수준을 유지했다는 것을 의미하나, 부정적인 영향을 받는다면 주먹구구식 운영으로 상황이 악화했다는 것을 의미하며, 최악의 경우 회계 처리조차 제대로 하지 못한 채 보전할 수 있는 자산마저 포기해야 할 수준이라는 것을 암시한다.

---

④ **3w(과거)** 긍정적인 영향을 받는다면 과거 공연으로 긍정적인 반응을 얻는 데 성공하고 고정 지지층을 확보했다는 것을 의미하나, 부정적인 영향을 받는다면 현실의 압박이 서서히 실체를 갖춰 질문자의 극단에 통보됐다는 것을 의미하며, 이 때문에 원치 않았던 소식/일이 속속 도착/실행하기 시작하리라는 것을 경고한다. 특히 자금난과 연관 있으며, 이 경우 작게는 밀린 청구서부터 최악의 경우 최고장이나 가압류 통보를 암시할 수 있다.

---

⑤ **5c(현재/곧 일어날 일)** 각자의 길로 흩어지거나 지지층을 점차 잃어버리게 되는 것을 암시한다. 긍정적인 영향을 받는다면 과거와 다른 시도로 고정 팬들과 그렇지 않은 이들이 구분되는 과정을 겪으며 더 확고한 팬을 확인할 수 있다는 것을 의미하나, 부정적인 영향을 받는다면 기존 지지자도 서서히 이탈할 정도로 역량이 하락했거나 내부 단원의 이탈이 가속화해 상황이 더 좋지 않아질 것을 의미한다.

⑥ **6c(미래)** 긍정적인 영향을 받는다면 극단의 과거를 기억하는 사람들이 도움의 손길을 내밀어 문제를 해결할 수 있다는 것을 의미하나, 부정적인 영향을 받는다면 해당 집단 자체가 추억 속으로 사라지거나 공식 연극보다 가벼운 연극으로 생명을 연장할 수밖에 없다는 것을 암시한다.*

---

⑦ **4w(질문자의 내면)** 긍정적인 영향을 받는다면 공연의 흥행으로 재공연에 돌입하거나 부가 수익을 누리게 돼 기뻐한다는 것을 의미하나, 부정적인 영향을 받는다면 예상대로 종막을 향하리라는 것을 의미하며, 최악의 경우 극단의 부활 또는 본 공연의 재연이 다시는 불가능하다는 것을 암시한다.

---

⑧ **Ns(제3자가 바라보는 질문자)** 부정적인 영향을 받았다. 자금 압박에 시달리면서도 호불호가 갈리거나 비주류 취향에만 맞춰 공연을 기획해온 것으로 여겨지며 대중의 수요를 전혀 배려하지 않거나 최악의 경우 관객을 불쾌하게 만들거나 자신들이 표현하려 했던 사상 등이 우월하다는 것을 대놓고 강요/강조하는 강요하는 연극들만 다룸으로써 스스로 위기를 자초했다고 여겨진다는 것을 암시한다(Kp, 3w, 5c).

---

⑨ **9p(희망/두려움)** 질문자가 적어도 자신들의 공연을 좋아하는 이가 있기를 원하며 이들의 지지만으로도 기반을 안정시킬 수 있기를 바라는 마음과 함께, 반대로 너무 비주류적인 나머지 최소한의 유지조차 되지 못할 정도로 지지층이 협소해진 현실을 마주하기 싫어하고 있다는 것을 암시한다.

이는 지금까지의 흥행 성적으로 얻은 결과가 모두 부정적이었거

---

* 사극이나 정극을 주로 상연했던 극단이 과거와 달리 비용이나 인력이 덜 소모되는 유아용 공연이나 외부 홍보 행사를 진행하는 식으로 변화하는 사례를 들 수 있다.

나 많은 관객을 포용하기 어려운 내용을 상연해왔다는 것을 다른 카드들로 유추할 수 있다.

⑩ **10p (결론)** 긍정적인 영향을 받는다면 평범한 수준으로 알려지거나 극단은 유지할 수 있는 정도로 여건이 안정화하는 것을 의미하나, 부정적인 영향을 받는다면 극단이 해산해 각자의 삶을 살아야 하거나 극단이라는 이름을 유지하려 하는 일에 치인 나머지 연극을 하지 못할 정도로 사정이 어려워지다가 서서히 명맥이 끊어지거나 사람들에게서 멀어지는 것을 암시한다.

해석하던 내 안색이 아주 좋지 않았던지, 그는 안절부절못한 기색을 감추지 못했다. 고심 끝에 나는 '아무래도 좀 힘들지 않을까요?'라는 말을 어렵게 꺼낼 수밖에 없었다. 그는 안 그래도 이번이 마지막 공연 같다며, 자기도 이젠 아르바이트를 하든 학업에 매진하든 살 궁리를 해야 한다는 말을 털어놓음으로써 작게나마 해석의 피드백을 곧바로 받았다. 아니나 다를까 얼마 안 돼 혜화에 다시 갔을 때 그 극단은 사라졌다.*

이 사례에서 Kp는 의욕이 아무리 충만해도 넘을 수 없는 현실의 벽으로 드러났다. 제아무리 이상이 높더라도 사람이 굶고 살 수 없는 노릇이며, 인력을 부리고 장소를 섭외하는 절차는 결국 대가를 치러야 한다는 점을 끝내 극복하지 못한 전형적인 사례라 할 수 있다.

또한, 존폐를 논하는 무거운 질문이었음에도 메이저 아르카나가 전혀 없었다는 점은 주목할 필요가 있다. 이는 결국 연극이라는 큰 분야에서 해당 극단의 비중이 작거나 없다시피 했다는 것을 유추하

---

* 〈지하철 1호선〉 등 장기 흥행에 성공한 연극의 기록들은 역설적이게도 오리지널 창작 연극이 활성화하지 못했던 상황을 역력히 드러낸다. 이런 만성적인 자금난은 〈난타NANTA〉를 기점으로 대형 기획사들이 연극계에 진출하면서 점차 해소됐다.

게 해준다.*

King들의 고압적인 면모는 얼핏 보면 흔히 말하는 '나 때는 말이야'로 시작하는 레퍼토리로 범벅이 된 의미와 상황을 드러내 불편함을 자아내는 것처럼 비합리적으로 비칠 때가 많다. 그러나 King들이 앉아서 수혜/특혜만 받아 이런 지위에 오른 것이 아니라는 점을 많은 사람이 간과하곤 한다.

신구新舊의 갈등은 모든 사회에서 되풀이됐다. 6000여 년 전 메소포타미아에서조차 '넌 왜 공부를 안 하니?' 같은 잔소리는 여전했다. 그렇기에 명확한 실적과 결과물을 보유한 King들을 설득하거나 힘을 빌려달라고 요청하려면 그만한 수준과 자격을 갖추고, King들의 생의 궤적을 존중하며 함께 나아갈 것을 피력해야 한다. 그래야만 이들이 가진 역량을 조금이나마 체감하게 될 것이며, 그 과정이 얼마나 어려운 결단들을 통해 이뤄진 것인지 느낄 수 있기 때문이다.

* 이런 메이저 아르카나와 코트 카드, 핍 카드의 비중을 통한 연계 해석에 대해서는 『타로카드 연계 해석』에서 본격적으로 다룰 예정이다.

격Tier과 코트 카드 해석에 대한 소론

코트 카드 해석에는 여러 난점이 있지만, 그중에서도 질문에 관한 격/수준을 어떻게 정확히 구분할지 판단하는 과정이 가장 어렵다. 해석자들도 이러한 판단을 명확히 나눠 내린 경험이 적거나 질문 분야에 대한 조사 및 이해가 부족한 채로 해석할 수밖에 없는 현실이 큰 제약이 된다.

이에 더해 질문자들도 원하는 바가 무엇인지 잘 정제해서 명확하게 질문하지 않고, 단순히 막연한 희망을 언급하니 해석이 한층 복잡해진다.

이런 문제들은 예전부터 계속 있었을 테지만, 신분/계급/연령/직무에 따른 제한과 활동 범위가 명확히 구분됐던 중세-르네상스 시기에는 비교적 격을 구분하기가 지금보다는 쉬웠으리라 짐작한다.

그러나 19세기에도 이미 해결할 수 없는 난점들이 있다는 것을 대부분 인식했던 듯하다. 각 마이너 수트의 의미가 서서히 변형/변경됐기 때문이다.*

『타로카드의 상징: 핍 카드』에서도 언급하겠지만, 이런 마이너 수트의 의미 변화는 단순히 헤르메스주의나 기독교적 카발라의 영향이라고 치부하기 어렵다. 오히려 새로운 시대를 살던 사람들이 더 현실적이고, 카드에 담긴 새로운 의미들을 이해/수긍하기 쉬웠기에 선택받았다고 보는 것이 정답에 더 가깝다고 생각한다.

---

* 컵은 주로 신앙과 믿음을 의미해왔으나, 라이더-웨이트 덱 이후 감정을 느끼는 것과 밀접히 연결되고 신앙과 믿음은 부차적 의미로 축소됐다. 마르세유 덱의 Ac는 주 의미가 (신앙적/신비로운) '비밀(의 강림/체험)'이지만, 라이더-웨이트 덱의 Ac는 '(자신이 믿고자 하는 것으로 인한) 감정/감수성의 폭발'로 바뀌었다는 점에서 이런 변화를 관찰할 수 있다.

또한, 기존 마르세유 덱에서 물질적인 분야를 총괄하는 수트는 Coin이었으나, 라이더-웨이트 덱에서 Pentacle로 변경됐다. 현물이나 실질 가치를 즉물적으로 인식할 수 있는 동산/부동산을 의미하던 Coin 수트의 한계를 넘어, 물질적이지 않더라도 어떤 권리를 통해 수익/가치를 창출할 수 있는 부가가치까지 포괄하는 의미로써 Pentacle이 새 시대에 새롭게 자리한 것이다.

코트 카드 계급의 명칭은 덱마다 달라졌다. 라이더-웨이트 덱은 특히 Page(마르세유 Knave)에서 다른 덱과 의미 차이가 두드러지며, 제2차 세계대전 후 알리스터 크롤리가 제작한 토트Thoth 덱은 그 자신의 목적이나 시대상을 일부 투영해 왕을 기사로 바꾸는 등 여러 시도를 했으나, 이를 사람들이 받아들였느냐는 다른 문제다.* 이에 대해서는 다른 지면에서 더 자세히 이야기하고 싶다.

코트 카드에서 격의 차이를 어떻게 해석해야 할지 설명하는 책은 찾기 힘들다. 있더라도 단순한 대조표로만 제시하곤 한다. 이는 그동안 저자들이 지식적인 내용을 함부로 단정할 때의 부작용을 걱정했기 때문이라고 본다.

그러나 이를 다루지 않은 탓에 많은 해석자가 코트 카드 속 계급이 지닌 실제 의미를 상황에 맞춰 적용하는 방법을 체계적으로 익히지 못하고 해석에 어려움을 느껴왔다는 것은 타로카드 연구자 대부분이 동의할 것이다.

일반적으로 각 코트 카드의 계급에 따라 의미를 나누어 설명할 때는 소년 – 청년 – 중년 – 장년, 입문자 – 실무자-관리자-대표자 등으로 묘사한다. 이는 아직까지 보편적인 인식으로 볼 수 있으나 구체적인 답을 요구하는 사안을 해설하기에는 해석자의 역량이 과하게 요구되며, 이 때문에 타로카드의 학습·해석에 난항을 겪고 포기하는 이들이 많다.

이런 문제에 봉착한 사람들에게 '격Tier'의 개념을 활용해보도록 권하려 한다. 특히 이는 '자신이 잘 알고 있거나 전공 수준의 지식을 지닌' 분야일수록 더 잘 이해할 수 있을 것이며, 비교적 약자인 이들이 강자에게 어떻게 항거하거나 반대로 강자가 약자를 어떻게 지배하려 하는지 다양한 사례를 통해 접근할 수 있다.

그러나 이런 개념을 실제 현장에서 적용하고 활용하기는 쉽지 않

---

* 나는 이 문제 때문에 토트Thoth 덱의 완성도가 오히려 떨어졌다고 생각한다. 실제로 수많은 덱 중에 토트Thoth 덱의 체계를 받아들인 덱은 소수이고, 이는 그의 시도(또는 의도)가 원하는 바를 달성하지 못했거나 사람들에게 이해받지 못한 것이라 볼 수 있다.

을 것이다. 보편적인 사례라는 것은 결국 (질문자가 각자의 관점에서 특별하다고 여기는) 문제들에 대한 다양하고도 효율적인 답을 해석에 빠르게 응용하기에 어렵기 때문이다.

그래서 나는 이 책의 머리말에서 언급했던 각 코트 카드에 해당하는 인물이나 질문자가 실제 그에 준하는 역량이나 영향력을 지니고 있는지 확인할 것을 권해왔다. 이는 코트 카드 16장이 의미하는 각자만의 격을 어떻게 구현/성장/발전/상대할지 파악해야 한다는 데 골자가 있다.

예를 들어 1번 위치에 Pp가 나오고 10번 위치에 Ns가 나왔을 때, 질문 주제와 상황에 따라 문제의 흐름이 결국 지식을 배운 이로써 세상에 발돋움할 수준으로 성장하는 이야기가 된다고 해석할 수 있거나, 순진한 아이가 점차 다른 사람이나 주변 환경의 문제로 인해 극단주의자로 바뀌는 과정을 그리는 것으로 이해할 수 있다.

거꾸로 코트 카드들은 질문과 관계된 이들 사이의 간섭/투쟁이 어떻게 현실에 드러나 있는지 유형별로 보여주는 역할을 할 수 있다. 이는 질문자를 비롯한 모든 요소에 각자의 격이 있고, 고정되지 않은 채 서로 결합/분쟁하며 상승/하강하기 때문이다.

처음 타로카드가 점술 도구로 등장하기 시작했던 르네상스 시대에는 위에서 언급한 내용이 적용되더라도 신분/계급 때문에 크게 제한이 있었다(그 시대의 문화적 특성을 고려한다면 쉽게 이해할 수 있으리라). 변동의 폭도 한계가 명확했기에 메이저 아르카나 22장, 코트 카드 16장, 핍 카드 40장의 구조와 의미가 각각의 입장에서 세분될 수 있었다. 그러나 시대가 흘러 계급 구조가 변화하고 계층 간 이동이 수월해지자 옛 사회구조에 맞춘 카드의 의미와 현실이 동떨어져 해석에 적용하기 어려워졌다고 볼 수 있다.

라이더-웨이트 덱을 발간한 시기에도 메이저 아르카나는 굳건한 입지를 유지했고, 이는 지금도 그리 큰 변화가 없다(삶을 관통하는 주요 흐름을 다뤘기 때문이다). 그러나 19세기에 들어 계급에 따른 격차가 사라져갔고, 교육과 경험을 어떻게 받아들여 성장할 수 있는지 각각의 입장과 이야기를 이해하면 더 체계적으로 접근할 수 있다고 보면서 라이더-웨이트 덱의 코트 카드는 새 시대에 맞게 기존의 덱과 다른 의미를 담으려 했다고 이해할 수 있다. 당시 낭만주의 기조는 그런 노력과 교육과 방황이 모두 사람으로서의 완성과 관련 있다고 여겼기 때문이다.

그러나 사회가 더 세분화한 현대에 이르러 코트 카드는 더더욱 해석하기 어려워졌다. 이는 공립 교육 외의 경험과 체험이 서서히 존중받지 못하거나 터부시되는 것과 관련 있다.

다시 말해 코트 카드 해석이 어려운 이유는 이색적이고 특수하다고 여기거나 찾아보기 힘든 이야기를 사람들이 점차 받아들이지 못하기 때문이다. 보편적이지 않은 것들은 어느새 점차 '특색 있는 것'에서 '잘못된 것'이라 폄하되기 시작했고, 다양성을 존중하는 것을 넘어 다양성을 주장하다가 보편성을 해치는 등 각 요소를 갖춘 이들이 급진/과격하게 변해가며 서로 이해하지 못하게 됐기 때문이라고 나는 생각한다.

그렇기에 코트 카드의 어려움을 넘어서려면 격의 차이가 왜 발생하며, 이것이 어떤 실체를 가졌는지 알아야 한다.

물론 '사람 위에 사람 없고, 사람 밑에 사람 없다'라는 말은 금과옥조처럼 여겨지곤 하지만, 여기에 '사람다운 행동과 생각을 하는 사람'이라는 표현이 전제돼 있다는 점을 잊곤 한다. 모두가 같은 사람일 수 없으며, 사람으로서 존중받으려면 해야 할 도리와 의무와 책임이 있음을 잊고 막연히 이를 적용하기 때문에 충돌이 일어난다고 이해해야 한다.

이 책에서 나는 격格을 티어Tier와 같은 개념이라고 설명했는데, 어떤 사물이나 사람을 나누는 등급을 뜻하는 단어 중에서도 격이라는 한자와 가장 합치된다고 여겼기 때문이다.

'차이'라는 의미를 담은 단어로는 레벨Level, 그레이드Grade, 티어Tier가 있는데, 이들은 각자 조금씩 다른 뉘앙스로 쓰인다.

1. 레벨Level

게임에서 많이 나와서 알려진 단어다. 주로 어떤 성과나 중요도, 가치 등의 척도나 순위에서 차지하는 위치를 구분하려 쓰는데, 상하 구조라기보다는 일의 진척 단계를 의미한다. 그렇기에 레벨Level은 반드시 처음과 끝이 있다(예: 높은/낮은 레벨, 만점/시작점이 있음).

2. 그레이드Grade

레벨Level과 비슷한 의미지만, 이에 더해 어떤 과정이 진행 중이거나 흐름을 탔을 때 발생할 수 있는 상황/입장을 구분하려 사용하는 경향이 있다(예: ×학년, 암 초기/중기/말기).

3. 티어Tier

조직/위계/체계에서의 등급을 다루는 단어다. 프랑스어에 어원이 있다고 알려져 있다. 뭔가를 늘어놓는 것을 뜻했고 이것이 순서, 질서의 의미를 거쳐 지금의 의미로 정착했다(예: 최고층/최저층 또는 최고/최저 단계, 최저/최고의 한계가 있음).

레벨은 코트 카드보다 핍 카드에 더 알맞은 개념이다. 일직선 구조에서 각자 어느 수준만큼 진행했고 진행에 필요한 요소들을 조언/배제해 좋은 결과를 얻거나 효율을 높일 수 있는 방향으로 나아갈 수 있기 때문이다.

그레이드는 레벨과 비슷하나 자연스러운 흐름(시간)을 포함한다. 이 때문에 특정 움직임Action만으로 변화가 크게 일어나는 구조에 적용하기는 어려워 타로카드 구조를 설명하는 데 합당치 않다고 봤다.

티어는 상하 구조의 수준을 나누는 데 적절한 단어라 볼 수 있다. 이 단어는 10여 년 전만 해도 실생활에서 거의 쓰이지 않았지만, 엉뚱하게도 게임 순위나 게임 플레이 수준을 나누는 용도로 자주 쓰이면서 안착했다.

즉, 서로 자연스레 충돌/경쟁/협업하며 자신의 티어를 올려 나가는 행위를 통해 각자가 가진 코트 카드의 위치/기반에서 상승/하강이 이뤄지는 것이라 이해한다면 더 쉽게 접근할 수 있을 것이다.

게임은 유희를 추구하고자 만들어졌으나, 역설적으로 세상 속의 역학 관계를 가장 정확히 표현한다. 노력에 대해 명확한 대가를 지급하거나, 변수로 인해 어떤 변화가 일어나는지 설정해 게임을 즐기는 이들에게 대안을 제시하거나, 특정 상황을 강제하기 때문이다. 이 과정을 다양한 방식으로 돌파하는 것은 각각의 성향과 관련한 삶의 궤적을 여실히 드러낸다.

그러나 어떤 이들은 반문할 것이다. 세상이 게임처럼 철저하게 노력에 대한 보상이나 결과를 주지 않는다고. 하지만 그 실상을 살펴본다면, 스스로 살피지 못한 주변 사람들의 시각, 제3자의 시각, 보이지 않는 것에 대한 시각이 가려져 있어 명확히 평가하기 어렵다는 현실을 간과하는 경우가 많다.

한낱 게임에서도 자원과 (이를 활용할) 인재, 전략과 전술이 필요하다. 삶에서도 다르지 않다. 다만 더 많은 변수가 있고, 그 변수들이 작동할 때 불운과 행운의 경계선이 그어질 뿐이라 본다. 점을 봄으로써 혼자서는 잘 보이지 않았거나 다른 이들이 보기에 관계가 희미하다고 여겼던 것이 어떻게 연결될 수 있는지 발견하는 것뿐이다.

시기를 잘 만나 이제 잘 알려진 단어로 표현하고 설명할 수 있어 기쁘다.

부디 더 많은 이가 자신의 격을 상승시키고, 그런 이들이 모여 큰 집단의 격을 올리다 보면 더 나은 환경을 만들 수 있을 것이다. 단순한 엘리트주의 따위가 아니라, 사람이 사람이고자 할 때 갖춰야 할 것들을 격에 맞게 공유하거나 서로 돕는 모습을 실천한다면, 천국은 죽어서 가는 곳이 아니라 그런 실천이 이뤄지는 순간과 공간에서 언제나 발현될 수 있을 것이니까.

어떠한 분야든 반드시 갖춰야 하는 '요소'가 있다. 분야마다 다를 수 있겠지만, 반드시 있다고 생각한다. 이 요소를 채우지 못하면, 해당 분야는 점차 축소되거나 끝내 소멸하는 운명을 맞는다. 역사 속에서 이 규칙은 어디에나 적용됐고, 앞으로도 그럴 것이다.

이런 '요소'마다 각자의 지식적 토대나 이론의 정립은 필수적이며, 이는 세대마다 다시 쓰여야 한다. 이 책 안의 내용 또한 시간이 흐르면 내용을 바꾸어야 할 것이다. 누군가는 어차피 바뀔 것인데 의미가 없지 않으냐고 되물을 수 있으나, 현재로서는 입문자를 지식과 이론으로 이끌어줄 표지판이나 안내문이 없다 보니 최소한 이정표라도 제시하려 타로카드 총서 시리즈를 쓰게 됐다.

사실 나는 스스로 이런 일을 할 수 있는 재목이라고 생각하지 않았다. 부족한 점이 많고, 많은 이와 소통할 수 있는 자질이 충분하다고 여기지 않았기 때문이다. 서툴렀기에 소통하다가도 잦은 충돌을 빚어대곤 했다.

다른 사람들에게 그렇게 많은 기대를 하면서도, 정작 나에 대한 기대는 없었던 시절이었다. 해석 사례를 쓰면서 과거를 회상하다가 쓴 웃음을 짓다 보니 더욱 이런 생각을 멈추기 어려웠다.

그리고 그렇게 십수 년이 지난 뒤에, 문득 이런 일을 하는 사람이 한 명도 없다는 사실을 깨달았다.

이러다가 타로카드 지식과 이론의 명맥이 끊길 것이 너무 자명한지라, '나라도 해야지' 하는 마음에 책들을 써 내려갔다. 아마도, 내가 할 수 있는 다양한 분야 중에서, 유독 타로카드에 집착하듯 매달리고 있는 까닭은 이런 애증이 있기 때문이리라.

글을 계속 쓰면서 '내가 과연 제대로 책임을 짊어지고 글을 쓰고 있는 것일까?'라는 의문을 놓지 못했다. 부디, 이 책에서 소개한 해석 사례들에 새겨진 삶의 흔적을 통해 독자가 지혜를 얻을 수 있다면 좋겠다.

앞으로도 더욱더, 타로카드의 의미를 조금이라도 빛내고자 노력하려 한다. 더 많은 곳에서, 더 많은 이가, 더 많은 이야기를 더 명확하고 올바르게 나눌 수 있도록.

2020년 1월.
물의 근원에서.
임상훈.